예수도 '비유'로 말씀하셨다

동서고금을 망라한 예화를 신학적으로 해석한

설교 예화 성구 사전 예수도
'비유'로 말씀하셨다

조은철 지음

| 머리말 |

설교예화는 "은혜의 창"

　40년의 목회를 마친 후 소중하게 가진했던 설교원고를 챙기게 되었다. 정확하게 1959년도 육군군목으로 출발한 필자의 설교 원고가 2000년도에 은퇴할 때까지 고스란히 간직돼 있다는 사실에 필자 스스로가 놀라지 않을 수 없었다. 일찍이 미국에서 공부할 때 "설교의 예화는 마치 거실(Living Room)의 창문과 같다"고 배운 바를 되새기면서 40년 동안의 설교원고를 하나하나 조명해 보았다.

　설교의 예화와 인용구를 정리하면서 발견한 재미있는 사실은 예화를 비롯하여 많은 인용구들이 시대와 연대적으로 특징을 가지고 있었으며 특히 미국생활 35년에 이르면서 미국이라는 서구 문화의 특징 속에서 경험했던 여러 이야기들을 설교에서 많이 다루었음을 발견했다. 일찍이 설교자는 한 손에 성경을 들고 또 다른 손에는 신문을 들어야 한다고 말했던 대륙 신학자 '칼 바르트'(Karl Barth)의 말을 뜻 깊게 생각할 수 있었다.

　아무튼 주님의 부르심을 받고 필자와 똑같은 길을 걸어가는 후배와 동역자들이 말씀을 준비하는데 도움을 주는 동시에 필자의 생각과 경험을 함께 나눈다는 뜻에서 본 "설교예화사전"을 집필하게 되었다.

　필자는 10여년 전에 '뇌암 제2기'라는 의사의 진단을 받고도 하나님의 은혜로 치유 받은 이야기와 또 오랫동안 '심장질환'으로 고생하던 끝에 세 (3)군데를 '우회전'(By Pass)시키는 수술을 받고 일어나도록 인도하신 전능하신 하나님의 크신 은혜에 감사드리는 개인의 간증을 엮은 간증집이 집필을 시작했다. 이는 필자와 똑같은 질병을 갖고 고생하며 낙심하는 친구들에게 용기와 위로를 주는 동시에 투병에 있어서 절대적인 신앙심을 드높이려는 생각에서 집필을 시작했을 뿐이다.

중세기 '유럽'(Europe)에서 널리 퍼졌던 재미있는 민담 가운데 "이번 한번만 마지막으로…"라는 이야기가 있다. 어느 날 악마를 통솔하는 두목이 부하들을 모두 소집했다. 부하들을 모아놓고 두목은 인간을 파멸시키는 무기로 어떤 무기가 제일 성능도 좋고 절대적이 타격을 인간에게 줄 수 있겠느냐?"라고 물었다. 더 나아가 악마의 두목은 많은 현상금을 내걸고 '인간을 파괴시킬 수 있는 절대적인 무기를 발명해 오라"는 지시를 부하들에게 했다.

부하들은 현상금을 타기 위해 여러 가지의 묘안들을 내놓았다고 한다. 그중에서도 1등으로 뽑혀 채택된 묘안은 "이번 한번만 마지막으로…"라고 인간을 유혹하는 말이었다.

필자도 역시 준비가 부족한 대로 본 출판을 마무리하면서 이렇게 부족한 것은 "이번 한번만 마지막"으로라는 자신을 위로하는 마음을 갖게 된다. 그러나 다음의 출판은 훨씬 더 정리된 간증집 "뇌암에서 건짐받고"를 잘 준비해 볼 것을 다짐해본다.

아무쪼록 우리 주님의 도우심 가운데 본 예화집이 여러 동역자들의 설교에 잘 인용될 뿐 아니라 말씀 선포에 유용하게 사용되기를 겸허한 마음으로 기도드린다.

끝으로 부족한 원고가 빛을 보도록 수고해 준 친구 박기서 감리사 내외분을 비롯하여 열린출판사 김윤환 대표께 심심한 감사를 드린다.

바람의 도시 시카고의 한쪽에서
조은철

| 차례 |

머리말 • 2

제1장 신앙의 이해

가치관 • 18
그릇된 삶의 자세 / 유랑철학자 무레터스의 항의 / 하늘로 날아가 버린 진귀한 보석
빗나간 영광 / 현저한 가치 차이 / 소헌세자비의 간택 / 과세 대상이 아닌 것들
귀족 봉투가 아니었기 때문에 버려진 수표 / 공중에 오르는 연을 느끼는 눈먼 장애소년
신사도(Gentlemen ship)의 정신

교회 • 29
교회가 주는 것 / 교회는 나누는 공동체 / 크고 곧게 해 주는 하나님의 교회
정의와 힘과 사랑의 균형 / 성도다운 충성으로 모이는 교회 / 베들레헴의 예배당

구원 • 35
수갑이 채워진 미녀의 구출작전 / 전쟁고아의 불면증 치료
제단 위에 있는 더하기 표 / 빛과 어두움 / 버스를 잘못 타지 마세요 / 예방의 힘
구원이란 하나 되는 것 / 가석방이 불가한 살인죄수 / 원수를 간호해 준 사람

예수 그리스도 • 44
로망 로랑의 '피에르와 류스' / 그리스도와 세 가지 기적 / 예수님의 장례식 설교
혼돈의 도시에 오신 예수 / 성탄의 별은 축복된 희망 / 평화의 대왕 / 참된 구속자
왕으로써의 권위와 섬기는 종 / 임금님의 행차

기도 • 53
기도는 꽃밭에 물주는 작업 / 기도는 영혼의 성실한 간구 / 기도의 동력 / 기도의 장소
신호등의 신호 따라 / 주님의 뜻이 이루어지이다 / 없는 자가 되게 하소서
참된 기도의 정신 / 생각이 없는 언어는

부활 • 62
빈 새장의 교훈 / 묘 앞에 타오르는 불빛 / 십자가와 부활 / 앤나 파브로바의 죽음
집단에서 고독으로 / 본 회퍼의 마지막 이야기

생명 • 70
납치자들의 만행과 생명의 외경 / 정말로 살아있는 것일까? / 어느 외아들의 죽음
불교에서 전해오는 이야기다 / 타이타닉호의 침몰

성경 • 75
벤허(Benhur)를 쓴 작가 정신 / 말씀을 대하는 바른 태도 / 게릴라 대원에게 감화 준 말씀
말씀으로 위로받은 선교사 / 기쁨과 감사, 희망의 책 / 의료 선교에 사용한 신 구약
예수 그리스도의 얼굴

성령 • 84
고깃배를 뜨게 하는 조수 / 변화시키는 성령 / 하늘에 띄우는 연의 비결
근본적 변화를 주는 성령 / '에헴'의 헛기침소리 / 5인치의 비를 맞고 변한 황무지
함께하시는 주님 / 어느 예술가의 작업 활동과 그의 작업실

세례와 성찬 • 94
성만찬의 이해 / 성배(聖盃)를 찾아서 / 큰 송아지와 썩은 사과 한 자루
돌아올 수 없는 다리를 건너다

신앙 • 101
신앙의 구분 / 어리석은 이민선 승객 / 화(禍)만 주는 우상 / 장님이 연을 띄우는 비결
코리 붐의 간증 / '브리티쉬 콜럼비아' / 버킹검궁의 깃발
유대교가 가르치는 율법의 본질 / 핍박을 이긴 성도들 / 마틴 루터의 아내가 입은 상복
바닷가와 차돌들 / 막다른 길에서의 여정 / 불속에서 들은 하나님의 음성
템플 교회의 폐허 속에서 / 어느 여인의 묘지 / 손과 손을 마주 잡고 / 청교도들의 신앙
피아노 조율 / 이것이냐 저것이냐 / 완성하지 못한 바벨탑

심판 • 120
하나님의 심판 / 반지가 주는 심판

인간 • 123
양지쪽에서 놀던 아이들 / 번뇌와 갈등을 가진 존재 / 웅장한 도시를 이룩하여도
'단테'의 대답 / 지킬박사와 하이드 / 인간의 양면성 / 작아져 가는 하나님의 목소리
시장성의 인격 / 고향으로 돌아가려는 과제 / 무엇이 참 인생의 실상인가?
유기체로써의 인간 / 현대인이 가지는 불안 / 무엇인가를 경배하는 현대인
현대인의 우상 / 자기라는 병 속에 가두기 / 난동자와 복음성가 테입
자기가 만든 수갑을 찬 장인 / 편견 / 인간의 위대성 / 도덕적 의식 / 정신병동 환자들

영원을 생각하며 사는 인생 / 장님의 코끼리 만지기

죄 • 145
인생을 낭비한 죄 / 콰이강의 다리 / 네 가지가 아닌 것 / 인간의 교만
원천적인 유혹 봉쇄

죽음 • 154
"내일 편지를 읽어보자" / 죽음의 네 단계 / 하나님의 뜻에 따라 죽는 것

천국 • 158
로마제국의 멸망 / 천국과 지옥이 다른 점 / 불쌍한 거지를 도운 프란시스
영원의 나라로 확신을 갖고

하나님 • 163
인생문제 해결의 공식은 하나님 / 칼 바르트의 꿈 이야기 / 하나님의 현존에 대한 의식
하나님을 우상으로 만드는 일 / 우주의 실제이신 하나님 / 전자 장비보다 더한 하나님
제라쉬의 성터 / 인간의 조건에 알맞게 / 에덴의 상실이 가져온 것
예비해 주시는 하나님 / 계시를 통하여 / 나이아가라 폭포를 만드신 분
아버지의 아들, 하나님의 아들로 / 남아 있는 마지막 방법

회개 • 177
부메랑 / 회개는 즉시 하여야 한다 / 케네디 대통령의 마지막 연설
돌아온 아들을 맞은 아버지 / 제 버릇 못 고친 술주정꾼 / 예루살렘 거리의 사람들
금괴를 버리는 바보 / '워터 게이트' 사건과 대통령 / 회개에 대한 가르침
회개는 실천의 문제 / 어느 술집 주인의 전문 내용 / 떫은 감이 맛 좋은 곶감으로
문제 해결의 지름길

제2장 성도의 삶

가정 • 194
저 하늘에도 슬픔이 / 가장 아름다운 것은 가정 / 어머니의 사진을 품에 품고
믿음을 가르쳐준 어머니 / 파 랑 새 / 저 하늘에도 슬픔이
가족과 함께 살고 싶은 어린이 / 대효(大孝) / 일의 근본은 섬기고 지키는 일
베이비(Baby) 엠(M) 사건 / 늙은 어머니와 나무꾼 아들 / 화해의 담벼락에 올라가요
야! 신난다 아빠가 곧 오신다 / 동고동락하는 가족들

고난 • 210
고통의 찬가 / 바이올린을 만드는 나무 / 고통 속의 하나님 말씀
사선(死線)을 넘어서 / 남극의 펭귄이 겨울나는 비결 / 네 은혜가 족하도다
겨울이 오는 것은 / 맛이 우러나는 홍차 주머니 / 어느 함장 부인이 보인 신뢰
고통뒤의 좋은 결과

관계 • 219

서로 붙들어 주어야할 이유 / 전쟁터에서 / 장님과 상이용사의 협조
지금 우리와 함께 있다 / 무관심과 선입견 / 상처 난 장군의 얼굴 / 대화의 실패
헤어짐과 만남의 관계 / 다른 사람을 위한 존재 / 관계와 체면 / 네로와 오크타비아
입양의 현장 / 강화도령 / 관계의 언어 / 사도 바울의 교우 정신 / 전권대사

교육 • 236

윤리적이고 신앙적인 결단 / 늘려놓은 고무줄 / 자녀들에게 많이 사용하는 세 마디
도시화가 가져오는 여러 문제들 / 용기와 칭찬을 주는 말 / 강점과 약점을 갖고

습관 • 242

죽을 줄 모르고 개구리를 쏜 전갈 / 콩알을 쫓아가는 돼지
내일로 미루는 현대인의 약점 / 이른 새가 벌레를 먹는다 / 링컨의 거룩한 습관 세 가지
노래하는 인생 / 두 가능성

욕망 • 250

하루 종일 걷다가 죽은 농부 / 기네스북에 오른 수전노 / 길 잃은 돌고래의 구조 작업
알렉산더 대왕 증후군 / 선택을 위한 세 가지 선물 / 물을 마시고 또 마시는 인생
싸이렌 섬의 유혹 / 여덟 번째 결혼 경비 / 포도원에 들어간 여우
어리석은 부자 영감 / 인간적 풍요를 거부하는 삶

용기 • 262
우리의 표적을 향해 배를 저어 가자 / 가장 용기 있는 사람 / 솔몬도의 초병
마틴 루터의 용기 / 신앙생활에는 용기와 결단이 필요 / 결단의 삶
자기반성의 용기

은혜 • 268
배은망덕의 호랑이 / 기독자의 완전 / 근본이 같은 독수리 새끼
우리는 외로운 고아가 아니다 / 미지의 여행 / 슈바이쳐가 반복한 말
사랑받는 사람이기 때문에 / 무지개 인생 / 백성들이 부른 노래
은사는 등불과 같다

인격 • 278
수취형의 인간 / 소인과 대인(大人)의 차이 / 스스로 온기를 내 품는 바위
용서의 악수 / 상달(上達)과 하달(下達)의 차이 / 해결되지 않는 갈증

인생 • 284
잠자리와 참새의 작별인사 / 안전한 백사장 / 올가의 시대는 가고…
매일 알약사는 어느 노인의 변 / 안개 낀 것 같은 인생 / 그대들은 영원히 가네
토끼몰이 / 영원을 생각하며 사는 인생 / 밀라노대 성당의 정문
언제나 준비하는 삶

자아 • 295
램브란트의 그림 / 인간의 삶이 설정한 우선순위들 / 거울은 자기만 보여 준다
빈 마음 / 꾀 많은 기러기 한 마리

자유 • 301
자유 · 독립운동의 지불표 / 흑인 노예해방 운동의 시발점 / 빈 새장의 교훈

정체성 • 307
모양이 각각 다른 옛날의 동전 / 황소로 상징되는 시카고 농구팀
원숭이와 호랑이가 가면을 벗고 / 델포이 신전의 명구 / 자기를 다스리는 일
노예 쿤타킨테의 자손의 자유 / 귀중한 소금 / 이쪽? 저쪽! / 소속감의 혼돈

지혜 • 317
편안함을 즐기다 죽은 독수리 / 구 소련팀 축구 감독의 평가 / 지혜의 눈을 가진 농부
미래를 준비해 둔 지혜로운 왕 / 시카고의 명물 시어즈 타워

제3장 믿음의 열매

감사 • 326
탄광 사고의 구출작전 / 마티 벤덴의 참회와 감사 / 믿음, 소망, 사랑, 그리고 감사

무슨 일을 당하던지 감사하는 생활 / 간증문에 쓰여진 '범사에 감사'
하나님! 모든 것을 감사드립니다 / 은전 6개를 얻은 그레첸 / 감사의 생활
다섯 손가락의 기도 / 스탠리 존스의 감사 / 발에 맞지 않는 큰 고무신
목숨을 잃은 어머니 품속에서 생존한 어린이들 / 감동을 준 모라비안 교도들의 찬송
시골 농부의 순박한 감사 / 불평보다는 오히려 감사를 / 어느 트럭 운전사의 호의

겸손 • 343
겸손한 성자 / '선조들의 세계' 소의 유대인 / 한 작은 언덕에서 십자가를 지신 겸허한 왕
어느 학생의 임종 / 빈 찻잔에 넘치도록 녹차를 따른 주지스님
겸손을 통하여 유능한 전도자로 / 군자의 이상 / 하늘을 날려다 떨어져 죽은 개구리
기독자의 첫째 되는 덕행은 겸손 / 겸손을 외면한 소비와 허영 / 태연하고 겸손함 삶
십자가 은혜에 대한 감격 / 대나무 / 벗겨진 에베레스트 산의 신비
사무엘의 귀 / 캐리 선교사의 겸손한 태도 / 알렉산더 대왕의 승마 비법
내가 얻은 구원은 죄인이기 때문에 / 하루 종일 장작을 쌓은 순종(順從)
세 사람이 함께 가면 거기에는 스승이 있다 / 공자의 인격평 / 무릎 꿇은 철권

믿음 • 366
줄타기 박사의 묘기를 반신반의 하는 관중 / 물을 떠 마시는 그릇
종탑의 상징성 / 나의 왕 나의 생명이시여! / 장군의 점령지를 어느 로마의 시민
프로 테니스 선수의 승패 / 끌고 가는 화통

사랑 • 376
세월이 흘러도 변하지 않는 어머니의 사랑 / 아름다운 사랑의 이야기
휘파람 불며 일하는 장미원의 농부 / 형제의 갈등을 풀어준 선교사
기독교의 중심인 사랑을 실천하여 달라 / 대추나무에 걸린 흰 수건들

성숙한 사람의 실천 / 피를 터트려 주는 어미 펠리컨 / 취사 당번의 사랑과 정성
어머니의 품 안에서 살아난 아이 / 현대판 '돌아온 아들'
동생과의 재회를 바라며 그리워하는 누나 / 나의 사랑 이야기를…
꽃을 받아 어머니에게 전하는 지체장애의 딸 / 진작 손을 잡을 것을…

소망 • 396
두 술주정꾼 아들의 이야기 / 그리고 그 다음에는 / 전투에서 구출된 조종사
왕자와 거지의 꿈 / 알렉산더 대왕의 미래 / 이름을 남기기 원하는 소년
미래를 준비해 둔 지혜로운 왕 / 확신과 희망의 스위치를 켜라
우리에게 희망이 있느냐? / 희망의 신학 / 영원한 집에 관심을 갖고
긍정적인 삶을 살다간 부통령

순종 • 407
뱀 꼬리의 항의 / 로마의 조각품 상인들 / 자랑할 수 없는 슬픈 '홀인원'
성도의 상표(Brand) / 리드미컬한 순종 / 원유의 사용 용도 / 성경 속에 끼워 넣은 수표
링컨대통령과 목회자들과의 대화 / 새끼줄을 성실하게 꼰 어느 머슴의 이야기
네게 한 가지 부족한 것이 있으니 / 제시카(Jessica)의 신원 판별
'아인슈타인' 박사의 설득

인내 • 420
세계 최고령자가 말하는 비결 / 근면과 절제의 생활 / 믿음과 인내는 선의 바탕이다
사랑이란 잘못을 저지른 사람에 대한 인내 / 백리해의 아내 / 단 6분이라도 화를 내면
왕세손의 인내심과 품위

전도 • 427
영원히 사는 길 / 연말 상품광고의 특징 / 하나님을 가르쳐 준 이시이 / 전도의 정의
성 프란시스의 전도 / 전도를 못한 사람이 살 작은 집
어린이 눈높이로 미술품을 감상한 선생님 / 인상이 좋았던 제퍼슨 / 링컨 대통령의 묘비

정직 • 437
바르고 정직하게 자유를 행사하여야 / 두 사돈의 변명 / 이리와 양새끼의 대화
뉴스와 선전의 차이점

축복 • 442
철도 가설을 반대한 어느 도시의 침체 / 물질 진보의 피해
두 자매의 입속에서 나오는 보석과 뱀 / 연필지우개를 착안한사람
대학총장이 된 아이젠하워의 말

확신 • 448
백성이 가지는 확신 / '예루살렘'의 여행을 포기한 노인 / 개성(開城)의 부자이야기
하나님의 귀한 보석

회복 • 455
불가능한 것의 가능성 회복 / 매연가스를 걷어내듯 / 회복은 그리스도를 바라보는 것
금괴의 주인이 누린 기쁨 / 회색의 안개 속을 걷는 인생

제4장 섬김의 도

사명 • 462

"메시지를 잘 전달하였습니다." / 세상 속에 살고 싶었던 왕자 / 수화를 모르기 때문에 사명감 / 디킨스의 성탄 캐롤 중에서 / '왕도낙토(王道樂土)'의 지름길 / 술취한 운전수 심장은 아프리카에 묻고

정의 • 471

인의만 생각하여야 합니다 / 정의는 옳은 길을 걷는 것 / 미국인의 상징 존 웨인 삶과 죽음의 관계 / 노아의 방주에 혼자 나타난 '선' / 얼룩지고 부패한 땅

제자 • 478

무항심(無恒心) / 제자들에게 약속하신 3가지 / 제자의 값 / 제자의 삶 / 제자의 길

지도자 • 482

주 지사 선거 캠페인 / 은애(恩愛)를 확대하는 것이 중요하다 / 약속과 실천 지도자의 큰 기쁨 / 리더는 책임을 질 줄 아는 사람 / 대통령에게 준 10센트짜리 동전

충성 • 489

어느 통신병의 죽음 / 유대인의 성지 맛사다 / 주님은 너희 가운데 계시다 / 주님을 위하여 모든 것을 / 충신은 불사이군(不事二君) / 그리스도의 병사 파수꾼이 졸면 부대는 전멸 / 폼페이 성의 문지기 / 미시시피강 유람선의 기관장 무덤을 지킨 충성스런 개 / 폴리캅 감독의 충성스러운 신앙 / 맹숭맹숭한 신자들 네가 나를 더욱 사랑하느냐?

평화 • 504
용서의 악수 / 한 가지 확실한 것 / 실수의 연속이 평화를 깬다 / 주신 값진 보물들
반성하지 않는 사람은 … / 칼의 두 용도 / 세상이 빼앗지 못하는 평화

헌신 • 512
진가(陳呵)의 결혼 / 피라미드를 뒤엎어 세운 사람 / 죽으면 사는 것
잠수함 속의 토끼 역할 / 조국 근대화에 공헌한 에드자이 / 땀과 피와 눈물을 주시오
페르시아의 이상스런 새 / 데미안 선교사의 헌신 / 더불어 사는 삶
과부의 엽전 두 잎 헌금 / 공주의 질병을 고친 신비스러운 사과

희생 • 527
그는 나를 위해 죽으시다 / 탈출범을 대신하여 처형된 신부님 / 어미 곰의 죽음
인생의 뜻을 더욱 탐구한 번연 / 요트 선수의 이야기
우리를 위해 싸워 상처 난 장군의 얼굴

제1장

신앙의 이해

가치관 | **교회** | **구원** | **예수 그리스도** | **기도** | **부활** | **생명** | **성경** | **성령** | **세례와 성찬** | **신앙** | **심판** | **인간** | **죄** | **죽음** | **천국** | **하나님** | **회개**

| 가치관 |

그릇된 삶의 자세

옛날 중국에 양주(陽朱)라는 사람은 인생에 대하여 이렇게 말했다.
"인간이 오래 산다고 해야 겨우 100년에 불과하지 않나? 그런데 사실 100년을 사는 사람은 천분의 일이다. 그러므로 어떤 사람이 100년을 살았다고 하더라도 가만히 따지고 보면 그가 아무것도 알지 못하고 사는 유년기와 노년기가 절반을 차지한다. 또 밤에 자는 시간과 낮에 헛되게 보내는 시간을 합쳐보면 나머지 절반을 그냥 보내는 셈이 된다. 그 다음에 환난과 질곡, 그리고 고통을 당하는 모든 시간을 합하면 다시 나머지 시간의 절반을 차지하고 만다. 그렇기 때문에 정말로 삶을 즐길 수 있는 년 수는 비록 100년을 살았다고 하여도 겨우 수 10년에 불과하다. 그렇기 때문에 살아있는 동안에 마음껏 향락을 즐기고 죽음이라는 것은 생각도 말고 잊으라"고 권하였다고 한다. 그러나 이러한 양주의 주장은 허무주의요, 향락주의적인 자세라고 말할 수 있다.

그러므로 어떤 상황과 조건에서도 성실하게 살아가는 삶의 자세야말로 축복의 근원이 된다는 사실을 기억해야할 것이다.

| 가치관 |

유랑철학자 무레터스의 항의

중세기 유명하였던 유랑철학자 무레터스(Muretus)라는 사람이 있었다. 이 사람은 너무 심각한 질병에 걸려 알타가 로마(Rome)의 길거리에 쓰러졌다. 마침내 무레터스는 들것에 실려 병원으로 옮겨졌으며 그 즉시 입원이 되었다고 한다. 며칠 후 병원의 의료진들이 무레터스의 의료상황을 라틴말로 서로 토론하는 말을 우연히 무레터스 자신이 듣게 되었다.

이 병원의 의료진들이 하는 말은 "이 환자는 살아날 가능성이 없을 뿐 아니라 또 이 환자는 죽더라도 연고자가 없기 때문에 '행려 사망자'가 될 터이니 의학적인 실험을 위하여 이 환자를 사용하자"는 말을 듣게 되었다고 한다.

그때 병원의 의료진의 입장에서는 라틴말을 이 거지 환자가 알아들으리라고는 꿈에도 생각할 수 없었기 때문에 이 같은 말을 서로 주고받았던 것이다. 그러나 유랑하는 철학자 무레터스는 의료진의 대담하는 말을 모두 알아들었으며 "여보시오 왜 사람을 가리켜 값어치가 없다고 말합니까? 그런 말을 하지 마시오. 비록 나처럼 값없는 사람을 위하여서도 그리스도는 죽으셨습니다."라고 반박하였다.

하나님의 형상대로 지음 받은 인간에 대한 근본적인 사랑을 잊지 말아야 할 것을 깨닫게 해주는 이야기다.

| 가치관 |

하늘로 날아가 버린 보석

미국 일리노이(Illinois)주의 스프링 벨리(Spring Valley)에 사는 어느 사람이 자기 아내의 생일 선물을 준비하였다. 그는 자기 아내를 위하여 루비 반지도 사고 다이아 반지도 샀다. 이 사람은 귀중한 선물들을 아름다운 생일 카드와 함께 생일 축하 풍선에 모두 묶었다고 한다.

그런데 이 사람이 루비 반지와 다이아 반지, 그리고 생일 풍선 들을 모두 자기의 자동차에 싣고 집에 도착하여 자동차의 문을 열자마자 풍선이 둥둥 뜨면서 모두 하늘로 날아가 버리고 말았다. 그러니까 생일 선물로 준비한 다이야 반지도 풍선에 함께 묶어져 있었기 때문에 물론 그 보석들도 모두 하늘로 날아가 버리고 말았다.

마침 그 날은 구름이 낮게, 그리고 짙게 낀 날이었기 때문에 찾지도 못한 채 모두를 하늘로 날려버리고 말았다고 한다. 소위 인생이 귀하게 생각하는 진귀한 보석도 어떤 의미에서는 우리의 것이 아니라는 사실을 염두에 둘 필요가 있다.

| 가치관 |

빗나간 영광

　유명한 영국의 시인 브라우닝(Robert Browning)의 작품 가운데 가난한 한 쌍의 연인에 대한 이야기를 소재로 한 작품이 있다. 한 쌍의 청순한 남녀는 서로 사랑하면서 자기들 각자의 예술 세계를 개척해 나갔다. 소녀는 음악을 전공하는 예술학도였으며 소년은 조각을 전공하는 예술학도였다.
　그런데 젊은 이 연인들은 서로 사랑하고 아끼면서도 경제적 부담감으로 결혼을 주저하는 입장이 되었다. 마침내 이 연인들은 가공의 세계를, 즉 공상의 세계를 들여다보게 된다. 이들이 깊이 빠진 공상의 세계에 따르면 음악을 공부하는 소녀는 돈 많은 어느 공작에게로 시집갔고 가난한 조각가도 성공하여 명성을 얻었기 때문에 이들 두 사람 앞에는 똑같은 성공과 출세라는 영광이 주어지는 것 같았다. 그럼에도 불구하고 작가 브라우닝은 여자 주인공의 입을 통하여 "아무도 너를 어리석은 바보라고 부르는 사람은 없으리라. 그리고 군중은 나를 총명하다고 생각해 줄 것이다. 그런데도 불구하고 우리 생애에 단 한번뿐인 진짜 영광은 우리를 비켜갔고 영원히 우리에게서 떠나버렸다"라고 고백하고 있다.
　참으로 하나님의 의지와 조명에 따라 선택하는 인간의 선택만이 값진 것이라는 사실을 느끼게 해주는 이야기다.

| 가치관 |

현저한 가치 차이

    윌리암 라커의 작품 중에 돈을 많이 소유한 부잣집 여자 주인공이 등장한다. 이 주인공은 세계의 여러 곳을 여행하면서 그 많은 돈을 거의 다 탕진하게 되는데 좋은 그림도 비싸게 사서 모으고, 신나는 도박도 하고, 환락가에도 가서 즐기면서 많은 돈을 탕진하게 된 것이다.

    그런데 어느 날 여자 주인공은 한 불란서 신사를 만나게 된다. 이 신사는 돈이나 재산 등, 물질의 소유는 별로 없지만 해박하고 깊은 지식을 갖춘 멋진 신사였다. 여자 주인공은 이 신사와 사귀게 되었다고 한다. 그런데 소비벽이 심한 여자 주인공이 이 신사와 사귀면서 점점 자기와 남자 친구와의 사이에 깊은 가치의 차이가 있음을 발견하게 되었다.

    이 작품의 마지막 부분에서 여자 주인공은 "당신이 나에게 모든 사물을 어떻게 보아야 한다는 이치를 가르쳐 주기 전까지 나는 참으로 좋아하여야 할 것을 좋아하지 못했다" 고백하였다.

    이 이야기에서 우리가 살면서 과연 우리가 이 세상에 살면서 잘못된 가치 속에 심취하여 주님의 마음을 더 아프게 하여 드렸을 때가 얼마나 많았는지 깨닫게 된다.

| 가치관 |

소헌세자비의 간택

　이씨 조선의 역사 가운데 16대 임금인 인조대왕 때의 한 이야기가 전해져 내려오고 있다. 인조는 왕태자인 소헌 세자의 비를 간택하게 되었다고 한다. 그때 조정에서는 방방곡곡에서 예쁜 규수들을 뽑아 세자비의 후보를 경선케 하였다. 그런데 예쁜 규수들 가운데 유난이 곱고 우아하게 생긴 한 여인을 뽑은 다음에 이 처녀를 세자빈으로 간택하기 위하여 일정기간 궁궐에서 갖는 훈련과 교육에 들어가게 되었다.

　그런데 어찌된 일인지 이 규수는 음식을 먹을 때 수저와 젓갈을 사용하지 않고 그저 손을 이용하여 음식을 마구 먹었다. 이런 모습으로 미루어 볼 때 이 처녀는 지체 높은 집안에서 잘 훈련된 그리고 잘 교육을 받은 규수 같지가 않았다. 거기다가 이 왕세자비 후보자를 옆에서 잘 관찰한 사람들의 평가에 따르면 "좀 정신이 이상한 사람 같다"는 평가도 있었다고 한다. 그래서 임금은 즉시 궁궐을 떠나라는 퇴청명령을 이 규수에게 내렸으며 이에 따라 이 여인은 본집으로 쫓아 보내졌다.

　그 후 이 규수는 다른 신랑감을 만나 결혼하여 가정을 이루었으며 마침내 마을에 소문난 어진 아내, 그리고 어진 어머니뿐만 아니라 어진 며느리가 되어 잘 살았다고 한다. 이런 이야기를 전해들은 임금, 인조는 탄식하여 "아! 내가 사람을 외모만 보고 평가하고 판단하였구나!" 이렇게 후회하였다는 이야기가 전해져 내려오고 있다고 한다.

　인간은 사람의 겉만 보고 평가하지만 하나님께서는 인간의 내면을 깊숙이 보신다는 사실을 우리는 늘 새겨 두어야한다.

| 가치관 |

과세 대상이 아닌 것들

어느 목사의 세무재원에 대하여 철저한 감사가 있었다. 특별히 세원에 대하여 많이 공부한 한 세무원이 목사님을 찾아가 "목사님께서는 많은 재산을 소유하고 있느냐?"라고 물었다. 이 질문에 대하여 목사님은 "나는 아주 부자입니다. 나는 가진 것이 많습니다."라고 대답하였다고 한다. 이때에 세무원은 정색을 하고 용지 한 장을 목사님 앞에 내 놓으면서 "그러면 이 용지에 목사님께서 소유한 재원을 하나 하나 모두 기록하여 주세요"라고 요청하였다.

목사님은 "내 재산중 제1호는 영원한 생명을 누리는 영생이요, 또 내 재산중 제2호는 하늘에 있는 맨션(mansion)이지요. 그리고 내 재산중 제3호는 마음속에 있는 참 평화입니다. 마지막으로 내 재산중 제4호는 말로 표현이 불가능한 기쁨이지요."라고 썼다고 한다.

가만히 쳐다보고 있던 세무서 직원은 자기가 펼쳐들었던 장부를 닫으면서 "목사님께서는 정말 부자입니다. 그런데 목사님의 재산은 하나도 과세의 대상이 되지 않습니다."라고 말하였다고 한다. 과연 성도의 삶은 영생과 기쁨, 그리고 참 평화에 대한 확신으로 충만히 채워진 부자의 삶이 돼야 할 것이다.

| 가치관 |

버려진 수표

　옛날 영국의 귀족들은 자기들, 귀족들끼리 사용하는 우아한 편지 봉투가 따로 있었다고 한다. 금박이로 된 이 봉투는 아름답고 품위 있게 잘 디자인 되어 있었다.
　그런데 어느 날 1000파운드(Pound)의 수표 한 장이 어느 귀족의 집에 배달되었는데 그 수표가 들어 있는 봉투는 금박이로 된 귀족의 편지봉투가 아니라 그냥 보통 사람들이 사용하는 편지봉투였다.
　이 수표를 배달받은 귀족은 기분이 아주 나빴다고 한다. "아니! 아무리 우리 귀족의 신분을 무시해도 이럴 수가 있단 말인가? 이렇게 푸념을 하면서 불쾌해 했다. 결국 이 귀족은 그 봉투 속에 1000파운드의 수표가 들어 있는 줄도 모르고 그냥 쓰레기 통속에 그 봉투를 버렸다고 한다. 마찬가지로 형식이나 모양, 그리고 외면의 것에만 치우치다가 내면의 가치를 상실하는 우를 범할 때가 얼마나 많은지 모른다. 또한 이 이야기에서 외형적인 가치관이 예기치 못한 불행을 가져올 수도 있음을 상기하게 된다.

| 가치관 |

눈먼 소년과 연

　스코틀랜드(Scotland)의 목사님 한분이 들에 나가 하늘에 연을 띄우는 소년을 보았다. 연을 공중에 띄우는 재미는 두말할 것도 없이 하늘 높이 연이 올라가는 것을 감상하는 신비스러운 맛이라고 한다. 그런데 이 목사님은 연을 공중으로 높이 띄우는 정상적인 소년을 본 것이 아니었다. 그 소년은 앞을 보지 못하는 눈먼 장애소년이었으며 이런 비정상적인 눈먼 소년이 하늘 높이 연을 띄우는 것을 보았다. 너무 신기하게 생각한 이 목사님은 연을 띄우는 눈먼 그 소년에게 다가가 "무슨 재미로 연을 공중에 띄우느냐?"고 물었다. "나는 푸른 창공에 오르는 연을 비록 내 눈으로는 보지를 못합니다마는 그 대신에 높은 하늘에 오르는 연을 느낄 수는 있습니다."라고 대답하였다.

　이 세상에 사는 동안 우리가 최선의 것이 아니라고 하더라도 차선의 것을 찾아 그 일에 온갖 정성을 다하는 동시에 이에 감사드리는 긍정적인 삶은 역시 중요하다는 사실을 깨닫게 해준다.

| 가치관 |

신사도의 정신

　윈스턴 처칠(Winston Churchill)이 쓴 '세계 제2차 대전 회고록'에는 그 당시 영국의 긴박했던 전시 상황이 아주 적나라하게 기록되어있다. 세계 제2차 대전이 절정에 달했을 때에 섬나라인 영국은 독일의 강력한 해군에 의하여 완전히 포위된 상태였다. 그런데 영국 정부가 비축해 놓은 비상식량은 얼마 남지 않았다. 며칠이 지나면 정부의 비축미는 모두 바닥이 날 형편이었다.

　위기를 맞은 전쟁지도자 처칠수상은 라디오를 통하여 전 영국 국민들에게 이 사실을 알리기로 결심하였다. "친애하는 영국 국민 여러분! 지금 영국은 독일의 잠수함 부대에 의해 완전히 포위가 되어 있습니다. 그런데 설상가상으로 정부가 비축해 놓은 식량은 얼마 되지가 않습니다. 그러므로 식량이 떨어진 가정은 차례차례 배급소에 가서 질서정연하게 식량을 타가기 바랍니다. 우리가 용기를 내어 이 위기를 잘 극복한다면 며칠 후에는 강력한 연합군이 적의 포위망을 뚫고 우리에게 식량을 조달해 줄 것으로 믿습니다." 이런 요지의 라디오연설을 처칠은 국민들에게 하였다.

　그런데 놀라운 사실은 그 방송이 방송된 오랜 후에도 배급소로 비상식량을 받으러 나온 사람들의 숫자는 극히 소수였다고 한다. 그렇기 때문에 처칠수상은 "영국이 세계 제2차 대전이 전승국이 된 것은 영국 사람만이 가지고 있는 또 영국 사람이 자랑하는 '신사도의 정신' 때문이었음을 강조하고 있다. 부러운 이야기가 아닐 수 없다.

 | **가치관** | 관련 성경 구절 |

- 잠 10:20
  의인의 혀는 순은과 같거니와 악인의 마음은 가치가 적으니라

- 사 2:22
  너희는 인생을 의지하지 말라 그의 호흡은 코에 있나니 셈할 가치가 어디 있느냐

- 행 5:41
  사도들은 예수님을 위해 모욕당할 만큼 가치 있는 자로 여김을 받게 된 것을 기뻐하며 의회에서 나왔다.

- 욥 28:27
  지혜를 보시고 그 가치를 시험하여 인정하셨다.

- 시 37:16
  의로운 사람의 적은 소유가 악인의 많은 재물보다 더 가치가 있다.

- 합 2:18
  우상은 사람이 새겨 만든 것인데 무슨 가치가 있겠느냐? 그것은 거짓 스승에 불과하다. 말 못하는 우상을 만든 자가 그것을 의지한들 무슨 유익이 있겠느냐?

- 요 8:54
  그래서 예수님이 다시 말씀하셨다. "내가 내 자신에게 영광을 돌리면 그것은 아무 가치도 없다. 나를 영광스럽게 하시는 분은 바로 너희가 너희 하나님이라고 부르는 내 아버지이시다.

- 행 13:46
  그러나 바울과 바나바는 다음과 같이 담대하게 말하였다. "하나님의 말씀을 먼저 여러분에게 전해야 마땅합니다. 그렇지만 여러분이 그 말씀을 거절하고 여러분 스스로 영원한 생명을 얻을 가치가 없다고 판단하기 때문에 우리가 이방인에게 말씀을 전합니다.

- 롬 2:25
  율법을 지키면 여러분의 할례가 가치가 있으나 율법을 어기면 할례를 받지 않은 것처럼 되고 맙니다.

- 롬 3:1
  그렇다면 유대인의 나은 점이 무엇이며 할례의 가치가 무엇입니까?

- 빌 3:8
  더구나 내가 모든 것을 잃어버린 것처럼 여기는 것은 내 주 그리스도 예수님을 아는 지식이 훨씬 더 가치가 있기 때문입니다. 나는 그리스도를 위해 모든 것을 잃어버렸습니다. 내가 그 모든 것을 쓰레기처럼 여기는 것은 그리스도를 얻고

- 히 11:38
  세상은 그들에게 아무 가치가 없었습니다. 그래서 그들은 광야와 산과 동굴과 땅굴을 찾아다니며 지냈습니다.

| 교회 |

교회가 주는 것

어느 교회 근처 주민 한 사람이 그 교회 담임목사를 찾아와 "무엇을 오늘날 교회가 이 세상 어디서든지 얻을 수 없는 것을 준다고 생각하느냐?"라고 물었다.

이 질문에 대하여 목사는 "교회는 예수 그리스도를 주는 곳이지요. 예수 그리스도야 말로 교회가 아니고는 이 세상 어디서나 소개 받을 수 없지요"라고 대답하였다.

그렇다. 과연 교회는 우리 주님이신 예수 그리스도를 소개하고 가르치며 전해주는 되어야 하는 동시에 감사와 영광 가운데 예배드리는 곳이 되어야하는 것이다.

교회는 나누는 공동체

영어 속담에 "내가 보관하려고 애쓰는 것은 결국 잃어버리는데 그 반대로 내가 갖지 않고 다른 사람에게 준 것은 결국 내 것으로 남게 된다."라는 말이 있다.

예수님께서도 "네게 구하는 자에게 주며 네게 꾸고자 하는 자에게 거절하지 말라"(마태복음 5:42)고 말씀하셨다. 하나님께서 우리에게 주신 축복된 물질을 자기 자신만을 위해 움켜쥐고 사는 것 보다는 선한 일을 위하여, 또 다른 사람을 위하여 보람되게 사용하는 것이 교회 공동체의 일원인 우리가 실천해야할 사명이다.

| 교회 |

크고 곧게 해 주는 교회

어느 주일의 예배시간에 아버지를 따라 교회에 간 소년이 있었다. 이 어린 소년이 아버지 옆에 앉아 목사님의 설교를 듣고 예배를 드린다는 일은 너무 지루하고 힘드는 일이었을 것이다. 그렇기 때문에 이 소년은 예배 드리는 아버지 옆에 앉아 흰 종이 한 장을 꺼낸후 그 백지위에 그림을 그리기 시작했다.

그런데 이 어린 소년은 놀랍게도 하나님의 교회에 출입하는 두 사람을 백지위에 그렸다. 한 사람은 교회에 들어오는 사람이었고 또 다른 사람은 교회에서 나가는 사람이었다. 이 소년이 그린 그림에 따르면, 교회의 들어오는 사람은 키가 작고 체격이 구불구불하게 그린 반면, 교회에서 나가는 사람은 키도 크고 또 골격도 곧게 그렸다.

너무 신기하게 생각한 아버지가 왜 그렇게 그림을 그렸는지, 그 이유를 물었다. 이에 소년은 "하나님은 작은 사람을 크게 하시고 또 구불구불한 사람을 곧게 해 주시기 때문에 교회에서 나오는 사람을 크고 곧게 그렸다는 설명했다.

우리의 영혼이 바르고 곧게 성숙해야 된다는 사실을 이 소년은 성령을 통해 이미 깨우치고 있었는지 모른다.

| 교회 |

정의와 힘과 사랑의 균형

　신학자 에밀 브루너(Emil Brunner)는 자기의 저서 '정의와 사회질서'에서 정의와 힘과 사랑은 균형 있는 삼각관계를 잘 유지하여야 함을 강조했다. 즉 사랑과 정의의 밑받침이 없는 힘은 폭력이 되기 쉬우며 또 하나님의 공의와 힘의 밑받침이 없는 사랑은 시련과 비굴로 흐르기 쉽다고 그는 주장하고 있는 것이다.
　올바른 사회질서를 확립하기 위해서는 정의의 힘과 사랑이 균형을 유지하여야 하며 알맞은 삼각관계가 유지돼야 한다는 사실을 지적했다고 볼 수 있다.
　교회는 이러한 사랑을 실천하며 하나님의 공의가 강물처럼 흐르는 사회를 이루도록 성도들을 훈련하고 함께 기도하며 솔선해야할 사명의 공동체임을 잊지말아야 한다.

| 교회 |

성도다운 충성으로 모이는 교회

　삼국시대 신라 경덕왕때 충담이라는 고승이 있었다. 그런데 그가 임금에게 바친 유명한 '안민가'가 있는데 그 '안민가'에서 충담은 "아! 임금답게, 신하답게, 백성답게 한다면 나라 안은 태평하리라."라고 읊어 나갔다. 요즘말로 '안민가'를 해석하면, '각자가 자기가 맡은 질문에 충실히 한다면 나라는 태평하고 백성들은 평안할 것이다'라고 할 수 있을 것이다.

　교회 역시 모든 일이 하나님의 크신 은혜 가운데 잘 진행되고 성도들이 평안한 삶을 즐길 수 있는 비결은 각자가 자기 일에 힘쓰는 동시에 맡은 일에 충성을 다하는 일이라는 것에 주목할 필요가 있다.

| 교회 |

베들레헴의 예배당

　일찍이 성 제롬이 말한 대로 "이 지상에서 제일 거룩한 곳으로 알려진 베들레헴의 말 구유터 위에는 우리 주님, 예수 그리스도의 탄생을 기념하여 326년에 세워진 '그리스도의 탄생교회'가 대리석 건물로 아름답게 건축되어 있다고 한다. 대리석으로 아주 잘 건축된 예배당에는 아름다운 모자이크(mosaic)로 장식되어 있으며 또 강대상 밑에는 예수님께서 탄생하신 곳이라는 표시를 큰 대리석에 은으로 된 별표를 만들어 표시해 놓았다. 그런데 이 예배상의 특색을 예배당에 들어가는 문이 단 하나뿐인데 그것도 매우 낮아 모든 사람이 짐을 벗어놓고 허리를 꾸부려야만 들어갈 수 있다고 한다. 여행 안내자의 설명에 따르면 이는 곧 겸손한 마음과 자세로 이 예배당에 들어오라는 뜻이 담겨져 있다고 한다. 주님의 성전에 들어가는 모든 사람들이 명심하여야 할 일로 생각된다.

| 교회 | 관련 성경 구절 |

1) 교회란 무엇인가
- 고전1:2 부름을 받아 성도가 된 자의 모임이
- 엡1:23 예수님 몸
- 엡5:23 교회 머리는 그리스도
- 딤전3:15 진리의 터가 되고 기둥이 됨

2) 교회를 세우신 목적
- 마16:18 반석 위에 설립
- 행20:28 예수의 피로 값 주고 산 교회
- 엡5:25 예수님의 몸을 버리고
- 엡5:26 씻어 거룩하게 하려고
- 엡5:27 거룩하고 흠이 없게 하려고
- 마18:17 죄인을 권면하기 위하여서

3) 교회의 임무
- 행11:22 선교사 파송하는 일
- 행11:26 그리스도를 가르치는 일
- 딤전5:16 참 과부를 도와주는 일
- 행14:23 장로(일군)를 세우는 일
- 히2:12 주님께 찬미하는 일
- 약5:14 병자를 위해 기도하는 일

4) 교회에서 성도의 생활 방법
- 고전10:32-33 흠이 없이 행하는 것 뭇사람의 마음을 기쁘게 하는 것
- 고전11:16 교회 규례를 지키는 것
- 고전14:5 교회의 덕을 세우는 것
- 고후8:24 사람을 보이는 것
- 롬16:4 감사하는 것이다.

| 구원 |

수갑이 채워진 미녀의 구출작전

　많은 사람들이 제 각각 취미생활을 즐기고 있다. 그런데 다양한 취미생활 가운데는 죄수들에게 채우는 수갑을 모으는 사람이 있었다. 수갑을 수집하던 그는 미국 세인트 루이스(St. Louis)에 있는 큰 부동산 회사의 사장인데, 세계 여러 나라에서 만든 각종 수갑을 많이 모았다.
　어느 날 루이스 사장의 여비서가 사장이 외출한 틈을 이용하여 이상스러운 수갑 하나를 꺼내들고 만지작거리다가 호기심이 발동되어 이 수갑을 자기 손에 끼어 보았다. 그런데 놀랍게도 수갑은 철거덕 소리를 내면서 여비서의 두 손목에 채우고 말았다. 미처 수갑의 열쇠가 어디에 있는지 확인도 하지 않은 상태에서 두 손목에 수갑이 채워졌으니 큰 낭패가 아닐 수 없었다. 아무리 두 손을 비틀어 손목을 빼어보려고 하였지만 별 도리가 없었다.
　결국에는 경찰서에 전화를 걸었으며 경찰서의 비상반이 출동하여 줄 톱으로 수갑을 자른 후 아름다운 여비서의 두 손목을 풀어 줄 수 있었다.
　우리들도 원하였던지 혹은 원하지 않았던지, 한때 죄악의 수갑을 차고 살던 사람들이었으며 그럼에도 불구하고 도저히 우리들 자신의 힘으로는 수갑을 벗을 수 없는 처지였었는데 주님의 은혜와 자비로 수갑을 벗고 자유인이 되었다는 사실에 감사해야한다.

| 구원 |

전쟁고아의 불면증 치료

세계 제2차 대전이 끝난 후 연합군 사령부는 부모를 잃은 채 방황하는 전쟁고아들을 모아 수용하였다. 그런데 밤이 되면 이들 전쟁고아는 두려움 때문에 깊은 잠을 자지 못하고 밤새도록 울기만 하였다.

이때 심리학자들이 동원되었으며 어떻게 하여야만 이 전쟁고아들이 평안한 가운데 잘 잠들게 할 수 있느냐의 문제를 갖고 연구를 하였다.

두려움에 잠 못 이루는 영혼을 우리 주님은 평안으로 인도하신다. 오늘도 잠 못드는 많은 영혼들이 고통속에 살고 잇다. 성도는 이들을 주님에게로 인도되도록 전도하고 기도해야할 사명이 있다.

제단 위에 있는 더하기 표

한 어린 유치원 아이가 예배당에서 기도 드리는 아버지를 흔들며 말을 걸었다고 한다. "아빠! 저기 더하기표가 있네요." 아빠는 기도를 마치고 "그래 예수님의 십자가는 너와 나를 묶어주는 더하기표란다"라고 어린 딸에게 대답했다고 한다.

그렇다. 어린 아이의 눈으로 본 같이 예수 그리스도의 십자가는 오늘 우리의 잘못과 죄를 속량하시고 용서해 주심으로써 새 생명을 기약하는 더하기표가 되시는 것이다.

| 구원 |

빛과 어두움

어느 식물학자의 실험 결과에 따르면, 시험으로 사용하는 흰 쥐 두 마리를 각각 투명한 유리병 속에 넣었다고 한다. 그리고 한 놈은 빛이 전혀 들어오지 않는 방에 유리병 속에 갇힌 흰 쥐를 놓아두고, 또 다른 한 놈은 빛이 환하게 잘 들어오는 밝은 방에 유리병 속에 갇힌 흰 쥐를 놓아두었는데 광선이 환하게 들어오는 방에 놓아둔 흰쥐는 캄캄한 방에 놓아둔 흰쥐보다 다섯 배나 더 오래 살았다고 한다.

우리 주님께서는 "나는 세상의 빛이니 나를 따르는 자는 어두움에 다니지 아니하고 생명의 빛을 얻으리라"(요한복음 8장12절)라고 말씀하셨음은 진리라는 사실을 깨우쳐 주고 있다.

"버스를 잘못 타지 마세요"

뉴욕(NewYork)의 허드슨(Hudson) 강변에 위치한 리버사이드(Riverside) 교회를 담임하였던 화스틱 목사께서 어느날 시내 버스(Bus)를 잘못타 큰 고생을 하였다. 그 후 그 목사님은 교회로 돌아와 '버스를 잘못 타지 마세요.' 라는 제목으로 설교를 했다고 한다.

우리가 구원과 영생에 이르는 버스를 타지 못하고 사망과 파멸로 인도하는 버스로 잘못 탄다면 큰일이라는 사실을 우리는 다른 이에게 알려주어야 한다.

| 구원 |

예방의 힘

신약 학자였던 시 에이치 다드(C H Dadd)는 "하나님께서 우리를 사랑하셔서 우리 죄를 용서하여 주시고 또 그의 한 없으신 사랑으로 우리의 연약함을 덮어주시는 동시에 승리하는 삶으로 인도해 주신다면, 사랑으로 권면하시고 또 힘을 주시는 그 복음이야말로 예방적인 것이다."라고 말했다.

의학에서 치료도 중요하지만 예방도 중요하다는 사실을 강조하는 것처럼, 역시 하나님의 크신 사랑에 근거한 복음의 이치를 깨닫는 것 역시 삶에 있어 매우 중요한 구원받는 처방이다.

| 구원 |

구원이란 하나 되는 것

　기독교가 강조하는 구원(Salvation)이라는 사실에는 몇 가지의 뜻을 담고 있다. 그중에 하나는 질병을 치료한다는 의미에서 구원을 설명하는 학자가 있으며 또 다른 하나는 '건져 낸다'는 뜻에서 구원을 이해하고 설명하는 학자도 있다. 특히 신학에서 강조하는 구원이라는 말은 영어의 'at'와 'one', 그리고 'ment'의 합성어라고 한다. 그러므로 구원이란 단어인 atonement는 '하나 되는 사건'을 말하고 있다고 한다. 그렇기 때문에 인간과 하나님과의 관계가 올바른 관계로 회복되는 동시에 인간과 인간의 관계도 바른 조명에서 하나 되게 하는 역사는 성도의 삶에서 늘 중요하다는 사실을 깨우쳐 주고 있다.

　따라서 우리 주님의 보배로운 피 공로 때문에 구원을 얻었다는 사실은 실로 놀랍고 감사 드려야 할 일이 아닐 수 없다.

| 구원 |

가석방이 불가한 살인죄수

약 1950년대 후반에 시카고(Chicago)에서는 한 백인 남성에 의해 간호학교 학생 6명이 살해당하는 끔찍한 살인 사건이 일어났었다. 그때 백인 용의자는 즉시 체포되어 재판에 회부되었으며 그는 110년의 징역을 선고받고 복역 중에 있다.

그런데 그동안 형무소에서 그 살인죄수는 모범수가 되었으며 또 이미 형무소 생활을 30년째 하고 있으므로, 그를 가석방 시키는 것이 가(可)한가 불가(不可)한가에 대한 공청회가 시카고 외곽 도시인 「리엣에서 열렸다. 그때에 희생자의 가족들은 "살인자를 모범수로 가 석방시키는 일은 있을 수 없는 일이다. 그리고 그 사람이 나오면 또 다른 사람을 죽일 텐데 어떻게 가석방의 이야기가 나오느냐?"라고 말하면서 사안을 반대했다.

이 논리에 따르면 30년 동안의 형무소 생활에서도 그 사람은 변화되지 않았으며 또 다시 살인할 수 있는 가능성만 넘친다는 이야기로 이해된다.

성도의 삶에서 다른 이가 느낄 정도로 예수 안에서 변화된 삶이 얼마나 소중한지 깊이 생각하고 또 생각해야 할 문제임을 가르쳐 주고 있다.

| 구원 |

원수를 간호해 준 사람

약 55년쯤 전에 터키에서는 알미니안 기독교 신자를 박해한 적이 있었다. 터키는 회교 국가이기 때문에 기독교를 박해한 역사를 많이 볼 수 있다. 그런데 터키 군인 한 사람이 어느 날 예수 믿는 한 가정에 쳐 들어가 그 가정의 아버지도 죽이고 아들도 죽이는 대학살을 감행했다. 이런 절박한 상황에서도 그 가정의 딸 한사람은 용하게 피신하여 처참한 학살의 비극 속에서 살아남게 된 딸의 직업은 간호원이었다고 한다. 처참한 대학살의 비극이 있은 후 수개월이 지나 한부상병이 병원에 실려 왔는데 그 부상병의 상태는 곧 죽게 될 응급환자였다. 이 중환자의 치료와 간호를 수개월 전에 아버지와 오빠를 잃은 그 간호원이 담당하게 되었다. 그런데 가만히 위독한 부상병의 얼굴을 이 간호원이 살펴보았더니 그 부상병은 바로 수개월 전에 자기 집에 침입하여 자기 아버지와 오빠를 살해한 그 군인이라는 사실을 알게 되었다. 간호원의 마음속에는 큰 동요가 왔다. 내 눈앞에 있는 원수를 어떻게 처리하면 좋을까? 번민하기 시작했다. 그러나 이 간호원은 곧 작심하고 마음의 평정을 회복했다. '나는 기독교 신자이다. 예수님은 원수까지도 사랑하라고 말씀하셨다. 그러므로 나는 이 사람을 치료해 주고 간호해 주어야 한다.' 라고 마음속에 작심을 했다고 한다. 이런 결심에 따라 이 간호원은 죽일 수도 있는 원수를 온 정성을 다하여 간호했다고 한다.

한달이 지난 후 이 군인의 병세는 호전돼 눈을 뜨게 되었다. 그런데 자기를 치료해 주는 간호원의 얼굴을 자세히 살펴보니 어디서 많이 본 낯익은 얼굴 같았다. 이 부상병은 침대에 누워 차근차근 자기의 기억을 더듬다가 마침내 기억해 내고 말았다고 한다.

이 부상병의 입장에서는 너무 놀랍기도 하고 또 너무 두렵기도 했다. 그래서 간호원에게 직접 어떻게 된 일인지 자초지종의 사실을 물은 결과 이 간

| 구원 |

호원은 얼마 전에 자기가 아버지와 오빠를 살해한 그 가정의 딸이라는 것을 확인할 수 있었다. 순간 너무 놀란 부상병은 간호원에게 "당신은 처음부터 나 라는 사람을 알고 있으면서 왜 나를 죽이지 않았습니까?"라고 물었다. 이 같은 부상병의 질문에 대해 간호원은 "내가 처음 당신을 만났을 때 죽일 생각을 가져 보았습니다. 그러나 나는 예수님을 믿는 사람입니다. 예수님은 '원수도 사랑하라'고 말씀하셨습니다. 나는 예수님의 말씀에 순종하여 당신을 용서했습니다. 당신이 이렇게 완쾌되었으니 참으로 기쁩니다."라고 대답했다.

이에 부상병은 눈물을 흘리면서 "만일 당신이 믿는 기독교가 이런 종교라면 나도 예수님을 믿겠소. 그리고 나는 크리스챤이 되겠소."라고 말했다고 한다. 성도의 삶에서 사랑과 용서가 귀하고 귀하다는 사실을 우리를 일깨워 주고 있다.

| 구원 | 관련 성경 구절 |

1) 우리의 구원은 하나님의 은혜에 근거함
- **엡 2:8** 너희가 그 은혜를 인하여 믿음으로 말미암아 구원을 얻었나니 이것이 너희에게서 난 것이 아니요 하나님의 선물이라
- **롬 3:24** 그리스도 예수 안에 있는 구속으로 말미암아 하나님의 은혜로 값 없이 의롭다 하심을 얻은 자 되었느니라
- **롬 5:15** 그러나 이 은사는 그 범죄와 같지 아니하니 곧 한 사람의 범죄를 인하여 많은 사람이 죽었은즉 더욱 하나님의 은혜와 또는 한 사람 예수 그리스도의 은혜로 말미암은 선물이 많은 사람에게 넘쳤으리라
- **롬 11:6** 만일 은혜로 된것이면 행위로 말미암지 않음이니 그렇지 않으면 은혜가 은혜되지 못하느니라
- **딛 3:7** 우리로 저의 은혜를 힘입어 의롭다 하심을 얻어 영생의 소망을 따라 후사가 되게 하려 하심이라

2) 우리의 구원은 하나님의 사랑에 근거함
- **롬 5:8** 우리가 아직 죄인되었을 때에 그리스도께서 우리를 위하여 죽으심으로 하나님께서 우리에게 대한 자기의 사랑을 확증하셨느니라
- **신 7:8** 여호와께서 다만 너희를 사랑하심을 인하여 또는 너희 열조에게 하신 맹세를 지키려 하심을 인하여 자기의 권능의 손으로 너희를 인도하여 내시되 너희를 그 종되었던 집에서 애굽 왕 바로의 손에서 속량하셨나니
- **요 3:16** 하나님이 세상을 이처럼 사랑하사 독생자를 주셨으니 이는 저를 믿는 자마다 멸망치 않고 영생을 얻게 하려 하심이니라
- **요일 4:16** 하나님이 우리를 사랑하시는 사랑을 우리가 알고 믿었노니 하나님은 사랑이시라 사랑 안에 거하는 자는 하나님 안에 거하고 하나님도 그 안에 거하시느니라

3) 우리의 구원은 하나님의 자비에 근거함
- **딛 3:5** 우리를 구원하시되 우리의 행한 바 의로운 행위로 말미암지 아니하고 오직 그의 긍휼하심을 좇아 중생의 씻음과 성령의 새롭게 하심으로 하셨나니
- **애 3:22-23** 여호와의 자비와 긍휼이 무궁하시므로 우리가 진멸되지 아니함이니이다 이것이 아침마다 새로우니 주의 성실이 크도소이다
- **시103:17** 여호와의 인자하심은 자기를 경외하는 자에게 영원부터 영원까지 이르며 그의 의는 자손의 자손에게 미치리니
- **엡 2:4-5** 긍휼에 풍성하신 하나님이 우리를 사랑하신 그 큰 사랑을 인하여 허물로 죽은 우리를 그리스도 예수와 함께 살리셨고 (너희가 은혜로 구원을 얻은 것이라)

| 예수 그리스도 |

로망 로랑의 '피에르와 류스'

로망 로랑의 작품 가운데 '피에르와 류스' 라는 것이 있다. 그 중요 내용은 신앙심이 별로 없는 평범한 두 어린 애인이 성 금요일, 교회 안에서 이상스럽게도 그리스도의 실존을 느꼈으며, 더 나아가 그리스도의 부활을 생각하면서 때마침 떨어지는 독일군의 장거리 포탄을 맞아 죽어가는 수 100명의 신도들과 운명을 함께 한다는 줄거리다.

이 작품은 전쟁의 혼돈과 폐허 속에서도 허무와 어두움, 그리고 절망의 죽음을 조금도 두려워하지 않은 채, 그리스도의 실종과 그의 부활, 그리고 영원한 생명을 깊이 믿으며 평안하고 조용한 마음으로 죽어가는 모습을 목자들에게 보여 주고 있다.

하나님의 형상대로 지음 받은 우리도 영원한 생명이 되시는 그리스도 안에서 믿음으로 평안하게, 그리고 뜻있게 사는 신앙인이 되어야 함을 깨우쳐 주고 있다.

| 예수 그리스도 |

그리스도와 세 가지 기적

　하나님의 아들께서 육신의 몸으로 이 땅에 오신 사건은 하나님의 사랑을 우리에게 잘 보여주실 뿐 아니라 죄인을 구원하시려는 하나님의 뜻과 하나님 주권을 잘 나타내는 사건이라고 말들을 한다.
　일찍이 종교개혁을 주도했던 마틴 루터(Martin Luther)는 자기 자신의 성탄 설교에서 "우리 주님, 그리스도의 탄생에 부쳐, 우리에게는 세 가지의 기적이 있는데, 첫째는 하나님께서 인간이 되셨다는 사실이며, 둘째로 처녀가 성령으로 잉태했다는 사실도 역시 기적이 아닐 수 없다고 말했다. 셋째는 마리아가 성령으로 잉태되었다는 천사의 선언을 믿고 그대로 받아 들였다는 사실도 기적이다."라고 말했다고 한다. 이런 조명에서 기독교는 참된 기적의 종교라는 사실을 깨우쳐 주고 있다.

| 예수 그리스도 |

예수님의 장례식 설교

세례 요한은 잡힌 후 곧 처형되었다. 그런데 세례 요한의 참수형에 이어 있었을 그의 장례식과 연관하여 죠지 베스(George Bass)는 다음과 같은 풍자의 이야기를 했다.

만약 예수님께서 세례 요한의 장례식에 참석하셨다면 예수님께서는 요한의 장례식 주례설교를 이렇게 이어 갔을 것이라고 풍자했다. "요한아! 그대가 질문했던 질문에 대한 대답은 아주 간단하다네. 메시야의 징표는 다름이 아니라 하나님을 섬기고, 하나님의 백성인 사람들을 섬기는 봉사가 곧 징표가 되는 것일세, 그런데 그대는 이 진리를 깨닫지도 못하고 죽었네. 그만…" 이 풍자의 이야기는 바로 오늘을 사는 성도들에게 주는 큰 깨우침과 가르침이라고 말들을 하고 있다.

| 예수 그리스도 |

혼돈의 도시에 오신 예수

1979년 오하이오(Ohio)의 신시내티(Cincinatti)에서 영국의 한 록엔 롤 구룹(Rock a roll Group)이 공연을 했는데 많은 시민들이 입장권을 사들고 서로 들어가려고 밀치다가 젊은이들 12명이 밟혀 죽는 참사가 일어났었다고 한다. 그런데 소위 국제화된 신시나티의 도시보다 훨씬 작은 도시 베들레헴(Bethlehem)에 호적 하러 몰려온 손님들로 꽉 차 이 도시는 글자 그대로 혼돈과 공포 어두움이 깔린 무서움의 거리였을 것이라고 말들을 하고 있다. 이토록 낯선 거리의 말구유에 요셉과 마리아는 자리를 잡았으며 거기서 어린 예수님은 탄생하셨다. 그렇기 때문에 교부로 활동했던 크리소스톰(John Chrysostom)은 베들레헴은 이 세상에서 제일 귀하고 거룩한 도시라고 말했다고 한다. 그러니까 어린 예수님의 탄생은 무서운 공포의 도시를 변화시켜 이 세상에서 제일 귀하고 가장 거룩한 도시로 만들었다는 사실을 깨우쳐 주고 있다.

| 예수 그리스도 |

성탄의 별은 축복된 희망

청교도 문학가로 잘 알려진 토마스 하디(Thomas Hardy)는 "성탄의 별은 축복된 희망일세! 그는 우리의 간구를 아셨으나 우리는 그의 희망과 축복을 의식 못했었네…"라고 말하였다. 과연 구원의 섭리를 겸손한 마음으로 바라보며 경배하는 사람에게는 축복으로 응답하시고 자비로 인도해 주신다는 믿음과 희망 속에서 늘 정진하는 삶이 되어야 함을 깨우쳐 주고 있다.

평화의 대왕

잘 알려졌던 시인 제임스 로웰(James Lowell)은 성탄을 묘사하여 "영혼의 상함으로 가득 찬 가엾은 자들이여! 믿음으로, 통곡의 밤을 맞은 그대들에게 천사의 노래 소리는 매일 같이 들릴지니 오늘날 평화의 대왕이 우리를 위하여 나셨음이니라"라고 말했다. 참으로 우리의 주님! 예수 그리스도께서는 평화의 대왕으로 우리를 위하여 이 세상에 오셨기 때문에 믿음으로 맞이하여야 한다는 사실을 깨우쳐 주고 있다.

| 예수 그리스도 |

참된 구속자

영국의 석학 아놀드 토인비(Anorld Toynbee)에 따르면, 이 세상에는 네 종류의 구속자가 존재한다는 사실을 말했다. 첫째는 정치적인 구속자를 가르치는 군왕으로서의 구속자를 말했으며, 둘째는 철학이나 선생 등을 가르치는 책으로서의 구속자를 말했다. 그리고 셋째는 군인의 유형을 가르치는 칼의 구속자를 이야기했다고 한다. 마지막으로 사회적 존재를 가르치는 우상으로서의 구속자를 말했다.

그런데 토인비가 지적하는 이 세상의 권력자나, 구속자 모두는 결국 죽음이라는 장벽을 넘지 못하였다는 사을 강조했다. 그러므로 토인비는 이 세상의 마지막 길인 죽음이라는 언덕을 넘어 인간이 바라보는 그 지평선을 충분히 채우실 오직 한분 그 분만이 이 세상의 참된 구속자가 되신다고 말했던 것이다.

전능하신 하나님의 독생자이신 예수 그리스도께서만 참된 구속자가 되신다는 사실을 깨우쳐 주고 있다.

| 예수 그리스도 |

왕으로써의 권위와 섬기는 종

유명한 시인 키플링스(Kiplines)는 자작시 '차가운 무쇠'에서 왕으로써 군림하는 그리스도의 권위와 섬기는 종으로써 겸손과 인자를 겸비하신 그리스도에게서 서로 엉킨 역설을 노래하면서 "그리스도에게 왕의 면류관을 싸우자, 금이 아니라 겸손으로 도색된 이 아름다운 면류관을 씌우자"라고 노래했다.. 하나님의 아들이면서 섬기는 겸손한 종으로 우리에게 오신 그리스도의 성격에 대해 깊은 깨우침을 주고 있다.

임금님의 행차

옛날 동방세계에서는 임금이 어디를 행차할 때는 미리 시신들이 나들이 할 그곳에 파견되어 자기 임금을 맞이할 준비를 시켰다고 한다. 즉 임금이 행차할 때에 지나갈 길도 깨끗하게 쓸고 또 길도 잘 닦게 했으며, 그리고 임금이 돌아볼 그곳에 잘 못된 것이 있나 없나를 확인하고 아주 세심한 점검을 했었던 것이다. 이렇게 해서 잘 준비된 길을 밟고 임금의 행차는 옮겨졌다.

성경에 나오는 세례 요한의 역할은 뒤에 오시는 예수님을 준비하는데 그것은 그저 눈에 보이는 카페트를 깔아 드리기 위해서가 아니라 오직 사람들에게 영적인 준비를 시키기 위해 애쓴 것을 생각할 때 오늘의 우리도 재림하실 구주의 왕이신 예수님 오시는 날을 예비하고 준비하는 신앙의 자세를 다시 되새겨 보아야겠다.

| 예수 그리스도 | 관련 성경 구절 |

- **마 3:17**
하늘로서 소리가 있어 말씀하시되 이는 내 사랑하는 아들이요 내 기뻐하는 자라 하시니라

- **마 17:5**
말할 때에 홀연히 빛난 구름이 저희를 덮으며 구름 속에서 소리가 나서 가로되 이는 내 사랑하는 아들이요 내 기뻐하는 자니 너희는 저의 말을 들으라 하는지라

- **벧후 1:17**
지극히 큰 영광 중에서 이러한 소리가 그에게 나기를 이는 내 사랑하는 아들이요 내 기뻐하는 자라 하실 때에 저가 하나님 아버지께 존귀와 영광을 받으셨느니라

- **요 5:37**
또한 나를 보내신 아버지께서 친히 나를 위하여 증거하셨느니라 너희는 아무 때에도 그 음성을 듣지 못하였고 그 형용을 보지 못하였으며

- **요일 5:9**
만일 우리가 사람들의 증거를 받을찐대 하나님의 증거는 더욱 크도다 하나님의 증거는 이것이니 그 아들에 관하여 증거하신 것이니라

- **요 20:28-29**
도마가 대답하여 가로되 나의 주시며 나의 하나님이시니이다. 예수께서 가라사대 너는 나를 본 고로 믿느냐 보지 못하고 믿는 자들은 복되도다 하시니라

- **눅 22:69-70**
그러나 이제 후로는 인자가 하나님의 권능의 우편에 앉아 있으리라 하시니 다 가로되 그러면 네가 하나님의 아들이냐 대답하시되 너희 말과 같이 내가 그니라

- **요 12:45**
나를 보는 자는 나를 보내신 이를 보는 것이니라

- **요 14:7-10**
너희가 나를 알았더면 내 아버지도 알았으리로다. 이제부터는 너희가 그를 알았고 또 보았느니라 빌립이 가로되 주여 아버지를 우리에게 보여 주옵소서. 그리하면 족하겠나이다 예수께서 가라사대 빌립아 내가 이렇게 오래 너희와 함께 있으되, 네가 나를 알지 못하느냐 나를 본 자는 아버지를 보았거늘 어찌하여 아버지를 보이라 하느냐 나는 아버지 안에 있고 아버지는 내 안에 계신 것을 네가 믿지 아니하느냐 내가 너희에게 이르는 말이 스스로 하는 것이 아니라 아버지께서 내 안에 계셔 그의 일을 하시는 것이라

- **요 16:15**
무릇 아버지께 있는 것은 다 내 것이라 그러므로 내가 말하기를 그가 내 것을 가지고 너희에게 알리리라 하였노라

- **요 10:30**
  나와 아버지는 하나이니라 하신대

- **롬 9:5**
  조상들도 저희 것이요 육신으로 하면 그리스도가 저희에게서 나셨으니 저는 만물 위에 계셔 세세에 찬양을 받으실 하나님이시니라 아멘

- **골 2:9**
  그 안에는 신성의 모든 충만이 육체로 거하시고

- **히 1:3**
  이는 하나님의 영광의 광채시요 그 본체의 형상이시라 그의 능력의 말씀으로 만물을 붙드시며 죄를 정결케 하는 일을 하시고 높은 곳에 계신 위엄의 우편에 앉으셨느니라

- **요 1:1-2**
  태초에 말씀이 계시니라 이 말씀이 하나님과 함께 계셨으니 이 말씀은 곧 하나님이시니라 그가 태초에 하나님과 함께 계셨고

- **마 16:16**
  시몬 베드로가 대답하여 가로되 주는 그리스도시요 살아계신 하나님의 아들이시니이다

- **고후 13:13**
  주 예수 그리스도의 은혜와 하나님의 사랑과 성령의 교통하심이 너희 무리와 함께 있을 지어다

| 기도 |

기도는 꽃밭에 물주는 작업

　중세기 묵시자라는 별명을 가졌던 성녀 테레사(Teresa Avila)가 있었다. 테레사는 기도의 사람이었으며 그녀의 기도는 신비력을 가지고 있었기 때문에 기도를 통해 많은 권능을 발휘했다. 그런데 테레사는 자기의 체험에 근거하여 기도를 '정원의 화초에 물주기'로 비유했다. 즉 우리의 영혼은 정원과도 같은데 하나님께서는 이 정원에 잡초를 뽑으시고 아름다운 꽃들을 심어놓으시기를 원하신다고 말했다.
　물론 우리는 기화요초 만발한 아름다운 정원을 유지하려면 촉촉하게 물을 주는 작업이 필요하다는 사실을 잘 알고 있다. 만약 물을 주지 않으면 아름다운 꽃들은 모두 시들어 버리고 말기 때문이다. 이 아름다운 꽃들이 시들지 않도록 물을 주는 작업이 바로 기도라고 수도사 테레사는 말했다. 마치 우물물을 길어다 화원에 물주는 것처럼 기도의 첫 번째 단계는 어렵고 힘들지만 인내로 노력하고 힘쓸 때 기도의 은사와 축복이 쏟아진다는 사실을 우리는 깨달아야겠다.

| 기도 |

기도는 영혼의 성실한 간구

제임스 몽고메리(games Montgomery)는 기도에 대해 이렇게 갈파했다 . "기도는 영혼의 성실한 욕망이면서도 표현될 수 없는 영혼의 간구이기 때문에 영혼의 성실이야 말로 기도에서는 중요하다. 새는 날개를 저어 창공을 날지만 창공이 진동되지는 않는다. 왜냐하면 영혼이 없기 때문이다. 그런데 만일 우리가 입술로만 날개를 저어 나간다면 하나님의 응답이 진동되지 않는다. 왜냐하면 거기에는 역시 영혼이 없기 때문이다. 그러므로 영혼의 성실한 기도를 우리는 하나님께 드려야 한다."라고 말했다.

그렇다, 영혼의 성실성이야말로 말로 기도에 있어서 중요하다는 사실을 우리는 알아야 한다.

기도의 동력

'천로역전'의 저자인 존 번연(John Bunyan)은 "기도에서는 심장 없이 중언부언 종잡을 수 없는 말을 하면서 방황하는 것 보다 오히려 심장을 갖고 간단명료하게 드리는 기도가 훨씬 더 낫다"고 말했다고 한다. 그러므로 성도의 기도는 마음과 뜻과 정성을 다 묶어드리는 간절한 기도가 되어야 함을 가르치고 있다.

| 기도 |

기도의 장소

　기도의 장소에 대하여 이야기하신 예수님의 가르침 가운데 기도는 "골방에 들어가 문을 닫고 은밀한 중에 계신 네 아버지께 기도하라"(마태복음 6:6 상반절)고 말씀하셨다. 예수님께서 가르쳐 주신 골방을 미국의 표준성경은 안방(Inner room)으로 번역하고 있으며 칼빈(Calvin)의 성경은 내실(Inner Chamber)로 번역하고 있다고 한다. 또 예루살렘(Jerusalem) 성경은 독방(Private room)으로 번역했다고 한다.
　한편 골방이라는 명사는 템노에서 나왔는데 이는 절단이나 단절의 뜻을 가지고 있다. 그러므로 예수님 말씀의 뜻은 '마음이 자유롭고 외부로부터, 방해가 전혀 없으며 또 하나님의 영광을 위하여 순수한 요구가 가능한 동시에 하나님만을 생각할 수 있는 장소'에서 기도를 드리라는 가르침이라고 생각하게 된다.

| 기도 |

신호등의 신호 따라

자동차는 우리 생활에서 중요한 교통의 수단이 되었다. 그런데 자동차를 운전할 때에는 몇 가지의 교통신호를 잘 따라야 한다. 교통신호를 무시하거나 위반했을 때는 무질서와 혼돈 속에서 사고의 위험은 절대적이다. 우선 자동차는 반드시 파란 신호등이 켜졌을 때만 통과해야 하며 그 반대로 붉은색의 신호등이 켜졌을 때는 반드시 정차하여야 된다. 만약 붉은 신호등이 켜져있는데도 불구하고 자동차를 몰고 그냥 통과하면 경찰에 붙잡히는 일은 고사하고 큰 교통참사를 일으킬 것이 분명하다는 사실을 잘 알고 있다.

마찬가지로 기도하라는 신호등이 지금 켜져 있는데도 불구하고 그 신호등을 무시하고 그냥 통과를 시도한다면 큰 참사를 면할 수 없으리라.

그러므로 시시각각 우리 마음속에 켜지는 성령의 신호에 따라 정직한 마음으로 기도에 힘쓰는 성도의 삶이 되어야 할 것이다.

| 기도 |

주님의 뜻이 이루어지이다

    천주교회의 성녀로 알려진 게루트루드가 주님께 기도드릴 때는 늘 "주님의 뜻이 이루어지이다."라는 말을 반복했었다고 한다. 어느 날 그녀가 하나님께 기도를 드리면서 중간 중간에 "주님의 뜻이 이루어지이다."라는 말을 반복하는 중이었는데 주님께서 오른손에는 건강을 왼손에는 병을 들고 나타나, "내 딸아! 네가 원하는 것을 택하라"고 게루트루드에게 말씀하셨다. 이때 게루트루드는 "오 주여! 내 뜻이 아니라 당신의 뜻을 이루어 주시옵소서!"라고 말했다고 한다.
    그렇다. 내 뜻이 아니라 정말로 주님의 뜻이 이루어져 달라고 기도드리는 이런 기도가 바로 신자의 참된 기도라고 할 것이다.

| 기도 |

없는 자가 되게 하소서

일본의 유명했던 무교회주의 기독교인인 우찌무라 간조는 일찍이 오직 하나님만의 영광을 위해 자기는 아무것도 아닌 것이 되게 해 달라고 간절히 기도드린 적이 있었다고 한다. 그의 기도문에 따르면 "하나님! 내 이름은 더럽혀져도 좋습니다. 그 대신 내 하나님의 이름만 높여지면 족합니다. 나는 욕을 먹어도 좋습니다. 그러나 내 하나님께서만 영광을 받으시면 족합니다. 원컨대 내 하나님께 영광이 돌아가기 위해 나로 하여금 없는 자가 되게 하소서"라고 기도 드렸다고 한다.

성도의 삶은 늘 우리 하나님의 영광을 위해 자기를 부인하고 십자가를 지고 주님을 따라 가는 생활이 되어야 한다는 사실을 생각할 때 우찌무라의 기도는 우리에게 큰 가르침을 주는 기도라고 생각된다.]

| 기도 |

참된 기도의 정신

단테는 그의 저서 신곡에서 "우리는 하나님의 뜻 속에서 평화를 얻는다는 사실을 알기 때문에 우리의 소원보다는 하나님의 뜻이 먼저 실현되도록 해 달라고 소원하는 것이 참된 기도의 정신이다"라고 말했다.

예수님께서는 "뜻이 하늘에서 이룬 것 같이 땅에서도 이루어지이다"(마태복음 6:10 하반)라고 우리에게 가르쳐 주셨음을 생각하면서 참된 기도의 정신을 이해하는 동시에 주님의 뜻과 그의 영광을 이 땅 위에 확장시켜 나아가는 사명을 잘 감당하여야 될 것이다.

생각이 없는 언어는

영국의 문호였던 셰익스피어(William Shakespeare)는 그의 작품인 '햄릿'(Hamlet)에서 "나의 언어는 하늘을 날아가는데 나의 생각들은 하늘 아래 머문다. 생각 없는 언어는 결코 하늘을 날아가지 못한다."라고 말했다. 과연 우리 하나님께서 응답하시는 기도는 귀한 생각과 함께 정성을 다해 드리는 기도가 돼야 할 것이다. 그렇지 못한 간구와 기도는 하나님께로 전달되지 않는다는 사실을 깨닫게 해 준다.

기도 | 관련 성경 구절

성경은 기도에 대해 무엇이라 하는가?

1) 구한 것은 즉각적으로 응답하심
- 출 9:33 모세가 바로를 떠나 성에서 나가서 여호와를 향하여 손을 펴매 뇌성과 우박이 그치고 비가 땅에 내리지 아니하니라
- 출 15:24 백성이 모세를 대하여 원망하여 가로되 우리가 무엇을 마실까 하매
- 출 15:25 모세가 여호와께 부르짖었더니 여호와께서 그에게 한 나무를 지시하시니 그가 물에 던지매 물이 달아졌더라 거기서 여호와께서 그들을 위하여 법도와 율례를 정하시고 그들을 시험하실새

2) 구한 것을 지연하여 응답하심
- 시 22:1 내 하나님이여 내 하나님이여 어찌 나를 버리셨나이까 어찌 나를 멀리하여 돕지 아니하옵시며 내 신음하는 소리를 듣지 아니하시나이까
- 행 16:7-10 무시아 앞에 이르러 비두니아로 가고자 애쓰되 예수의 영이 허락지 아니하시는지라 무시아를 지나 드로아로 내려갔는데 밤에 환상이 바울에게 보이니 마게도냐 사람 하나가 서서 그에게 청하여 가로되 마게도냐로 건너와서 우리를 도우라 하거늘 바울이 이 환상을 본 후에 우리가 곧 마게도냐로 떠나기를 힘쓰니 이는 하나님이 저 사람들에게 복음을 전하라고 우리를 부르신 줄로 인정함이러라

3) 구한 것을 거절로 응답하심
- 신 1:45 너희가 돌아와서 여호와 앞에서 통곡하나 여호와께서 너희의 소리를 듣지 아니하시며 너희에게 귀를 기울이지 아니하셨으므로
- 고후 12:8-9 이것이 내게서 떠나기 위하여 내가 세번 주께 간구하였더니 내게 이르시기를 내 은혜가 네게 족하도다 이는 내 능력이 약한데서 온전하여짐이라 하신지라 이러므로 도리어 크게 기뻐함으로나의 여러 약한것들에 대하여 자랑하리니 이는 그리스도의 능력으로 내게 머물게 하려함이라

4) 구한 것을 이상으로 응답하심
- 왕상 3:13 내가 또 너의 구하지 아니한 부와 영광도 네게 주노니 네 평생에 열왕 중에 너와 같은 자가 없을 것이라
- 눅 1:14 너도 기뻐하고 즐거워할 것이요 많은 사람도 그의 남을 기뻐하리니

5) 구한 것과 다른 것으로 응답하심
- 출 33:19 여호와께서 가라사대 내가 나의 모든 선한 형상을 네 앞으로 지나게 하고 여

호와의 이름을 네 앞에 반포하리라 나는 은혜 줄 자에게 은혜를 주고 긍휼히 여길 자에게 긍휼을 베푸느니라
- **창 15:4** 여호와의 말씀이 그에게 임하여 가라사대 그 사람은 너의 후사가 아니라 네 몸에서 날 자가 네 후사가 되리라 하시고

| 부활 |

빈 새장의 교훈

영국에서 유명했던 스펄전(Charles Spurgeon)목사가 런던(London)의 큰 교회에서 목회할 때였다. 어느 날 스펄전 목사가 런던의 길거리를 걸어가는데 한 소년이 새 장속에 들새 한 마리를 넣어 들고 가는 모습을 보게 되었다. 스펄전 목사는 이 소년을 잠깐 세워 놓고 "너는 그 새를 갖고 도대체 무엇을 할 작정이냐?"라고 물었다. 그때 이 소년은 "글쎄요, 나는 이 새를 가지고 장난하고 놀다가 싫증이 나면 죽여 버리지요…" 이렇게 대답했다.

이 말을 들은 스펄전 목사는 조롱 속에 있는 들새 한 마리에 대해 연민의 정이 생겼다. 그래서 스펄전 목사는 자기에게 이 새를 팔라고 소년에게 말하였다. 그때 소년은 신이 나서 2 파운드를 주면 새를 팔겠다고 대답했다. 그 당시 영국 돈으로 2파운드의 미국 현 환율로 100달러쯤 된다. 스펄전 목사는 그 소년에게 2 파운드를 지불하고 새를 샀으며 들새를 사자마자 그는 즉시 새장 속의 들새를 하늘로 날아가게 놓아 주었다.

그 다음날 부활주일에 스펄전 목사는 빈 새장을 가져다가 강대상 위에 올려놓았다고 한다. 그리고 설교를 시작했다. 스펄전 목사는 빈 새장에 대한 자초지종의 이야기를 모두 교인들에게 털어 놓고 나서 "이 빈 새장의 이야기와 같이 예수님께서는 우리를 위해 똑같은 일을 하셨습니다." 죄가 우리를 새장 속에 가두고 도망치지 못하게 하였습니다. 그때 예수님은 죄라는 소년에게 다가 갔습니다. "너는 이 새장속의 사람들을 가지고 어떻게 할 작정이냐?"라고 물으셨습니다. "나는 이 사람들에게 서로 서로 미워하는 것을 가르쳐 줄 것입니다. 그리고 내가 싫증날 때까지 이 사람들을 데리고 장난하다가 싫증이 나면 죽여 버릴 것입니다"라고 죄가 대답했습니다. 예수님은 다시 묻기를 "얼마를 주면 이 사람들을 돌려줄 수 있느냐?"고 했습니다. 그 때 죄는 "예수님! 당신은 이 사람들을 원하지 않지요. 이 사람들은 당신을 미

위하였고 배반하였으며 그리고 십자가에 못 박았지요. 아주 나쁜 짓을 많이 했지요. 그러나 당신이 이 사람들을 사기를 정말로 원한다면 당신의 눈물과 핏방울까지 다 짜서 내십시요"라고 죄는 예수님께 말했다고 한다. "우리를 죽음의 새장 속에서부터 해방시키고 구원하기 위하여 예수님께서는 그 댓가를 지불하시고 십자가에서 돌아가셨습니다…" 이렇게 스펄전 목사는 감동어린 부활절 선교를 했다고 한다. 그런데 이 부활절 설교는 전국 방방곡곡의 많은 사람들에게 중계되어 큰 감명을 주었다.

우리 주님께서 우리의 죄를 위해 십자가에서 돌아가신 참 뜻을 깨우쳐 주는 은혜의 말씀이 아닐 수 없다.

| 부활 |

묘 앞에 타오르는 불빛

미국의 '새로운 개척'(New Frontierism)을 외쳤던 대통령, 케네디(John F. Keunedy)의 묘 앞에는 영원히 꺼지지 않는 구원의 불이 타고 있다. 이 불빛 앞에서 수많은 방문객들은 불의의 총탄에 쓰러진 젊은 대통령의 생애를 기억하고 송덕하는 동시에 존경을 표하고 간다.

그러나 우리의 죄와 허물 때문에 우리를 구원하기 위해 십자가에서 돌아가신 주님의 묘는 빈 무덤이었다는 사실은 놀라운 일이 아닐 수 없다. 전능하신 하나님의 독생자이신 주님은 부활 승천하셨기 때문이며 이에 진심으로 감사드려야 할 것이다.

십자가와 부활

신약 신학자로 잘 알려졌던 루돌프 불트만(Rudolf Bultman)은 복음서 가운데 가장 중요한 요점은 '십자가와 부활'이라고 말했다. 그 이유는 모든 성도는 부활하신 우리 주님을 만나 늘 자기 결단을 해 나가야 하기 때문이라고 말했다.

모든 성도는 우리를 위해 십자가에서 돌아가시고 또 부활하신 주님을 꼭 만나는 성도의 삶이 돼야 함을 깨우쳐 주고 있다.

| 부활 |

앤나 파브로바의 죽음

1900년 초 구 소련의 무용수로 잘 알려진 앤나 파브로바가 런던(London)의 아폴로(Apollo)극장에서 죽어가는 백조의 역을 맡아 무용을 하기로 예정되어 있었다. 그런데 바로 공연 이틀 전에 그 유명한 무용수는 폐렴으로 세상을 떠났다.

주인공이 세상을 떠나 없는데도 불구하고 영국의 시민들은 애석한 마음으로 그날 약속된 공연장으로 몰려들었다. 그리고 공연이 예정되었던 바로 그 시간에 오케스트라(Orchestra)의 반주는 시작되었으며, 오케스트라의 반주에 맞추어 무대의 막은 서서히 올라갔다.

이때 무대의 조명등 하나가 캄캄한 무대위의 여기 저기를 비추면서 분주하게 움직이기 시작했다. 그러니까 조명등 하나에서 나오는 불빛이 오케스트라 반주에 맞추어 무대의 빈 공간 위에서 춤추기 시작했다.

이 순간 청중들은 조용히 자기들의 자리에서 일어나 죽은 무용수 파프로바를 마음속으로 기리며 생각했다. 즉 무대 위에서 흰 옷을 입고 춤을 추었어야 하는 무용수들, 그리고 빛나는 흑갈색의 눈동자를 가진 무용수 파프로바를 청중들은 생각했다.

마침내 오케스트라의 음악이 끝났을 때 청중들은 요절한 파프로바를 생각하고 기리면서 미친 듯이 박수를 쳤다고 한다. 불빛만 춤추는 빈 공간에서 청중들은 파프로바를 생각하고 또 생각했던 것이다.

하나님의 귀한 말씀은 우리 마음속에, 우리를 위해 죽으시고 다시 사신 하나님의 아들이신 예수님을 조명해 주고 또 조명해 주고 있다고 하겠다. 그 말씀 속에서 예수님을 기억하며 승리의 삶을 살아야 할 것을 가르쳐 주고 있다.

| 부활 |

집단에서 고독으로

　예수님께서 부활하셨을 때 부활하신 선생님을 만나지 못한 유일한 제자가 있었는데, 그는 곧 도마였다. 그런데 평소에 존경하고 사랑하던 선생님들, 그것도 부활하신 선생님을 만나지 못한 실수는 다름이 아니라 그가 집단(Togetherness)을 떠나 어디로인지 혼자 고독(Loneliness)의 장으로 떨어져 나갔던 점이라고 말하는 사람이 있다.

　일찍이 영국의 명장(名將)이었던 넬슨(Nelson)제독은 "내가 승리한 것은 위대한 형제들의 집단을 지휘하는 행복을 가졌기 때문이었다"라고 말했다.

　어떤 상황에서도 늘 함께 하여야 할 성도의 생활을 잘 가르쳐 주고 있다.

| 부활 |

본 회퍼의 마지막 이야기

    세계 제2차대전 말에 독일에서는 나치스(Nazis)에 저항하는 양심 운동이 여기저기에서 많이 일어났다. 그 중에 디트릭 본 회퍼(Dietrich Bonhoeffer)는 양지쪽에서 놀고 있는 순진무구한 어린 아이들을 트럭을 몰고 다니며 쳐 죽이는 난폭한 주정뱅이 운전수를 처리해야 된다는 생각에서 히틀러(Adolf Hitler)의 암살단에 가담했다.
    그런데 사건의 모의가 발각되어 본회퍼는 체포되었으며 1945년 4월 9일까지 감옥생활을 하다가 마침내 처형되었다. 이때 본회퍼와 같은 감방에서 옥중생활을 함께 했던 사람의 증언에 따르면 본 회퍼는 동료들을 위해 아침예배를 인도하면서 늘 부활과 부활의 희망에 대해 설교를 했다. 그런데 어느 날 아침예배의 마지막에 이르렀을 때, 한 간수가 오더니 본 회퍼의 이름을 불렀다. 그리고 그 간수는 본 회퍼를 데리고 나갔다. 동료 감방원들은, 이 길이 바로 본 회퍼가 마지막을 간다는 사실을 알았다고 한다.
    형장으로 끌려가던 본 회퍼는 잠깐 걸음을 멈추더니 뒤를 돌아보고 감방의 동료들에게 "친구들이여! 내가 가는 이 길은 마지막을 가는 길입니다. 그러나 진짜로 나에게 있어 이 길은 마지막이 아니라 새 삶을 시작하는 시작의 길입니다"라고 말했다. 본 회퍼 그는 그의 무덤 문 앞을 가렸던 바위덩어리가 뒹굴러 나갈 것이라는 사실을 알았음을 그의 동료들은 증언해 주고 있다. 본 회퍼, 그는 부활을 알았고 또 부활을 믿었기 때문에 우리에게도 부활의 진리를 가르쳐 주고 있다.

부활 | 관련 성경 구절

1) 부활을 성취한 것은 하나님의 능력임
- 행 2:24 하나님께서 사망의 고통을 풀어 살리셨으니 이는 그가 사망에게 매여 있을 수 없었음이라
- 고전 15:14 그리스도께서 만일 다시 살지 못하셨으면 우리의 전파하는 것도 헛것이요 또 너희 믿음도 헛것이며
- 행 3:15 생명의 주를 죽였도다 그러나 하나님이 죽은자 가운데서 살리셨으니 우리가 이 일에 증인이로라
- 벧전 1:3 찬송하리로다 우리 주 예수 그리스도의 아버지 하나님이 그 많으신 긍휼대로 예수 그리스도의 죽은 자 가운데서 부활하심으로 말미암아 우리를 거듭나게 하사 산 소망이 있게 하시며
- 행 10:39-40 우리는 유대인의 땅과 예루살렘에서 그의 행하신 모든 일에 증인이라 그를 저희가 나무에 달아 죽였으나 하나님이 사흘만에 다시 살리사 나타내시되
- 엡 1:20 그 능력이 그리스도 안에서 역사하사 죽은 자들 가운데서 다시 살리시고 하늘에서 자기의 오른 편에 앉히사
- 롬 10:9 네가 만일 네 입으로 예수를 주로 시인하며 또 하나님께서 그를 죽은자 가운데서 살리신 것을 네 마음에 믿으면 구원을 얻으리니

2) 부활을 성취한 것은 그리스도의 능력임
- 요 10:18 이를 내게서 빼앗는 자가 있는 것이 아니라 내가 스스로 버리노라 나는 버릴 권세도 있고 다시 얻을 권세도 있으니 이 계명은 내 아버지에게서 받았노라 하시니라
- 고전 15:19 만일 그리스도 안에서 우리의 바라는 것이 다만 이생 뿐이면 모든 사람 가운데 우리가 더욱 불쌍한 자리라
- 롬 1:4 성결의 영으로는 죽은 가운데서 부활하여 능력으로 하나님의 아들로 인정되셨으니 곧 우리 주 예수 그리스도시니라
- 마 26:32 그러나 내가 살아난 후에 너희보다 먼저 갈릴리로 가리라
- 요 2:19 예수께서 대답하여 가라사대 너희가 이 성전을 헐라 내가 사흘 동안에 일으키리라

3) 부활을 성취한것은 성령의 능력임
- 롬 8:11 예수를 죽은 자 가운데서 살리신 이의 영이 너희 안에 거하시면 그리스도 예수를 죽은 자 가운데서 살리신 이가 너희 안에 거하시는 그의 영으로 말미암아 너희 죽을 몸도 살리시리라
- 요 15:26 내가 아버지께로서 너희에게 보낼 보혜사 곧 아버지께로서 나오시는 진리의 성령이 오실 때에 그가 나를 증거하실 것이요

- **사 6:8** 내가 또 주의 목소리를 들은즉 이르시되 내가 누구를 보내며 누가 우리를 위하여 갈꼬 그 때에 내가 가로되 내가 여기 있나이다 나를 보내소서
- **행 10:38** 하나님이 나사렛 예수에게 성령과 능력을 기름붓듯 하셨으매 저가 두루 다니시며 착한 일을 행하시고 마귀에게 눌린 모든 자를 고치셨으니 이는 하나님이 함께 하셨음이라
- **요 16:13** 그러하나 진리의 성령이 오시면 그가 너희를 모든 진리 가운데로 인도하시리니 그가 자의로 말하지 않고 오직 듣는 것을 말하시며 장래 일을 너희에게 알리시리라
- **요 6:63** 살리는 것은 영이니육은 무익하니라 내가 너희에게 이른 말이 영이요 생명이라
- **고후 3:6** 저가 또 우리로 새 언약의 일군 되기에 만족케 하셨으니 의문으로 하지 아니하고 오직 영으로 함이니 의문은 죽이는 것이요 영은 살리는 것임이니라

| 생명 |

납치자들의 만행과 생명의 외경

세계를 경악시켰던 한 사건이 25년쯤 전에 이태리에서 발생하였다. 이탈리아 수상인 몬로(Monro)가 납치된 지 53일 만에 납치범들에 의하여 무참하게 피살된 사건이었다. 당시 이 소식을 접한 온 세계의 양심인들은 61살의 전 법학교수였던 수상의 안타까운 죽음에 애도를 보냈다. 그리고 1800년대 이후 처음으로 교황은 평신도인 그의 장례미사를 직접 주례하였으며 고인의 유족을 위로하였다

하나님이 주신 인간의 고귀한 생명을 짓밟고 잔인하게 앗아가는 테러행위는 옛날이나 지금이나 똑같이 세계인들의 적이라는 사실을 기억하게 된다.

아프리카(Africa) 선교에 일생을 바친 슈바이처(Schweitzer)박사는 인간뿐 아니라 모든 생명을 귀하게 여기고 사랑하는 '생명존경'을 강조하였다. 그는 "날아다니는 미물에서 기어 다니는 곤충에 이르기까지 생명은 모름지기 존귀하다"는 사실을 강조하였다고 한다. 그 결과 슈바이처의 '생명존경' 사상은 너무 불교적이라는 비판을 받은 적은 있었다. 그럼에도 불구하고 현대인들의 생명경시 풍토 속에서 깊이 생각하고 또 음미할 여지를 우리에게 주었다.

세계 제2차대전 때 나치(Nazis)의 히틀러(Adolf Hitler) 에게 항거하다가 처형당한 본 회퍼(Bonhoeffer)는 기독교 신자가 된다는 사실을 곧 그리스도의 진리와 사랑을 실천하는 대행자라고 말했다.

특히 본 회퍼는 하나님을 지칭할 때 사용하는 지칭대명사 'Thou'를 소문자화 시켜 작은 'thou' (하나님을 지칭할 때의 T 글자는 대문자)가 인간 각자의 인격 속에 투영되어 있음을 갈파하였다.

우리는 하나님의 작은 'thou'를 인정하고 상대방을 높이는 동시에 사랑

| 생명 |

을 실천하는 대행자로써 함께 손잡고 나가야 함을 본 회퍼는 주장한 것이다. 생명경시의 풍토 속에서 무감각하게 살아가는 현대인에게 생명에 대한 경외심과 내주(內住)하는 하나님을 생각게 하는 깨우침을 갖게 된다.

정말로 살아있는 것일까?

    옛날 로마(Rome)의 한 병졸이 줄리어스 시저(Julius Caesar)장군의 앞으로 나와, 자기는 지금 자살하기를 원하는데 자기로 하여금 자살하도록 허락하여 달라고 간청 하였다. 겉으로 보기에 이 병졸에게는 아무런 활발함이 없어 보였으며 물론 생기도 없는 삶 속에서 사기도 극도로 저하된 상태였다. 이 사병의 말을 듣고 얼마동안 그를 물끄러미 바라보던 시저는 입을 열어 "그대는 정말 살아 있느냐?"라고 물었다. 참으로 우리는 지금 살아있는 것일까? 우리 모두는 이 질문을 심각하게 우리들 자신에게 던져보아야 함을 가르쳐 주고 있다.

| 생명 |

어느 외아들의 죽음

불교에서 전해오는 이야기다.

어느 한 여인의 외아들이 갑자기 세상을 떠났다고 한다. 당황한 어머니는 죽은 아들의 시신을 안고 부처에게 찾아가 자기 아들이 살아날 수 있는 묘약을 처방하여 달라고 요구하였다고 한다. 그때 이 여인에게 준 부처의 처방은 "저 아래 마을에 들어가 아들이나 딸, 또 아버지나 어머니, 그리고 할머니나 할아버지 가운데 아무도 죽지 않은 가정이 있는지 알아본 후, 만일 그런 집이 있으면 바로 그 집의 겨자씨를 구하여 먹이면 죽은 네 아들이 살아날 것이다"라고 말하였다고 한다.

이 가난한 여인은 부처의 처방대로 그런 집의 겨자씨를 찾았지만 도저히 찾아낼 수가 없었다고 한다. 인간은 누구나 다 죽는다는 운명적 교훈을 주는 이야기다.

그러나 기독교 성경에서는 전혀 다른 장면이 나온다. 예수께서 백부장의 딸을 살리는 장면이나 죽은 나사로를 무덤에서 살리는 예수님의 생명구원사역을 볼 때, 그리스도는 어둠에서 빛으로 죽음에서 생명으로 죽음에서 살림으로 생명의 전환을 통해 영생을 허락하는 것을 발견할 수 있다. 생명을 운명론적으로 버려두는 것이 아니라 살려서 소망을 누리게 하는 것이 기독교가 말하는 구원이다.

| 생명 |

타이타닉호의 침몰

    1912년 4월 14일 주일 밤에 세계에서 가장 크고 호화스러운 여객선 타이타닉(Titanic)호가 영국을 출발하여 뉴욕항을 향해 항해하던 중 대서양 횡단의 항해를 계속하던 중, 마침내 이 배가 캐나다(Canada)의 동부해상에 이르렀을 때 '빙상을 조심하라' 는 경고의 전문을 다섯 번이나 받았다. 그리고 여섯 번째의 전문이 또 타전돼 들어왔다. 그 전문의 내용은 "지금 빙산이 떠내려 오고 있으니 밖을 내다보라" 는 메시지였다.

    그런데도 타이타닉호의 항해사는 "나는 지금 기계작동에 분주하다." 는 말로써 전문의 내용을 무시했다. 그 후부터 정확하게 35분이 지나 호화여객선 '타이타닉' 호는 뉴욕항을 1,600마일 남겨놓은 동북지점에서 북극으로부터 내려오는 얼음덩어리를 맞아 배가 두 동강이 나면서 바다 밑바닥으로 가라앉고 말았다. 이 사고에서 705명이 구조되었을 뿐 나머지 1490명은 그대로 모두 생명을 잃고 말았던 것이다. 한 사람의 부주의와 불순종이 소중한 생명들을 값없이 희생시키는 결과를 가져왔다는 사실을 생각할 때, 성도의 삶에서 모든 생활이 생명을 귀히 여기며 하나님의 말씀에 순종해야하는 영적으로 깨어 있어야 함 다시 한번 생각게 한다.

| 생명 | 관련 성경 구절 |

1) 생명의 근원
- 창2:7 하나님으로부터
- 시36:9 하나님이 생명의 근원
- 잠4:23 마음이
- 슥12:1 심령을 지으심
- 욥33:4 하나님의 기운이
- 요11:25 예수님이

2) 생명이 보존하고 바로 사는 법
- 창6:21 식물을 먹어야
- 시146:4 호흡을 하여야
- 신30:20 하나님을 사랑하고 말씀을 순종함으로
- 시16:11 주께서 보이므로
- 마7:14 좁은 문을 택하여 들어가는 것
- 마10:39 자기 목숨을 버림으로

3) 참 생명을 소유한 자의 결과
- 신30:20 생명이 오래 살게 됨
- 시16:11 기쁨이 충만함
- 시64:1 원수를 무서워하지 않음
- 롬6:4 새 생명 가운데서 행함
- 빌4:3 생명록에 기록이 됨

| 성경 |

벤허(Benhur)를 쓴 작가 정신

　유명한 작가로 알려진 라볼드 잉크솔은 하나님을 믿지 않고 무신론자였다. 그래서 자기 친구인 류 윌리스에게 기독교를 반대하는 작품을 하나 쓰라는 권면을 했다고 한다. 윌리스는 오랜 생각 끝에 정말로 기독교를 반대하는 책을 쓰기로 결심하였다.

　그런데 정작 기독교를 반대하는 책을 쓰기 위해서는 기독교가 도대체 무엇인지 우선 알아야 되겠다는 생각을 윌리스는 갖게 되었다. 그는 먼저 성경을 읽기로 결심하고 열심히 읽던 중, 윌리스는 자기의 생각이 점점 변하여 간다는 사실을 알게 되었다. 그리하여 기독교를 반대하는 책을 쓰려고 계획했던 윌리스는 전혀 예상하지 못했던 벤허(Benhur)라는 유명한 기독교적인 작품을 쓰게 된 것이다. 하나님의 말씀인 성경은 마음에 감회를 주는 동시에 생활을 정결케 하는 큰 권능을 가졌다는 사실을 깨우쳐 주고 있다.

| 성경 |

말씀을 대하는 바른 태도

하나님의 말씀을 바르게 듣는 태도에 대하여 제임스 칵스(James Cox)는 3가지를 강조했다.

첫째 기대를 갖고 말씀을 들어야 한다.
둘째 경외의 마음을 갖고 말씀을 들어야 한다.
셋째 기쁜 마음으로 말씀을 들어야 함을 강조하였다.

일찍이 하나님의 말씀을 믿는 신앙으로 바르게 들을 때, 성도의 생활에 아주 큰 변화를 일으킬 수 있다는 사실을 사도 바울은 데살로니가 교인을 향해 깨우쳐 준바 있다. "하나님의 말씀을 받을 때에 사람의 말로 아니하고 하나님의 말씀으로 받음이니 진실로 그러하다. 이 말씀이 또한 너희 믿는 자 속에서 역사하시느니라."(데살로니가 전서 2장 13절)

| 성경 |

게릴라 대원에게 감화 준 말씀

　세계 제2차 대전때 독일의 나치스(Nazis)의 일당들이 스칸디나비아(Scandinavia)를 점령했을 때였다. 이때 노르웨이(Norway)사람들은 '자유의 투사' 라는 이름으로 게릴라전을 일으켰다. 그때 한명의 노르웨이 대원이 독일군에게 잡혀 교수형에 처하게 되었는데 교수형이 집행되기 바로 전날 밤에 형목(刑牧-교도소 목사)이 찾아가서 게릴라대원을 회개시키고 세례를 받게 하려고 설득했다. 그러나 바늘도 들어가지 않을 정도로 이 게릴라 대원은 모진 마음으로 죽음을 맞을 준비를 하고 있었다.
　형목은 할 수 없이 그를 설득하는 일을 포기하고 그 대신 그곳에 성경을 남겨둔 채 돌아왔다. 그 다음날 이 게릴라 대원은 처형되었으며 형목은 이제 남겨놓고 온 성경을 찾으려고 감방에 갔더니 그 성경 속에는 "어제 밤, 나는 성경을 읽었습니다. 이 책의 구구절절이 내 마음속에 박혔습니다. 저 하늘에서 목사님 만나기를 바랍니다." 라는 쪽지가 끼어 있었다. 하나님의 말씀은 이같이 사람을 감화시키는 큰 감동의 능력이 있음을 깨우쳐 주고 있다.

| 성경 |

말씀으로 위로받은 선교사

아프리카 대륙에서 선교하던 리빙스톤의 밀림 속에서의 생활은 육신적으로는 고통의 연속이었다. 어떤 때는 이름도 모르는 독충이 선교에 힘쓰는 리빙스톤을 괴롭혔으며 또 굶주림과 맹수들의 공격이 그의 선교활동을 괴롭히고 방해했다. 그리고 노예 상들도 리빙스톤의 선교활동을 방해했다.

그러나 리빙스톤은 여러 가지 절망적인 상황이 닥칠 때에도 낙심하지 않고 늘 하나님의 말씀을 읽고 또 읽었다고 한다. "너희 길을 여호와께 맡기라 저를 의지하면 저가 이루시고……"(시편 37:5). 이 말씀 속에서 리빙스톤은 용기와 힘을 얻었으며 희망도 얻었다고 한다. 그리하여 리빙스톤은 그 다음의 선교 마을을 향해 전진해 나아갔다고 한다.

모든 것을 여호와 우리 주님께 맡기고 의지하는 신앙은 성도의 삶에 있어서 가장 중요한 근본이 된다는 사실을 일깨워주고 있다.

| 성경 |

기쁨과 감사, 희망의 책

　어느 마을에 이동극장을 겸한 곡마단(서커스단)이 들어왔다. 그런데 이 마을의 한 소년은 이 곡마단에 들어가 서커스를 신나게 구경했다. 이 어린 소년의 눈에는 오랫동안 서커스 단원들의 묘기들이, 줄타기 묘기와 그네타기 묘기 등등, 모두가 신기한 채 머리에 오래 남게 되었다. 그래서 이 소년은 조금만 더 자라면 자기는 서커스단원이 될 것이라는 소망을 가졌다. 서커스에서 돌아온 소년은 그 날 저녁, 할머니에게 곡마단에서 구경한 모든 구경거리 이야기들을 자세히 설명한 후 내일 밤에 한번만 더 서커스 구경을 함께 가자고 할머니에게 졸랐다.
　그때에 소년의 할머니는 어린 손자에게 책 한권을 내 주면서 "사랑하는 손자야! 너는 이 책을 읽기 바란다. 이 책 속에는 신비스러운 묘기와 신비스러운 기쁨, 그리고 신비스러운 감사와 희망이 모두 포함돼 있단다."라고 말했다.
　우리도 기쁨과 감사와 희망이 다 포함돼 있는 성경을 읽고 또 읽음으로써 큰 권능과 변화를 받고 더 전진하는 삶이 되어야 함을 깨우쳐 주고 있다.

| 성경 |

의료 선교에 사용한 신 구약

일찍이 아프리카(Africa)로 건너가 선교한 리빙스톤(David Livingston)에 대한 이야기는 여기 저기에 많이 남아 있다. 그 가운데서도 약을 주고 병자를 치료한 리빙스톤의 이야기는 인상적이다.

어느 날 아프리카의 원주민 한사람이 리빙스톤 앞으로 헐레벌떡 달려 왔다고 한다. 그 사람은 리빙스톤에게 "목사님! 나의 마음속에는 다른 사람을 미워하고 시기하며 질투하는 나쁜 마음으로 가득 차 있는데 이 옳지 못한 마음을 고치는 좋은 약을 좀 주십시오."라고 말했다. 이 말을 들은 리빙스톤은 자기 옆에 놓아 둔 성경책을 쳐들어 보여 주었다. 그때에 흑인은 놀란 사람처럼 눈이 휘둥그레 커지면서 "목사님! 그것은 책인데 어떻게 먹습니까?"라고 되물었다. 리빙스톤은 "이것을 가져다가 잘 읽고 이대로 실천하십시요."라고 대답하였으며 계속하여 그를 권면하였다. 하나님의 말씀을 읽고 그 말씀대로 실천하는 생활은 성도의 삶에서 가장 중요하다는 사실을 깨닫게 해 준다.

| 성경 |

예수 그리스도의 얼굴

하나님께서는 신구약 성경을 통해, 인간에게 말씀하시는, 네 마디의 중요한 메시지(Message)가 있다. 그것은,

첫째, 내가 너희를 지었노라.
둘째, 내가 너희를 사랑하노라.
셋째, 내가 너희를 구속하였노라.
넷째는, 내가 너희를 위하여 영원한 집을 준비하셨다는 메시지인 것이다.

그런데 이 네 마디를 간추리면 "우리는 성경 가운데서 오직 한분을 만날 수 있는데 그분의 얼굴은 곧 예수그리스도의 얼굴이다"라고 말하고 있다. 그러므로 일찍이 바울은 디모데에게 보낸 편지에서 "성경은 능히 너로 하여금 그리스도 예수 안에 있는 믿음으로 말미암아 구원에 이르는 지혜가 있게 하느니라."(디모데후서 3장15절후반). 라고 디모데를 권면함으로써 성경 속에서 예수 그리스도를 만나고, 그 믿음 속에서 구원에 이르기를 강조했던 것이다.

| **성경** | 관련 성경 구절 |

- 잠 1:8
  내 아들아 네 아비의 훈계를 들으며 네 어미의 법을 떠나지 말라

- 전 12:11
  지혜자의 말씀은 찌르는 채찍같고 회중의 스승의 말씀은 박힌 못 같으니 다 한 목자의 주신 바니라

- 스 7:10
  에스라가 여호와의 율법을 연구하여 준행하며 율례와 규례를 이스라엘에게 가르치기로 결심하였었더라

- 신 4:14
  그 때에 여호와께서 내게 명하사 너희에게 규례와 법도를 교훈하게 하셨나니 이는 너희로 건너가서 얻을 땅에서 행하게 하심이니라

- 요 7:16-17
  예수께서 대답하여 가라사대 내 교훈은 내 것이 아니요 나를 보내신 이의 것이니라. 사람이 하나님의 뜻을 행하려 하면 이 교훈이 하나님께로서 왔는지 내가 스스로 말함인지 알리라

- 롬 2:18
  율법의 교훈을 받아 하나님의 뜻을 알고 지극히 선한 것을 좋게 여기며

- 롬 15:4
  무엇이든지 전에 기록한 바는 우리의 교훈을 위하여 기록된 것이니 우리로 하여금 인내로 또는 성경의 안위로 소망을 가지게 함이니라

- 딤전 1:11
  이 교훈은 내게 맡기신 바 복되신 하나님의 영광의 복음을 좇음이니라

- 딤전 6:1
  무릇 멍에 아래 있는 종들은 자기 상전들을 범사에 마땅히 공경할 자로 알지니 이는 하나님의 이름과 교훈으로 훼방을 받지 않게 하려 함이라

- 딤후 3:15-6
  또 네가 어려서부터 성경을 알았나니 성경은 능히 너로 하여금 그리스도 예수 안에 있는 믿음으로 말미암아 구원에 이르는 지혜가 있게 하느니라 모든 성경은 하나님의 감동으로 된 것으로 교훈과 책망과 바르게 함과 의로 교육하기에 유익하니

- 벧후 1:20-21
  먼저 알 것은 경의 모든 예언은 사사로이 풀 것이 아니니 예언은 언제든지 사람의 뜻으로 낸 것이 아니요 오직 성령의 감동하심을 입은 사람들이 하나님께 받아 말한 것임이니라

- **딤후 3:16**
  모든 성경은 하나님의 감동으로 된 것으로 교훈과 책망과 바르게 함과 의로 교육하기에 유익하니

- **딛 1:9**
  미쁜 말씀의 가르침을 그대로 지켜야 하리니 이는 능히 바른 교훈으로 권면하고 거스려 말하는 자들을 책망하게 하려 함이라

| 성령 |

고깃배를 뜨게 하는 조수

서해는 조수의 차이가 심하다고 한다. 필자가 어렸을 때. 특히 여름방학 중 이른 아침에도 친구들과 함께 고기배 위에 올라가 뛰어놀았다. 필자의 고향에는 샛강이 흐르고 있는데, 밤사이에 넘치는 조수를 타고, 샛강에 들어온 고깃배들이 아침에는 모두 강바닥의 진흙위에 올라와 있곤 했었다. 왜냐면 새벽이 되면 밤새 넘실거리던 조수가 빠져 나갔기 때문이었다.

그리고 뱃사람들은 낮에 뱃속에서 낮잠을 자던지 혹은 시장에 나가 필요한 물건을 쇼핑(Shoping)하기 때문에 마을의 꼬마들은 마음 놓고 빈 고깃배 위에 올라가 뛰어놀면서 배를 흔들어도 보고 밀어도 보면서 신나게 친구들과 오전을 소일하기 일쑤였다.

이렇게 신나게 한참을 놀다가도 갑자기 심각한 걱정과 질문이 마음속에서 일어나곤 했었다. "도대체 강의 물이 모두 강바닥, 진흙위에 올라와 있는 이 고깃배들은 어떻게 샛강을 빠져 나갈 수 있을까?" 이런 질문이 마음속에 떠오르곤 했었다. 그런데 그 걱정과 질문은 어리석은 질문과 걱정이었음이 노을이 지면서 확인될 수 있었다. 해가 지기 시작하자 샛강에는 다시 서해의 조수가 흘러들어오기 시작하더니 순간적으로 샛강이 조숫물로 넘치면서 진흙위에 올라 앉았던 고깃배들은 모두 물위에 두둥실 뜨기 시작하였다. 그리고 만조를 타고 고깃배들은 조용히 샛강을 빠져 나가는, 이런 모습을 많이 보면서 필자는 어린 시절을 보냈다.

마찬가지로 성령의 물이 만조를 이룰 때, 성도의 삶은 은혜의 바다 위에 두둥실 뜬 배처럼 모든 일이 형통할 것임을 믿는다.

| 성령 |

변화시키는 성령

　윤리학자 라이오드 오길리비(Lyod Ogilivie)는 성령강림이 이뤄지기 전에 예수님의 제자들이 가졌던 네 가지의 특징에 대하여 언급하고 있다.
　첫째, 예수님의 제자들 모두는 선생인 예수 그리스도께서 십자가 위에서 고난을 받고 돌아가신 후 용기 없는 사람들이 되어 제 각각 돌아갔다는 사실이라고 지적하고 있다.
　둘째, 예수님의 제자들은 예수 그리스도께서 십자가 위에서 돌아가신 후 모두 실망한 채 제 각각 돌아갔다는 사실을 말하고 있다.
　셋째, 선생인 예수그리스도께서 십자가 위에서 고난받은 후 돌아가셨기 때문에 아무런 가능성도 없이 즉 미래에 대한 불확실성만을 잔뜩 가지고 돌아갔다고, 그는 이야기하고 있다.
　마지막으로 예수님의 제자들은 모두 우울한 마음을 가지고 제 각각 돌아갔다는 사실 강조했다. 이렇게 용기 없이 비굴한 모습으로 그리고 희망을 잃은 채 낙심한 모습으로 돌아갔던 제자들은 성령의 역사하심을 통하여 변화하였다는 사실을 생각할 때 이는 우리에게 깊은 깨우침을 주고 있다.

| 성령 |

하늘에 띄우는 연의 비결

민속의 날이 되면 여기 저기 많은 곳에서 '연날리기 대회'가 열리고 있다. 그런데 푸른 하늘 높이 오르는 연을 보고 있노라면 여러가지 의미가 많이 떠오르게 된다. 우선 가만히 연을 관찰하면, 연의 등은 구부러져 곡선을 유지하고 있기 때문에 하늘 높이 잘 올라가게 돼 있다. 또 연에는 꼬리가 붙어 있기 때문에 일단 연이 창공에 올리면 안정성이 유지되게 되어 있다. 그리고 연에는 실이 연결되어 있기 때문에 실에 의하여 연이 이리로, 저리로 잘 인도될 수 있다.

그러므로 연처럼, 성도의 삶도 오르는 일과 안전을 유지하는 일, 그리고 방향을 잘 잡아가는 일 등…, 모두를 성령께서 맡아 담당해 주신다는 사실을 굳게 믿는 가운데 오직 믿음으로 도전하는 생활이 되어야 할 것이다.

| 성령 |

근본적 변화를 주는 성령

　어느 작은 시골 마을에 대장간 집이 두 집이나 있었다. 아주 작은 마을에 대장장이의 집이 두 집이나 있기 때문에 시끄러울 뿐만 아니라 사람들의 출입이 빈번하여 크고 작은 시비와 충돌이 늘 일어나고 있었다. 결과적으로 이 마을은 아주 나쁜 교육환경이 돼 가고 있었다. 이에 마을 사람들은 돈을 거두어 두 대장간 집에 건네주면서, 마을 사람들을 위해 다른 곳으로 이사해 달라고 요구했다.
　이후 마을 사람들은 분명히 두 대장간 집이 이삿짐을 싸고 또 이사하는 것을 보았는데, 이 작은 마을에는 여전히 대장간 집에서 나오는 소음이 그치지 않고 계속되어 몹시 시끄러웠다. 그 다음날, 마을 사람의 몇 명이 대표가 되어 그 이유를 알아보았더니, '이씨네' 대장간 집과 '박씨네' 대장간 집이 서로 바꿔 이사를 했다는 사실을 알아냈다고 한다. 그 결과 이 작은 시골 마을은 여전히 시끄러울 수 밖에 없었던 것이다.
　그런데 성령의 강림은 자리바꿈과 같은 소극적인 변화를 가져다주는 것이 아니라 아주 근본적인 변화를 우리에게 가져다준다는 사실을 이해하게 해 준다.

| 성령 |

'에헴'의 헛 깃침소리

　옛날에 유명한 목사님 한분이 부흥회를 인도하고 돌아오는 길에 날이 저물어 작은 시골 여관에서 하루 밤을 쉬게 되었다. 그런데 그날 밤, 그 여관에는 빈방이 없었기 때문에 어느 낯선 손님과 함께 합숙을 하게 되었다.
　이 목사님은 부흥회를 인도하고 받은 사례비와 여비를 모두 현금으로 바꿔 소지하고 있었다고 한다. 그렇기 때문에 혹시 합숙하는 저 낯선 손님이 그 돈을 훔쳐가지 않을까? 걱정이 되어 이 목사님은 그날 밤, 잠을 잘 자지 못했다.
　그런데 이 목사님뿐 아니라 사실은 합숙한 저쪽 사람도 똑같은 불신의 마음이었기 때문에 잠을 제대로 자지 못했다. 그러므로 한쪽 사람이 돌아누우려고 부스럭거리면 저쪽에서는 "에헴!", 이렇게 헛기침을 했다. 이런 헛기침은 "내가 지금 잠을 자지 않고 있으니 내 돈을 훔쳐갈 생각을 말라"는 경고와 똑같은 것으로 들려졌다.
　이렇게 밤새도록 여관방에 합숙한 두 손님은 서로 날카로운 신경전을 벌렸던 것이다. 그런데 날이 밝아 아침이 되자, 두 손님은 조반상을 받았는데 두 손님이 서로 겸상을 하게 되었다. 이 때에, 이 유명한 목사님이 기도를 드리자 그 손님도 정중하게 식사 기도를 드렸다. 그래서 통성명을 하고 보았더니, 한분은 유명한 목사님이었고 또 다른 한분은 이름이 근처에 널리 알려진 장로님이었다. 어둠이 캄캄하게 덮고 있을 때, 사람의 관계는 불신과 의심이었지만 아침이 되어 밝은 빛이 역사 했을 때 두 사람의 관계는 신앙의 동지로 변한 것처럼 우리도 성령의 밝은 빛을 받으며 살아야 할 것을 깨우쳐 주고 있다.

| 성령 |

5인치의 비를 맞고 변한 황무지

　미국의 연합감리교회에서 오랫동안 목회했던 월터 케이스(Walter Case) 목사는 어느 날 텍사스(Texas)를 떠나 캘리포니아(California)를 다녀올 기회가 있었다. 자동차를 몰고 아리조나(Arizona)주의 긴긴 사막을 통과하면서, 그가 경험하고 느낀 것은 황사현상, 그리고 황무지의 식물들이 메마르는 것 등이었다. 특별히 때는 7월초였기 때문에 가뭄현상은 굉장히 심했다.
　그런데 캘리포니아에 가서 그곳에 6주를 채류하면서 업무를 마친 그는 다시 텍사스로 돌아가야 하는데 그 동안에 5인치의 비가 한번 내렸었다고 한다. 그러니까 6주후에 케이스목사가 자동차를 몰고 왔던 길을 따라 텍사스로 되돌아가는데 6주전에 캘리포니아로 갈 때와는 정반대의 경험을 그는 했던 것이다.
　즉 황무지는 풀밭으로 변했고, 황사바람은 지고 잔잔한 미풍으로 변했으며 메말랐던 식물들은 물기가 촉촉해 보였으며 또 거칠었던 대지는 푸르른 대지로 변해 있었다.
　우리 마음속에 성령의 단비가 촉촉이 내리면 큰 변화가 우리의 마음속과 생활 속에 일어난다는 사실을 깨우쳐 주고 있다.

| 성령 |

함께하시는 주님

    감리교회를 창설한 존 웨슬리(John Wesley)에게는 한 평생 잊을 수 없는 성경 구절이 있었다고 한다. 그 말씀은 바로 주님께서 '항상 함께 하시리라'고 약속하신 말씀이었다. 또 아프리카(Africa)의 선교사로 아프리카로 건너가 주님의 말씀을 전파한 리빙스톤(David Livingstone)이 가장 감명을 받은 성경구절도 역시 "주님께서 항상 함께 하시리라"고 약속하신 말씀이었다. 일찍이 리빙스톤이 아프리카의 선교사가 될 것을 결심하고 그 곳을 향해 떠나려고 할 때에 많은 친구들과 교우들이 그 일을 말렸다. 그들은 "이 세상에는 복음전도자들이 얼마나 많은데 왜 당신은 고생을 사서 하려고 하느냐?"라고 말하면서 선교사가 되는 일을 반대했다고 한다. 그러나 리빙스톤은 주님이 "항상 함께 하신다"고 약속하셨는데 내가 누구를 무서워하리요"라고 말하면서 뜻을 굽히지 않고 아프리카로 건너가 한 평생을 바쳐 일했다.

    우리도 부활하시고, 하늘로 올라가시기 전에 말씀하신 "내가 세상 끝날까지 너희와 항상 함께 있으리라"(마태복음 28장 20절,하반)라고 말씀하신 예수님의 약속을 믿고 맡겨진 임무를 완수하여야 할 것이다.

| 성령 |

어느 예술가의 작업실

쬬지 프레드릭 와트라는 유명한 예술가는 작품 활동을 할 때 늘 작업실의 창문을 활짝 열어놓고 일하는 습관이 있었는데 그 이유는 '무한으로부터의 조명과 영감, 그리고 도움'이 필요했기 때문이라고 한다.

우리들의 삶도 역시 마음의 창문을 활짝 열고 주님으로부터의 도움과 조명, 그리고 영감과 더불어 사는 삶이 되어야 할 것이다. 이러한 삶이야말로 창조적이고 진취적인 삶을 살아야할 것이다.

| 성령 | 관련 성경 구절 |

1) 성령의 의미
- 겔11:19 속에 새 신을 주며
- 겔37:10 생기가 살리는 것
- 시33:6 하나님의 입기운
- 요3:8 바람의 의미
- 롬8:9 하나님의 영
- 롬8:15 양자의 영

2) 성령의 상징적 표현
(1)불(火) - 출13:22 인도와 어두움을 밝히는 광명의 불 / 말3:2-3 깨끗케 하는 불 / 말4:2 치료하는 불 / 행2:3 은사의 불
(2)바람(風) - 행2:2 강한 바람 / 겔37:10 생기에 바람
(3)물(水) - 겔36:25 더러운 것을 씻는 물 / 요4:14 목마르지 않는 물 / 요7:37 배에서 흐르는 강수 / 엡5:26 깨끗하게 하는 말씀의 물
(4)기름(油) - 행10:38
(5)비둘기 - 마3:16

3) 성령이 하시는 일
(1)택한 자로 새로 나게 하심 - 시51:11, 고전6:11, 엡5:26, 딛3:5
(2)인치심 - 고후1:22, 엡1:13, 엡4:30
(3)하나님에 대해서 알게 하심 - 요15:26 / 고전2:4 전도가 성령 능력으로 / 고전2:10 하나님의 깊은 것이라도 / 고전2:13 신령한 것 분별함 / 고전12:3 예수를 알게 함
(4)성도와 함께 하시는 일 - 요14:16, 마28:20
(5)진리 가운데로 인도하심 - 요16:13
(6)하나님의 자녀인 것을 증거함 - 롬8:16
(7)우리의 연약함을 도우심 - 롬8:26
(8)갈5:22-26 - 성령의 열매를 맺도록 함

4. 성령을 받으려면
(1)하나님 편에서 - 사44:3 하나님의 신을 주심 / 겔2:2 하나님의 신이 임하게 함으로 갈4:6 아들의 영을 우리 마음 가운데 보냄으로 / 히2:4 하나님이 성령을 나눠주셔야
(2)교회 편에서 - 삼상16:13 기름 부음을 받을 때 / 행4:31 한 곳에 모여 기도함으로 / 행10:44 말씀을 들을 때

(3)자신에게 - 미2:7 행위가 정직한 자에게 / 눅2:25 의롭고 경건한 자 / 행2:38 자신의 죄를 회개하여야 / 행5:32 하나님께 순종함으로 / 행11:24 착실히 믿는 자에게 / 행13:2 금식함으로

5.성령 받은 증거
- **시51:12** 구원을 얻은 즐거움이 있음
- **고전2:10** 하나님의 깊은 것이라도 알게 됨
- **고전12:3** 예수를 구주로 믿게 됨
- **겔36:27** 여호와의 율례를 행함
- **겔11:19** 돌 같은 마음이 제하여짐
- **요일4:13** 주안에 있음을 알게 됨

6.성령을 받은 자의 생활
- **행1:8** 예수를 증거 하는 생활
- **행4:32** 물건을 서로 통용하는 것
- **롬8:13** 육체의 소욕을 죽이는 생활
- **고후6:6** 성령의 감화 받는 것
- **롬14:18** 평강과 희열의 생활
- **갈6:8** 성령으로부터 영생을 거두는 것
- **갈5:22-25** 찬송하는 생활

| 세례와 성찬 |

성만찬의 이해

　기독교 신자로서 성찬을 바르게 이해하는 생활은 중요하다고 말한다. 주님은 "떡을 가지사 축복하시고 떼어 제자들에게 주시며 가라사대 받아 먹으라. 이것이 내몸이니라." 하시고 또 잔을 가지사 사례하시고 저희에게 주시며 가라사대 "너희가 다 이것을 마시라 이것은 죄사함을 얻게 하려고 많은 사람을 위하여 흘리는바 나의 피 곧 언약의 피니라"(마태복음 26장 26절 하반-29절)라고 말씀하셨다.

　이에 대하여 윌리암 바클레이(William Barclay)는 두 단어를 사용하고 있다. 하나는 내재(Indwelling)이고 다른 하나는 동화(Assimilation)라는 단어다.

　미국에 살고 있는 대부분의 한국 교민들이 처음 미국에 와서 얼마동안은 한국적인 것을 무척 고집하는 경향이 강하다고 한다. 즉 한국의 전통이나 문학, 그리고 고유의 습관이나 특정 물건들을 무척 좋아하고 또 고집한다고 한다. 그러나 미국에 점점 오래 살다보면 미국화가 되어 버리고 만다. 이와 동시에 한국적이었던 것들은 점점 잊어버리게 된다고 한다. 이렇게 미국화 되어가는 과정을 사회학자들은 동화(Assimilation)라고 말한다.

　마찬가지로 우리가 '생명의 떡'을 먹음으로 날마다 주님께서 우리 안에 내재하시는 동시에 우리는 점점 더 '그리스도화' 되어 간다고 그를 말했다고 한다. 그리스도화된 생활이란 곧 우리는 그리스도안에 있고, 또 그리스도는 우리 안에 계시는 생활이라고 말할 수 있을 것이다. 그러므로 주님 안에서 늘 그리스도를 닮아가는 삶에 힘써야 할 것을 가르쳐 주고 있다.

| 세례와 성찬 |

성배(聖盃)를 찾아서

　수도자 시인 로웰이 쓴 '로온폴 공의 꿈' 이라는 장편시는 큰 감명을 주고 있다. 로온폴은 중세기의 유명시인 인 동시에 한 성(城)을 지키는 성주였다고 한다. 이 성주는 하나님의 교회를 위해 무엇인가 큰 일을 하여야 되겠다는 생각했다.
　마침내 로온폴의 마음속에 한 아이디어(Idea)가 떠오르게 되었다. 옛날에 예수님께서 제자들과 함께 마지막 성만찬을 행하셨을 때, 사용했던 금잔이 이 세상 어디인지는 모르지만 반드시 있을텐데 그 금잔을 자기가 찾아낼 것을 결심하게 되었다. 그 후 로온폴은 만사를 제쳐놓고 또 자기의 목숨도 걸기도 하고 "내가 반드시 이 금잔을 찾아내고 말겠다" 는 결심을 굳혔다. 이같은 결심에 따라 어느 날 군주는 갑옷으로 가라 입은 후 말을 타고 금잔을 찾기 위해 먼 길을 떠나게 된다.
　그런데 먼 길을 떠나는 성주 로온폴이 막 성문을 나서자마자 한 문둥병 환자를 만나게 되었다. 이 환자는 성주 앞에 엎드려 "예수님의 이름으로 구제해 달라"고 적선을 요구했다. 그때에 성주 로온폴은 "나는 지금 천부의 명을 받아 금잔을 찾으러 떠나는 몸이다. 그런데 더러운 네가 어찌 내 길을 가로 막느냐 ? 라고 적선을 요구하는 문둥병 환자에게 큰 소리를 질렀다. 그러나 문둥병환지인 거지는 한 발짝도 물러서지 않은 채 더욱 더 간절히 도움을 애걸했다.
　이때에 성주는 품안에서 금화 하나를 꺼내 집어던지면서 "자, 이것을 가지고 가라. 나는 너를 도와 줄 시간이 없다"라고 퉁명스럽게 말했다. 군주는 이때부터 수 십년동안 금잔을 찾아 전유럽과 아시아를 누비면서 헤매였다. 그러나 그는 금잔을 찾지 못했으며 드디어 기진맥진한 채, 노쇠한 몸을 이끌고 고국으로 돌아오게 되었다.
　성주 로온폴이 고국의 성문 가까이 도착하였을 때에 또 다시 문둥병 환

| 세례와 성찬 |

자를 만나게 되었다.

　성주는 환자의 얼굴을 자세히 살펴보았더니 그 환자는 바로 수십년 전 금잔을 찾기 위해 성문을 떠날 때에 만났던 바로 그 문둥병환자라는 사실을 알 수 있었다. 그러나 이제 성주는 빈털터리가 되었기 때문에 돈을 주고 싶어도 줄 돈이 없는 처지가 되었다. 그래서 군주는 빵하나를 꺼내 반쪽을 쪼갠 후 그 반쪽을 거지에게 주면서 "나는 이제 빵 밖에는 아무것도 없으니 나사렛 예수님의 이름으로 이 빵을 받으라"라고 말했다. 그리고 허리에 차고 있던 쪽박을 꺼내 흐르는 시냇물 가로 내려가 얼음을 깨고 흐르는 냉수를 떠다가 거지에게 주면서 "자비하신 주님의 이름으로 이것을 마시라"라고 말했다.

　그때에 갑자기 문둥이 거지는 모습을 바꾸어 영광스러운 그리스도가 되어 군주 앞에 섰다. 그리스도를 보고 감개무량하여 어쩔 줄 모르는 군주를 향하여 "보라! 나다. 두려워 말라. 거룩한 잔을 찾으려고 여러 나라를 헤매였지만 소용이 없단다. 보라! 네가 찾던 잔은 여기에 있다. 흐르는 시냇물을 퍼온 쪽박이 바로 성배이다. 그리고 네가 떼어준 그 빵은 찢어진 내 살이며 이 냉수는 십자가에서 흘린 내 피다. 가난한 사람과 더불어 나누는 식사야말로 진정한 성찬이다"라고 말했다고 한다.

　성주는 이 모든 말을 듣고 깨어보니 꿈이었다고 한다. 그러므로 '로온폴공의 꿈'이라는 제목을 작품에 붙이게 되었다고 한다.

　작은 일에서부터 시작하여, 그리고 가까이 있는 일부터 시작하여 섬기고, 봉사하여, 구제하는 성도의 삶을 기뻐하신다는 가르침을 늘 기억하여야 할 것이다.

| 세례와 성찬 |

큰 송아지와 썩은 사과 한 자루

예수님의 성찬은 죽음조차 초월한 나눔이다. 내 소중한 것을 이웃을 향해 줄 수 있는 것이 삶 속에서 성찬의 의미라고 할 수있다.

영국 동화에 자기 것을 아낌없이 주는 어느 마을 노부부가 살았는데 참으로 금실이 좋은 부부일 뿐 아니라 이해를 초월하여 다른 사람을 아끼고 사랑하는 아주 생각이 깊은 부부였다.

어느 날 남편이 집에서 키우던 큰 송아지를 팔려고 소시장으로 끌고 나갔다고 한다. 그런데 한 사람이 와서 이 큰 송아지와 자기의 당나귀를 맞바꾸자고 영감께 말하니까, 이 영감은 그렇게 하지고 동의를 하면서 큰 송아지를 내어주고 그 대신 당나귀를 받아들였다. 얼마 후 영감은 맞바꾼 당나귀를 끌고 집으로 돌아오는데 어떤 사람이 또 나타나 자기의 염소 새끼와 영감의 당나귀를 맞교환하자고 제안했다. 영감은 '좋다'라고 이 제안을 받아들여 자기의 당나귀를 내어주고 그 사람의 염소새끼를 접수했다. 이 영감은 염소새끼를 끌고 얼마동안을 걸어 집으로 오고 있는데 어떤 사람이 다시 나타나 "이 염소 새끼와 자기 집에 있는 썩은 사과 한 자루와 맞바꾸자."고 제안을 했다고 한다. 제안에 따라 영감은 염소새끼와 썩은 사과 한 자루를 맞바꿔 가지고 집으로 걸어오고 있는 중, 자초지종을 다 보고 있던 한 부자 친구가 다가와 "영감님! 이제 당신은 큰일 났습니다. 아침 일찍 큰 송아지를 팔려고 끌고 나왔던 당신이 썩은 사과만 한 자루 들고 집에 들어가면 과연 당신의 아내가 가만히 있겠습니까? 틀림없이 큰 난리가 날텐데 이 일을 어찌할 작정입니까?"라고 걱정을 하자 이에 영감은 고개를 저으면서 "괜찮다."고 자신 있게 부자친구에게 대답했다.

그때에 부자친구는 "정말로 영감님의 부인이 큰 송아지 한 마리 대신 썩은 사과 한 자루를 받아들이고 아무 일도 없었던 듯 괜찮으면 내가 소한마리

| 세례와 성찬 |

값을 걸겠다."라고 약속하였다고 한다. 그런데 이 영감이 썩은 사과 한 자루를 가지고 집으로 들어가 아내에게 처음부터 지금까지 되어진 모든 이야기를 다 털어놓으면 이야기 하자 이 영감의 아내는 "이웃집에서 돼지먹일 먹이가 없다고 먹이를 방금 얻으러 왔었는데 참으로 잘 되었으니, 내가 이 썩은 사과 한 자루를 이웃집에 돼지먹이로 갖다 주고 오겠다."라고 말하면서 아주 다행스럽게 생각하며 반겼다는 이야기다. 성도의 삶은 자기의 욕심과 이익에만 집착하지 않고 겸손과 온유 속에서 양보의 미덕을 발휘하는 덕된 삶이 되어야 함을 말하여 준다.

| 세례와 성찬 |

돌아올 수 없는 다리를 건너다

　예수님께서 세례요한으로부터 세례를 받으신 세례에 대해 윌리암 헐(William Hull)은 풍자적인 설명을 하고 있다고 한다. 즉 "예수님의 세례는 돌아올 수 없는 다리를 건너는 행사였다"라고 헐은 풍자한 것이다.
　주님은 요단강 물속에서 세례를 받고 올라오면서 그는 뒤쪽에 보이는 광야를 떠나 하나님의 뜻을 성취하기 위한 약속의 땅으로 건너갔다고 했다. 헐에 따르면 세례는 곧 두 세계를 연결하는 다리라고 할 수 있다. 그러므로 신자의 과제는 세속을 떠나 우리 주님 메시야께서 지배하시는 새로운 세계를 향해 되돌아 올 수 없는 다리를 건너는 행사가 곧 세례라고 말했다. 우리에게 아주 적절한 이해를 주는 설명이라고 생각하게 되는 것이다.

 | **세례와 성찬** | 관련 성경 구절 |

- **요 4:23-24**
  아버지께 참으로 예배하는 자들은 신령과 진정으로 예배할 때가 오나니 곧 이 때라 아버지께서는 이렇게 자기에게 예배하는 자들을 찾으시느니라 하나님은 영이시니 예배하는 자가 신령과 진정으로 예배할지니라

- **롬 12:1**
  그러므로 형제들아 내가 하나님의 모든 자비하심으로 너희를 권하노니 너희 몸을 하나님이 기뻐하시는 거룩한 산 제사로 드리라 이는 너희의 드릴 영적 예배니라

| 신앙 |

신앙의 구분

　전능하신 하나님의 창조를 받은 인간의 신앙을 몇 종류로 구분하는 학자들이 있다. 알려진 바에 따르면 출생이후 육신이 성장하면서 신앙도 함께 자라고 함께 발전한다. 그런데 놀만 루카스는 인간의 신앙을 3종류로 나눌 수 있음을 강조했다. 첫째는 유년기의 신앙이며, 둘째는 사춘기의 신앙, 그리고 셋째는 성숙기의 신앙 등, 셋으로 구분할 수 있음을 강조했다.
　놀만 루카스에 따르면 유년기의 신앙은 사물의 분별능력이 대체적으로 약한 것이 특징이며 사춘기의 신앙은 너무나 저돌적이고 너무나 공격적인 것이 특징이라고 한다. 마지막으로 성숙기의 신앙은 감사와 찬송으로 모든 것을 이해하고 분별해 나갈 수 있으며 더 나아가 자기의 것을 바쳐 헌신할 수 있을 뿐 아니라 또 다른 사람을 위해 일할 수 있는 신앙 특징을 갖고 있음을 말했다.
　모름지기 성숙한 신앙으로 전능하신 하나님께 영광 돌리는 삶을 살아야 함을 깨우쳐 주고 있다.

| 신앙 |

어리석은 이민선 승객

옛날 영국에서 이민선을 타고 많은 사람들이 미대륙으로 건너올 때의 이야기다. 미국으로 건너오는 이민선을 탄 어느 승객이 식사 때가 되면 어쩔 줄 몰라 당황해 하곤 했다. 그것도 그럴 것이 다른 사람들은 모두 식당에 들어가 은 숟가락과 은 젓가락으로 맛있는 음식을 먹는데, 이 승객은 주머니 속에 넣어 둔 돈이 없기 때문에 식당으로 가 음식을 함께 먹을 수 있는 처지가 아니었다고 한다. 그러므로 식사 때가 되면 그는 혼자 슬그머니 갑판으로 올라가 자신이 준비해온 '치즈' '비스켓' 등으로 요기를 했다.

이때 이민선의 선장은 식사시간만 되면 다른 승객과 함께 식사를 하지 않고 혼자 갑판으로 올라가 쓸쓸하게 앉아 있는 한 승객을 발견하고 이상스럽게 생각한 나머지 그 승객에게로 닦아가 "왜 당신은 식사시간만 되면 여기 올라와 혼자 무엇을 먹고 있습니까? 식당으로 내려가면 맛있는 음식들이 많은데…"라고 물었다고 한다. 선장의 질문에 대해, 그 승객은 "선장님! 저는 식당으로 내려가 맛있는 음식을 사 먹을 돈이 제 주머니속에 없기 때문에 저 혼자 갑판으로 올라와 '치즈'와 '비스켓'을 먹습니다"라고 대답했다.

이 사연을 들은 선장은 "당신이 이 이민선을 탈 때 지불한 뱃삯에는 이미 식사대금 모두가 포함되어 있습니다. 그러니 마음 놓고 식당으로 내려가 기쁜 마음으로 음식을 잡수세요."라고 그 승객에게 알려 주었다. 그때야 비로소 이 승객은 식당으로 내려가 맛있는 음식을 먹을 수 있었는데 겨우 한 끼의 음식을 먹었는데 이민선은 미국에 도착하게 되었다. 우리는 주님의 흘리신 보혈로 인하여 우리의 죄 모두가 다 속량을 받았는데 이 놀라운 하나님의 은혜에 감사드리지 않고, 주저하고 망설이는 소극적 신앙생활을 해서는 안 된다는 사실을 깨우쳐 주고 있다.

| 신앙 |

화만 주는 우상

아프리카(Africa)에 가서 선교활동을 오랫동안 하던 한 선교사가 어느 날 미지의 토인 마을을 통과하게 되었는데 그 마을에서 깜짝 놀랄 일이 발생하였는데. 그 부락의 토인 한 사람이 자기가 늘 모시고 다니던 우상을 거꾸로 나무에 매달아 놓고 그 우상을 마구잡이로 때려 부셨다고 한다. 이 광경을 목격한 선교사는 너무 놀라 "당신이 섬기던 우상을 그렇게 무모하게 나무에 매달아 놓고 마구 때릴 수 있습니까?"라고 물었다. 이 선교사의 질문에 대해 토인은 "내가 이 우상을 10년 동안이나 잘 섬겼는데 축복은 하나도 주지 않고 오히려 화만 많이 주었으니 내가 이런 우상을 더 이상 섬길 수 없지 않는가?"라고 말했다.

축복의 근원은 오직 전능하신 하나님 한분이시기 때문에 전심전력으로 하나님을 섬겨야 할 것을 깨우쳐 주고 있다.

그러므로 성경은 "너희 하나님 여호와를 섬기라 그리하면 여호와가 너희의 양식과 물에 복을 내리고 너희 중에 병을 제하리니"(출애굽기 23:25)라고 말씀함으로 사랑과 진리로 채워 주실 뿐 아니라 일체의 악한 욕망과 거짓된 생각들까지 모두 소멸 시켜 주실 것을 약속하셨다.

| 신앙 |

장님이 연을 띠우는 비결

앞을 보지 못하는 장님이 어느 날 연을 하늘 높이 날리고 있었다고 한다. 길을 지나가던 행인이 가만히 보니 참으로 신기했다. 어떻게 장님이 하늘 높이 연을 띠울 수 있을까? 앞을 보지 못하는 장님이 지금 연이 하늘에 떠 있는지 혹은 땅위에 떨어져 있는지 어떻게 분별할 수 있을까? 이 행인으로써는 몹시 궁금했다. 그래서 이 행인은 마음을 굳게 먹고 맹인에게로 닦아가 물어보았다. 행인의 질문에 대해 자기에게는 분별할 수 있는 비법이 있는데 '연이 하늘에 떠 있으면 연줄이 곧고 탄탄하지만 만약 연이 땅에 떨어져 있으면 연줄이 헐렁헐렁 하고 힘이 없기 때문에 이것이 곧 연이 하늘에 떠 있는 것과 땅에 떨어져 있는 것을 구별하는 방법'이라고 말했다.

우리도 전능하신 우리 하나님과의 관계에서 믿음의 줄을 곧고 탄탄하게 했을 때 하늘에 오르는 연처럼 높이 높이 올라갈 수 있음을 깨우쳐 주고 있다.

| 신앙 |

코리 붐의 간증

　미국의 유명한 작가로 코리 붐(Corrie Boom)이라는 여인이 있었다. 이 여인이 어느 날 아버지를 찾아가 "아버지! 나는 어려운 일을 만났을 때 그 위기를 어떻게 대처하면 좋을지 전혀 신앙이 없는 것 같아요."라고 말했다. 이때 사랑하는 딸을 한참 동안 쳐다보면 아버지는 마침내 입을 열어 "딸아! 내가 내일 상점에 가서 무엇을 사오라고 말할 때에는 너에게 미리 돈을 주지 않겠느냐? 또 네가 기차를 타고 여행을 가기 위해 기차표를 사야 된다고 말했을 때에도 아버지가 기차표 살 돈을 네게 주지 않겠느냐? 딸아! 하나님께서는 우리를 이런 원리 속에서 대하여 주신단다. 네가 필요할 때에는 네게 필요한 신앙을 하나님께서 주시지 않겠느냐?"라고 가르쳐 주었다. '코리'는 이런 아버지의 가르침에서 큰 감명을 받았으며 이를 늘 간증했다.

　항상 우리와 함께 하시는 동시에 우리에게 필요한 것들을 예비하시고 공급하시는 하나님이심을 깨닫게 해준다.

| 신앙 |

'부리티쉬 콜럼비아'

캐나다의 유명한 역사가 부르스 허친슨(Bruce Hushinson)은 캐나다개척의 역사를 풍자하여 "한 때 미국사람들이 금맥과 금광을 찾아서 서쪽으로 몰려갔듯이 캐나다 사람들은 서쪽으로 서쪽으로 금광을 찾아서 몰려갔던 시대가 있었는데 그들 가운데 더러는 금맥을 발견했고 또 그들 가운데 더러는 죽음을 맞기도 하였다. 그러나 그들이 발견한 금맥 이상의 것은 서쪽으로 가는 동안에 부리티쉬 콜럼비아(British Columbia)를 발견하였다는 사실이다"라고 말했다.

우리의 신앙여정(Journey)에 있어서도 목표를 잃지 않은 채 일관된 노력을 집중시켜 나간다면 금맥 이상의 큰 것을 하나님께서 허락하여 주실 것이라는 사실을 깨우쳐야 할 것이다.

버킹검 궁의 깃발

영국 황실의 버킹검(Buckingham) 궁궐에 엘리자베스(Elizabeth)여왕이 있을 때는 궁궐의 깃발이 높이 올려지고 반대로 여왕이 출타 중일 때는 황실의 깃발이 내려진다고 한다. 그러므로 궁궐에 펄럭이는 깃발은 영국 여왕의 소재와 안녕을 상징하고 있는 것이다.

펄럭이는 궁궐의 깃발처럼 우리의 삶 자체가 예수 그리스도의 삶을 나타내는 깃발이 되어야 할 것이다.

| 신앙 |

유대교가 가르치는 율법의 본질

예수님 오시기 100년쯤 전에 살다가 간 유대인 랍비로 힐엘이라는 사람이 있었다. 어느 날 그의 제자 한 사람이 랍비를 찾아와 "선생님! 유대교가 가르치는 율법의 본질은 무엇입니까?"라고 물었다. 이 질문에 대해 랍비는 "하나님께 욕된다고 생각되는 일은 절대로 다른 사람에게 행하지 말라. 이것이 곧 유대교 율법의 본질이다."라고 대답했다. 그는 계속하여 "율법에는 많은 조문이 있지만 그 외의 율법은 모두 이 본질을 설명해 주는 것뿐이다."라고 말했다.

과연 사람이 하나님께서 싫어하신다고 생각되는 일은 다른 사람에게 행하지 않을 뿐 아니라 오로지 하나님께서 좋아하시고 원하시는 일에만 힘써 나가는 것이 하나님 자녀의 참으로 자랑스럽고도 귀한 삶이라는 사실을 유대인들도 알고 있었던 것이다.

| 신앙 |

핍박을 이긴 성도들

로마(Rome) 역사에서 가장 잔인스러웠던 황제는 네로(Nero)로 알려져 있다. 그는 자기의 어머니도 죽이고 자기의 자녀도 죽였으며 자기의 아내마저도 죽인 가장 포악한 군주였다.

또한 네로는 로마성을 자기의 손으로 방화하고 그 방화의 책임을 기독교 신자들에게 전가하여 수많은 성도들을 핍박하고 학살한 군주였다. 그는 많은 기독교 신자들을 잡아다가 더러는 십자가에 못 박아 죽였으며 또 더러는 사자 굴에 던져 사자의 밥이 되게도 했다. 그렇기 때문에 그 당시 궁중의 분위기는 무섭고 음산하고 불안했으며 또 공포의 분위기가 역력했었다고 한다. 그럼에도 불구하고 이미 소수의 성도들이 그의 궁궐에서 일하고 있었다는 사실은 놀라운 일이 아닐 수 없다. 그런데 궁궐에서 일한 소수의 성도들이 누구인지는 확실히 알 수 없지만 여러 근거에 따르면 시위대 군인들 중 몇 명이며 또 비서들 가운데 몇 명인 동시에 궁녀들 가운데 몇 명이었다는 사실을 지적할 수 있다.

참된 성도의 삶은 핍박과 함께 자란다는 사실을 깨닫게 해 주고 있다.

| 신앙 |

마틴 루터의 아내가 입은 상복

　마틴 루터(Martin Luther)는 종교개혁을 진행시켜 나가던 중 어려운 문제에 봉착하게 되면 늘 낙심이 되어 몸 져 누웠다고 한다. 그때에 루터의 아내는 평상복을 벗고 검은색 상복으로 옷을 갈아입고 나타났다. 놀란 루터는 자기 아내에게 "누가 갑자기 세상을 떠났느냐?" 물었다고 한다. 아내는 "하나님께서 돌아가셨어요."라고 루터에게 대답했다고 한다. 이 대답에 화가 난 루터는 "그런 무례한 말이 어디 있느냐? 어떻게 하나님께서 돌아가실 수 있느냐?"라고 아내에게 말하였다. 그의 아내 역시 루터를 향해 정중하게 말했다고 한다. 마틴 루터의 종교개혁은 이 같이 아내의 격려와 도움으로 성공할 수 있었다.
　핍박과 고난 속에서도 성도의 삶은 정체가 아니라 계속 전진하는 삶이 돼야 할 것임을 깨닫게 해 주고 있다.

| 신앙 |

바닷가와 차돌들

바닷가에 나가면 반질반질 하게 달아 예쁜 차돌을 많이 보게 된다. 그런데 이런 차돌은 처음부터 둥글고 반질반질한 차돌이 아니었다. 처음에는 뾰족 뾰족 하고 모나서 울퉁불퉁한 돌이었다. 그렇지만 수 천 년 동안 파도에 씻기고 서로 부딪치어 깎이는 동시에 사람들의 발에 이리 밟히고 저리 밟히면서 잘 다듬어져 오늘날 우리가 볼 수 있는 바닷가의 아름다운 차돌로 변한 것이다. 여러 종류의 모진 시련과 고통 속에서도 신앙을 잃지 않고 잘 다듬어 나가는 자세는 실로 귀하고 귀하다.

막다른 길에서의 여정

철학자 토마스 카알라일(Thomas Carlyle)에게 어느 날 한 사람이 찾아와 "지금 기독교는 막다른 길에 서 있지 않느냐?"고 물었다. 이에 카알라일은 "기독교는 언제나 막다른 길에 서 있다"라고 대답하였다. 카알라일의 말처럼 우리는 지금 막다른 길에 서 있음에도 불구하고 예수님과 함께 인생의 여정을 계속하고 있다는 사실은 놀라운 일이 아닐 수 없음을 깨우쳐 주고 있다.

| 신앙 |

불속에서 들은 하나님의 음성

시카고(Chicago)를 중심으로 열심히 전도 활동을 했던 부흥사 드화잇 무디(Dwight Moody)의 집에 어느 날 화재가 발생했다. 불길은 삽시간에 무디의 집을 모두 태워버렸다. 그는 이 사건으로 모든 가산과 소유는 완전히 잿더미로 변해 버리고 말았다. 이후 주변의 많은 사람들은 돌발적인 화재로 인해 소유와 재산을 잃어버린 무디를 진심으로 위로 했다.

그때에 자기를 위로하는 사람들을 향해 무디는 조용한 말씨로 "내 재산은 다 불에 다 없어졌습니다. 그렇지만 나는 아직도 남아 있습니다. 모든 것이 다 없어졌어도 하나님은 아직도 내게 계십니다."라고 대답했다.

드화잇 무디의 이런 신앙이 잿더미에서 일어나 오늘 무디 선교의 큰 요새를 시카고에 건설했다고 생각한다.

| 신앙 |

템플 교회의 폐허 속에서

　세계 제2차 대전의 절정에 이르렀을 때였다고 한다. 독일의 공군은 매일 밤 영국 런던(London)을 공습하고 파괴했다. 그런데 런던의 중심가에는 템플교회(Temple Church)가 있었다. 이 귀한 교회는 독일 공군의 습격으로 파괴되고 말았다. 그때에 하나님의 교회가 잿더미로 변한 폐허 속에서 레슬리 워더헤드 목사는 "나는 다른 사람과 똑같이 해뜨는 아름다운 날들을 사랑하고 좋아했다. 그래서 내가 건강하고 행복하고 성공했을 때 그 풍요를 즐겼다. 그런데 나는 실패와 공포의 어려움을 통해 하나님에 대하여, 또 인생에 대하여, 그리고 나 자신에 대하여 훨씬 더 많은 것들을 배웠다. 나는 햇빛 비치는 아름다운 날 보다 불안과 고통이 깔린 어두운 날에 무척 심오한 진리를 배우게 된다."라고 고백했다.
　성도의 삶은 고통과 어려움을 받아들이는 동시에 이들을 친구삼아 긍정적인 삶을 창출해 나가는 생활이 돼야 할 것임을 깨우쳐 주고 있다.

| 신앙 |

어느 여인의 묘지

　옛날 어떤 사람이 영국의 런던(London)에서 자기의 신앙생활에 알맞은 좋은 교회를 찾아 이 교회 저 교회를 돌아 다녔다. 그래서 한 주일은 성공회에 나가서 예배를 드리고 그 다음 주일은 다른 교회에 나가 예배를 드렸다. 그런데 이 사람의 아내가 갑자기 병으로 죽게 되었다.
　이 사람은 자기 아내의 장례를 치러야 하는데 우선 아내가 묻힐 묘지를 구하는 일이 급선무였다. 잘 알려진 것처럼 성공회는 영국의 국교이기 때문에 성공회의 묘지에 묻히는 것은 국민의 당연한 도리인 동시에 명예였다. 그렇기 때문에 그녀의 남편은 성공회를 찾아가 자기의 시점을 소상히 말한 다음 자기 아내를 위해 묻힐 묘 한 자리를 허락해 달라고 사정했다.
　그런데 성공회 측의 입장에서는, 그 부인이 단 하루라도 예배에 출석했기 때문에 완전히 그녀 남편의 요구를 거절할 수 없는 입장이었다. 그러나 그 다음주일에는 다른 교회로 나갔기 때문에 성공회의 공동묘지에 시신을 매장하도록 허락하는 데는 조건이 붙지 않을 수 없었다.
　그 조건은 시신의 반절은 성공회의 공동묘지에 묻고 시신의 다른 쪽 반절은 성공회 공동묘지에 울타리 밖으로 나가도록 묻어달라는 것이었다. 그래서 그녀의 남편은 이를 수락했다.
　하나님의 사람은 반반씩이 아니라 무조건 완전히 사랑하시고 또 완전히 용서해 주셨으니 참으로 감사하는 생활이 되어야 함을 깨우쳐 주는 이야기다.

| 신앙 |

손과 손을 마주 잡고

애굽(이집트) 나라에 가면 스핑크스(Sphinx)라는 모형이 있다. 스핑크스의 머리는 사람의 머리이고 육신은 짐승의 모습을 갖고 있다. 모양만으로 말할 때 스핑크스를 가르쳐 사자라고 말하여야 옳을지 혹은 사람이라고 말해야 옳을지 혼돈이 오게 된다. 그런데 정확하게 말한다면 스핑크스는 사자만도 아니며 또 사람만은 물론 아니라고 할 수 있다.

만약 우리 성도의 삶에서 믿음만을 택하던지 혹은 행동만을 선택하던지 양자택일을 하라면 과연 사람들은 그를 가르쳐 무엇이라고 부를지 궁금할 뿐이다.

윌리암 바클레이(William Barclay)는 "신자의 생활에서 믿음과 실천은 손과 손을 마주 잡고 가야 한다."라고 말했다. 만약 그렇지 못한 가운데 믿음과 실천 중 어느 한쪽만 가졌다면 그 사람은 절반의 신자가 되었다는 사실을 깨우쳐 주고 있다.

| 신앙 |

청교도들의 신앙

　종교의 자유를 찾아 미국으로 건너온 청교도들에 의하여 세워진 나라가 미국이라는 사실을 우리는 잘 알고 있다. 청교도의 제일진은 1620년에 메이플라워 호를 타고 프리마우스에 도착하였다고 한다. 그런데 지금 프리마우스의 건너편 높은 언덕에는 그 당시 청교도의 상륙을 기념한 높은 기념상이 세워져 있다. 그 기념상은 네 사람이 각각 네 모퉁이에 서 있는데 한 사람은 법을 대표하는 사람이며 또 다른 한 사람은 자유를 대표하고 세 번째 사람은 도덕을 대표하는 동시에 마지막 사람은 교육을 대표하고 있다. 그리고 이들 네 사람의 한 가운데에는 높은 단이 있고 그 위에는 한 여자의 상이 조각되어 있다. 그런데 이 여자의 한쪽 손은 하늘을 가리키고 있으며 또 다른 한손은 성경을 들고 있다.

　바로 이 여인상은 신앙을 상징하고 있다. 오늘도 미국의 도처에서는 나라를 세운 이들, 청교도들(Pilgrim Fathers)의 신앙이 역사하고 있는 그 흔적을 볼 수 있다.

　이들의 후손은 믿음의 기반 위에 나라를 세운 미국을 자랑스러운 나라로 여길 것이다.

| 신앙 |

피아노 조율

피아노를 잘 관리하는데 있어서는 늘 제 소리가 잘 나도록 정규적으로 조율(Tuning)이 중요하다고 말한다. 피아노가 오래되어 제 소리가 나오지 않으면 조율사를 초청하여 피아노를 조율해야만 한다. 만약 피아노를 조율하지 않고 줄이 풀린 채로 놓아둔다면 음정에 민감한 사람들이 피아노를 치면서 귀를 망치게 된다.

마찬가지로 우리의 신앙생활도 하나님의 소리에 맞게 늘 조율하는 철저한 관리가 필요하다. 또 우리의 활동도 하나님의 뜻에 맞추는 관리가 필요하다고 하겠다. 그리고 우리의 삶이 하나님의 말씀대로 살 수 있도록 맞추는 관리도 필요하다. 어느 날 갑자기 오시는 예수님을 맞이하기 위하여 '조율'하고 기다리는 생활이 곧 등에 기름을 준비한 열 처녀와 같은 슬기로운 삶인 동시에 바람직한 성도의 삶이라고 할 수 있는 것이다.

| 신앙 |

이것이냐 저것이냐

　실존철학의 비로이며 우울과 고독의 철학자로 잘 알려진 키엘 케고르은 인생을 살아가는데 있어 늘 이것이냐 저것이냐(Either/or)의 선택과 결단의 순간들이 주어진다고 말했다. 실제로 키엘케고르의 생애에 있어서 그는 어린 16세의 소년인 레기네를 사랑해 약혼했던 적이 있었다. 그러나 그는 연인과 하나님을 동시적으로 함께 사랑할 수 없다고 생각한 나머지 16세의 아름답고 청순한 연인과 헤어져 오직 하나님만 사랑하는 결단을 하였다.
　성도의 삶도 역시 하나님의 뜻과 의지를 깨닫도록 힘쓰는 동시에 늘 그 편으로 결단하는 삶이 되어야 할 것임을 깨우쳐야 한다.

| 신앙 |

완성하지 못한 바벨탑

일찍이 영국을 떠나 미국으로 건너온 청교도(Puritan Fathers)들에 의해 건국된 나라가 바로 미국이기 때문에 청교도적인 경건과 신앙의 자취가 미국의 건국 정신 속에 잘 담겨져 있다고 한다. 미국의 지폐 가운데 1 달러짜리를 보면 인간이 쌓아 올린 피라미드 탑은 일정한 한계가 있음을 말해 주고 있다. 아무리 인간이 지혜와 문명을, 그리고 지식을 총동원한다고 하더라도 탑의 꼭대기를 완성시키는 일은 불가능하다는 사실을 드러내고 있음을 표현한 것이라고 할 수 있다.

이누이트 코엡티스 즉 하나님의 눈동자에 의하여 탑은 완성된다는 신앙을 미국에서 통용되고 있는 지폐 속에 담고 있다는 사실에서 초기 미국인들의 신앙을 발견할 수 있다. 오늘을 사는 우리 그리스도인들도 귀담아 들어야 할 귀한 진리가 이날 수 없다.

| 신앙 | 관련 성경 구절 |

1) 그리스도신앙의 이해

- 히 6:1-2
그러므로 우리가 그리스도 도의 초보를 버리고 죽은 행실을 회개함과 하나님께 대한 신앙과 세례들과 안수와 죽은 자의 부활과 영원한 심판에 관한 교훈의 터를 다시 닦지 말고 완전한 데 나아갈지니라

- 마 5:3 -13
심령이 가난한 자는 복이 있나니 천국이 저희 것임이요 애통하는 자는 복이 있나니 저희가 위로를 받을 것임이요 온유한 자는 복이 있나니 저희가 땅을 기업으로 받을 것임이요 의에 주리고 목마른 자는 복이 있나니 저희가 배부를 것임이요 긍휼히 여기는 자는 복이 있나니 저희가 긍휼히 여김을 받을 것임이요 마음이 청결한 자는 복이 있나니 저희가 하나님을 볼 것임이요 화평케 하는 자는 복이 있나니 저희가 하나님의 아들이라 일컬음을 받을 것임이요 의를 위하여 핍박을 받은 자는 복이 있나니 천국이 저희 것임이나를 인하여 너희를 욕하고 핍박하고 거짓으로 너희를 거스려 모든 악한 말을 할 때에는 너희에게 복이 있나니 기뻐하고 즐거워하라 하늘에서 너희의 상이 큼이라 너희 전에 있던 선지자들을 이같이 핍박하였느니라 그러므로 무엇이든지 남에게 대접을 받고자 하는 대로 너희도 남을 대접하라 이것이 율법이요 선지자니라

- 고전 15:3-4
내가 받은 것을 먼저 너희에게 전하였노니 이는 성경대로 그리스도께서 우리 죄를 위하여 죽으시고 장사 지낸바 되었다가 성경대로 사흘만에 다시 살아나사

- 행 3:19
그러므로 너희가 회개하고 돌이켜 너희 죄 없이 함을 받으라 이같이 하면 유쾌하게 되는 날이 주 앞으로부터 이를 것이요

- 대하 7:14
내 이름으로 일컫는 내 백성이 그 악한 길에서 떠나 스스로 겸비하고 기도하여 내 얼굴을 구하면 내가 하늘에서 듣고 그 죄를 사하고 그 땅을 고칠지라

- 눅 13:2-3
대답하여 가라사대 너희는 이 갈릴리 사람들이 이같이 해 받음으로써 모든 갈릴리 사람보다 죄가 더 있는줄 아느냐 너희에게 이르노니 아니라 너희도 만일 회개치 아니하면 다 이와 같이 망하리라

- 행 8:22
그러므로 너의 이 악함을 회개하고 주께 기도하라 혹 마음에 품은 것을 사하여 주시리라

- 딤전 6:17-19
네가 이 세대에 부한 자들을 명하여 마음을 높이지 말고 정함이 없는 재물에 소망을 두지 말고 오직 우리에게 모든 것을 후히 주사 누리게 하시는 하나님께 두며 선한 일을 행하고 선한 사업에 부하고 나눠주기를 좋아하며 동정하는 자가 되게 하라 이것이 장래에 자기를 위하여 좋은 터를 쌓아 참된 생명을 취하는 것이니라

- 행 20:35
범사에 너희에게 모본을 보였노니 곧 이같이 수고하여 약한 사람들을 돕고 또 주 예수의 친히 말씀하신바 주는 것이 받는 것보다 복이 있다 하심을 기억하여야 할지니라

| 심판 |

하나님의 심판

　미국에서 한때 정치가로 명성을 떨쳤던 다니엘 웹스터(Daniel Webster)에게 어떤 사람이 찾아와 "당신의 마음속에 가득했던 모든 생각들 가운데 가장 엄숙한 생각은 무엇이었느냐?"라고 물었다. 이 같은 질문에 대하여 그는 "내가 지금 행하는 모든 일이 장차 하나님의 심판을 받는 때가 있을 것이라는 사실입니다"라고 대답했다. 똑같은 조명에서 장차 우리는 하나님의 심판을 받을 때가 있을 것이라는 전제에서 준비하는 성도의 생활자세는 중요하다는 사실을 깨우쳐 주고 있다.

반지가 주는 심판

　어느 가정에 조상 대대로 내려오는 신비스러운 반지가 하나 있었다. 이 반지를 손가락에 끼면 그 반지를 낀 사람의 성격이 온순해 지고 또 성품도 밝고 친절해 지는 신비의 반지다. 그래서 이 반지는 증조할아버지에게서 할아버지에게로 물려졌고, 다시 할아버지에게서 아버지에게로 물려져 내려왔다.
　어느 날 아버지의 죽음이 임박하여 가만히 생각하니 아주 큰 일이 아닐 수 없었다. 도대체 반지는 하나뿐인데 아들은 넷이니 어느 아들에게 이 반지를 전수시켜야 좋을지 걱정이 아닐 수 없었다. 아버지는 생각하고 또 생각한 나머지 한 가지 묘안을 찾아냈다. 반지를 똑같이 모조하여 세 개를 만들어 놓고 아들을 한명씩 방으로 불러 축복해 주고 난 다음 기적과 마력의 반지로 알려진 그 반지를 아들에게 끼어주었다.

| **심판** |

　그런데 놀랍게도 얼마 후 네 아들은 자기들 모두가 마력의 그 반지를 끼고 있다는 사실을 알게 되었다. 그래서 네 아들 사이에는 반지 네게 가운데 어느 반지가 진짜 마력의 반지냐는 문제를 놓고 싸움이 벌어졌다. 결국 네 아들은 동리에 있는 재판관을 찾아가 자초지종을 말하고 공정한 재판을 받기로 합의했다.
　형제들끼리의 합의에 따라 네 형제는 재판장 앞에 나아갔는데, "어느 반지가 진짜 마력을 가진 반지냐에 대한 나의 판결은 최근 그 반지를 낀 이후 정말로 성격이 온순해졌고 또 친절하고 활달해진 바로 그 사람이 진짜 마력의 반지를 가진 사람이다."라는 아주 명쾌한 심판을 재판장은 내렸다.
　예수 그리스도의 반지를 끼고 사는 우리 성도의 삶은 매일 매일 그를 닮아가는 생활로 변하여야 할 큰 사명이 있음을 이 우화를 통해 깨달을 수 있게 된다. 사명을 지키는 것이 바로 은 심판의 잣대가 되는 것이다.

|심판| 관련 성경 구절|

- **창 8:1**
  하나님이 노아와 그와 함께 방주에 있는 모든 들짐승과 육축을 권념하사 바람으로 땅 위에 불게 하시매 물이 감하였고

- **창 19:29**
  하나님이 들의 성들을 멸하실 때 곧 롯의 거하는 성을 엎으실 때에 아브라함을 생각하사 롯을 그 엎으시는 중에서 내어 보내셨더라

- **출 2:24-25**
  하나님이 그 고통 소리를 들으시고 아브라함과 이삭과 야곱에게 세운 그 언약을 기억하사 이스라엘 자손을 권념하셨더라

- **시 98:3**
  저가 이스라엘 집에 향하신 인자와 성실을 기억하셨으므로 땅의 모든 끝이 우리 하나님의 구원을 보았도다

- **신 32:4**
  그는 반석이시니 그 공덕이 완전하고 그 모든 길이 공평하며 진실무망하신 하나님이시니 공의로우시고 정직하시도다

- **렘 16:17**
  내 눈이 그들의 행위를 감찰하므로 그들이 내 얼굴 앞에서 숨김을 얻지 못하며 그들의 죄악이 내 목전에서 은폐되지 못함이라

- **렘 17:10**
  나 여호와는 심장을 살피며 폐부를 시험하고 각각 그 행위와 그 행실대로 보응하나니

- **행 10:4**
  고넬료가 주목하여 보고 두려워 가로되 주여 무슨 일이니이까 천사가 가로되 네 기도와 구제가 하나님 앞에 상달하여 기억하신 바가 되었으니

- **계 18:5-6**
  그 죄는 하늘에 사무쳤으며 하나님은 그의 불의한 일을 기억하신지라. 그가 준 그대로 그에게 주고 그의 행위대로 갑절을 갚아주고 그의 섞은 잔에도 갑절이나 섞어 그에게 주라

| 인간 |

양지쪽에서 놀던 아이들

17세기 불란서의 물리학자이자 수학자로 알려진 브레즈 파스칼(Blaise Pascal)이 기독교의 진리에 심취하여 기독교 변증론을 쓰려고 수도원에 들어갔으나 건강이 좋지 않은 이유로 단편적인 글을 남겼는데 이것들을 모아 낸 책이 '팡세' 라는 책이다.

'파스칼' 은 이 책에서 인생을 겨울날 햇빛이 따뜻하게 비치는 양지쪽을 차지하고 즐겁게 노는 어린아이들의 놀이로 비유하였다.

지금은 컴퓨터가 발달 되어 아이들도 집에서 '컴퓨터 게임' 을 하면서 시간을 보내고 즐거운 오락시간을 갖지만 옛날 어린아이들은 놀 거리가 많지 않았기 때문에 길로 나와 거기서 놀기가 일쑤였다.

날씨가 춥고 해가 짧은 겨울에는 아이들은 양지쪽을 찾아다니면서 거기서 '자치기' 와 '팽이치기' 를 즐겼으며 그리고 '표치기' 놀이도 즐기면서 지냈다고 한다. 그런데 햇빛이 비치는 따뜻한 양지쪽은 힘센 아이들이 차지하는 것이 보통이었다. 반대로 힘없는 아이들은 햇빛이 비추지 않는 그늘에서 놀 수밖에는 다른 도리가 없었다.

그러나 그 짧은 겨울해가 서산에 지고 나면 양지쪽에서 재미있게 놀던 힘센 아이들이나 그늘 쪽에서 놀던 힘없는 아이들, 모두가 자기 집으로 돌아가야만 했다.

해가 서산으로 기울면 모두 다 돌아가야만 하는 인간의 뛰어넘을 수 없는 제한성과 언젠가 하나님 앞에 서야하는 인생을 뒤돌아보게 하는 장면이다.

| 인간 |

번뇌와 갈등을 가진 존재

청교도 문학의 정수를 이룬 청교도 초기 작품 가운데 '주홍글씨'라는 작품에서 작자는 "이 세상에 참으로 존재하는 유일한 진리는 무엇인가? 그것은 인간이란 내면에 꽉 차 있는 번뇌와 숨김없는 갈등을 가진 존재라는 사실이다. 누가 미소를 잃지 않은 채 아들을 정복하기에 충분한 힘을 가졌으며 또 우리 가운데 누가 기쁨의 얼굴을 간직한 채 이들을 정복하기에 충분한 힘을 가졌단 말인가? 우리 인간 중에 그런 사람은 아무도 없는 것 같다"고 말하고 있다.

참으로 인간은 자기와 내면에 꽉 차 있는 고뇌와 갈등을 스스로 극복할 만한 큰 힘을 가지지 못한 나약한 존재임을 깨우치는 말이다.

| 인간 |

웅장한 도시를 이룩하여도

뉴욕(New York)시내를 돌아본 독일의 한 학생이 자신의 선생인 윌리암 스트링휠로우(William String Fellow)를 찾아가 묻기를 "선생님, 과연 뉴욕은 큰 도시인데 고도로 발달된 산업화가 이렇게 웅장한 도시를 만들어 놓았다면 이런 도시화가 마지막으로 가져올 것은 무엇이겠습니까?"라고 질문했다.

이에 선생님은 순간적으로 대답을 못하고 머뭇거리다가 한참 후에 "도시화가 마지막으로 가져올 것은 죽음이다"라고 말했다.

아무리 고도로 문명화 된 도시일지라도 죽음을 뛰어 넘을 수 없다는 인간의 제한성은 아무도 뛰어넘을 수 없다는 사실을 지적하는 이야기다.

| 인간 |

'단테'의 대답

'신곡'(The divine Comedy)의 저자로 알려진 단테(Dante)가 추방되어 프랑스의 파리로 향하여 가던 중, 이태리의 어느 수도원 앞을 지나게 되었다. 단테는 이 수도원의 정문 앞에 서서 한참을 머뭇거리다가 마침내 정문을 노크(knock)하였다고 한다. 이때 한 수도사가 수도원 안으로부터 문을 열고 나오더니 "무엇을 원하느냐?"고 단테를 향해 물었다. 단테는 이 질문에 대하여 '평화'(Peace)라고 대답하였다고 한다.

죄와 허물 때문에 하나님으로부터 소외당한 인간이 갖는 것은 '불안과 초조', 그리고 '고통과 근심' 뿐 이다. 까뮤(Camus)도 역시 "인간이란 불안과 불안 사이를 방황하는 존재"라고 말하였다.

그런데 예수님께서는 인간이 가지는 불안을 몰아내고 참된 화평을 주시기 위하여 오셨으니 참으로 감사를 드릴 뿐이다.

| 인간 |

지킬박사와 하이드

　스티븐슨(Robert Stevenson)은 자신의 유명한 소설 '지킬 박사와 하이드'에서 인간의 이중성을 이야기하고 있다. 소설 속의 지킬박사는 유명한 과학자로 아주 점잖은 사람이다. 그리고 자선산업도 하는 멋진 신사다. 그러나 그 박사의 마음속에는 늘 숨은 사람이 있었다. 그 숨은 사람의 이름이 하이드였다.

　이 하이드라는 존재는 늘 점잖은 지킬 박사 속에 숨어 있었다. 그래서 낮에는 박사로 나타나고 어두워지면 이 숨은 사람을 통해 나쁜 사람으로 변하여 음란해지고 야비해지는 동시에 포악해져 사기꾼으로 바뀐다. 겉은 점잖고 실력도 있고 공부도 많이 한 신사인데 그 속의 사람은 엉망이었다고 한다.

　이 소설은 인간의 이중성을 풍자한 작품으로 우리의 신앙이 어디로 향해야 하는지 가르쳐주는 소설이다.

| 인간 |

인간의 양면성

　천사를 그리고 싶었던 한 화가가 어머니의 품안에 안겨 젖을 빨아먹는 천진난만한 어린 아이를 모델(Model)로 하여 그토록 그리고 싶었던 천사를 그렸다고 한다. 그리고 수10년이 지난 후 이번에는 세상에서 가장 악독한 악마의 그림을 이 화가는 그리고 싶었다. 그래서 세상에서 가장 악성이 높은 사형수들이 수감되어 있는 형무소를 찾아가 제일 무섭게 생긴 사람을 모델로 자고 그리고 싶었던 악마의 그림을 완성하였다.

　그런데 어렸을 때 어머니의 품안에 안겨 천사의 모델이 되었던 그 어린 아이가 성장하여 살인수가 되었으며 마침내 악마를 그리고 싶었던 화가의 모델이 되어 악마의 그림을 완성시키게 되었다고 한다. 그러니까 천사의 모델이었던 사람과 악마의 모델이었던 사람은 똑같은 사람이었다.

　이로써 인간에게는 두 가능성이, 즉 선의 가능성과 악의 가능성이 늘 공존하고 있을 뿐 아니라 서로 싸우고 있다는 사실을 알려 주고 있다. 똑같은 조명에서 일찍이 파스칼(Pascal)은 "인간이란 천사와 악마의 중간적인 존재이다"라고 말한 바 있어 역시 인간의 양면성을 지적한 바 있다.

| 인간 |

작아져 가는 하나님의 목소리

영국의 문인으로 잘 알려진 웰은 "많은 사람에게 있어서 문제는 다른 것이 아니라 하나님의 소리보다는 이웃의 소리를, 즉 인간의 소리를 더 크게 들으려는 현대인의 경향이 바로 문제이다"라고 말하였다. 하나님의 말씀에 귀를 기울이고 그의 가르침을 따르는 것이 너무도 당연한 인간의 도리임에도 불구하고 현대인은 사람의 소리를 더 크게 듣는다는 사실은 큰 재앙이 아닐 수 없다.

일찍이 존 녹스(John Knox)는 "나는 하나님을 두려워 할 뿐 그 외 인간들의 얼굴을 두려워하지 않는다."고 말하였다.

오늘을 사는 사람들에게 큰 문제는 사람의 눈치와 체면, 그리고 사람의 위신만 생각하는 경향이 큰 것이 문제라는 사실을 다시 생각해 보게 한다.

| 인간 |

시장성의 인격

1980년 초에 세상을 떠난 사회심리학자인 에릭 프롬(Erick Fromm)은 현대를 사는 사람들의 인격을 가르쳐 구분하면서 '시장성(Market Ouented) 인격'을 말한 적이 있다.

인간을 '전능하신 하나님의 창조를 받은 특히 하나님의 형상대로 하나님으로부터 지음 받은 고귀한 '인격' 으로 보지 않고 이용가치라는 조명에서 인간을 보고 판단하는 동시에 손익계산의 조명에서 인간을 취급하는, 즉 상업적 수단이라는 입장에서 인간을 대하는 현상을 프롬은 비판 하였던 것이다.

모름지기 인간은 어떤 모양과 상황에서도 수단이나 도구가 아니라 하나님의 형상대로 지음 받은 인격으로서 대접받아야 될 고귀한 존재임을 잊지 말아야할 존재임을 잊지 말아야겠다.

| 인간 |

고향으로 돌아가려는 과제

"맨발의 백작 부인"이라는 작품을 필자는 소년시절에 인상 깊게 읽었다. 이 작품에 등장하는 주인공 메리(Mary)는 어렸을 때 맨발로 뛰어놀던 고향의 해변 모래사장을 그리워한다. 비록 성숙한 여인으로 변한 주인공은 카페에서 노래를 부르면서 잘 살고 있지만, 즉 주인공 메리는 문명의 황홀함 속에서 소위 예술을 만끽하는 여인으로 변하였지만 언제나 맨발로 뛰어놀며 순진하게 성장하던 고향의 해변을 못내 그리워한다는 이야기가 아주 인상적이었다.

마찬가지로 고향을 떠나온 이민자에게 있어 '향수'의 문제를 처리하는 일은 큰 과제가 아닐 수 없다. 짐승도 죽을 때는 떠나온 자기의 굴을 향하여 머리를 두고 간다는 말도 전해지고 있다.

| 인간 |

무엇이 참 인생의 실상인가?

키에르케고르(Kierkegaard)는 자신의 저서 '죽음에 이르는 병'에서 "무엇이 참 인생의 실상인가?"라고 묻고 있다. 또한 그는 "인생이란 시간이라는 기차를 타고 불안의 터널을 지나 죽음이라는 종착역을 향하여 간다"고 말하고 있다. 그는 죽음이라는 종착역을 향하여 줄기차게 달려가는 '기차를 탄 인생'을 강조한 것이다.

아무도 피할 수 없는 인간의 제한성을 비유로 잘 가르쳐 주고 있다.

유기체로써의 인간

철학자 플레이토(Pleato)는 유기체로써의 인간의 기관을 재미있게 비유했다고 한다. 즉 사람의 머리가 성루와 같은 것이라면 사람의 목 줄기는 머리와 몸 사이의 좁은 골목과도 같으며 사람의 심장은 몸의 원천으로 근원과도 같다. 그리고 사람의 기공은 육신이 숨쉬고 활동하는 골목길(lans)이며, 혈관은 육신의 생존에 필요한 것들이 순환하는 운하와 같은 것이라고 표현하고 있다. 이같이 각 지체와 기관이 잘 연합하고 협조하는 동시에 제 각각 역할을 잘 감당함으로 인간이 존재할 수 있음을 깨우쳐 주고 있다.

| 인간 |

현대인이 가지는 불안

　신학자 폴 틸리히(Paul Tillich)은 현대인은 지식을 많이 갖추고 기술도 많이 발달됨에 따라 고도의 문화생활을 즐기는 것이 사실이지만 현대인에게는 세가지이 불만이 있다고 했다.
　그는 세 가지의 불안은 바로 공허의 불안 때문에 오는 허무의 마음과 죄악감의 불안 때문에 오는 양심의 괴로움, 그리고 공포감 때문에 오는 불안이라고 말했다.
　현대인이 가지는 불안의 문제는 오직 그리스도 안에서의 삶을 통하여서만 극복이 가능하다는 우리는 깨달아야 한다.

무엇인가를 경배하는 현대인

　사회 심리학자인 에릭 프롬(Erick Fromm)이 지적한 현대인의 소외감은 우상이라는 말과 연결되어 있음을 의미 한다.
　즉 현대인은 너무 무기력하고 무미건조한 동시에 또 가난하기 때문에 물질적인 것들에 자기의 넘치는 힘과 인생의 달콤한 맛을, 그리고 황금성 같은 부를 투사하여 놓고 거기에 복종을 하며 또 거기에 경배를 하면서 지내고 있다고 현대인의 우상성황을 경고하고 있는 것이다.
　참으로 고독한 현대인의 상황을 잘 가르쳐 주는 동시에 깨닫게 하여 주고 있다.

| 인간 |

현대인의 우상

　독일의 신학자 본 회퍼(Bonhoeffer)는 "만일 우리들이 아직도 간직한 마지막 한 가지가 있다면 그것은 부재주의, 망각, 그리고 의미를 느낄 수 없는 착잡함일 것이다. 사실에 있어서 예배할 대상을 잃어버렸다는 것, 그것이야 말로 현대인의 우상인 것이다."라고 말하였다. 현대인의 마음 속에 도사린 허무감과 망각, 그리고 무의미성의 우상을 씻어내고 창조주이신 하나님 앞에서 서 값지고 귀한 삶을 살아야 할 것이다.
　한편 신학자 라인홀드 니버(Reinhold Niebuhr)도 "자기를 사랑하고 영웅시 하는 것이 현대인에게 있어서 우상이라면 이런 우상은 머지않아 낙심과 절망과 허무의 결과를 가져오게 될 것이다"라고 말하였다.
　하나님의 참된 진리 속에서 자기만을 사랑하는 이기적인 삶보다는 다른 사람을, 사랑하고 위하는 복된 삶을 살아야 된다는 사실을 깨우쳐 주고 있다.

| 인간 |

자기라는 병속에 가두기

　노르웨이(Norway)의 극작가로 잘 알려졌던 헨릭 입센(Henrik Ibsen)은 자기의 연극에 나오는 주인공의 대사를 통하여 "모든 인간은 자기라는 병속에 자신을 꼭 가두어 놓은 채 '자아' 라는 병마개를 꼭 막아버렸다. 그리고 모든 인간은 자기를 '자아' 라는 우물 속에 꼭 가두어 놓은 채 거기서 '자아' 가 마치 술 익듯이 잘 익게 하고 있다.
　그렇기 때문에 아무도 다른 사람의 일에 대하여 노하지도 않으며 아무도 다른 사람의 일에 대하여 눈물을 흘리려고도 않는다. 인간은 모두가 자아로만 꽉 차있으며 말끝마다 현대인은 자기를 소개하기에 분주하다"라고 푸념했다.
　기독교는 자아를 위한 종교가 아니라 다른 사람을 위한 이타적 종교임을 깨닫게 해주는 이야기다.

| 인간 |

난동자와 복음성가 테입

　오래전에 한국의 이민자들이 많이 살고 있는 로스엔젤스(Los Angeles)에서는 일부 소수의 변두리 사람들이 일으킨 난동사건이 발생하여 큰 사회문제를 일으켰다. 그때 이 사건을 취재하던 CBS의 TV방송국 기자가 레코드점에 쳐들어가 물건을 들고 나오는 한 난동자를 잡고 면담을 하였다.

　기자는 "당신은 저 레코드상에 쳐 들어가 무엇을 집어들고 나오는 중이오?"라고 난동자에게 물었다. 이 난동자는 "나는 '레코드' 상점에 쳐들어가 복음성가의 테입을 하나 훔쳐들고 나오는 중입니다. 그런데 그 테입의 제목은 '내가 예수님을 사랑합니다' 입니다."라고 대답하였다.

　아무리 난동자라고 하더라도 하나님의 지음 받은 인간에게는 어쩔 수 없는 종교성이 마음 속에 있음을 보여 주는 것 같았으며 정말로 예수님을 사랑하는 우리의 생활은 더욱 더 긍정적으로 빛나는 삶이 되어야 할 것임을 가르쳐 주고 있다.

| 인간 |

자기가 만든 수갑을 찬 장인

중세기 어느 마을에 힘센 장사로 잘 알려진 장인 블랙 스미스(Black Smith)라는 사람이 있었다. 이 사람은 몸집도 크고 힘도 좋은 장사였다. 그런데 이 사람은 손재주가 좋았기 때문에 쇠붙이를 가지고 물건을 만드는 대장간의 직업을 가지고 있었다.

어느 날 갑자기 이웃 도시의 오랑캐가 그의 마을을 습격하여 쳐 들어오더니 그 마을의 유지들을 모두 납치하여 갔다. 블랙 스미스도 마을의 유지들과 함께 잡혀갔다. 오랑캐들은 자기들이 잡아온 포로들에게 수갑을 채워 모두를 감옥에 가두었다.

이때 감옥 속으로 들어가면서 블랙 스미스의 마음속에는 자신만만하게 생각되는 일이 있었다. "쇠붙이에 관한한 자기가 도사인데 수갑이라는 것은 어디인가에 약한 연결이 있기 마련이기 때문에 그 약한 부분을 찾아내고 천하의 장사인 자기가 힘을 쓰면 수갑의 약한 부분이 끊어질 것이고, 이렇게 되면 자기는 유유히 이 감방을 탈출할 것이며 또 우리 마을을 점령한 오랑캐군을 물리치고 질서를 회복하리라"라고 자신만만하게 생각하였다.

그래서 블랙 스미스는 열심히 자기에게 채워진 수갑의 연결쇠 부분에서 약한 곳을 찾아내려고 애를 쓰다가 그만 실망하고 말았다.

그 수갑은 바로 자기가 만들었던 수갑으로, 자기가 얼마나 정성을 드려 수갑을 만들었던지 도저히 수갑의 연결쇠 부분에서 약한 곳을 찾아 낼 수 없었기 때문이었다.

블랙 스미스는 할 수 없이 탈출을 포기하였으며 낙심스러운 모습으로 누군가가 와서 자기를 구출하여 주기를 하루 종일 기다릴 수밖에 없었다.

이 세상의 일은 좋은 의도에서였던지 나쁜 의도에서였던지 모두가 자기의 생각과 의도대로 되는 것이 아니라는 사실을 가르쳐 주고 있다.

| 인간 |

편견

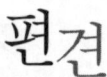

윌리엄 버클레이(William Barclay)는 "명석한 판단이나 이성적인 판단, 혹은 논리적인 판단이 우리에게는 꼭 필요한데 '편견' 이라는 것은 우리를 늘 명석하고도 이성적인 판단에 이르지 못하도록 오도한다"라고 경고를 하였다.

일찌기 제임스 심프손은 크르로폼이라는 마취제를 발명하여 의학계에 큰 공헌을 하였다. 그러나 마취제가 처음 발명되었을 그 당시 의학계나 종교계의 반발은 컸었다고 한다. 그렇기 때문에 심프손은 자서전에서 "편견이라는 것은 낡은 길을 걸어가는 것 절름발이의 결점을 이간에 줄뿐만 아니라 새로운 길을 가로막고 또 새롭고도 축복된 일에 대하여 반대만 하도록 이성과 논리를 오도하고 만다"라고 말했다고 한다.

하나님의 형상대로 지음 받은 인간이 다른 사람에 대한 지나친 편견이나 차별은 멀리하여야만 된다는 사실을 깨닫게 하여 준다.

| 인간 |

인간의 위대성

존 밀톤(John Milton)은 "인간의 위대성은 2가지의 사실에 나타나 있으니, 첫째는 인간의 영이 하나님의 형상대로 지음 받았다는 사실이며, 둘째는 인간의 영을 구속하기 위하여 그리스도의 피가 흘려졌다는 사실이다"라고 말했다. 이같이 인간의 위대한 가치를 편견과 오해로 오도하고 저하시켜서는 안된다는 것을 강조한 것이다.

세익스피어(Shakespeare)의 작품 가운데 '오델로'에서는 주인공 오델로가 사랑하는 데스데모나의 목을 조르는 장면이 나온다. 이는 간교한 이아고가 꾸며 놓은 음모 때문이었다.

우리는 오해의 무서움과 비극을 바르게 이해하고 오직 정직한 삶에 힘써야 할 것임을 작품은 가르쳐 주고 있다.

도덕적 의식

스토익(Stoic) 철학자 에피테투스는 "사람이 태어날 때 선천적으로 음악이나 기하학의 지식을 가지고 태어나는 사람은 없다. 그러나 누구든지 도덕적 의식만은 다 가지고 태어난다."라고 말했다. 그러니까 인간은 하나님의 형상대로 지음받은 피조물로써 다른 동물이 가지지 못한 도덕성을 갖춘 영적 존재임을 강조하고 있다고 말할 수 있겠다.

일찍이 독일의 철학자 임마누엘 칸트(Immanuel Kant)는 "하늘에 있는 별, 내 속에 있는 도덕적 율법, 이 두가지는 나로 하여금 하나님께 대한 확신을 가지게 한다"고 노래했다.

| 인간 |

정신병동 환자들

    1976년도 아카데미(Academy)상을 수상한 "뻐국새의 둥지"라는 영화에서 작가는 정신병동에 입원한 환자들의 다양한 생활 모습을 보여주고 있다. 그러니까 정신병동 속에서 일어나는 파괴나 살인, 그리고 섹스나 죄의 문제, 또 죽음이나 하나님에 대한 이야기 등의 심각한 이야기 들을 소위 환자들의 그룹 세라피(Group Therapy)에서 꺼내면 미치광이(Crazy)라고 환자들은 서로 놀려댄다.

    또 이들은 치료를 거부한 채 자기들은 건강하다고 우겨대면서 거절하는 동시에 혹시 약을 주면 "이 약은 무슨 약이냐"고 먼저 물어온다고 한다. 대체로 정신병 환자들은 혼자서 웃고 울고 때리고, 화를 내며 또 혼자서 빈정거리면서 살아간다.

    그런데 이 영화의 작가는 현대인을 정신병 환자라는 점에는 하나로 묶고 있다. 참으로 "오늘을 사는 인간은 정신병 환자냐"고 자신에게 묻게 된다.

| 인간 |

영원을 생각하며 사는 인생

1988년에 100살의 생일을 맞은 미국의 유명한 작곡가 어빙 벌린(Irving Berlin)의 생일을 축하하는 축하공연이 뉴욕에서 열렸다. 어빙은 일찍이 빙 크로스비(Bing Crosby)가 불러 힛트시킨 화이트 크리스마스(White Christmas)를 비롯하여 미국 사람들이 자랑스럽게 부르는 '하나님이여 미국을 축복하소서'(God bless America)등의 유명한 곡들을 작곡한 작곡가다.

그런데 그의 100살 축하공연에 우정 출연하여 노래를 부른 프랭크 시나트라(Frank Sinatra)가수는 "어빙, 그는 한 시간이나 1년을 위하여 노래를 만들었던 사람이 아니라 항상 영원을 생각하면서 노래를 만든 사람이다"라고 칭찬하는 말을 하여 축하객들에게 깊은 감동을 주었다.

물론 사람이 오래 사는 것도 중요하지만 어빙처럼 값지게 사는 동시에 늘 영원을 생각하면서 사는 일은 참으로 귀하다는 사실을 느끼게 된다.

| 인간 |

장님의 코끼리 만지기

갓 후레이 싹스의 장편시 중에 여섯 명의 장님이 제 각각 코끼리를 만지는 장면이 나온다. 장님 중 첫째 사람은 코끼리의 옆구리에 닦아가 코끼리의 평평한 옆구리를 만져 보고 "코끼리는 담벼락과 똑 같구먼" 이라고 말했다.

둘째 장님은 코끼리의 뾰족한 두 이빨을 만져 본 다음 "아하! 코끼리는 마치 창살과 같구먼!" 이라고 말했다. 세 번째 장님은 코끼리의 코를 만져보고 "코끼리는 마치 뱀처럼 생겼구먼" 이라고 말했다. 계속하여 네 번째 장님은 코끼리의 귀를 만져본 후 "코끼리는 마치 부채처럼 생겼구먼" 이라고 말했다. 그리고 다섯 번째 장님은 코끼리의 무릎을 만져보고 나서 "코끼리는 마치 나무처럼 생겼다" 라고 우겼다.

마지막 장님은 코끼리의 꼬리를 만져본 후 "코끼리는 마치 동아줄처럼 생겼다" 라고 자기의 평가를 내렸다. 그러니까 여섯 명의 장님들은 제 각각 자기가 만져 본 줌을 자기 경험에 따라, 코끼리의 전체를 평가해 냈다.

똑같은 조명에서 인간은 넓은 시야와 안목을 가져야 하며 인간이 보고 경험할 수 있는 부분적인 것을 가지고 전능하신 하나님, 창조의 전체를 평가하려는 잘못을 범해서는 아니 된다는 사실을 깨우쳐 주고 있다.

인간 관련 성경 구절

- **창 11:5**
여호와께서 인생들의 쌓는 성과 대를 보시려고 강림하셨더라

- **대하 6:30**
주는 계신 곳 하늘에서 들으시며 사유하시되 각 사람의 마음을 아시오니 그 모든 행위대로 갚으시옵소서 주만 홀로 인생의 마음을 아심이니이다

- **욥 4:17**
인생이 어찌 하나님보다 의롭겠느냐 사람이 어찌 그 창조하신 이보다 성결하겠느냐

- **욥 7:1**
세상에 있는 인생에게 전쟁이 있지 아니하냐 그 날이 품꾼의 날과 같지 아니하냐

- **시 4:2**
인생들아 어느 때까지 나의 영광을 변하여 욕되게 하며 허사를 좋아하고 궤휼을 구하겠는고

- **시 9:19**
여호와여 일어나사 인생으로 승리를 얻지 못하게 하시며 열방으로 주의 목전에 심판을 받게 하소서

- **시 36:7**
하나님이여 주의 인자하심이 어찌 그리 보배로우신지요 인생이 주의 날개 그늘 아래 피하나이다

- **시 45:2**
왕은 인생보다 아름다와 은혜를 입술에 머금으니 그러므로 하나님이 왕에게 영영히 복을 주시도다

- **시 89:47**
나의 때가 얼마나 단촉한지 기억하소서 주께서 모든 인생을 어찌 그리 허무하게 창조하셨는지요

- **시 90:3**
주께서 사람을 티끌로 돌아가게 하시고 말씀하시기를 너희 인생들은 돌아가라 하셨사오니

- **시 146:3**
방백들을 의지하지 말며 도울 힘이 없는 인생도 의지하지 말지니

- **전 3:10**
하나님이 인생들에게 노고를 주사 애쓰게 하신 것을 내가 보았노라

- **전 3:18-19**
  내가 심중에 이르기를 인생의 일에 대하여 하나님이 저희를 시험하시리니 저희로 자기가 짐승보다 다름이 없는 줄을 깨닫게 하려 하심이라 하였노라 인생에게 임하는 일이 일반이라 다 동일한 호흡이 있어서 이의 죽음같이 저도 죽으니 사람이 짐승보다 뛰어남이 없음은 모든 것이 헛됨이로다

- **사 2:22**
  너희는 인생을 의지하지 말라 그의 호흡은 코에 있나니 수에 칠 가치가 어디 있느뇨

- **렘 10:23**
  여호와여 내가 알거니와 인생의 길이 자기에게 있지 아니하니 걸음을 지도함이 걷는 자에게 있지 아니하니이다

- **겔 31:14**
  이는 물가에 있는 모든 나무로 키가 높다고 교만치 못하게 하며 그 꼭대기로 구름에 닿지 못하게 하며 또 물 대임을 받는 능한 자로 스스로 높아 서지 못하게 함이니 그들을 다 죽는데 붙여서 인생 중 구덩이로 내려가는 자와 함께 지하로 내려가게 하였음이니라

| 죄 |

인생을 낭비한 죄

　이 세상에서 아주 죄를 많이 짓고 나쁜 짓만을 하던 빠삐용이 잡혀서 먼 외딴섬에 수용되었다. 그 환상에 따르면 빠삐용이 재판을 받는데 배심원과 재판관들 앞에서 자기는 결코 죄를 짓지 않았다고 주장하는 동시에 자신의 억울함을 재판관에게 호소하고 있었다.
　그런데도 불구하고 재판관의 판결은 "너는 인생을 낭비한 죄가 있으므로 그 죄값을 지불하여야 한다."라고 선고하는 내용이었다.
　과연 전능하신 우리 하나님의 지음 받은 인간이 이 땅에 살면서 나이, 또는 시간을 낭비하여 삶의 에너지를 낭비하는 잘못을 범하지 말아야 함을 깨닫게 해 주고 있다.

| 죄 |

콰이강의 다리

　　태국(Thailand)과 버마(Burma) 국경 사이에는 옛날 유명했던 영화 '콰이강의 다리' 의 현장이 아직도 그대로 남아있다. 이 영화는 활달한 남성 배우 윌리암 홀덴(William Holden)이 주연한 영화였다. 이 철교를 가설하는 공사는 세계 2차 대전이 절정에 이르렀을 때, 일본군이 버마와 연결하는 주요 보급로로 이용하기 위하여 착수했다.

　　그 당시 일본은 전쟁 포로인 영국군 기갑부대 포로들을 강제로 총동원하여 이 철교 공사를 완공하였다. 그러는 동안 수많은 포로들이 남방의 토질병인 학질에 걸려 죽었으며 또 수십만의 포로들이 부상과 이질로 어려움을 겪었다.

　　그러므로 콰이강의 다리 부근에는 이 철교를 건설하다가 죽은 포로들의 묘지가 있다고 한다. 특히 이 전쟁 묘지(War Cemetory)는 이 지역을 찾아오는 관광객들의 큰 관심과 눈총을 끌고 있다.

　　필자는 월남전에 참전하였을 당시 휴가차 그곳을 방문하였는데 여행안내자의 설명에 따르면 이 철교는 영국군 포로들에 의하여 건설되었다는 사실 이외에 몇 가지의 특징을 가지고 있다고 한다.

　　첫째 이 철교는 가장 깊은 골짜기를 연결하였으며, 둘째 그 나라에서 가장 긴 철교이며, 셋째 일본군을 승리로 이끌기 위한 군 보급로로서의 목적을 갖고 건설되었다는 것이다.

　　그러나 필자는 콰이강의 다리 보다 더 높고 더 깊은 하나님과 인간 사이의 골짜기를 보면서 키에르케고르 (Kierkegaard)가 주창한 '단절' 과 '심연' 이라는 단어를 생각했었다. 이같은 '심연' 과 '단절' 에 대해 폴 틸리히(Paul Tillich)은 '소외' (Alienation)라는 단어를 사용하고 있다.

　　틸리히에 따르면 죄의 결과 인간은 하나님으로부터, 또 이웃으로부터,

그리고 자기 자신으로부터 '소외' 되었다고 말함으로 인간의 죄악이 가져온 결과를 깨우쳐 주고 있다.

죄를 지어본적이 없다는 생각

현대인은 대체로 자신이 죄인이라는 사실을 인정하려 지 않고 있다. 1980년대 말 프랑스에서 실시한 조사에 따르면 19%의 응답자들이 '나는 결코 죄를 지어 본적이 없다' 고 주장하였다고 한다. 비록 '잘못이나 실수' (mistake)는 가끔 저지른 적이 있지만 죄는 결코 내가 지어본적이 한번도 없음을 주장하고 있다는 답변이었다.

성경에 따르면 바울(Paul)은 "우리가 아직 죄인 되었을 때에 그리스도께서 우리를 위하여 죽으심으로 하나님께서 우리에게 대한 자기의 사랑을 확증하셨느니라."(롬5:8) 라고 말함으로써 모든 사람이 죄인이라는 사실을 강조하고 있음을 볼 때 주님의 말씀에 도전하는 불신앙의 시대에 현대인들은 살고 있음을 깨달아야 할 것이다.

| 죄 |

네 가지가 아닌 것

동서양을 막론하고 죄는 잘못된 것임에 틀림없는 것 같다. 서양사람들이 생각하는 죄의 개념은 성서적인 근거로 돌아가 죄를 '하마르티아'로 표시하며, 그 뜻은 과녁을 향하여 쏜 화살이 과녁에 명중되지 않고 목표를 벗어난 상태, 즉 빗나간 상태를 가르치고 있다. 또 탕자의 비유에서 보여주는 것처럼 죄를 '분리'(Seperation)로 보는 경향도 있다. 그러므로 죄의 결과는 폴 틸리히에 따르면 '소외'(Isolation)라고 말하기도 한다.

그러나 동양에서는 '허물' 죄(罪)자를 중심하여 죄를 생각하는 경향이 있다고 한다. 즉 허물 죄자는 두 단어로 되어 있는데 '네 가지가 아닌 것을' 죄라고 생각하는 경향이 있다고 한다. 네 가지는 동양사람들이 좋아하는 '사군자'(四君子)를 말할 수 있는데 '매화가 아닌 것'과 '난초가 아닌 것' 그리고 '국화가 아닌 것'과 '대나무가 아닌 것'을 의미한다.

매화는 눈 속에서도 빨갛게 피어 순결을 더럽히지 않는 꽃으로 잘 알려져 있고 난초는 향기를 가지고 있는데 난초의 향 가루는 다른 사람에게 알러지(Allergy)를 주지 않는 꽃으로써 다른 사람에게 절대 피해를 끼치지 않는 꽃으로 사랑을 받고 있다. 그리고 국화는 서릿발이 높아가는 가을에 피어 시련과 핍박, 그리고 온갖 고통의 어려움 속에서도 쓰러지지 않고 잘 이겨내는 특징을 갖고 있는 꽃으로 알려져 있다. 마지막으로 대나무는 충절을 상징한다고 한다. 그래서 대나무는 바르고 곧은 절개를 상징하는 것으로 알려져 있다. 그렇기 때문에 옛 사람들은 '충신은 불사이군' 즉 충신은 두 임금을 섬기지 않는다고 말하면서 지조를 강조하기도 하였다고 한다.

오늘을 사는 우리들에게 죄에 대한 깊은 생각과 깨달음을 주고 있다.

| 죄 |

인간의 교만

신학자 라인 홀드 니버(Reinhold Niebuhr)는 인간의 교만은 가장 심각한 죄악이라고 주장하였다. 그는 인간의 교만을 네 종류로 분류하였다.

첫째는 권력의 교만으로써 이런 교만의 죄에 빠진 사람은 자기의 안전을 지키기 위하여 더욱 더 큰 권력을 욕심 부리게 된다. 그러니까 권력을 가지고 우쭐대는 사람은 늘 권력의 그늘에 집착하는 권력 집착형이 되고 말기 때문에 한번 권력을 잡으면 내 놓으려고 하지 않는 것이 통례라고 말한다. 둘째는 지능의 교만으로써 이런 사람은 자기의 지식이 최후의, 궁극적 진리를 믿는다. 셋째는 도덕적 교만이다. 그리고 넷째는 영적인 교만으로써, 이런 사람은 자기의 영광을 자랑하고 자기의 의로움을 자랑한다고 한다.

결과적으로 하나님의 공의와 하나님의 영광에 대하여서는 들어갈 틈을 조금도 주지 않는다.

미가는 "사람아 주께서 선한 것이 무엇임을 네게 보이셨나니 여호와께서 네게 구하시는 것이 오직 공의를 행하며 인자를 사랑하며 겸손히 네 하나님과 함께 행하는 것이 아니냐?"(미가6장8절)라고 말하였음을 생각하면서 사랑과 공의와 겸손을 실천하는 삶이 되어야 함을 깨우치게 된다.

| 죄 |

원천적인 유혹 봉쇄

철학자 플라토(Plato)의 제자 가운데 프로플러스라는 사람이 있었다. 그는 뱃놀이를 좋아했다고 한다. 그런데 어느 날 프로플러스가 뱃놀이를 갔다가 큰 풍랑을 만나 거의 죽을 뻔했던 위기에서 구출된 일이 있었다.

그 후 그는 다시는 뱃놀이를 안가기로 마음속 깊이 결심했다. 자기의 집이 바닷가에 있었는데 바다 쪽을 향해 창문을 없애버렸다. 그 이유에 대하여 프로플러스는 "그 창문을 통하여 자꾸 바다가 보이는데, 따뜻한 봄날 잔잔한 바다를 보면 자꾸 나가고 싶어 견딜 수 없기 때문에 그 유혹의 창문을 아주 막아버렸다"라고 설명을 했다고 한다.

죄악의 유혹을 비롯하여 모든 유혹에 대해서는 원천봉쇄하는 것이 최상의 방법임을 결단으로 보여준 이야기다.

| 죄 | 관련 성경 구절 |

1) 무엇을 죄로 정의하는가
- 레24:15 하나님을 저주하는 것이
- 신23:21 말하면서 행하지 않는 것이
- 민14:3 믿지 못하는 것
- 수7:22~26
- 삼상2:17 여호와의 제사를 멸시하는 것을
- 삼상15:22 순종치 않는 것이
- 왕상12:28~30
- 시59:12 저주와 거짓말하는 것
- 사30:1 기도 없이 행하는 것이 죄
- 렘16:11 하나님을 버리는 것
- 말3:8
- 마12:32 성령을 거역하는 것이
- 요9:41 안 믿는 것이
- 고전6:18 음행하는 것
- 고전8:12 형제의 마음을 상하게 하는 것
- 롬14:23 믿음으로 좇지 않는 것이
- 약4:17 선을 행할 줄 알면서 행치 않는 것

2) 죄의 기원
- 왕상14:16 지도자의 죄
- 욥13:26 어릴 적부터
- 시51:5 모태에서부터
- 마15:19 사람의 마음에서
- 요8:44 마귀에게서부터
- 요일2:16 세상으로 좇아 옴
- 약1:15 욕심으로부터
- 약4:1 정욕을 좇아

3) 죄의 성격
- 왕상13:22 하나님을 격동시킴
- 잠14:34 죄는 백성을 욕되게 함
- 시59:2 하나님을 얼굴을 가리움
- 시51:3 죄는 사람 앞에 있음
- 요3:20 죄는 빛을 미워함
- 요8:34 죄를 범한 자를 종이 되게 함

- **롬1:21** 마음을 어둡게 함
- **롬3:9** 사람을 지배하려 함이라

4) 사람이 죄에 대한 자세(어떻게 할 것인가?
- **창4:7** 죄를 다스려야 함
- **왕하3:3** 친하여 두지 말아야 함
- **시51:3** 자기의 죄가 항상 자기 앞에 있다는 것을 알아야 함
- **시38:18** 죄를 슬퍼해야 함
- **시4:4** 떨매 범죄 하지 말아야 함
- **호4:8** 마음에 죄악을 두지 말 것
- **호13:12** 죄를 저장하질 말 것
- **요8:11** 다시 죄를 범하지 말 것
- **롬6:1~2** 죄에 대하여 죽을 것
- **롬6:14** 죄가 주관치 못하게 하여야 함

5) 사람이 왜 죄를 범하는가
- **창20:9** 합당치 않은 일에서
- **출32:21~25**
- **신24:4** 정결을 지키지 못함으로
- **왕하17:21** 거역함으로
- **잠14:9** 미련해서
- **잠21:4** 눈이 높아서
- **엡4:26** 분을 내는 데서
- **살후2:3** 죄의 사람인 고로
- **약2:9** 사람을 외모로 취함으로
- **벧후2:14** 저주의 자식처럼 행함으로
- **요일3:8** 마귀에게 속했기 때문에

6) 범죄한 인간의 상태
- **롬3:11** 하나님을 찾지 아니함
- **롬3:12** 곁길로 감
- **롬3:14** 입에서 저주와 악담이 가득함
- **롬3:15** 발이 피 흘리는 데 빠름
- **롬3:18** 하나님을 두려워하지 아니함

7) 범죄한 자의 결과
- 창3:16~19
- 창4:14 주의 낯을 뵙지 못함
- 삼상15:23 하나님께서 버림
- 시32:3 뼈가 쇠하여짐
- 시37:38 악인의 결국이 끊어짐
- 출34:7 자손 삼사 대까지 벌을 받음
- 잠5:2 자기 죄의 줄에 걸리게 됨
- 애1:14 힘이 곤하여 짐
- 겔18:4 범죄한 영혼 죽음
- 롬3:23 하나님의 영광에 이르지 못함
- 롬5:12 사망에 이르게 됨
- 갈5:21 하나님의 나라를 유업으로 얻지 못함

| 죽음 |

"내일 편지를 읽어보자"

옛날 어느 임금이 분주한 일정에 따라 정사에 힘을 쓰고 있었다. 그런데 어느 날 한 신하로부터 편지 한통이 발송돼 왔다고 한다. 이 편지를 받은 임금은 생각 없이 '오늘은 분주한 일들이 많으니 내일 한가한 시간에 읽어보지.' 이렇게 말하고 그 편지를 서랍 속에 넣어 두었다.

그런데 바로 그날 밤에 자객이 궁궐에 침입하여 임금을 암살하였다. 사실 임금의 신하로부터 발송된 편지의 내용은 '그날 밤에 자객이 궁궐에 들어갈테니 조심하라'는 경고였다고 한다. 만약 임금이 편지 읽는 일을 내일로 미루지 않고 받은 즉시 읽었다면 자객에 의한 암살을 그날 밤에 당하지 않았을 것임을 생각할 때 우리도 모든 일을 다음 기회로 미루지 말로 즉시 처리하는 습관을 길러 나가야 할 것임을 가르쳐 주고 있다.

특히 성도의 삶에서 잘못한 일에 대한 회개는 죽음뒤에는 가질 수 없는 천국의 열쇠이다.

| 죽음 |

죽음의 네 단계

    심리학자인 엘리자베스 큐블러 로즈는 인간의 죽음에 대한 단계(Stage)를 연구하였다.

    첫째는 거부의 단계로써 죽음이라는 것은 다른 사람의 문제이지 결코 자기 자신의 일이 아니라고 생각하는 단계를 말한다. 둘째는 분노의 단계라고 한다. 이 단계는 나는 죽고 싶지 않다고 악을 쓰는 단계를 말한다. 셋째 단계는 타협의 단계로써 "아마 나는 도리어 죽을 것 같은데 그러나 만일 나를 살려 주시면, 즉 나의 병을 고쳐 주시면 앞으로 내 육신 전체를 주님의 일을 위하여 바치겠습니다."라고 타협하는 것을 말한다고 한다. 네 번째 단계는 죽음에 대한 슬픔 때문에 우울해지는 우울의 단계라고 한다. 마지막은 수용의 단계로써 죽음의 문제를 현실로 받아들이는 동시에 체념하고 마는 단계라고 한다.

    사도 바울은 성도의 죽음은 손으로 지은 장막을 떠나 하나님께서 지으신 영생의 나라로 이사 가는 것으로 말하고 있다.

    "만약 땅에 있는 우리의 장막 집이 무너지면 하나님께서 지으신 집 곧 손으로 지은 것이 아니요 하늘에 있는 영원한 집이 우리에게 있는 줄 아나니…"(고린도후서 5장 1절).

| 죽음 |

하나님의 뜻에 따라 죽는 것

사람이 남기는 마지막 말들은 귀하고 중요하다. 사람이 이 세상을 떠나면서 남기는 말들을 유언이라고 하며 이를 기록된 문서로 남기는 것을 유서라고 한다.

훌륭한 신자로 아름다운 삶을 살다가 떠난 몇몇 사람이 유서를 보면 선교사로 하나님의 말씀 전파에 힘을 썼던 아도니람 저드슨(Adoniram Judson)은 "학교에서 뛰쳐나오는 소녀처럼 기쁨으로 나는 간다 나는 그리스도 안에서 이렇게 강하다"라고 썼다. 또 구세군에서 오랫동안 헌신하였던 케서린 부스(Cathering Booth)는 "물결이 솟아 오르듯이 나도 오른다. 나는 밑바닥으로 흐르지 않고 표면을 흐른다. 죽음에 대한 관심이나 무서움은 없다. 그리스도를 위해 살다가 그의 뜻에 따라 죽는 것은 정말로 오케이(Okay)다"라는 유서를 남겼다.

그러나 문인(文人)이었던 잭슨(Stonewell Jackson)은 "나는 강을 건너간다. 건너편 나뭇가지 밑 그림자 아래서 쉰다."라고 말하였다. 그런데 부호인 동시에 미식가로 알려졌던 하워드 휴즈(Howard Hughes)는 유서를 남기지 않아 세상 세람들을 놀라게 하였다. 또한 유명한 가수였던 엘비스 프레슬리(Elvis Presley)는 거의 모든 재산을 친족들에게 상속한다는 유서을 남겼다고 한다.

죽음 관련 성경 구절

- **고전 15:55**
  죽음아, 네 승리는 어디 갔느냐? 죽음아, 네 독침은 어디 있느냐?" 한 성서 말씀이 이루어질 것입니다.

- **삼하 3:33**
  왕이 아브넬을 위하여 애가를 지어 가로되 아브넬의 죽음이 어찌하여 미련한 자의 죽음 같은고

- **시 18:4**
  죽음의 물결에 휩싸이고 멸망의 물살에 휩쓸려 겁에 질리고

- **히 2:9**
  오직 우리가 천사들보다 잠간 동안 못하게 하심을 입은 자 곧 죽음의 고난 받으심을 인하여 영광과 존귀로 관 쓰신 예수를 보니 이를 행하심은 하나님의 은혜로 말미암아 모든 사람을 위하여 죽음을 맛보려 하심이라

- **고전 15:56**
  죽음의 독침은 죄요, 죄의 힘은 율법입니다.

- **누가복음 1:79**
  어두움과 죽음의 그늘에 앉은 자에게 비취고 우리 발을 평강의 길로 인도하시리로다 하니라

- **잠언 2:18**
  그런 여자가 가는 뒷골목은 죽음에 이르는 길이니, 따라가다가는 죽음의 그늘진 곳으로 내려가게 된다.

- **삼하 22:5**
  죽음의 물결에 휩싸이고, 멸망의 물살에 휩쓸려 겁에 질리고

- **시 116:3**
  죽음의 끄나풀이 나를 두르고 저승의 사슬이 나를 묶어 불안과 슬픔이 나를 덮쳐 누를 때,

- **요일 3:14**
  우리는 우리의 형제들을 사랑하기 때문에 이미 죽음을 벗어나서 생명의 나라에 들어와 있는 것이 분명합니다. 사랑하지 않는 사람은 죽음 속에 그대로 머물러 있는 것입니다.

| 천국 |

로마제국의 멸망

　최근 로마제국의 멸망을 연구한 영국의 학자 가운데 에드워드 기본(Edward Gibbon)은 연구 결과를 통하여 몇 가지 사실을 발표하였다. 로마제국의 멸망 원인은 빈부의 격차를 비롯하여 성도덕의 타락과 정치권력의 타락, 그리고 허식과 사치의 끝없는 추구 등을 들 수 있었다. 그런데 특별히 관심을 둘만한 현상은 소위 큰 나라, 최고의 나라라고 생각하는 이 세상의 몇몇 나라에서는 그 당시와 똑같은 조짐이 일어나고 있다는 사실을 경고하고 있다.

　하나님의 원하는 나라는 가난한 사람을 무시하고 성적으로 혹은 물질적으로 타락한 생활, 그리고 사치와 허식이 판치는 진실이 결여된 문화의 나라가 아니라 하나님의 공의가 역사하는 동시에 하나님의 뜻에 바로 서는 평화의 나라 평등의 나라임을 깨우쳐 주고 있다.

| 천국 |

천국과 지옥이 다른 점

인도에서 오랫동안 선교활동을 했던 스텐리 죤스(Stanley Johnes)의 '천국도상의 그리스도' 라는 책에는 천국과 지옥이 잘 그려져 있다. 스텐리 죤스에 따르면, 지옥에 가보았더니 상에는 잘 차려놓은 진수성찬이 있는데 밥상 양쪽에는 사람들이 앉아 있었다. 그런데 이들은, 음식을 잘 차려놓았는데도 불구하고 마음대로 먹지를 못해 깡마른 아주 피골이 상접해 있는 상태였다. 왜냐면 이들의 팔이 구부러져야 밥상위의 진수성찬을 떠먹을 텐데, 불행하게도 이들은 팔이 구부지지 않은 곧은 팔을 가지고 있었다. 이들은 팔이 구부러지지 않기 때문에 진수성찬을 앞에 차려놓고도 먹지를 못해 결국은 피골이 상접한 사람이 되고 말았다.

반대로 천당에 가 보았더니, 잘 차려 놓은, 진수성찬의 상 앞에 앉아 있는 사람들의 팔이 구부러지지 않는 것은 지옥의 사람들 경우와 똑같음에도 불구하고 이들은 음식을 잘 먹었기 때문에 살이 쪄서 포동포동 보기에 아주 좋았다.

어찌된 영문인지 그 이유를 살펴보았더니 팔이 구부러지지 않기 때문에 비록 자기의 팔로 자기 자신은 음식을 먹을 수 없지만, 그 대신 앞에 앉아 있는 상대방 사람에게는 음식을 먹일 수 있었기 때문에 이들은 구부러지지 않은 팔을 이용하여 음식을 떠 자기 대신에 상대방 사람을 먹여 주었기 때문이었다.

이 이야기는 자기 자신의 이해밖에 모르는 사람이나 공동체는 지옥의 삶이고, 반대로 다른 사람에게 음식을 먹여주고 양보와 섬김과 봉사의 공동체나 개인은 곧 천국의 삶이라는 사실을 우리에게 깨우쳐 주고 있다.

| 천국 |

불쌍한 거지를 도운 프란시스

성 프란시스((St. Francis)가 젊었을 때 그의 용모는 퍽 준수했다고 한다. 일찍이 포목점을 하는 아버지의 가게에서 그는 점원으로 일하면서 아버지의 사업을 돕고 있었다. 그런데 너무 준수한 프란시스의 용모에 반한 귀족의 부인들은 준수하고 친절하며 정중한 프란시스의 서비스를 받으려고 줄을 서서 오랫동안 기다리는 때가 많았다.

이 때에 한 거지가 상점에 나타나 "하나님의 이름으로 자선을 하십시오."라고 소리를 지르면서 줄을 서서 기다리는 귀부인들 앞에 더러운 손을 내밀었다. 갑자기 상점안에 나타나 더러운 손을 내미는 거지를 보자 귀족부인들은 모두 거지를 무시하고 외면해 버리고 말았다.

거지는 열심히 일하고 있는 프란시스 앞으로 다가가 그에게 다시 손을 내밀면서 "하나님의 이름으로 적선해 주십시오"라고 말하면서 애걸하였다. 프란시스도 역시 귀족부인들과 똑같이 거지를 무시한 채 큰 소리를 쳐서 거지를 내어 쫓아 버렸다.

그러나 그 순간 프란시스의 마음속에는 반성이 일어났다. "만일 어떤 귀족의 이름으로 누가 왔다면 그렇게 박절하게 내가 그를 쫓아 버릴 수 없었을 것인데 하물며 하나님의 이름으로 구걸하는 거지를 이렇게 박대하는 것이 옳은 일이냐?"라고 프란시스는 자책을 하였다고 한다.

마음이 괴로운 프란시스는 줄을 서 기다리는 손님들을 상점에 그대로 놓아둔 채 달려 나가 불쌍한 거지에게 돈을 건네준 다음 상점으로 돌아와 평안한 마음으로 점포일을 계속하였다. 이후부터 프란시스는 아무리 더러운 거지라도 박대하지 않았다.

하나님의 나라 천국은 가진 자, 못 가진 자, 배운 자, 못 배운 자가 차별되지 않는 평등의 나라이자 오히려 가난한 자를 더욱 사랑하는 아름다운 영혼

| 천국 |

들이 함께 사는 나라임을 프란시스는 이미 실천하는 삶이었던 것이다.

영원의 나라로 확신을 갖고

　　미국의 유명한 가수였던 엘비스 프레슬리(Elvis Presley)가 가수로써 인기절정에서 요절했을 때에 그의 친구였던 사이먼(Paul Simon)이 엘비스 프레슬리의 집, 그레이스 랜드(Grace land)를 향해 가자는 노래를 불러 크게 히트시켰다. 엘비스 프레슬리의 요절을 아쉬워하며 그를 그리워하는 젊은 노래 팬들이 엘비스 프레슬리의 고향인 멤피스에 있는 그레이트 랜드를 향해 구름떼처럼 연일 몰려들었다고 한다.
　　성도의 삶도 약속과 언약이 아롱지는 저 나라를 향하여, 또 무지개와 희망이 아롱지는 영원한 나라를 향하여 확신을 갖고 전진해 나가는 영원의 나라를 사모하는 생활이 되어야 할 것이다.

- 살후 1:5
이는 하나님의 공의로운 심판의 표요 너희로 하여금 하나님 나라에 합당한 자로 여기심을 얻게 하려 함이니 그 나라를 위하여 너희가 또한 고난을 받느니라

- 고전 4:20
하나님의 나라는 말에 있지 아니하고 오직 능력에 있음이라

- 막 4:11
이르시되 하나님 나라의 비밀을 너희에게는 주었으나 외인에게는 모든 것을 비유로 하나니

- 눅 9:2
하나님의 나라를 전파하며 앓는 자를 고치게 하려고 내어 보내시며

- 눅 16:16
율법과 선지자는 요한의 때까지요 그 후부터는 하나님 나라의 복음이 전파되어 사람마다 그리로 침입하느니라

- 행 19:8
바울이 회당에 들어가 석 달 동안을 담대히 하나님 나라에 대하여 강론하며 권면하되

- 단 6:26
내가 이제 조서를 내리노라 내 나라 관할 아래 있는 사람들은 다 다니엘의 하나님 앞에서 떨며 두려워할찌니 그는 사시는 하나님이시요 영원히 변치 않으실 자시며 그 나라는 망하지 아니할 것이요 그 권세는 무궁할 것이며

- 행 28:31
담대히 하나님 나라를 전파하며 주 예수 그리스도께 관한 것을 가르치되 금하는 사람이 없었더라

- 사 55:5
네가 알지 못하는 나라를 부를 것이며 너를 알지 못하는 나라가 네게 달려올 것은 나 여호와 네 하나님 곧 이스라엘의 거룩한 자를 인함이니라 내가 너를 영화롭게 하였느니라

| 하나님 |

인생문제 해결의 공식은 하나님

    인간이 살아가는데 크고 작은 여러 문제들이 앞길을 가로 막을 때가 많은 것으로 우리는 알고 있다. 그러므로 우리는 앞에 부딪치는 모든 문제들을 하나하나 지혜롭게 풀어 나가야 할 것이다.

    물론 수학문제를 풀 때는 일정한 공식에 따라 풀어야만 된다고 한다. 즉 동그라미(원)의 넓이를 계산하려면 '원의 반경 제곱 곱하기 3.14(π)'의 공식을 이용하여야 하며 사각형의 넓이를 산출하려면 '밑변 곱하기 높이'의 공식을 도입하여야 한다.

    정삼각형의 넓이를 계산할 때는 '밑변 곱하기 높이 나누기 2'의 공식에 따라야만 되는 것처럼, 인생 문제의 해결은 늘 하나님의 공식에 넣어야만 된다는 사실을 깨달아야 한다.

    인생의 모든 문제는 전능하신 하나님께 맡길 때만 그 해결이 가능하다는 사실을 늘 마음에 새겨두어야 한다.

| 하나님 |

칼 바르트의 꿈 이야기

대륙신학자로 잘 알려졌던 칼 바르트(Kare Barth)는 독일의 히틀러(Hitler)의 박해가 절정에 이르렀을 때 독일을 떠나 스위스(Switzerland)의 바젤(Basel)에 체류하다가 1965년에 미국으로 건너가 신학 강좌에 열중하였다.

이때 바르트는 한 기자로부터 '하나님의 성격'에 대한 질문을 받았다고 한다. 기자의 질문을 받은 바르트는 한참동안 생각하다가 자기의 꿈 이야기를 시작하였다.

바르트는 "내가 꿈을 꾸었는데, 바로 내가 꿈속에서 죽었다. 죽은 후 나는 하늘나라로 갔는데, 내가 이 세상에 있을 때 저술한 하나님에 대한 모든 책들을 손수레에 가득 실은 후 내가 그 수레를 끌고 베드로의 앞을 지나 하나님 앞에 이르렀다."

바르트는 일생을 바쳐 조직신학 연구에 헌신하였기 때문에 그 많은 책들을 특히 하나님 연구에 대한 조직 신학의 모든 책들을 손수레에 가득 싣고 베드로의 안내로 하나님 앞에 섰는데, 하나님께서는 그 손수레의 책들을 보시면서 한 눈을 지그시 감고 윙크를 하면서 미소 띤 얼굴로 "바르트, 자네가 연구한 그 모든 것은 그게 아닐세"(No, you're Wrong!)라고 말하였다" 고 바르트는 자기의 꿈 이야기로 기자의 질문에 대한 답변을 대신하였다.

아무리 사람이 하나님을 연구하여 하나님에 대해 잘 설명한다고 하더라도 창조주이신 하나님과 피조물인 인간 사이에는 질적인 차이, 그리고 뛰어 넘을 수 없는 깊은 간격이 있다는 사실을 우회적으로 설명해 주고 있다고 하겠다.

| 하나님 |

하나님의 현존에 대한 의식

오래전에 미 교회 협의회가 마이아미(Miami)에서 개최되었다. 그 당시 각 교회와 각 지역을 대표하여 모인 교역자와 평신도들을 대상으로 하여 '하나님의 현존'에 대한 여론조사를 실시한 결과 대표들 가운데 33%가 '하나님의 존재에 대한 불확실성'에 기표를 했으며 36%는 '예수 그리스도께서 하나님의 아들임을 믿지 않는다'라는 곳에 기표를 했다. 그리고 31%는 '죽은 후의 영생에 대해 믿지 않는 것'으로 나타났으며 62%는 '기적을 믿지 않는 것'으로 나타나 있었다.

하나님을 우상으로 만드는 일

유대교 신학자로 잘 알려졌던 마틴 부버(Martin Buber)는 심판주로 오실 하나님에 대한 공정한 두려움 없이 사랑만을 증거 하는 일은 바로 '하나님을 우상으로 만드는 일'이라고 경고했다. 그러므로 하나님의 사랑만을 일방적으로 강조할 것이 아니라 '심판주'로 다시 오시는 주님께 대해 두렵고 떨리는 마음으로 경건히 살아야 함을 깨우쳐 주고 있다.

| 하나님 |

우주의 실제이신 하나님

　　불란서의 유명한 작가였던 빅터 휴고(Victor Hugo)가 월터루(Walterloo) 전쟁에서 패배한 나폴레옹(Napoleon)의 패전을 비유하여 "어느 여름날 정오 수풀 속에서 목자가 길을 가르쳐 주었는데 다른 길로 가버린 결과다"라고 빗대어 말했다. "그러면 나폴레옹의 월터루 전쟁의 승리는 가능하였을까 라는 질문에 대해 많은 사람은 불가능하다고 대답하고 있다. 그 이유는 웰링톤(Wellington) 때문이었을까? 혹은 불루쳐(Blucher) 때문이었을까? 라고 묻는다면 물론 그들 때문이 아니라 전능하신 하나님 때문이다 라고 말할 것이다" 이렇게 그는 단언하였다.
　　그러니까 '나폴레옹'은 궁극적인 신의 존재를 부인하였는데 그것 때문에 그의 패배는 결정적이었음을 그는 이야기했다. 그러므로 월터루는 전쟁터가 아니라 우주의 실제이신 하나님 없이는 아무것도 할 수 없다는 사실을 증거의 현장이었으며 또 이를 가르쳐 준 가르침의 장이었음을 빅터 휴고는 주장하였다. 오늘을 사는 우리에게 깊은 깨우침을 주고 있다.

| 하나님 |

전자 장비보다 더한 하나님

    과학이 발달되었기 때문에 앞으로는 발달된 과학의 첨단 기술을 군인들의 무장에는 적용할 수 있을 것임을 말하고 있다. 구체적으로 군인들이 적외선 렌즈를 가지고 만든 안경을 쓰면 야간 전투도 가능하게 될 것이라고 한다. 또 하이테크의 철모를 군인들이 쓰면 폭발음도 막을 수 있으며 더 나아가 단거리의 TV나 라디오의 수신도 가능하게 될 것이다. 그리고 전자 나침판을 소지하면 방향도 잃을 염려가 없을 뿐 아니라 인공위성의 정보교류도 가능하게 될 것이다. 참으로 놀라운 일이 아닐 수 없다. 그러나 아무리 인간의 두뇌가 발달돼 최첨단의 장비를 갖춘다고 하더라도 전능하신 하나님의 섭리와 역사를 거역할 수 없다.

    그러므로 시편 기자는 "여호와께서 집을 세우지 아니하시면 세우는 자의 수고가 헛되며 여호와께서 성을 지키지 아니하시면 파수군의 경성함이 허사로다"(시편127:1)라고 말했다. 전자 장비보다 더한 우리 하나님의 위대하심을 깨우쳐 주고 있다.

| 하나님 |

제라쉬의 성터

일찍이 로마(Rome)가 전 유럽을 석권하고 다스리던 절정기에는 현 요르단(Jordan)에 까지 와서 로마의 도시를 건설했었다고 한다. 그중에도 제라쉬(Jarash)는 오늘까지도 옛 로마도시의 원형이 그대로 잘 보존돼 있는 도시로 손꼽히고 있다.

그런데 제라쉬에는 아직도 4000여명이 들어갈 수 있는 그 당시의 원형극장이 그대로 있다. 이 원형극장은 얼마나 과학적으로 음향관리를 고려해 잘 지어놓았는지, 무대위에서 동전 하나를 떨어트리면 무대위에 떨어진 동전소리가 무대에서 제일 먼 끝 좌석까지 들릴 정도라고 한다.

화려한 신전도 여기저기 지어져 다섯 군데나 있으며 돌기둥 하나의 직경이 2미터나 되는 돌기둥이 즐비한 그 사이에는 차돌로 포장된 도로가 닦아져 있다. 그리고 차돌로 포장된 그 도로 밑에는 하수도가 설계되어 있었다. 이렇게 완벽하고 아름답게 건설되었던 도시도 어느 날 갑자기 일어난 지진에 의해 하루아침에 폐허의 도시로 변하고 말았다.

결국 역사를 주관하시는 분은 인간이 아니라, 전능하신 우리 하나님이라는 사실을 깨우쳐 주고 있다.

시편 기자는 "내가 산을 향하여 눈을 들리라 나의 도움이 어디서 올꼬? 나의 도움이 천지를 지으신 여호와에게서로다. 여호와께서 너로 실족치 않게 하시며 너를 지키시는 자가 졸지 아니하시리로다."(시편121:1-3)라고 말했다. 전능하신 하나님께서는 천지만물을 창조하신 하나님이기 때문에 참된 우리의 도움이 되신다는 사실을 가르쳐 주고 있다.

| 하나님 |

인간의 조건에 알맞게

모리슨(Morrison)의 '인간은 홀로 서 있지 않다'의 저서에 따르면 과학적 견지에서 이 세상을 돌아보았을 때, 하나님께서는 인간의 안전과 인간의 평안에 알맞게 이 세상을 창조하셨으며 또 인간 조건에 알맞은 하나님의 창조 속에서 인간은 안전하게 존재하고 있음을 이야기했다. 그럼에도 불구하고 인간은 하나님의 은혜와 창조의 질서를 무시하고 망각하는 배신의 존재가 아닌지 일깨워 주고 있다.

에덴의 상실이 가져온 것

실락원을 쓴 존 밀톤은 "아담과 하와, 저들이 손과 손을 마주 잡고 거닐던 일체감의 걸음이 서서히 에덴의 환경을 벗어나면서 제 각각 손을 놓고 낙원에서 벗어나게 되었다"라고 말했다.

우리도 하나님 안에서 함께 손과 손을 마주 잡고 거닐때, 찬란하고 아름다운 은혜의 체험은 가능하다는 사실을 알고 있다. 하나님의 사랑과 진리 안에서 서로의 상처와 단점들을 보완하며 또 피차의 허물을 용서하면서 아름답고 황홀한 성도의 삶을 계속해 나가야 한다는 사실을 깨우쳐 주고 있다.

| 하나님 |

예비해 주시는 하나님

1930년대 미국의 경제공황은 상상을 초월할 정도로 심각했었다고 한다. 이때 미네소다(Menesoda)에 살고 있는 한 노파가 보험회사에 전화를 걸어 "남편이 최초 사망했는데 그가 남겨둔 보험은 자기가 형편상 도저히 계속 지불할 수 없기 때문에 보험을 취소하겠다"는 말을 전했다. 그 후 며칠이 지나 보험회사로부터 노파에게 답변이 왔는데 "이 보험은 이미 세상을 떠난 당신 남편의 생명보험이기 때문에 당신 남편이 정말로 떠났으면 계약된 보험액이 당연히 당신에게 지불되어야 하는데, 그 액수는 30만 달러이다"라고 알려왔다.

그 혹독한 경제 공황 속에서 남편이 보험 계약금 30만 달러를 받게 된 이 노파는 크게 놀랐으며 그 횡재를 이웃사람들과 함께 기뻐했다.

똑같은 이치에서 우리를 창조하신 전능하신 하나님께서는 우리를 위하여 많은 것들을 비축해 두셨으며 또 필요한 모든 것들을 다 준비해 두셨으니 얼마나 감사한 일인지, 놀랍기만 하다. 겸손한 마음으로 늘 하나님께 감사드려야 할 것임을 깨우쳐 주고 있다.

| 하나님 |

계시를 통하여

　대륙신학자로 알려졌던 독일의 칼 발트(Karl Barth)는 종교(Religion)라는 단어의 사용을 몹시 싫어했다. 그 이유는 종교라는 것은 인간이 전능하신 하나님을 탐구하고 조사해서 정리하는 모든 과정을 말하고 있기 때문이다. 발트에 따르면 인간이 연구하고 또 인간이 찾아내며, 인간이 탐구해 내는 하나님은 참 하나님이 아니다"라고 말했다. 발트에 따르면 참 하나님은 계시를 통하여 자기 자신 스스로를 우리에게 보여 주시는 하나님이라고 강조했다. 그러므로 살아계신 하나님의 계시를 늘 체험하고 받아들이는 신앙이 귀하다는 사실을 깨우쳐 주고 있다.

| 하나님 |

나이아가라 폭포를 만드신 분

일본의 하천풍언 선생이 캐나다와 미국의 국경선상에 있는 나이아가라 (Niagara Fall)에 갔었다. 그는 아름다운 폭포의 장관에 감탄하고 심취한 나머지 갑자기 "야! 우리 아버지의 것 참으로 멋지다"라고 소리를 쳤다. 그 옆에서 이 감탄사를 들은 어느 미국 목사가 "아니, 도대체 당신 아버지가 누구인데, 마치 당신 아버지가 '나이아가라' 폭포의 주인이라도 되는 것처럼 우리 아버지 것 참 멋지다"라고 말했느냐고 하천풍언에게 물었다. 이 미국 목사의 질문에 대해 "우리 아버지는 바로 이 세상의 천지만물을 창조하신 하나님이 아닙니까? 그러니 이것들 모두가 우리 하나님 아버지의 것이 아닙니까?"라고 하천풍언은 신나게 되물었다.

이 말을 들은 미국인 목사는 그 길로 하천풍언을 자기 교회의 부흥회 강사로 초청하였다. 그리고 부흥회 광고에 강사는 나이아가라 폭포 주인의 아들이라고 썼다. 그래서 사람들은 나이아가라 폭포 주인의 아들이 누구인지? 너무 의아해서 많이 몰려들었다. 무에서 유를 창조하신 우리 하나님의 아름다운 솜씨를 다시 한번 깨우쳐 주고 있다.

| 하나님 |

아버지의 아들, 하나님의 아들

    '아씨씨의 성자' 프란시스(St. Francis Assisi)는 아르다운 비단 상을 하는 부잣집 아들이었다. 그렇기 때문에 그는 이 세상에서 아무것도 부러울 것이 없었다. 그런데 기도하던 중 프란시스는 헌신을 결심하게 되었다. 헌신이후 프란시스는 집에 있는 돈과 물건 그리고 귀한 옷들을 모두 가져다가 구제하는 일에 몽땅 사용해 버렸다. 노발대발한 아버지는 아들을 타일렀다. 그러나 프란시스는 아버지의 설득을 받아들이지 않았다.
    결국 아버지는 가족의 호적에서 아들을 말소시키기 위한 소송을 법원에 제출하기에 이르렀다. 법원에 나온 아버지와 아들은 나란히 서서 판결을 기다리던 중 마침내 법원은 아버지의 청원을 들어 주었다. 그 결과 프란시스의 이름이 가족의 호적에서 말소되었다. 그 때에 프란시스는 자기가 입고 있던 단벌옷을 벗어 아버지에게 주면서 "아버지! 이제부터 저는 아버지의 아들이 아니라 하나님의 아들입니다."라고 말했다.
    육신의 아버지는 **때때로** 아들을 버리지만 하늘 아버지께서는 언제나 자녀를 사랑해 주시고 또 돌보아 주신다는 사실은 진리임을 깨닫게 해주는 이야기다.

| 하나님 |

남아 있는 마지막 방법

　　중학교에 다니는 학생이 집에서 숙제를 하고 있었다. 그런데 선생님이 내준 숙제가 너무 어려워 수학문제를 풀어나가기가 쉽지 않았다. 이렇게 풀어 보아도 문제가 막혀 정답이 나오지 않고 또 저렇게 풀어 보아도 문제가 막혀 도저히 정답을 얻을 수 없는 이 학생은 아주 답답한 사정이 되자 매우 지친 표정으로 혼자 말로 중얼거렸다. "이렇게 숙제를 풀어도 안 되고 저렇게 풀어도 안 되는구나. 내가 할 수 있는 방법을 다 사용해 보았는데도 안 되니 이제는 할 수 없구나! 차라리 숙제를 포기해야겠다."라고 중얼거렸다. 그때에 이 모습을 옆에서 지켜보고 있던 그의 어머니께서 입을 열었다. "얘야! 네가 수학문제를 풀기 위해 모든 방법을 다 해 보았다고 했는데 아직도 한가지 방법을 사용하지 않은 채 그대로 있잖니! 네가 나에게 도와 달라고 부탁도 아직 해보지 않았잖느냐?"라고 아들에게 말하자 그 아들은 얼굴에 화색이 돌며 "그래요 어머니가 좀 도와주세요."라고 부탁하고 그 곤란한 수학숙제를 해결하게 되었다.

　　우리는 무엇을 하던지 나의 고통스러운 짐을 하나님 앞에 내려놓고 그에게 의지해야지 결코 포기하는 일이 있어서는 안 될 것이다.

| 하나님 | 관련 성경 구절 |

1) 우리를 그리스도의 증인이 되게 함
- 행 2:36 그런즉 이스라엘 온 집이 정녕 알지니 너희가 십자가에 못 박은 이 예수를 하나님이 주와 그리스도가 되게 하셨느니라 하니라
- 행 4:19-20 베드로와 요한이 대답하여 가로되 하나님 앞에서 너희 말 는 것이 하나님 말씀 듣는 것보다 옳은가 판단하라 우리는 보고 들은 것을 말하지 아니할 수 없다 하니
- 행 7:53-56 너희가 천사의 전한 율법을 받고도 지키지 아니하였도다 하니라 저희가 이 말을 듣고 마음에 찔려 저를 향하여 이를 갈거늘 스데반이 성령이 충만하여 하늘을 우러러 주목하여 하나님의 영광과 및 예수께서 하나님 우편에 서신 것을 보고 말하되 보라 하늘이 열리고 인자가 하나님 우편에 서신 것을 보노라 한대

2) 우리들로 하여금 소망이 넘치게 함
- 롬 15:13
 소망의 하나님이 모든 기쁨과 평강을 믿음 안에서 너희에게 충만케 하사 성령의 능력으로 소망이 넘치게 하시기를 원하노라

- 행 24:15
 저희의 기다리는바 하나님께 향한 소망을 나도 가졌으니 곧 의인과 악인의 부활이 있으리라 함이라

- 히 6:19
 우리가 이 소망이 있는 것은 영혼의 닻 같아서 튼튼하고 견고하여 휘장 안에 들어 가나니

- 벧전 1:21
 너희는 저를 죽은 자 가운데서 살리시고 영광을 주신 하나님을 그리스도로 말미암아 믿는 자니 너희 믿음과 소망이 하나님께 있게 하셨느니라

3) 우리를 부활케 함
- 고후 13:4
 그리스도께서 약하심으로 십자가에 못 박히셨으나 오직 하나님의 능력으로 살으셨으니 우리도 저의 안에서 약하나 너희를 향하여 하나님의 능력으로 저와 함께 살리라

- 살전 4:14-16
 우리가 예수의 죽었다가 다시 사심을 믿을진대 이와 같이 예수 안에서 자는 자들도 하나님이 저와 함께 데리고 오시리라 우리가 주의 말씀으로 너희에게 이것을 말하노니 주 강림하실 때까지 우리 살아 남아 있는 자도 자는 자보다 결단코 앞서지 못하리라 주께서

호령과 천사장의 소리와 하나님의 나팔로 친히 하늘로 좇아 강림하시리니 그리스도 안에서 죽은 자들이 먼저 일어나고

- **고후 4:14**
주 예수를 다시 살리신 이가 예수와 함께 우리도 다시 살리사 너희와 함께 그 앞에 서게 하실 줄을 아노니

- **요 6:40**
내 아버지의 뜻은 아들을 보고 믿는 자마다 영생을 얻는 이것이니 마지막 날에 내가 이를 다시 살리리라 하시니라.

| 회개 |

부메랑

　어느 마을에 마음씨 좋은 사람과 아주 마음씨가 나쁜 사람이 서로 대결하면서 살았다. 마음씨 나쁜 사람은 마음씨 좋은 사람이 농토에 남몰래 잡초 씨를 뿌려 놓을 정도로 관계가 나빴다. 그런데 마음씨 나쁜 집의 딸이 마음씨 좋은 집의 아들을 사랑하여 서로 결혼을 하였다.
　이 후 잡초 씨를 뿌린 마음씨 나쁜 사람이 가만히 생각하니 자기가 잡초 씨를 뿌린 그 농토는 결국 자기 사위의 밭이 될 것인데, 자기 사위의 밭에 잡초 씨를 뿌려놓았으니 이를 몹시 마음 아파하며 후회했다. 인간이 행하는 모든 일은 결국 '산울림'이 되어 자기에게로 되돌아온다는 이치를 잘 깨달아 알도록 가르쳐 주고 있다.

| 회개 |

회개는 즉시 하여야 한다

중국의 옛 이야기에 따르면 맹자(孟子)와 송(宋)나라의 대신인 대영지가 대화하는 한 토막의 이야기가 나온다.

당시 송나라에서는 세금이 국민들에게 큰 부담이었다. 백성이 소유한 재산이나 수입 가운데 10분의 1을 관세나 상업세로 흡수했다고 한다. 그래서 맹자가 조언하기를 "이런 세법은 잘못되었으니 즉시 폐지하는 것이 좋겠습니다."라고 말했다. 그 때에 대인인 대영지는 "앞으로 차차 불공평하고 잘못된 세법은 폐지하도록 하겠다."라고 가볍게 받아 넘겨버렸다.

맹자는 이에 굴복치 않고 다음과 같이 말을 이어 갔다. "지금 매일 이웃집 닭을 도적질해 먹는 사람이 있다고 합시다. 그런데 그 도적놈에게 어떤 사람이 '닭을 훔쳐 먹는 것은 군자의 길이 아니다' 라고 충고를 하였더니 도적놈이 대답하기를 '닭을 매일 훔쳐 먹는 일이 나쁜 짓이라면 우선 그 횟수를 줄여서 매일 훔쳐 먹던 것을 그만 두고 한달에 한번씩만 훔쳐먹다가 내년쯤 되면 한달에 한번씩의 도적질도 끊어버리면 되겠느냐?' 라고 묻는 것과 똑같은 이치입니다"라고 말했다고 한다.

마찬가지로 우리의 삶 가운데 지금 하고 있는 일이 하나님께서 기뻐하시지 않는 일, 진정 옳지 않은 일인 줄 알았다면 즉시 그만 두고 하나님께 진심으로 회개하는 일이야말로 진정 바로 성도의 삶이라는 사실을 잊지 말아야 할 것이다.

| 회개 |

케네디 대통령의 마지막 연설

미국의 제35대 대통령이었던 존 에프 케네디(John F. Kenedy)는 텍사스(Texas)의 달라스(Dallas)에서 암살당하기 전에 자기 고향인 보스톤(Boston)으로 가서 매사추세스(Massachusetts) 주 상원에서 연설을 하였다. 그는 그의 마지막이 될 연설에서 "우리의 후세들에게 영광스러운 유산을 물려주기 위하여 우리가 진실로 용감했었는지 또 우리가 진실로 성실했었는지, 그리고 우리가 진실로 정직했었으며 책임을 다 하였는지 물어 봅시다"라는 말로 끝맺었다.

우리도 진실로 회개하고 죄를 용서받는 일에 정직하고 용감했으며 성실했는지 그리고 성도의 삶을 살아가는데 있어 진실로 책임을 다 했는가 물어보며 반성하고 회개하는 생활이 되어야 할 것이다.

| 회개 |

돌아온 아들을 맞은 아버지

　누가복음 15장의 '돌아온 아들'의 이야기는 늘 우리에게 깊은 감명을 주고 있다. 특히 돌아온 아들을 맞이하여 베푸는 아버지의 사랑에 대해 윌리암 바클레이(William Barclay)는 모두가 상징성을 갖고 있다고 말하고 있다.

　즉 돌아온 아들을 맞아 포옹한 것은 '아들이 아니라 종으로 대하여 달라'는 청원을 물리친 신호라고 말한다. 그리고 아버지가 돌아온 아들에게 입을 맞춘 것은 아버지와 아들 사이의 화해를 상징하는 것이라고 말하고 있다. 또 아버지가 아들에게 새 두루마기를 비롯하여 옷을 가져다가 입혀 준 것은 종이 아니라 아들이라는 명예를 상징해 준다고 말하고 있다.

　아버지가 돌아온 아들의 손가락에 반지를 끼워 준 것은 주인의 아들이라는 상징이며 동시에 아들의 권위를 인정하고 회복시켜 주는 상징이라고 말하고 있다. 아버지가 돌아온 아들에게 신발을 신겨 준 것은 자유인이라는 사실을 상징한다고 말한다. 자고로 노예는 신발을 신지 못했다고 한다. 그래서 노예는 언제나 맨발이었다고 한다. 아버지가 돌아온 아들을 맞아 소를 잡고 이웃을 초청하여 놓고 큰 잔치를 배설한 것은 큰 기쁨을 상징하고 있다고 한다.

　그러므로 회개하고 돌아온 아들을 맞이한 아버지의 사랑과 자비는 놀라울 정도의 자비와 사랑이었다는 사실을 잘 기억하게 하는 동시에 잘 깨닫게 해 주고 있다.

| 회개 |

제 버릇 못 고친 술주정꾼

　긍정적인 사고방식을 강조하는 노만 빈센트 필(Norman Vincent Peale) 이 들려준 이야기 가운데 술주정꾼의 이야기가 있다.
　어느 날 뉴욕의 뒷골목에서 술주정꾼 한 사람을 데려다가 수염을 깎아주고 이발을 시켰다. 그리고 깨끗하게 목욕을 시킨 후 안경도 새로 맞춰 끼워주고 넥타이와 새 양복을 구해 입혔다. 뿐만 아니라 머리에 기름도 바르게 하고 새 구두를 신긴 후 어느 회사의 사무원으로 취직을 시켜 주었다. 물론 봉급도 많이 받도록 해 주었다. 그러나 그 주정쟁이는 술 중독을 이기지 못하고 다시 뒷골목을 방황하는 신세가 되고 말았다.
　아무리 겉치장을 잘 했다고 하더라도 그의 속사람이 바꿔지지 않는 한 그는 여전히 술주정꾼이었다는 사실을 말해 주고 있다.
　마음속, 진심어린 변화와 회개를 강조하고 있다.

| 회개 |

예루살렘 거리의 사람들

아일랜드(Ireland)의 시인 오스카 와일드(Oscar Wild)는 아주 재미있는 비유를 남겼다.

어느 날 예수님께서는 예루살렘(Jerusalem) 길거리에서 술 취한 한 청년을 만나셨다고 한다. 예수님께서는 "왜 당신은 이렇게 술에 취해 인생을 '취생몽사' 하느냐?"라고 물으셨더니 이 술 취한 청년은 "예수라는 사람이 나의 절름발이 다리를 고쳐주셨는데 아직도 나는 인생의 의미를 찾지 못해 그저 술만 마시고 삽니다."라고 대답했다고 한다.

조금 더 지나서 이번에는 한 창녀의 뒤를 좇아가는 청년을 예수님께서 만나셨다고 한다. 역시 예수님께서는 그 청년을 붙들고 "왜 저 여자를 따라가고 있느냐?"라고 물으셨으니 그 청년은 "나는 원래 소경이었는데 예수라는 사람이 나의 눈을 뜨게 해 주셨는데 아직도 나는 눈뜬 것에 대해 별 보람을 느끼지 못해 저 여자를 지금 따라 가고 있는 중입니다"라고 대답했다고 한다.

예수님은 다시 길가에서 호객행위를 하는 창녀를 만나, 그 이유를 물었더니 이 창녀도 자기는 큰 죄인이었는데 예수님께서 나타나 자기의 죄를 탕감해 주셨다고 한다. 자기는 아직도 삶의 보람을 찾지 못해 이런 짓을 계속하고 있다고 대답했다고 한다.

똑같은 조명에서 하나님께서는 그의 사랑으로 우리의 죄를 요서하시고 축복해 주셨음에도 불구하고 우리는 하나님께 감사와 영광을 돌리지 못한 채 아직도 죄의 길에서 방황하고 있는 것이 아닐까? 그러므로 회개의 중요성을 한 번 더 깨닫게 해 주고 있다.

| 회개 |

금괴를 버리는 바보

인도의 고전 가운데 바보에 대한 이야기가 나온다. 어떤 사람이 금화 10,000 루피(Rupee)를 모았다. 금화 10,000 루피를 모았으니 얼마나 남의 눈에서 피눈물이 나도록 혹독한 짓을 많이 하였을까? 그런데 이 사람의 소망은 자기가 10,000 루피의 큰 돈을 모으면 그 돈을 존경하는 성자에게 바쳐 적선을 하는 것이었다. 그 당시 화폐 가치로 볼 때 10,000루피이면 큰 궁궐도 살 수 있는 돈이었을 것이다.

마침내 이 사람은 10,000 루피의 큰 돈 보따리를 한 성자 앞에 풀어 놓으며 말했다고 한다. "이 돈을 성자님께 바치오니 받아 주시기 바랍니다." 그때 성자는 사양치 않고 이 거금의 돈 보따리를 받으면서 "나를 위해 그대는 한 가지만 더 수고하여 주시오."라며 이 사람에게 말했다. "이 금화를 모두 갠지스 강으로 가져다가 그 강물 속에 던져 버리고 오시오."라고 요구하였다. 이 사람은 깜짝 놀랐지만 가만히 생각하니 이 금화의 소유주는 이제 성자라는 사실을 알게 되었다.

그래서 한참을 망설이다가 이 사람은 하는 수 없이 금화 보따리를 짊어지고 갠지스 강으로 갔다고 한다. 그런데 성자가 아무리 기다려도 갠지스 강으로 간 이 사람이 돌아오지 않았기 때문에 성자는 제자들을 풀어 이 사람을 찾아 나서도록 했다. 제자들이 이 사람을 찾으려고 갠지스 강변으로 갔더니 거기에는 많은 사람들이 모여 있는데 가만히 보았더니 이 사람은 금화를 한 닢씩 보따리에서 꺼내 들고 돌멩이를 일일이 두드려 본 다음 마지못해 하면서 강물 속으로 던지고 있었다.

이런 소식을 전해들은 성자는 "그 녀석은 바보다. 그 사람에게 말해 주어라 금화를 버리는 마당에 어째서 시간을 낭비한다는 말이냐? 버릴 때는 미련을 두지 말고 몽땅 버려야 한다."라고 일러 주었다고 한다.

| 회개 |

회개는 우리가 잘못 행하고 또 잘못된 것에 애착을 갖고 욕심 부렸던 모든 것들을 몽땅 버리고 하나님께로 돌아가는 것이라면 우리는 잘못한 것을 미련 없이 즉시 버리고 하나님께 돌아서야만 될 것이다. 이럴 때 하나님께서는 신령한 것으로 다시 채워 주실 것임을 깨달아야 한다.

'워터 게이트' 사건과 대통령

1970년초 미국의 리차드 닉슨(Richard Nixon) 대통령은 자기 스스로 대통령 직을 사임하고 물러나는 미국 최초의 대통령으로 기록을 세우고 워싱톤 디씨(Washington DC)를 떠났다고 한다. 그 이유는 소위 '워터 게이트' 사건 때문이다.

닉슨 대통령은 참모들을 시켜 자기의 정적인 민주당 본부의 전화통화를 일일이 도청했었다고 한다. 그러나 심각한 정치문제가 이 도청사건으로 인하여 제기되자 닉슨 대통령은 도청사실을 부인했으며 자기는 아무것도 모르는 일이라고 발뺌을 했었다고 한다.

이런 비신사적 행동과 거짓말 때문에 닉슨 대통령은 대통령 직에 재선되었음에도 불구하고 물러설 수밖에 없었다고 한다.

이 이야기 역시 성도의 삶 가운데 가장 중요한 부분은 잘못한 일에 대해 아주 정직하고 솔직한 회개라는 사실을 가르쳐 주고 있다.

| 회개 |

회개에 대한 가르침

유대사람들의 랍비문서에 나오는 이야기 가운데 회개에 대한 가르침이 있다.

어느 날 회개에 대한 선생님의 가르침을 듣고 있던 한 학생이 묻기를 "선생님! 회개는 언제 하는 것이 가장 좋고 적절한지 그 시간에 대하여 말해 주십시오."라고 말했다.

이 학생의 질문에 대한 랍비의 대답은 "가능한 한 뒤로 미루고 미루었다가 할 짓 다 하고 또 볼 짓 다 보고, 그리고 죄 지을 것 다 지었다가 마지막 순간에 하는 것이 좋다"라고 말했다.

그때 이 학생은 다시 "선생님, 그런데 인간이 어떻게 마지막 순간이 언제인지 알 수가 있습니까? 아무도 인간의 마지막 순간이 언제인지는 모르지 않습니까?"라고 항의했다.

그렇다. 성도는 늘 하나님 앞에 겸손히 서서 자기의 허물에 대하여 그때 그때 진심으로 회개하며 용서를 비는 생활을 계속하여야 한다는 사실을 명심해야 한다.

| 회개 |

회개는 실천의 문제

세례 요한이 외친 말씀을 볼 때에 "이미 도끼가 나무뿌리에 놓였으니 좋은 열매 맺지 아니하는 나무마다 찍어 불에 던지우리라."(마태복음 3:10)라고 회개에 대하여 아주 과격한 메시지를 전하고 있다.

그런데 윌리암 바클레이(William Barclay)는 한 걸음 더 신중하게 "회개는 감정의 문제가 아니라 행동의 문제이며 회개는 느낌의 문제가 아니라 실천의 문제이고 또 회개는 생각의 문제가 아니라 생활의 문제이다"라고 말하면서 열매를 강조하고 있다.

그렇다! 성도의 삶에 있어서 '회개의 문제'가 아무런 열매도 없이 헐값의 '입술만의 잔치'(lip Service)가 되어서는 안 된다는 사실을 우리는 깨우쳐야 한다.

| 회개 |

어느 술집 주인의 전문 내용

영국의 윌리암 부스(William Booth)는 유명한 구세군을 창시한 창설자이기도 하다. 부스는 런던(London)에서 출생하였으며 감리교회에서 감화를 받고 신자가 되었다고 한다. 부스는 또한 열정적인 설교를 통해 다른 사람들에게 감동을 주는 설교가였다.

어느 날 부스가 미국으로 건너가 부흥회를 인도하였는데 마치 오늘의 빌리 그래함 집회처럼 "그의 은혜로운 설교를 듣고 감화되어 많은 사람들이 회개하였다.

어느 날 그의 부흥집회에는 900여리를 달려와 참석한 한 술집 주인이 있었다. 그런데 놀랍게도 부스의 설교를 듣고 은혜를 받은 이 사람은 큰 감동을 가지고 우체국으로 달려가 자기 집에 전보를 쳤다. 그 내용은 "내가 오늘 구원 받았다. 술집 문을 닫고, 간판을 떼어라" 였다.

과연 하나님의 백성들은 각자가 체험한 구원의 확신 가운데서 이기적이고 패쇄적 자아의 문을 닫고 하나님의 자녀라는 새 간판을 바꿔다는 참된 회개와 변화가 있어야 한다는 사실을 깨우쳐 주고 있다.

| 회개 |

떫은 감이 맛 좋은 곶감으로

어느 시골의 한 농부가 감나무를 심은 다음, 오랫동안 그 감나무를 정성을 다해 가꾸었다. 아마 8년쯤 지나면서 그 나무에는 감이 열리게 되었다. 농부는 감 하나를 따 먹어보니 그 감 맛이 너무 떫어 도저히 먹을 수가 없었다. 그래서 농부는 한입 물었던 감을 입에서 뱉어내면서 "떫은 감아! 너는 내가 8년이나 정성을 다해 재배하고 관리한 은혜조차도 모르는구나!" 말했다고 한다.

그런데 그 농부는 그 감의 껍데기를 모두 벗긴 후 꼬챙이에 끼어 햇빛에 말렸더니 아주 맛이 좋은 곶감이 되었다고 한다. 농부는 그 맛 좋은 곶감을 먹으면서 "곶감아! 까마귀가 너를 싫다고 했는데 어찌 이렇게 맛이 좋으냐?"라고 감탄의 말하였다.

떫은 감도 껍데기를 벗기고 꼬챙이에 끼어 햇빛에 오랫동안 말리면 맛있는 곶감이 되듯이 우리도 죄악이 껍데기를 벗고 회개하는 가운데 하나님의 크신 은혜의 볕을 쪼이면 참 유익하고 좋은 성도의 삶을 계속할 수 있다는 사실을 말해 주고 있다.

| 회개 |

문제 해결의 지름길

얼마 전까지만 해도 정신병원에서 환자를 퇴원시켜 내 보내도 되는지 안 되는지를 결정하는 시험이 있었다고 한다. 그것은 깨끗하게 잘 정돈해 놓은 방 한쪽에 싱크(Sink)를 설치해 놓고 수돗물을 틀어 싱크대에 물이 넘쳐 방으로 흘러내리는 방에 정신병 환자를 데려다 놓고 싱크대에 넘쳐흐르는 수돗물에 대해 환자가 어떻게 반응하느냐를 관찰했다고 한다.

이런 관찰의 결과에 따라 퇴원해 세상으로 보내도 좋은 사람과 더 병원에 입원시켜 치료해야 할 환자를 결정했던 것이다.

수돗물이 싱크대에 넘쳐 방바닥으로 물이 흘러 난리가 나면 대개 환자들은 두 가지 반응을 하게 된다고 한다. 하나는 걸레를 가져와 방바닥으로 넘쳐흐르는 물을 닦는 환자가 있고 또 다른 반응은 물이 싱크대에 넘쳐 방바닥으로 흐르기 때문에 물이 흘러나오는 수도꼭지를 꼭 잠그는 행동이다.

그러니까 흘러넘치는 물의 근원을 잠그는 환자는 퇴원해 세상으로 나갈 준비가 된 사람이며 반대로 넘치는 수돗물의 근원은 그대로 놓아둔 채 방바닥의 물만 닦는 환자는 아직도 퇴원하여 세상으로 나갈 준비가 갖추어지지 않은 환자였다고 한다.

우리도 넘치는 삶의 근원적 문제에 대한 회개는 그대로 둔 채 당장 눈앞에 나타난 것만 해결하려고 애쓰는 생활이 아니라 하나님 안에서 삶의 근원 문제를 해결하여야만 된다는 사실을 늘 새기고 살아야 한다.

| 회개 | 관련 성경 구절 |

1) 어떤 것이 회개인가
- **시51:17** 통회하는 것이
- **렘3:13** 죄를 자복하는 것
- **겔18:30** 죄에서 떠나는 것이
- **호6:1** 여호와께 돌아가는 것
- **호12:6** 하나님을 바라보는 것
- **욜2:12** 금식하며 애통하는 것
- **습2:3** 여호와를 찾는 것
- **눅19:8** 사배나 갚는 것
- **눅18:13** 죄인으로 고백하는 것

2) 왜 회개해야 하는가
- **시7:11~12** 하나님의 심판을 받기 때문에
- **마4:17** 천국이 가까웠기 때문에
- **눅13:3** 멸망 받기 때문에
- **마11:20** 권능을 받기 때문에
- **눅5:32** 예수님이 회개시키려 왔기 때문에
- **행5:31** 사죄를 받아야 하기 때문에
- **행17:20** 하나님의 명령이기 때문에
- **벧후3:9** 하나님께서 회개를 기다리시기 때문에
- **계2:21** 회개할 기회를 주셨으니

3) 회개할 수 있는 자와 방법
- **마3:11** 물세례를 받아야
- **마11:20** 베옷을 입고 재에 앉아서
- **행11:18** 하나님께서 주시므로
- **행2:38** 성령의 역사를 받은 자
- **롬2:4** 하나님의 인자하심에 인도 받는 자
- **고후7:9** 하나님의 뜻대로 근심하게 되는 자
- **계3:2~3** 행위를 살필 줄 아는 것이
- **계3:19** 열심을 내어

4) 회개하는 자의 결과
- **욥22:23** 다시 흥하게 됨
- **잠28:13** 불쌍히 여김을 받음
- **겔18:28** 살게 됨

- **눅15:7** 하나님이 기뻐하심
- **눅24:47** 죄사함을 받음
- **행11:18** 생명을 은혜로 받음
- **고후7:10** 구원에 이르게 됨
- **딤후2:25** 진리를 알게 됨
- **행3:19** 유쾌한 날이 주 앞에 있음

제2장

성도의 삶

가정 | 고난 | 관계 | 교육 | 습관 | 욕망 | 용기 | 은혜 | 인격

인생 | 자아 | 자유 | 정체성 | 지혜

| 가정 |

저 하늘에도 슬픔이

6.25 전쟁이 끝난 후 전쟁의 참화에 시달렸던 많은 사람들은 배고픔과 가난의 고통을 겪어야했던 시절이 있었다. 그때에 한 어린 껌팔이 소년의 일기가 출판되고 이어서 영화화되면서 이 소년의 이야기가 화제에 올랐었다고 한다. 제목은 '저 하늘에도 슬픔이' 이었으며 절찬리에 상영되었었다.

술주정꾼 아버지는 눈만 뜨면 술타령이었으며 결국에는 가산을 몽땅 탕진한 채 아주 폐인이 되고 말았다. 이런 어려움을 견디다 못한 어머니는 어린 자녀들을 버리고 가출해 버렸다. 이 같은 환경에서 11살 먹은 어린 가장은 동생들을 위해 껌팔이 소년으로 나서게 되었다. 껌팔이 한 돈으로 아버지를 섬기는 동시에 어린 동생들도 돌보아야만 했었다. 이런 딱한 사연을 기록한 일기가 공개되면서 어린 껌팔이 소년은 많은 국민의 격려와 뜨거운 지원을 받게 되었으며 집을 나갔던 어머니도 돌아와 가족이 함께하는 복된 생활을 누릴 수 있었다고 한다.

그런데 이런 사연 속에서 껌팔이 소년으로 알려졌던 주인공은 자기의 어려웠던 과거를 생각하면서 다른 사람을 돕고 특별히 어려운 사람을 구제하고 섬기는 일에 일생 힘썼으며 결국에는 47세를 일기로 대구에서 삶을 미쳤다고 한다.

우리는 이 이야기를 통해 가정의 귀중함을 깨닫는 동시에 다른 사람을 돕고, 불쌍한 사람을 구제하며 섬기는 일없이 믿음을 말하는 것은 거의 불가능하다는 사실을 깨닫게 된다.

| 가정 |

가장 아름다운 것은 가정

어느 화가가 이 세상에서 가장 아름다운 것을 자기의 화폭에 그리고 싶었다. 그래서 이 화가는 그 아름다운 것을 찾아 오랫동안 이리저리 헤매었다. 그런데 그는 어느 날 한 청년을 만나 "이 세상에서 제일 아름다운 것이 무엇이라고 생각하느냐?"라고 물었다. 그 청년은 "이 세상에서 제일 아름다운 것은 사랑이 아니겠느냐?"라고 대답하였다. 그러나 이 화가는 '사랑'이라는 대답이 만족하지 않아 계속 헤매던 중에 군인 한 사람을 만나 "이 세상에서 가장 아름다운 것은 무엇이냐?"라고 역시 똑같은 질문을 하였다고 한다. 그 때에 그 군인은 "이 세상에서 제일 아름다운 것은 평화가 아니겠느냐?"라고 대답했다. 그러나 화가는 '평화'라는 대답에도 역시 만족하지 못한 채 계속 여기저기를 헤매던 중, 마침 교회 앞을 지나 가다가 예배당으로 예배드리려고 들어가는 신자 한 사람을 만나게 되었다. 화가는 다시 "이 세상에서 가장 아름다운 것이 무엇이냐?"라고 그 신자에게 물었다. 신자는 화가의 질문에 대하여 "이 세상에서 제일 귀하고 아름다운 것은 '신앙'이다"라고 대답했다고 한다.

이렇게 사람들은 자기의 주관에 따라 제일 아름다운 것을 이것저것 말했지만 화가는 도무지 만족하지 못한 채 피곤한 몸으로 집으로 돌아오던 중이었다고 한다. 그런데 집으로 돌아오고 보니 예쁜 아내가 화가인 남편을 맞이해 주는 동시에 사랑스러운 자녀들이 반갑게 달려 나와 아버지를 맞이해 주었다. 이 순간 화가의 머릿속에 한 영감이 떠올랐는데 "그렇다, 이 세상에서 가장 아름다운 것은 가정이다"라는 사실을 발견하게 되었다고 한다.

그는 "가정 속에 진정한 사랑이 있고 가정 속에 참된 평화가 있고 또 가정 속에 흔들리지 않는 신앙과 예배가 있다면 이런 가정이야말로 세상에서 가장 아름답고 귀한 보화인 것이다"라고 생각하게 된 것이다.

| 가정 |

성도의 삶에서 아름답고 보람찬 가정을 일궈가는 생활이 또 다른 덕목 가운데 하나님을 깨닫게 해준다.

어머니의 사진을 품에 품고

미국의 유명한 사회사업가로 데이브드 카퍼휠드(David Copperfield)라는 사람이 있었다. 그는 젊었을 때 뉴욕(New York)의 할렘(Harlem)을 방황하는 유람생활을 했었다. 카퍼휠드는 자기 마음속에 어머니의 사진을 꼭 품고 죄악과 사탄의 유혹이 심한 할렘을 유랑했었다고 한다. 일찍 돌아가신 어머니, 보고 싶은 어머니, 인자하시고 자세하시던 어머니, 그리고 자식을 위하여 기도하시던 신앙의 어머니 사진을 카퍼휠드는 밤낮없이 그의 품에 품고 다녔다. 결국 어머니의 사진이 카퍼휠드를 유혹에서 지켜주셨을 뿐 아니라 순결을 유지하도록 지켜 주셨으며 마침내 마음을 깨끗이 청소하도록 지켜 주셨다고 그는 고백했다.

우리도 주 예수 그리스도의 초상화를 마음 속 깊이 모시고 사는 성도의 삶이 돼야 할 것이다.

| 가정 |

믿음을 가르쳐준 어머니

교회역사에서 훌륭한 신앙을 물려준 어머니를 찾을 때 3세기경 교부였던 오리겐(Origen)의 어머니를 생각하지 않을 수 없다. 오리겐은 태어날 때부터 총명하였다고 한다. 그는 네 살 때 시편이나 산상수훈을 외웠으며 7세 때에는 성경 대부분을 다 머릿속에 기억할 정도였다고 한다. 그리고 17살 때에는 기독교 신자에 대한 대박해로 아버지께서 로마에서 잡혀 수감되었었다고 한다.

17세가 된 아들 오리겐은 아버지께 "아버님! 조금도 두려워하지 마세요. 믿음을 굳게 지키세요. 믿음을 위하여 아버지께서 생명을 바치시기 원합니다. 저는 이렇게 기도드립니다"라는 편지를 썼다. 그런데 아버지께서는 아들 오리겐의 소원과 기도처럼 마침내 순교를 당했다고 한다.

아버지의 순교 소식을 들은 아들은 자기도 순교하겠다고 로마를 향하여 떠나려는 것을 어머니가 말리며 "내가 네 신앙을 알고 있다. 그런데 순교는 하나님의 때가 있다. 그러므로 순교를 자청할 필요는 없다"라고 아들을 설득하여 로마로 떠나려는 아들을 잡았다고 한다.

어머니의 신앙지도를 받으며 이렇게 성장한 오리겐은 결국 18세에 알렉산드리아에 있는 신학교 부교장이 되었고 이후부터 오리겐은 전체 기독교를 위하여 큰 활동을 했으며 마침내 큰일을 성취하였다.

오리겐의 성장과 활동, 그리고 기독교를 위한 큰 공헌은 어디서 왔느냐고 묻는다면 이는 "어머니가 그 근원이다"라고 대답할 수 있을 것이다. 신앙의 어머니와 가정의 깊은 영향을 다시 한번 깨닫게 하여 준다.

| 가정 |

파랑새

벨기에의 극작가 마터르링크가 쓴 파랑새라는 동화극을 기억하는 사람들은 많을 것 같다.

한 가난한 나무꾼의 집에서 태어난 치르치르와 미치르 자매는 행복의 파랑새를 찾아 꿈나라로 떠났다. 이들은 '행복의 궁궐'을 비롯하여 '미래의 나라' 등 여러 곳을 찾아갔지만 그곳에서 파랑새를 찾지 못한 채 허탈과 공허의 마음으로 집으로 돌아오고 있었다. 그런데 뜻밖에도 파랑새는 자기 집의 처마 끝에 매달린 새장 속의 비둘기였다.

우리가 추구하는 행복의 파랑새를 먼 곳에서 찾지 말고 우리의 가장 가까운 곳, 즉 우리의 가정에서부터 찾아야함을 기억하게 해준다. 가정은 바로 행복의 온상이라는 사실을 깨우쳐 주고 있다.

| 가정 |

저 하늘에도 슬픔이

    6.25 전쟁이 끝난 후 전쟁의 참화에 시달렸던 많은 사람들은 배고픔과 가난의 고통을 겪어야했던 시절이 있었다. 그때에 한 어린 껌팔이 소년의 일기가 출판되고 이어서 영화화되면서 이 소년의 이야기가 화제에 올랐었다고 한다. 제목은 '저 하늘에도 슬픔이' 이었으며 절찬리에 상영되었었다.
    술주정꾼 아버지는 눈만 뜨면 술타령이었으며 결국에는 가산을 몽땅 탕진한 채 아주 폐인이 되고 말았다. 이런 어려움을 견디다 못한 어머니는 어린 자녀들을 버리고 가출해 버렸다. 이 같은 환경에서 11살 먹은 어린 가장은 동생들을 위해 껌팔이 소년으로 나서게 되었다. 껌팔이 한 돈으로 아버지를 섬기는 동시에 어린 동생들도 돌보아야만 했었다. 이런 딱한 사연을 기록한 일기가 공개되면서 어린 껌팔이 소년은 많은 국민의 격려와 뜨거운 지원을 받게 되었으며 집을 나갔던 어머니도 돌아와 가족이 함께하는 복된 생활을 누릴 수 있었다고 한다.
    그런데 이런 사연 속에서 껌팔이 소년으로 알려졌던 주인공은 자기의 어려웠던 과거를 생각하면서 다른 사람을 돕고 특별히 어려운 사람을 구제하고 섬기는 일에 일생 힘썼으며 결국에는 47세를 일기로 대구에서 삶을 미쳤다고 한다.
    우리는 이 이야기를 통해 가정의 귀중함을 깨닫는 동시에 다른 사람을 돕고, 불쌍한 사람을 구제하며 섬기는 일없이 믿음을 말하는 것은 거의 불가능하다는 사실을 깨닫게 된다.

| 가정 |

가족과 함께 살고 싶은 어린이

미국의 한 가정에서 어느 날 엄마가 잠자리에 들어가는 어린 딸에게 저녁 키스를 해주기 위해 딸의 방에 들어갔다. 그때에 어린 딸은 엄마를 움켜잡고 자기 방에서 나가지 못하게 어리광을 부렸다. 어리광을 부리는 딸에게 엄마는 "사랑하는 딸아! 너는 너의 인형이 네 옆에 있지 않느냐? 그리고 너는 지금 하나님께서 너와 함께 하고 계시지 않느냐?"라고 말하자 어린 딸은 "예, 엄마! 그것은 나도 알아요, 내 곁에 인형이 있고 또 하나님이 계신 줄은 나도 알아요. 그러나 나는 얼굴을 가진 가족들과 함께 하고 싶어요!"라고 대답했다.

하나님께서 늘 함께 하시고, 가족이 함께 하는 아름다운 가정을 이루고 산다는 사실은 참으로 축복된 일이 아닐 수 없다.

| 가정 |

대효(大孝)

　인간의 윤리에서 부모와 자녀와의 관계를 잘 설정하는 단어는 효도(孝道)라는 단어라고 말들을 한다. 이는 곧 가정의 기본 골격이 되기도 한다. 그런데 공자(孔子)는 '효'(孝)를 설정하면서 '대효존친'(大孝尊親)이라고 말했다. 즉 '대효'란 '어버이를 높이는 것'이며 최소한 '어버이에게 욕이 돌아가게 하지 않는 것'이라고 말했다. 그러니까 적극적으로는 어버이를 높이는 것이 효도이고 소극적으로는 어버이에게 불명예와 누를, 그리고 욕을 끼치지 않는 것이 효도라고 말했다.
　성도의 삶도 늘 하늘에 계신 아버지께 마음과 뜻과 정성을 다하여 섬기고 예배드리는 신앙인의 생활이 되어야 할 것이다.

| 가정 |

일의 근본은 섬기고 지키는 일

어느 날 맹자(孟子)에게 "일의 근본이 무엇이냐?"고 물었다. 이 말을 들은 맹자는 "누구를 섬기는 일이 중요 하느냐고 묻는다면 부모를 섬기는 일이 중요하며 또 무엇을 지키는 일이 중요하냐고 묻는다면 자기를 지키는 일이 중요하다. 자기의 품위와 지조를 잃지 않으면서 부모를 잘 봉양하는 사람은 있었으나 자기를 잃어버리고 부모를 잘 봉양한 사람은 없었다. 어느 것이나 섬기는 일이 아니겠느냐마는 부모를 섬기는 일이 일의 근본이며 무엇이던지 지키는 일이 중요하지 않으랴 마는 자기를 지키는 일이 일의 근본이다."라고 말하였다고 한다.

오늘을 사는 우리는 일의 근본은 우리의 영적 부모가 되시는 하나님과 육적 부모가 되는 부모님을 먼저 섬기고 는 것이 만사의 근본임을 잊지 말아야 할 것을 깨우쳐야 한다.

| 가정 |

베이비(Baby) 엠(M) 사건

　1988년도에 미국 사회를 시끄럽게 했던 '베비 엠' (Baby M)의 사건이 있었다. 사건의 전모는 자식을 갖지 못한 한 부부가 다른 여인을 통해 얻은 아이를 잘 키우고 있었다. 그런데 아이를 낳아준 생모가 혈육의 모정을 끊을 수 없어 그 아이의 친권을 주장하기에 이르렀으며 마침내 법정소송을 진행하게 했다.
　여기에 등장하는 주인공 아이의 이름은 진짜 이름을 피하고 엠(M)이라는 가명으로 재판의 전 과정에서 부르게 되었다. 가만히 생각하면 이 아이의 어머니는 두 명이기 때문에 신분상에 혼돈이 있을 수 있겠지만 일찍이 전해 오는 말 가운데는 "낳아준 생아자도 부모요, 길러준 양아자도 부모"라고 하여 낳아준 어머니와 길러준 어머니 사이의 관계를 별 문제시 하지 않았던 전통이 있었다.
　한편 유명한 감독 뮐 목사는 자기는 때때로 "내가 정말로 하나님께 소속되어 있으나 하는 소속의 문제에 대해 의심을 갖게 될 때가 많았다."라고 말했다. 그런데 그런 의심에 싸일 때마다 "두말할 것 없이 너는 하나님의 아들이며 하나님은 너희 아버지시다 라고 성령이 나에게 말씀해 주시는 대답을 듣는다."라고 뮐 감독은 고백했다.
　성도의 삶에서 소속감은 중요하다는 사실을 깨닫게 해주고 있다.

| 가정 |

늙은 어머니와 나무꾼 아들

옛날 어느 시골에 한 나무꾼이 살았다. 그런데 이 나무꾼은 산에 올라가 나무를 한 지게 해 짊어지고 내려오면 집에 나무 짐을 부려놓고 곧바로 방으로 들어가 늙은 어머니를 때리고 나오는 습관이 있었다. 그러니 아들이 산으로 나무하러 가는 날은 늙은 어머니가 아들에게 매 맞는 날로 돼있었다. 이런 학대와 고통을 견디다 못한 늙은 어머니는 아들에게 "네가 나무를 해다가 불을 집혀 내 방을 따뜻하게 안 해 주어도 좋으니 나를 때리지 말아 달라"고 부탁했다.

이후 늙은 어머니는 추운 겨울에도 불기가 없는 냉방에서 이불을 뒤집어 쓰고 혼자 살다가 죽었다. 극단적인 이야기지만 우리도 나무(노동)를 하다가 부려 놓고 방을 따뜻하게 하는 것도 물론 중요하지만 하나님의 진리를 따르지 않고 하나님의 마음을 섭섭하게 해 드리는 일이 얼마나 많은지 잘 생각하면서 회개하는 성도의 삶이 되어야 할 것이다.

| 가정 |

화해의 담벼락에 올라가요

　미국 남부사람들이 즐겨 부르는 컨트리 송(Country Song)가운데 유명한 노래가 있다. 그 노래의 제목은 "오늘밤 나는 담벼락에 올라가요"라는 노래라고 한다. 한 가정에서 부부가 아주 심한 말다툼을 했는데 이들 부부는 굉장히 자존심이 강한 부부였다. 부부싸움은 '칼로 물 베기'라는 옛 말도 있지만, 그 말과는 달리 이들 부부의 말다툼에서 온 감정과 앙금은 그리 쉽게 가라앉지 않았다. 그 결과 자존심 높은 이들 부부사이에는 보이지 않는 아주 높은 담이 쌓이게 되었으며, 이런 긴장상태에서 남편은 아내와의 화해를 갈구하게 되었다. 반대로 아내에게도 역시 남편과 화해하고 싶은 간절한 마음이 있었다.
　이런 배경에서 노래의 제목이 붙여졌는데 "오늘밤 나는 화해의 담벼락에 올라가요"였다고 한다. 부부지간에 쌓인 담벼락을 허무는 일이 중요한 것처럼 전능하신 하나님의 창조함을 받은 우리가 서로 사랑하는 동시에 화해의 정신으로 살아야 함을 다시 생각하게 해준다.

| 가정 |

야! 신난다 아빠가 곧 오신다

어느 가정의 아버지가 멀리 여행을 떠나게 되었다. 그런데 이제 3살밖에 되지 않는 어린 아들이 "아빠는 언제 집을 돌아오느냐?"라고 물었다. 아버지 생각으로는 이제 3살밖에 되지 않는 아들에게 내가 몇월, 몇일, 몇시에 집으로 돌아온다고 대답하더라도 그 아들이 알아들을 것 같지 않았다. 그래서 아버지는 9월말쯤, 여행을 마치고 집에 돌아올 예정이었기 때문에 아주 간단하고 쉬운 표현으로 "사랑하는 아들아! 저기에 있는 저 나무 가지의 잎사귀들이 모두 푸르게 보이지? 그런데 저 푸른 잎사귀들이 울긋불긋하게 변하고 모두 땅에 떨어지면 아빠는 여행을 마치고 집으로 돌아온다"라고 아버지는 알려 주었다.

그 후 7월과 8월이 지나는 동안, 어린 아들은 '자기를 돌봐주는 아줌마(Baby Sitter)의 손목을 잡고 산책을 하면서 여행 중에 있는 아빠에 대한 이야기를 자기를 돌봐주는 아줌마'에게 늘 이야기 했다. 그런데 세월이 흘러 어느덧 9월에 접어들었으며 곧 9월 초순을 지나 9월 중순으로 들어갔다고 한다. 이때 푸르던 나뭇잎들은 모두 색깔이 변하여 단풍으로 물들었다. 그런데 어느 날 밤 큰 바람이 불었기 때문에 울긋불긋 단풍으로 변한 나뭇잎들은 모두 떨어져 길바닥과 강언덕을 뒤덮고 말았다. 이날 아침 나이 어린 3살짜리 어린 아들은 자기를 돌봐 주는 아줌마의 손을 잡고 집 밖으로 산책 나오자마자 단풍진 나뭇잎들이 모두 떨어져 길바닥에 뒹구는 것을 보게 되었다.

그때 어린 아들은 자기를 돌봐 주는 아줌마(Baby Sitter)의 손을 뿌리치면서 "야! 신난다. 아빠가 곧 오신다"라고 기쁘게 소리쳤다. 이 어린 아들처럼 기쁘고 신나게 다시 오시는 주님을 맞이할 준비가 돼 있어야 할 것임을 깨우쳐 주고 있다.

| 가정 |

동고동락하는 가족들

1986년 2월, 미국이 쏘아올린 우주선이 발사된 후 공중 폭발해 우주선에 탑승했던 승무원 전원이 희생당하는 참사가 있어났다. 그 몇 일후 휴스톤(Houstan)에서는 이 우주선에 탑승했다가 희생당한 승무원 전원에 대한 장례식이 열렸다. 이때 레이건(Ronald Reagan)대통령은 "당신들의 가족은 바로 조국이다. 그러므로 당신들의 죽음을 가족들만 마음 아파하고 슬퍼하는 것이 아니라 전체 이 나라의 국민이 한 가족이 되어 함께 마음 아파해 하는 동시에 함께 슬퍼하고 있다"라고 위로했다.

마찬가지로 성도의 삶에 있어서 똑같은 공동체의 회원들은 한 가족이 되어 모든 일에 함께 슬퍼하고 함께 기뻐하여야 한다는 사실을 깨닫게 해준다.

| 가정 | 관련 성경 구절 |

1) 택함받은 가정은 성경말씀대로 자녀를 양육함
- 엡 6:4 또 아비들아 너희 자녀를 노엽게 하지 말고 오직 주의 교양과 훈계로 양육하라
- 신 6:7 네 자녀에게 부지런히 가르치며 집에 앉았을 때에든지 길에 행할때에든지 누웠을 때에든지 일어날 때에든지 이 말씀을 강론할 것이며
- 골 3:21 아비들아 너희 자녀를 격노케 말지니 낙심할까 함이라
- 딤전 3:12 집사들은 한 아내의 남편이 되어 자녀와 자기 집을 잘 다스리는 자일지니
- 딤후 1:3 나의 밤낮 간구하는 가운데 쉬지 않고 너를 생각하여 청결한 양심으로 조상 적부터 섬겨 오는 하나님께 감사하고
- 딤후 1:4-5 내 눈물을 생각하여 너 보기를 원함은 내 기쁨이 가득하게 하려 함이니, 이는 네 속에 거짓이 없는 믿음을 생각함이라 이 믿음은 먼저 네 외조모 로이스와 네 어머니 유니게 속에 있더니 네 속에도 있는 줄을 확신하노라
- 왕상 2:1-4 다윗이 죽을 날이 임박하매 그 아들 솔로몬에게 명하여 가로되 내가 이제 세상 모든 사람의 가는 길로 가게 되었노니 너는 힘써 대장부가 되고 네 하나님 여호와의 명을 지켜 그 길로 행하여 그 법률과 계명과 율례와 증거를 모세의 율법에 기록된대로 지키라 그리하면 네가 무릇 무엇을 하든지 어디로 가든지 형통할지라 여호와께서 내 일에 대하여 말씀하시기를 만일 네 자손이 그 길을 삼가 마음을 다하고 성품을 다하여 진실히 내 앞에서 행하면 이스라엘 왕위에 오를 사람이 네게서 끊어지지 아니하리라 하신 말씀을 확실히 이루게 하시리라

2) 택함받은 가정은 종교적 예식을 모두 거행함
- 삿 13:5 보라 네가 잉태하여 아들을 낳으리니 그 머리에 삭도를 대지 말라 이 아이는 태에서 나옴으로부터 하나님께 바치운 나실인이 됨이라 그가 블레셋 사람의 손에서 이스라엘을 구원하기 시작하리라
- 삿 13:20 불꽃이 단에서부터 하늘로 올라가는 동시에 여호와의 사자가 단 불꽃 가운데로 좇아 올라간지라 마노아와 그 아내가 이것을 보고 얼굴을 땅에 대고 엎드리니라
- 삿 13:24 여인이 아들을 낳으매 이름을 삼손이라 하니라 아이가 자라매 여호와께서 그에게 복을 주시더니
- 삼상 1:21 그 사람 엘가나와 그 온 집이 여호와께 매년제와 그 서원제를 드리러 올라갈 때에
- 삼상 1:28 그러므로 나도 그를 여호와께 드리되 그의 평생을 여호와께 드리나이다 하고 그 아이는 거기서 여호와께 경배하니라
- 눅 2:21-24 할례할 팔일이 되매 그 이름을 예수라 하니 곧 수태하기 전에 천사의 일컫은 바라라 모세의 법대로 결례의 날이 차매 아기를 데리고 예루살렘에 올라가니 이는 주의 율법에 쓴바 첫 태에 처음 난 남자마다 주의 거룩한 자라 하리라 한대로 아기를 주께 드리고 또 주의 율법에 말씀하신대로 비둘기 한

쌍이나 혹 어린 반구 둘로 제사하려함이더라
- **행 10:48** 명하여 예수 그리스도의 이름으로 세례를 주라 하니라 저희가 베드로에게 수일 더 유하기를 청하니라
- **행 16:15** 저와 그 집이 다 세례를 받고 우리에게 청하여 가로되 만일 나를 주 믿는 자로 알거든 내 집에 들어와 유하라 하고 강권하여 있게 하니라
- **행 16:33** 밤 그 시에 간수가 저희를 데려다가 그 맞은 자리를 씻기고 자기와 그 권속이 다 세례를 받은 후

3) 택함받은 가정은 신앙에 투철히 헌신함
- **수 24:15** 만일 여호와를 섬기는 것이 너희에게 좋지 않게 보이거든 너희 열조가 강 저편에서 섬기던 신이든지 혹 너희의 거하는 땅 아모리 사람의 신이든지 너희 섬길 자를 오늘날 택하라 오직 나와 내 집은 여호와를 섬기겠노라
- **민 14:9** 오직 여호와를 거역하지 말라 또 그 땅 백성을 두려워하지 말라 그들은 우리 밥이라 그들의 보호자는 그들에게서 떠났고 여호와는 우리와 함께 하시느니라 그들을 두려워 말라 하나
- **민 14:30** 여분네의 아들 갈렙과 눈의 아들 여호수아 외에는 내가 맹세하여 너희로 거하게 하리라 한 땅에 결단코 들어가지 못하리라
- **삼상 17:47** 또 여호와의 구원하심이 칼과 창에 있지 아니함을 이 무리로 알게 하리라 전쟁은 여호와께 속한 것인즉 그가 너희를 우리 손에 붙이시리라
- **룻 1:16** 룻이 가로되 나로 어머니를 떠나며 어머니를 따르지 말고 돌아가라 강권하지 마옵소서 어머니께서 가시는 곳에 나도 가고 어머니께서 유숙하시는 곳에서 나도 유숙하겠나이다 어머니의 백성이 나의 백성이 되고 어머니의 하나님이 나의 하나님이 되시리니

| 고난 |

고통의 찬가

　장님 작사가로 잘 알려졌던 죠 메세손은 "내가 하나님의 아들로서 인침을 받을 때 희망찬 종달새의 노래를 부를 수는 없었다. 그러나 이 노래를 부르기 위하여 나는 그리스도 예수의 고통 속에 들어가야만 했었다. 그리스도의 고통과 어려움은 세계를 차지하는 억만 기쁨보다도 낫다. 우리도 참된 영광을 차지하기 위하여 형제의 가시관을 물려 쓰자"라고 했다. 사실 성도의 삶이란 하나님의 영광을 위하여 온갖 고통도 감수하면서 감사를 드리는 긍정적인 삶이 되어야 할 것이다.

바이올린을 만드는 나무

　아름다운 소리를 만들어 내는 바이올린(Violin)을 제작하는 나무는 주로 높은 산에서 베어온다고 한다. 미국에서는 해발 1200피트가 넘는 록키산 위에서 바람도 맞고 눈비도 맞고 또 춥고 더운 모든 고통을 견디면서 자란 나무를 베어 바이올린을 만드는 재료로 사용한다. 이렇게 단련된 나무로 바이올린을 만들면 바이올린의 소리도 좋고 또 소리가 아름답고 귀하게 들려진다.
　성도의 삶도 역시 고통을 아름답게 승화시켜 감사와 찬양이 노래로 하나님께 늘 바쳐지는 생활이 되어야 할 것이다.

| 고난 |

고통 속의 하나님 말씀

　한 때나마 우리의 주변에 심한 독감이 유행하여 우리의 관심을 끌었던 적이 있었다. 독감 가운데서도 어떤 독감은 폐렴으로 몰고 가 많은 인명 피해를 일으킨다고 해서 살인 독감이라고 불려졌던 적도 있었다고 한다. 독감이 아니라 일반 감기라고 하더라도 감기 자체가 죽음으로 몰고 가지는 않지만 감기는 여러 종류의 합병증을 일으키기 때문에 감기에 대해 좀 더 조심하라는 경고를 종종 받기도 한다.
　일찍이 중국 선교의 첫발을 내디디었던 허드슨 테일러(Hudson Taylor)는 어느 날 심한 감기에 걸려 몹시 괴로운 가운데 있었지만 그는 하나님 앞에 나와 불편한 몸을 굽혀 간절히 기도를 드렸다. 그는 하나님께 "하나님의 뜻이라면 제가 어떤 괴로움을 당한다고 하더라도 좋습니다. 또 어디에 가서 무엇을 하던지 간에 주 하나님께 제 온몸을 바쳐 일하겠습니다."라고 기도를 드렸다.
　이때에 허드슨 테일러의 귀에는 "네 기도가 응답되었다. 네 조건이 수락되었다"라는 말씀이 들려왔다.
　그 후 허드슨 테일러는 중국으로 건너가라는 소명을 하나님께로부터 직접 받았다는 확신을 갖게 되었다고 한다. 그리하여 허드슨 테일러는 마침내 중국 선교의 장을 연 훌륭한 선교사가 되었다고 한다. 그는 과연 중국에 건너와 온 마음과 몸을 바쳐 선교에 공헌하였던 것이다.
　우리도 여러 종류의 고통과 역경을 딛고 하나님의 음성을 듣는 동시에 승리하는 생활에 힘써야 할 것이다.

| 고난 |

사선(死線)을 넘어서

신앙인들이 많이 탐독했던 책, '사선을 넘어서'에 나오는 내용 가운데 인간이 자기 자신을 의지한 채, 자기의 힘으로 자기를 끌고 나갈 때, 거기에는 절망과 불안과 연약 등의 고비가 발목을 잡지만 연약한 인간이지만 오직 하나님 중심의 생활로 변화 받아 하나님께서 나를 끌고 가시도록 내어 맡길 때에는 비록 죽음도 무섭지 않으며 불안도 무섭지 않고 때 절망도 무섭지 않음을 강조하고 있다.

과연 인간은 신뢰와 믿음으로 공포와 불안, 그리고 절망과 죽음의 사선을 넘어 승리의 결승점에 이르러야 할 것임을 깨닫게 하여 준다.

남극의 펭귄이 겨울나는 비결

남극에 겨울이 깊어 가면 펭귄들은 서로 어깨를 비비며 밀착 시킨 채 서로 몸을 녹이면서 섭시 영하 50도의 추위를 이긴다. 또 같은 방법으로 시속 144km나 되는 강풍도 극복한다. 만약 펭귄들이 다른 새들을 뿌리치고 동료들을 멀리한 채 혼자서만 살겠다고 생각한다면 도저히 추위를 극복하고 이겨낼 수 없다.

하나님의 지음 받은 인간이 서로 믿고 신뢰하며 상부상조하는 가운데 더불어 하여야 생존한다는 사실을 깨우쳐 준다.

| 고난 |

네 은혜가 족하도다

    영국의 청교도 작가들 가운데 유명한 작가들이 많다. 그 중에 존 번연 (John Bunyan)은 열심히 전도를 하다가 핍박을 받았으며 결국은 투옥되고 말았다. 활동적이었던 사람이 감방에 갇혀 있으니 얼마나 답답하고 짜증스러우며 또 원망스러웠는지 과히 짐작할만하다.
    그런데 존 번연의 답답한 감방에 갇혀 있는 바로 그 순간 이상한 음성이 그에게 들려왔다. 그 음성은 "네 은혜가 족하도다"라는 소리였다. 이 말을 들은 번연은 "아! 내가 감옥에 있을지라도 주님께서는 나에게 족한 은혜를 주시는구나!" 하는 깨달음을 얻게 되었으며 곧 원망과 낙심을 바라고 오히려 기쁨으로 옥중생활을 하게 되었다고 한다.
    성도의 삶에 닥치는 어려움과 고통을 하나님의 조명에서 생각하고 기쁘게 받아들이는 신앙과 자세는 중요하다는 것을 깨우쳐 주고 있다.

| 고난 |

겨울이 오는 것은

　유명한 시인 윌리암 카우퍼(Wiliam Cowper)는 "하나님께서는 그의 신비로운 역사를 또 다른 신비 속에서 수행하신다."라고 말했다. 그러니까 하나님께서는 눈보라가 치는 엄동설환 한파 속에서도 혹은 만물이 꽁꽁 얼어붙는 추운 겨울에도 한결같이 역사하심을 말하고 있다. 또 그는 "겨울이 오는 것은 일년 중 태양과 지구 사이의 거리가 가장 멀기 때문이다"라고 말했다.
　우리 영혼이 하나님과 가장 가까운 거리를 유지하고 있는 한 인생의 한파는 몰아닥치지 않을 것이라는 확신을 가지고 사는 삶이 곧 성도의 삶이라는 사실을 깨닫게 된다.

| 고난 |

맛이 우러나는 홍차 주머니

　수년전에 미국 대통령부인이 같은 정당의 국회의원 부인들을 백악관으로 초청하여 티타임(Tea Time)을 갖고 상호 친교와 우애의 시간에 있었던 일화다. 이 자리에서 대통령부인은 홍차 주머니를 가리키면서 "여자는 홍차 주머니와 같다"고 말하며 "마치 홍차 주머니를 뜨거운 물에 담굴 때 홍차가 잘 우려 나와 그 진가가 드러나는 것처럼 여자는 약하지만 시련 속에서 늘 강하며 그 진가가 잘 들어나는 것처럼 여자는 약하지만 그 시련 속에서 늘 강하며 그 진가가 잘 들어나게 된다."고 이야기 한 일화로 그녀의 지혜와 재치를 돋보인 적이 있다.

　똑같은 조명에서 성도의 삶도 시련과 고통, 그리고 고독의 어려움 속에서도 홍차주머니처럼 영혼의 진가를 잘 우려내어야 할 것이다.

| 고난 |

어느 함장 부인이 보인 신뢰

어느 해군 함장의 부인은 평소에 한 가지 긴요한 소원을 가지고 있었다. 그것은 남편의 바다생활을 알고 싶었다. 그래서 부인은 남편을 조르고 또 졸라 한번만 함정에 자기를 태워달라고 졸라댔다.

할 수없이 그 해군 함장은 아무도 모르게 자기 아내를 함정에 승선시키고 함장실에 자기 아내를 숨겨놓았다. 그런데 이 함정은 큰 함정 이었지만 바다에 나와 한 가운데서 파도를 만나자 마치 작은 나뭇잎처럼 흔들리기 시작하였다. 이때 함장의 부인은 처음 경험하는 배멀미의 괴로움을 견디다 못하여 울기 시작하였다.

아무리 자기 아내를 달래도 울기만 하는 아내 앞에서 함장은 난감한 입장이 되고 말았다고 한다. 아무도 모르게 규정을 어기고 자기 아내를 함정에 태웠는데 이 사실이 발각되는 경우에는 야단이 아닐 수 없었다.

함장은 결국 자기의 권총을 뽑아 들고 "울음을 그치지 않으면 사살하겠다."고 위협을 하였다고 한다. 그래도 함장의 아내는 울음을 그치지 않았다.

얼마 후 폭풍은 지나가고 바다는 다시 잔잔해졌다고 한다. 그때 함장의 아내도 울음을 그치었다. 함장은 아내에게 "내가 권총을 뽑아들고 당신에게 쏘겠다고 위협했는데, 그때 당신은 무섭지 않았소?"라고 물었다.

함장의 아내는 "그 권총이 당신의 손에 들려져 있는데 무엇이 무서워요?"라고 대답하였다.

인간을 창조하신 하나님께서 사랑의 운전대를 잡고 계시는 한 인간이 맞이하는 어떠한 폭풍과 고난 그리고 위협에서도 무서울 것이 없다는 사실을 가르쳐 주고 있다. 오직 창조주를 신뢰하는 삶을 살아야 할 것을 깨우쳐 주고 있다.

| 고난 |

고통뒤의 좋은 결과

　인도에서 오랫동안 선교활동에 힘썼던 한 선교사의 증언에 따르면, 인도에는 매년 심한 건조기가 연중행사처럼 찾아온다. 그런데 어느 해 건조기에 마을에 사는 한 성도가 선교사를 찾아와 "큰일 났습니다. 우리 마을의 우물물이 다 말라버렸는데, 비가 오려면 아직도 3개월이나 더 있어야 합니다. 그래서 큰 야단이 났습니다."라고 걱정을 했다고 한다. 이 말을 들은 선교사는 그 우물에 직접 찾아가 보았더니 정말로 우물물이 다 말라 있었다.
　선교사는 "우물을 더 깊이 파 봅시다."라고 마을 사람들을 격려했다. 이 선교사의 말에 힘을 얻은 온 마을 사람들은 열심히 3일 동안이나 우물을 깊이 팠는데도 불구하고 우물물은 터져 나오지 않았으며 오히려 큰 반석이 나왔다고 한다. 그러나 선교사는 낙심하지 않았으며, 그 큰 반석을 깨고 계속 우물을 깊이 파 내려가게 했더니 만 7일이 되는 날에 비로소 그 반석 밑에서 생수가 솟아올랐다고 한다.
　일찍이 사도 바울은 "우리가 환난 중에도 즐거워하나니 이는 환난은 인내를 인내는 연단을 연단은 소망을 이루는 줄 앎이로다."(로마서 5장 3절미만-4절)라고 말함으로서, 그리스도인들은 환난과 고통스러운 일까지도 즐거워하여야 한다는 사실을 깨우쳐 주고 있다.

| 고난 | 관련 성경 구절 |

1) 고난으로 하나님의 사랑과 긍휼을 알게 함
- **사 63:9** 그들의 모든 환난에 동참하사 자기 앞의 사자로 그들을 구원하시며 그 사랑과 그 긍휼로 그들을 구속하시고 옛적 모든 날에 그들을 드시며 안으셨으나
- **고후 12:9** 내게 이르시기를 내 은혜가 네게 족하도다 이는 내 능력이 약한데서 온전하여짐이라 하신지라 이러므로 도리어 크게 기뻐함으로의 여러 약한것들에 대하여 자랑하리니 이는 그리스도의 능력으로 내게 머물게 하려함이라
- **벧전 4:12** 사랑하는 자들아 너희를 시련하려고 오는 불시험을 이상한 일 당하는 것같이 이상히 여기지 말고
- **벧전 4:13** 오직 너희가 그리스도의 고난에 참예하는 것으로 즐거워하라 이는 그의 영광을 나타내실 때에 너희로 즐거워하고 기뻐하게 하려 함이라
- **히 12:8** 징계는 다 받는 것이거늘 너희에게 없으면 사생자요 참 아들이 아니라
- **욥 42:6** 그러므로 내가 스스로 한하고 티끌과 재 가운데서 회개하나이다

2) 고난으로 하나님을 간절히 찾게함
- **호 6:1** 오라 우리가 여호와께로 돌아가자 여호와께서 우리를 찢으셨으나 도로 낫게 하실 것이요 우리를 치셨으나 싸매어 주실 것임이라
- **눅 15:17** 이에 스스로 돌이켜 가로되 내 아버지에게는 양식이 풍족한 품군이 얼마나 많은고 나는 여기서 주려 죽는구나
- **눅 15:18** 내가 일어나 아버지께 가서 이르기를 아버지여 내가 하늘과 아버지께 죄를 얻었사오니
- **욘 2:2** 가로되 내가 받는 고난을 인하여 여호와께 불러 아뢰었삽더니 주께서 내게 대답하셨고 내가 스올의 뱃속에서 부르짖었삽더니 주께서 나의 음성을 들으셨나이다
- **출 2:23** 여러 해 후에 애굽왕은 죽었고 이스라엘 자손은 고역으로 인하여 탄식하며 부르짖으니 그 고역으로 인하여 부르짖는 소리가 하나님께 상달한지라
- **삿 4:3** 야빈 왕은 철병거 구백승이 있어서 이십년 동안 이스라엘 자손을 심히 학대한 고로 이스라엘 자손이 여호와께 부르짖었더라

3) 고난으로 주의 말씀을 지키게함
- **시119:67** 고난 당하기 전에는 내가 그릇 행하였더니 이제는 주의 말씀을 지키나이다
- **욥 23:10** 나의 가는 길을 오직 그가 아시나니 그가 나를 단련하신 후에는 내가 정금 같이 나오리라
- **시 94:12** 여호와여 주의 징벌을 당하며 주의 법으로 교훈하심을 받는 자가 복이 있나니
- **계 3:19** 무릇 내가 사랑하는 자를 책망하여 징계하노니 그러므로 네가 열심을 내라 회개하라

| 관계 |

서로 붙들어 주어야할 이유

　수 십여년전 영화 감독 월터 뮬러(Walter Maller)가 감독제작한 영화 '싹 쓸어 버리다' (Swept away)라는 영화가 인기리에 방영되었다. 그 내용은 서로 상극되는 남녀가 그저 존재하여야 한다는 이유 때문에 자리를 함께 하는 동시에 푸른 파도 속을 뒹굴고 또 아름다운 정원에서 얼굴을 맞댄다는 단순한 이야기다.
　그런데 이 영화의 감독은 "비록 인간의 이해와 견해가 상반되고 또 인간의 철학과 뜻이 서로 다름에도 불구하고 이 사회의 구조 속에서 존재하여야 할 이유 때문에 서로 붙들어 주는 인간의 세계와 인간의 관계를 은유적으로 그려내려고 했다"라고 제작의 뜻을 밝혔다.
　하나님의 형상대로 지음 받은 인간은 공통의 분모를 찾아 서로 격려하고 붙들어 주는 삶이 되어야 함을 우리는 깨달아야 한다.

| 관계 |

전쟁터에서

　미국의 해병대는 그 용맹성에 있어 세계적으로 유명하다. 어느 예비역 대원의 증언에 따르면, 그가 현역이었을 때 적진상륙을 앞두고 부대장은 아침과 저녁으로 대원들의 귀가 닳도록 "앞으로 귀관들이 적진에 상륙하면 즉시 자신을 보호할 호를 파야 한다. 참호는 가능한 깊고 넓게 파야 한다. 그래서 두 사람의 전우가 함께 백병전에 대비하여야 한다. 전쟁터에서 혼자가 아니라 다른 전우가 귀관과 함께 한다는 생각은 큰 신비력을 발휘한다는 사실을 알아야 한다."고 말했다고 한다.
　우리 연약한 인간의 여로에 있어서도 다른 사람이 나와 함께 할뿐 아니라, 다른 사람의 중보기도가 나와 함께 한다는 확신 속에서 신비스러운 힘을 발휘할 수 있음을 우리 그리스도인은 늘 새기고 살아야한다.

| 관계 |

장님과 상이용사의 협조

아르헨티나(Argentina) 독립 전쟁 때 참전한 한 용사는 부상 때문에 수족이 절단돼 상이군인이 되었다.

어느 날 상사는 이 상이용사에게 "저기 가서 수돗물을 받아 차에 실으라"는 명령을 내렸다. 상이군인은 "아시는 것처럼, 나는 수족이 절단된 사람입니다"라고 상사에게 말하였다. 그때 상사는 "내가 귀관이 할 수 있도록 모두 저기에 준비하여 놓았으니 그리 말고 저기에 가 보시오"라고 상이군인에게 대답했다. 이에 그 상이군인은 상관의 명령에 따라, 그가 지시하는 곳으로 가보았더니 그곳에는 장님 한사람이 수돗물을 받고 있었다.

물통에 물이 가득 차면 상이용사는 물이 찼다는 사실을 알려 주면 사지가 멀쩡한 장님은 상이용사의 지시에 따라 수돗물을 잠그고 그 물통을 들어 차에 옮겨 싣는 일을 합동으로 했다.

역시 합력하여 선을 이룬다는 사도 바울의 가르침을 생각하게 해 주는 장면이라고 할 수 있겠다.

| 관계 |

지금 우리와 함께 있다

프랑스와 영국이 전쟁할 때 영국의 함대는 거의 패전 직전에 와있었다. 군량미는 떨어져 가고 있었으며 군인들의 사기도 많이 떨어져 더 이상 전쟁을 계속할 수 없었는데 설상가상으로 부대원들, 모두는 전의를 상실한 채 전전 긍긍하고 있을 때였다. 이 때 한 지휘관이 "지금 우리의 제독 넬슨(Nelson)은 우리와 함께 하고 있다"라고 부대원을 향하여 외쳤다. 이 같은 울림이 퍼지자마자 영국함대는 큰 힘을 얻고 용기를 내어 프랑스군을 무찔렀다고 한다.

피곤한 해군 병졸에게 넬슨(Horatio Nelson)의 존재는 큰 힘과 위로, 그리고 권위의 상징이었다고 한다. 마치 우리나라 충무공 이순신 장군의 전투장면을 연상케하는 이야기다. 결국 넬슨은 트라팔가에서 치명상을 입고 전사하였지만 말이다.

우리의 신앙여정에 있어서도 눈에 물질로 보이지는 않지만 우리와 함께 하셔서 큰 힘의 원천이 되어주신다는 사실에 감사하지 않을 수 없다.

| 관계 |

무관심과 선입견

　　브란스 필드 신부와 한 젊은 작가가 함께 엮은 동화 가운데 '악마들의 총회'라는 동화가 있다.
　　하루는 악마들이 모여 "어떻게 하면 사람들을 모두 망하게 할 수 있을까? 의제를 갖고 총회를 열었다고 한다. 시기와 미움, 그리고 질투와 질병, 또 전쟁과 거짓말, 더 나아가 이간과 탐심 등등 '…의 온갖 악마들이 다 모여 의논한 결과 악마들의 총의를 집중시키기 위하여, 우선 총회장을 선출하기로 결정하였다.
　　이에 따라 세 명의 악마가 총회장 입후보로 나섰다. 입후보자 가운데 전쟁의 악마는 전쟁이면 인류의 멸망은 시간문제라고 역설하였으며, 질병의 악마는 질병이면 인류는 조만간에 멸절하게 된다고 각각 역설하였다고 한다. 그런데 투표 결과에 따르면 총회장에는 상상을 뒤엎고 무관심의 악마가 당선되었다.
　　힘도 없고 이름도 없는 무관심의 악마가 예상을 깨트리고 총회장으로 당선되었다는 이야기는 현대를 사는 우리에게 시사하는 바가 크다고 생각된다. "현대인에게 있어서 제일 큰 질병과 죄악은 무관심과 선입견이다"라고 일찍이 사회 심리학자였던 에릭 프롬(Erick Fromm)도 말한 바 있다고 한다.

| 관계 |

상처 난 장군의 얼굴

옛날 미국에서는 상원에 결원이 생겨 상원의원을 보선 할때는 임시조례에 보선을 했다. 마침내 죠지아(Georgia)주의 상원의원을 보선하게 되었다. 그때에 고든(Gordon)장군이 상원의원 보선에 입후보 했다고 한다. 그런데 고든 장군을 반대하는 쪽에서는 대표를 뽑아 워싱톤 디시(Washington DC)로 보냈다. 물론 이들의 사명은 임시조례에 따른 보궐선거에서 고든 장군에게 반대표를 던져 고든장군을 낙선시키는 일이었다. 그럼에도 불구하고 이들은 반대투표 대신에 오히려 찬표를 던져 고든장군을 상원의원으로 당선시키고 돌아왔다. 성난 반대파 사람들이 몰려와 "왜 고든장군을 지지하는 투표를 했는가?"라고 물으며 대표자의 배신행위에 항의를 했다.

그때 대표단은 "우리가 워싱톤 디씨에 도착하여 의사당 복도에서 친구를 만나 이야기를 하고 있었다. 그때에 우리 곁을 어떤 사람이 지나가는데 그 사람의 얼굴이 너무 일그러지고 그 사람의 얼굴에는 너무 상처투성이었기 때문에 도대체 저 사람이 누구냐고 이야기하던 친구에게 물었다. 그 친구는 저분이 바로 고든장군이라고 말해 주었는데 우리가 그분의 얼굴을 보았을 때, 우리를 대신하여 그는 싸웠고 또 우리를 대신하여 그가 상처를 입은 것을 깨닫게 되었을 뿐 아니라 도저히 그에게 반대표를 던질 수 없어 지지표를 던지고 왔다"라고 대표단은 해명했다.

똑같은 조명에서 예수 그리스도께서 바로 우리의 죄와 허물 때문에 십자가에서 상처투성이가 돼 고생하시고 돌아가셨음을 생각할 때, 늘 마음속 깊이에서 우러나오는 감사와 충성으로 살아야 할 것임을 깨우쳐 주고 있다.

| 관계 |

대화의 실패

　1980년대 많이 읽혀졌던 책 가운데 '왜 사람들은 대화에 실패하는가?'라는 책이 있다. 이 책의 저자에 따르면 현대인들은 중요한 대화에 관심을 가지면서도 실제 대화에 있어서 실패하는 경우가 많다. 그것은 다름이 아니라 현재 당면하고 있는, 즉 현재 일어나고 있는 사건에서부터 이야기를 시작하는 것이 아니라 그와는 정 반대로 먼 추상적인 생각에서부터 이야기를 시작하기 때문에 대화가 되지 않은 채 실패하게 됨을 지적하고 있다.
　그렇기 때문에 우리의 생각과 관심들이 생생하게 드러나는 현실적이고 직접적인 문제에서부터 이야기를 시작할 때 놀라운 대화의 기적을 이룩하게 된다는 사실을 깨우쳐 주고 있다.

| 관계 |

헤어짐과 만남의 관계

사회심리학자인 에릭 포름(Erick Fromm)은 인간이라 바로 헤어짐(Seperation)의 관계임을 강조하였다고 한다. 즉 어린 아이는 어머니의 태속에 자리 잡고 그 속에서 성장하지만 일정한 기한이 되면 어머니의 태속을 떠나 이 세상에 나옴으로 헤어짐은 시작된다고 말한다. 그런데 어머니의 태속을 떠나 이 세상에 나온 어린 아이는 어머니의 품속에서 오랫동안 자라게 된다. 어린 아이가 점점 성장하여 장성하면 다시 부모의 품을 떠나 배우자와 결합하게 되며 또 나이를 먹어 노인이 되면 배우자보다는 아무래도 자식을 더 의지하다가 이 세상을 떠나기 때문에 인생은 헤어짐의 관계라고 프롬은 강조하였다고 한다.

그러나 반대로 헤어짐보다는 만남의 관계를 말한 사람도 있다고 한다. 유대교 신학자로 잘 알려진 마틴 부버(Martin Buber)는 "우리들의 세계에서 참으로 생존한다는 것은 '만남' 이다"라고 말했다. 그런데 문제는 어떻게 만나느냐를 생각해야 한다는 것이다.

우리는 하나님 신앙 안에서 형제자매로써 사랑을 나누는 공동체를 이뤄 나가야 할 만남의 관계가 더욱 소중함을 생각해야 할 것이다.

| 관계 |

다른 사람을 위한 존재

영국의 석학으로 알려졌던 버트란트 러셀(Bertrand Russell)은 "자아로 덮어 쌓이는 것처럼 우둔한 일은 없으며 또 다른 사람을 위하여 힘과 주의를 기울이는 것처럼 기쁜 일이 없다"고 말했다.

인간의 삶이 다른 사람과의 관계없이 무인고도에서 사는 것처럼 살 수 없음을 깨닫게 해준 말이다.

또한 기독교교육 학자였던 하위(Howe)는 '관계의 언어'를 강조한 바가 있다.

참으로 성도 삶이란 관계성을 중요시하여야 한다는 사실을 깨우쳐 주고 있다.

| 관계 |

관계와 체면

옛날 어느 나라에 임금이 살았는데 문득 교만스러운 마음이 넘쳤다. 그 결과 임금은 "도대체 임금은 나라를 다스리는 귀한 신분인데 아무도 내 방에 얼씬거리지 못하게 하라 다시 말하지만 아무도 내방에 들어오지 못하도록 하라."라고 신인들에게 엄명 했다고 한다.

이후 며칠이 지났는데 임금의 머리가 너무 길어 이발을 하여야 할 입장이었다. 그래서 이발사를 데려다가 임금은 이발을 하였다. 며칠이 지나니 임금은 새 옷을 입고 싶었다. 임금은 이번에는 그 나라의 유명한 재봉사를 데려다가 양복을 한번 맞춰 입었다.

또 며칠이 지나니 임금은 새 구두를 신고 싶었다고 한다. 그래서 임금은 제화공을 데려다가 새 구두를 맞춰 신었다.

결국 임금은 다시 말하기를 "임금도 사람인데 사람이 살려면 이런 사람도 저런 사람도 모두 필요하구나! 이제부터는 용무가 있는 사람은 모두 내방에 들어오도록 하라"고 신하들에게 명령을 다시 하였다.

우리는 다른 사람들과의 관계를 갖고 살아가도록 창조되었음을 깨달아 사람과의 관계 속에서 쓸데없는 체면 때문에 서로 불편을 주는 일은 없는지 깨닫게 해주는 이야기이다.

| 관계 |

네로와 오크타비아

　로마(Rome)의 역사에 따르면 크라디우스황제는 아들을 두지 못했다. 그러므로 황제의 위를 잇게 하기 위해 크라디우스 황제는 네로(Nero)를 양자로 맞았다. 그런데 네로는 내심으로 크라디우스 황제의 예쁜 딸 오크타비아를 자기의 아내로 맞이하기를 소원했다.
　혈연관계로 볼 때 네로와 오크타비아의 관계는 서로 피가 한 방울도 섞이지 않은 관계였다. 그러나 네로는 오크타비아의 아버지인 크라디우스황제의 양자라는 법적인 관계 때문에 로마 중추원의 새로운 입법을 거쳐야만 네로와 오크타비아의 결혼은 가능했다. 이런 로마 역사의 실제적인 사건을 배경삼아 사도 바울은 양자의 생각을 발전 시켰다고 성경학자 바클레이(William Barclay)는 주장했다. 성경에서 이야기하는 양자 관계에 있어 큰 깨우침과 조명을 주고 있다고 하겠다.

| 관계 |

입양의 현장

1970년대 초쯤 필자가 한국을 다녀올 일이 있어 한국에 나갔다가 미국으로 입양돼 오는 어린아이들과 함께 오게 되었다. 필자와 입양아 일행은 시카고의 오헤어(O'hare)공항에 새벽 일찍 도착하였는데 입양될 아이들의 사진을 들고 밤을 꼬박 새운 채 이 양부모들은 들뜬 마음으로 입양돼 오는 어린 아이들을 기다리고 있었다.

그런데 필자의 관심과 호기심은 양부모와 입양돼 오는 아이가 대면하는 첫 장면이었다. 생긋생긋 웃으며 입양돼 오는 아이가 양부모의 품안에 안기면 양부모는 탄성을 발하면서 흥분한 채 어쩔 줄 몰라했었다. 그러나 반대로 입양돼 오는 아이가 울고불고 하면서 양부모의 품에 안기지 않으려고 발에 힘을 주고 버티며 야단을 치면 양부모는 난처해서 이러지도 못하고 저러지도 못해 쩔쩔매는 장면을 보았다.

이제부터는 부모와 자녀로서의 새로운 관계 속에서 살아야 할 입장인데도 불구하고 새로운 관계성과 사정을 거부한채 양부모의 품에 안기지 않으려고 울면서 버티는 철부지를 보면서 참으로 마음 아팠던 경험을 필자는 가지고 있다.

사도 바울은 일찍이 "너희는 다시 무서워하는 종의 영을 받지 아니하였고 양자의 영을 받았으므로 아바 아버지라 부르짖느니라."(로마서 8:15)라고 말함으로써 신자는 우리 주님 예수 그리스도로 인하여 하나님의 자녀가 되었다는 관계성을 강조하고 있어 참으로 놀랍고 감사한 일이 아닐 수 없다.

| 관계 |

강화도령

조선 제 25대 임금을 등극하기 위해 강화도령 이원범이 어느 날 갑자기 헌종의 양자가 되는 역사 이야기가 있다.

강화도령 이원범은 할아버지 때 역적으로 몰려 3대가 처참한 형벌을 받았다고 한다. 그런데도 어찌된 일인지, 이원범만은 강화도에 혼자 남아 강화도령으로 숨어 살아왔다고 한다. 오랫동안 이어 온 나라의 심한 당쟁에 할아버지와 아버지, 그리고 형제들을 모두 잃은 어린 이원범은 혼자 외롭게 생존하는 천애의 고아가 되었다고 한다. 그렇기 때문에 이원범 소년은 19살까지도 글을 배우지 못하여 무식한 농부로 살았다고 한다. 물론 그는 결혼도 못하고 산으로 나무하러 다니는 일과 농사짓는 일로 소일하며 살았을 뿐이라고 한다.

그런데 헌종이 자기의 왕위를 이어 줄 왕자를 두지 못한 채 갑자기 세상을 떠나게 되자 이 무식한 강화도령, 이원범은 안동 김씨들의 추천에 따라 헌종의 양자로 맞아졌으며 마침내 이씨 조선의 제25대 임금인 철종으로 등극하게 되었다고 한다. 아마도 세상의 출세치고 이같은 강화도령의 출세는 더 이상 그 유례를 찾을 수 없을 것이라고 말한다. 강화도에 숨어 살면서 나무하러 다니며 짚신 삼고 농사짓던 무식한 총각이 어느 날 갑자기 임금의 양자가 되면서 한 나라를 다스리는 백성의 아버지가 되었다는 사실은 놀라운 일이 아닐 수 없다.

물론 이렇게 되기까지에는 안동 김씨 일파의 계략이 있었다고 한다. 무식한 천애의 고아를 대려다가 껍데기 임금으로 앉혀 놓고 실제로는 기득권 세력이 되어 자기들이 궁궐과 나라를 다스리려는 안동 김씨의 계략이 있었다고 한다. 그러나 강화도령 이원범이 갑자기 헌종의 양자로 신분이 변화된 것은 그의 영광인 것처럼, 죄인이었던 사람들이 모두 하나님의 양자로, 신분

| 관계 |

이 변화된 것은 크신 하나님의 사랑과 은혜 가운데서 이루어졌다는 사실을 깨우쳐 주고 있다.

관계의 언어

기독교 교육에 큰 공헌을 한 하웨(Howe)는 인간에게 깊은 감화와 감명을 주는 것은 '입을 통해 토해 내는 말의 언어'(Language of Relationship)라는 주장했다. 물론 옛말에 "말 한마디로 천량 빚을 갚는다."는 말이 있듯이 말을 잘하는 것도 중요하지만 아무런 실천과 행동 없이 말만 잘하는 것도 결코 유익한 일이 아니다.

그러므로 성도의 생활은 말보다는 '사랑과 실천의 관계'로 언어를 삼아 참 인간관계를 형성해 나가는 생활이 되어야 할 것임을 깨우쳐 주고 있다.

| 관계 |

사도 바울의 교우 정신

'이웃사촌'이라는 말이 있듯이 이웃과 친구는 멀리 떨어져 사는 친척보다도 더 가깝고 귀하다는 사실을 가르쳐 주고 있다. 사도 바울의 교우관계를 볼 때에 그가 친구를 사귀고 이해하는 바탕을 그리스도 안에서 한 형제자매라는 의식을 갖고 친구를 사귀었으며 또한 바울이 생각했던 친구는 하나님께서 주신 귀중한 선물이라는 생각을 갖고 친구를 대했다고 볼 수 있다.

또한 바울은 오랜 훈련과 봉사를 통해 터득한 섬기는 마음을 갖고 아주 진지하게 친구를 대하였을 뿐 아니라 가능성과 기대 속에서 친구를 사귀었다. 바울은 이런 교우정신을 가졌기 때문에 가는 곳마다 많은 봉사자와 친구가 따랐음을 알게 된다. 이 같은 바울의 교우 정신은 우리의 삶에 있어서는 친구를 사귀고 이해하는데 귀한 모델이 될 것으로 믿는다.

| 관계 |

전권대사

로마(Rome)역사에 따르면 그 당시 '주'(主)라는 개념에는 몇 종류로 나눠 생각할 수 있다. 하나는 중추원이 직접 다스리는 주가 있고 또 하나는 황제가 직접 다스리는 주가 있었다.

그런데 황제가 직접 다스리는 주에는 황제를 대신하여 위탁된 관리인 한 사람이 그곳에 나가 통치를 했다. 그런데 이 위탁된 관리인을 대사라고 불렀다. 성서학자인 윌리암 바클레이(William Barclay)에 의하면 사도 바울은 바로 이런 로마의 정치 형태에서 아이디어(Idea)를 얻어 성도들을 대사로 불렀다.

성도는 어떤 다른 의미의 대사라기보다는 '화해의 대사'라는 사실을 강조하고 있다고 볼 수 있다.

대사라는 말을 주의 개념 이외에 또 다른 조명에서 보면, 로마는 전쟁을 해 승리하면 승리하는 대로 식민지를 확장시켜 나갔다. 이때에 중추원에서는 새로 점령한 지역에 10명의 대표단을 파견했다. 물론 이 10명의 대표단 속에는 전쟁을 승리로 이끈 전승 장군도 포함 시켰다. 그런데 열 사람의 대표들이 패전국에 가서 항복문서에 도장을 받고 또 로마의 새 식민지로 들어오는데 따른 규정도 초안하고 새 식민지로 들어오는 지역도 설정했다. 이들 로마의 중추원이 파견한 열 사람을 가리켜 또한 대사라고 불렀다. 이 경우 대사의 역할은 '데리고 들어오는 것'으로써 한 식민지를 로마제국의 영역으로 대리고 들어온다는 사실을 말한다.

그리스도의 종 사도 바울이 성도들을 가리켜 '하나님의 전권대사'로 지칭한 그 뜻과 역할을 연결 지어 깨닫게 해 주고 있다.

| 관계 | 관련 성경 구절 |

그리스도들이 서로 가져야 할 자세

1) 서로 짐을 지라
- **갈 6:2** 너희가 짐을 서로 지라 그리하여 그리스도의 법을 성취하라
- **딤전 6:18** 선한 일을 행하고 선한 사업에 부하고 나눠주기를 좋아하며 동정하는 자가 되게 하라
- **딤전 6:19** 이것이 장래에 자기를 위하여 좋은 터를 쌓아 참된 생명을 취하는 것이니라
- **롬 15:1** 우리 강한 자가 마땅히 연약한 자의 약점을 담당하고 자기를 기쁘게 하지 아니할 것이라
- **살전 5:14** 또 형제들아 너희를 권면하노니 규모 없는 자들을 권계하며 마음이 약한 자들을 안위하고 힘이 없는 자들을 붙들어 주며 모든 사람을 대하여 오래 참으라

2) 그리스도인들은 서로 사랑해야 합니다
- **벧전 4:7** 만물의 마지막이 가까왔으니 그러므로 너희는 정신을 차리고 근신하여 기도하라
- **벧전 4:8** 무엇보다도 열심으로 서로 사랑할찌니 사랑은 허다한 죄를 덮느니라
- **신 10:9** 그러므로 레위는 그 형제 중에 분깃이 없으며 기업이 없고 네 하나님 여호와께서 그에게 말씀하심 같이 여호와가 그의 기업이시니라
- **요 13:35** 너희가 서로 사랑하면 이로써 모든 사람이 너희가 내 제자인줄 알리라
- **살전 3:12** 또 주께서 우리가 너희를 사랑함과 같이 너희도 피차간과 모든 사람에 대한 사랑이 더욱 많아 넘치게 하사
- **요일 4:20** 누구든지 하나님을 사랑하노라 하고 그 형제를 미워하면 이는 거짓말하는 자니 보는 바 그 형제를 사랑치 아니하는 자가 보지 못하는 바 하나님을 사랑할 수 없느니라

3) 그리스도인들은 서로 덕을 세워야 합니다
- **살전 5:10** 예수께서 우리를 위하여 죽으사 우리로 하여금 깨든지 자든지 자기와 함께 살게 하려 하셨느니라
- **살전 5:11** 그러므로 피차 권면하고 피차 덕 세우기를 너희가 하는것 같이하라
- **롬 15:2** 우리 각 사람이 이웃을 기쁘게 하되 선을 이루고 덕을 세우도록할찌니라
- **벧후 1:5** 이러므로 너희가 더욱 힘써 너희 믿음에 덕을 덕에,지식을,
- **벧후 1:6** 지식에 절제를 절제에,인내를,인내에 경건을,
- **벧후 1:7** 경건에 형제 우애를,형제 우애에 사랑을 공급하라
- **고전 14:4** 방언을 말하는 자는 자기의 덕을 세우고 예언하는 자는 교회의 덕을 세우나니
- **갈 4:18** 좋은 일에 대하여 열심으로 사모함을 받음은 내가 너희를 대하였을 때뿐 아니라 언제든지 좋으니라
- **빌 4:9** 너희는 내게 배우고 받고 듣고 본 바를 행하라 그리하면 평강의 하나님이 너희와 함께 계시리라

| 교육 |

윤리적이고 신앙적인 결단

유니온(union) 신학교의 학장이었던 쉴리버가 새 책을 발간하였는데 그 책의 이름은 '현대도시에 희망이 있느냐?' 라는 책이었다.

이 책은 저자가 성서적인 근거에서 진지하게 연구한 역작이었다. 그런데 저자는 이 책의 결론에서 현대 도시가 생생하게 생성되기 위해서는 윤리적 결단과 성서적인 신앙결단이 필요한데 윤리적 결단으로써는 인간이 이웃을 사랑하는 훈련을 진행시켜야 하며 성서적 신앙결단의 차원에서는 인간이 하나님으로 꽉 채우는 훈련이 진행되었을 때에만 현대도시는 희망이 있을 뿐이며 그렇지 못하였을 때에는 또 다른 '소돔과 고모라' 가 될 것임을 강조하였다.

오늘을 사는 우리에게 진정으로 필요한 것은 이웃을 사랑하고 또 하나님으로 내 가치를 채우는 훈련과 결단이다.

| 교육 |

늘려놓은 고무줄

　기독교 교육학자인 하워(Howe)는 인간은 마치 고무줄을 늘려 놓은 것 같은 존재라고 말했다. 고무줄의 양쪽 끝은 두 손으로 잡고 팽팽하게 잡아 늘리면 아주 곧고 깨끗하게 보인다. 그러나 고무줄을 잡아 당겼던 두을 놓으면, 잡아 당겨 늘려낸 것만큼, 구심점을 향하여 강한 속도와 강력한 힘으로 고무줄은 되돌아가는 것처럼 인간은 교육이나 체면, 그리고 도덕이라는 것으로 팽팽하고 곧게 늘려놓은 것과 똑같다고 하워는 풍자적으로 말했던 것이다.
　그러므로 팽팽하고 곧게 잡아 늘린 손을 놓으면 인간은 교육이나 체면, 그리고 도덕과 같은 겉치장을 집어 던지고 인간의 욕구와 욕망이 판을 치는 원심력으로 달아나려는 경향을 갖는다고 말했다.
　이는 우리 인간은 하나님의 영이 지배하는 인격으로 훈련되어야 함을 잘 가르쳐 주고 있다.

| 교육 |

자녀들에게 많이 사용하는 말

오랫동안 가정 문제를 연구한 홀브루크(Holbrook)부부가 연구한 결과에 따르면 부모들이 자녀들에게 제일 많이 사용하는 말들은; 1)피곤하다. 2)돈이 없다. 그리고 3)조용하라… 등의 순서로 나타나 있다고 한다. 그러니까 "현대인은 피곤하다는 핑계로 봉사와 활동을 피하고 있으며 또 돈이 없다는 핑계로 선행이나 돕는 일을 피하고 있다고 한다. 그리고 시끄럽다는 이유로 하나님의 공의에 대한 교육이나 관심을 회피하고 있기 때문에 아무것도 없는 쓸쓸한 삶이 유지되고 있다"라고 홀브루크부부는 꼬집고 있다고 한다. 성도의 삶에 깊은 깨우침을 주고 있다.

| 교육 |

도시화가 가져오는 여러 문제들

오래 전에 시카고(Chicago)에 있는 모 텔레비전 방송국에서는 시내 곳곳에 흩어져 말썽을 부리는 갱(Gang)문제를 특집으로 보도 하면서 결혼에서 갱의 방지에 대해 다음과 같이 언급하였다.

첫째, 강력한 가족제도의 확립과 둘째, 좋은 교육의 문제 그리고 셋째, 훌륭한 직장문제가 선결되어야함을 강조했다.

역시 인간에게 있어 가정과 교육, 그리고 보람된 직장 등은 중요하다는 사실을 깨닫게 된다.

용기와 칭찬을 주는 말

과학자의 믿을만한 시험에 따르면, 피곤하고 지친 어린 아이에게 칭찬의 말을 해 주었더니 시험기의 숫치가 올라갔다고 한다. 그러나 반대로 지친 어린 아이에게 비판하고 야단치는 말을 하였더니 시험기의 숫자가 내려갔다고 한다.

즉 인간은 칭찬을 받을 때에는 삶의 활력이 상승하지만 그 반대로 비난과 욕을 받을 때에는 삶의 활력이 저하된다는 사실을 발견하였다.

우리는 늘 다른 사람에게 칭찬과 용기와 격려를 주면서 살아가는 긍정적 삶의 태도를 갖도록 깨우쳐 주고 있다.

| 교육 |

강점과 약점을 갖고

오늘날 개는 가축 가운데 제일 많은 사랑을 받고 있다. 그런데 개를 키우는데 취미와 깊은 관심을 갖은 분들에 따르면, 독일개로 우리가 흔히 부르는 세퍼트라는 개는 훈련을 시켜놓으면 충성스럽고 용감스러울 뿐 아니라 강하고 잘 싸워 참으로 좋다고 한다. 그러므로 이 개는 전쟁 때 전투에서 많이 사용되고 있다. 그러나 반면에 약점도 있는데 누구든지 한번 개의 목, 고삐를 잡으면 그에게 충성하고 순종하는 것이다.

똑같은 조명에서 우리가 맹목적인 열정만 갖고 여기에 충성하고 또 저기에 충성하는 동시에 또 여기에 순종하고 저기에도 순종하는 우를 범하지 말아야 할 것을 깨닫게 해 준다.

일찍이 야고보서는 "너희 중에 누구든지 지혜가 부족하거든 모든 사람에게 후히 주시고 꾸짖지 아니하시는 하나님께 구하라. 그리하면 주시리라."고 우리에게 교훈하고 있다. 오직 하나님의 뜻에 순종하는 훈련이 우리에게 요구되는 것을 다시 새길 필요가 있다.

| 교육 | 관련 성경 구절 |

- **디모데후서 3:16**
  모든 성경은 하나님의 감동으로 된 것으로 교훈과 책망과 바르게 함과 의로 교육하기에 유익하니

- **잠언 1:3**
  교육으로 사람을 깨우쳐 무엇이 옳고 바르며 떳떳한지 헤아리게 하려는 것이다.

- **잠언 15:33**
  교육을 받아 지혜를 얻으면 야훼를 경외하게 된다. 겸손을 배우면 영광이 뒤따른다.

- **잠언 10:21**
  의인의 입술은 여러 사람을 교육하나 미련한 자는 지식이 없으므로 죽느니라

- **사도행전 22:3**
  "나는 유다인입니다. 나기는 길리기아의 다르소에서 났지만 바로 이 예루살렘에서 자랐고 가믈리엘 선생 아래에서 우리의 조상이 전해 준 율법에 대해서 엄격한 교육을 받았습니다. 그리고 내가 하느님을 공경하던 열성은 오늘 이 자리에 모인 여러분의 열성에 결코 못지않았습니다."

- **열왕기하 10:5**
  궁내 대신과 부윤과 장로들과 왕자를 교육하는 자들이 예후에게 말을 전하여 가로되 우리는 당신의 종이라 무릇 명하는 것을 우리가 행하고 아무 사람이든지 왕으로 세우지 아니하리니 당신의 소견에 좋은대로 행하라 한지라

- **에베소서 6:4**
  어버이들은 자녀의 마음에 상처를 입히지 말고 주님의 정신으로 교육하고 훈계하며 잘 기르십시오.

- **잠언 1:2**
  이것은 사람을 교육하여 지혜를 깨치게 하고 슬기로운 가르침을 깨닫게 하려는 것이요

| 습관 |

어리석은 전갈

전갈은 쏘기를 좋아한다. 어느 날 산불이 나서 도망쳐 나가야 할텐데 도저히 도망쳐 나갈 방법이 생각나지 않아 고심하던 중에 가만히 보니 저쪽 강에서 개구리 한 마리가 헤엄쳐 가는 것이다. 전갈은 '옳지, 개구리에게 사정을 하여 개구리의 등에 업혀 이강을 건너 저쪽의 야산으로 도망치면 좋겠다' 고 생각했다.

전갈은 개구리를 불러 자기를 등에 태우고 강을 건너가 달라고 시점을 하였다. 지금 이쪽에는 산불이 타 들어오고 있기 때문에 빨리 도망쳐 나가야 하는 아주 긴급한 상황에서 전갈은 개구리에게 사정을 하지 않을 수 없었다. 이때 개구리는 "전갈아 너는 쏘고 찌르는 가시를 가지고 있는데 내 등에 업힌 다음에 네 침으로 자꾸 나를 찌르고 쏘면 어떻게 하느냐? 혹시 내가 죽게 될지도 모르는 그런 위험한 모험을 내가 왜 하느냐"라고 전갈에게 말하였다.

이에 전갈은 "만약 내가 너를 등에서 쏘면, 개구리, 너는 물론 죽게 되고 네가 죽으면 또 나도 죽게 되는데 내가 왜 너를 쏘겠느냐?" 그런 어리석은 일을 내가 왜 하겠느냐?"라고 항변했다.

개구리가 가만히 생각해 보니 "사실이 그렇다! 그래서 개구리는 전갈을 자기의 등에 태우고 헤엄쳐 강을 건너가고 있었다. 그런데 개구리의 등이 갑자기 따끔해서 가만히 생각하니 전갈이란 놈이 약속을 깨뜨리고 자기의 등 뒤에서 한방을 쏘아대는 것이었다. 그래서 개구리는 전갈에게 "왜 약속을 어기고 쏘느냐"고 항의를 하였다. 그때 전갈은 안타까운 표정으로 "아, 나도 모르겠다. 쏘는 것이 습관이기 때문에 너를 쏘면 내가 죽는 줄도 모르고 너를 죽이고 또 내가 죽을 짓을 하였구나!' 라고 탄식했으나 이미 개구리가 죽어가고 자신도 점점 물속으로 빠져들고 있었다. 전갈은 자신의 습관 때문으

| 습관 |

로 죽음으로 초대된 것이다.
　우리 인간도 알게 모르게 자기가 죽는 줄도 모르고 구습과 죄의 길에 다시 들어설 때가 많기 때문에 늘 경계하고 조심하면서 새 습관 새사람으로 바르게 살아야 할 것이다.

콩알을 쫓아가는 돼지

　아일랜드(Ireland)의 한 도시 중심지를 큰 돼지 한 마리가 혼자서 아장아장 걸어가고 있었다. 가만히 살펴보니 그 돼지는 혼자 걸어가고 있는 것이 아니라 한 중년신사의 뒤를 계속 쫓아가고 있는 것이었다고 한다. 너무 신기하게 생각한 나머지 앞서가는 중년 신사에게 한 사람이 달려가 "왜 돼지가 그를 쫓아가고 있느냐!"고 그 이유를 물었다.
　그런데 이 중년 신사의 대답이 퍽 인상적이었다고 한다. "원래 돼지는 콩알을 좋아하는데 내 주머니 속에는 콩이 가득 들어있습니다. 지금 나는 내 주머니 속에서 한 알씩 한 알씩 땅에 떨어뜨리면서 앞서 가고 있는 중이며 돼지는 그 낱 콩알을 주어먹는 재미로 졸졸 나를 따라오고 있을 뿐입니다. 그런데 사실은 이 돼지는 도살장을 향해 가고 있는 중입니다"라고 대답을 한 것이다
　우리의 삶이 눈앞에 떨어지는 낱 콩알을 주어 먹듯이 현실에만 취하여 사는 삶을 살고 있지 않는지 되돌아보게 하여 준다.

| 습관 |

내일로 미루는 현대인의 약점

악마가 되기 위하여 공부 중에 있는 견습생 세 사람이 견습생의 딱지를 떼기 위하여 어느 날 이 세상에 나타나 세 사람의 견습생이 똑같이 사탄(Satan)을 만나게 되었다. 이들은 "어떻게 하면 이 세상에 사는 사람들을 유혹하여 넘어뜨릴 수 있을까?"라는 문제를 갖고 사탄과 함께 의논을 하게 되었다.

이때 첫 번째 악마 견습생은 "나는 이 세상 사람들에게 하나님께서는 계시지 않다고 설득하여 사람들을 넘어뜨리겠다."라고 자기의 계획을 사탄에게 말하였다. 그러자 사탄은 "그런 말 가지고는 많은 사람들을 넘어뜨릴 수 없다. 왜냐면 세상 사람들은 이미 하나님께서 계시다는 사실을 알고 있기 때문이다."라고 반응을 보였다.

그때 두 번째 악마 견습생은 "나는 세상 사람들에게 지옥은 존재하지 않는다고 설득하여 넘어뜨리겠다."고 자기의 계획을 자랑스럽게 말하였다. 그러자 사탄은 "그런 말 가지고도 결코 많은 사람들을 넘어뜨릴 수 없다. 왜냐하면 많은 사람들은 이미 죄를 지으면 지옥에 간다는 사실을 알고 있기 때문이다"라고 응답했다.

이번에는 세 번째 악마 견습생이 "나는 세상 사람들에게 만사를 서둘지 말라. 너에게는 내일도 있고 또 다음날도 있으니 천천히 하자"라고 유혹하여 넘어뜨리겠다고 '사탄'에게 말하였다.

이 말을 들은 사탄은 "너는 가라! 그리고 그렇게 하라, 너는 많은 사람들을 넘어뜨릴 수 있을 것이다."라고 세 번째 견습생의 기지를 격려하였다고 한다. 과연 인간이 내일이라는 함정에 빠져 그 여정이 잘못될 수 있음을 깨닫게 된다.

| 습관 |

이른 새가 벌레를 먹는다

서양의 속담 중에 "이른 새가 벌레를 먹는다(The early bird catches)."라는 말이 있다. 여름에 일찍 일어나 보면 밤새 나와서 활동하던 벌레들이 아침이 되도록 자기들의 자리로 되돌아가지 못하고 있는 것을 많이 보는 경우가 있다. 이런 벌레들은 대개 아침 일찍 일어난 새들의 먹이가 되기 마련이다. 그래서 아침 일찍이 일어난 새들은 제자리로 미처 되돌아가지 못한 벌레들을 신나게 찾아 포식하게 된다. 그러므로 잠언서는 양털과 삼을 구하여 부지런히 손으로 일하라(잠31:13)고 부지런한 아내 상을 가르쳐 주고 있다.

| 습관 |

링컨의 거룩한 습관 세 가지

　미국의 중북부에 위치한 일리노이(Illinois) 주는 아브라함 링컨(Abraham Lincoln) 대통령이 일찍이 활동했던 고장으로 그 명성이 높다. 그래서 일리노이 주를 가리켜 '링컨의 고장' 이라고 부르기도 한다.
　링컨은 일찍이 건실한 삶을 사는 자에게는 세 가지의 거룩한 습관을 갖추었다고 한다. 링컨은 건실한 삶을 사는 자가 갖는 중요한 요건 가운데 첫째는 거짓 없는, 아주 깨끗한 생활이며, 둘째는 곁눈 팔지 않고 열심히 일하는 생활이고 셋째는 하나님을 믿는 신앙생활이라고 말하였다고 한다.
　그렇기 때문에 링컨은 늘 기도와 헌신의 생활의 습과에 배인 것이다. 여기서 역시 하나님을 믿고 의지하는 건실한 성도는 구원의 주님이신 우리 하나님을 향하여 깨끗하고 열심 있는 믿음의 결정체를 이루어 나가야 할 것이다.

| 습관 |

노래하는 인생

한때 모 신문에 연재되었던 '기인전'(奇人傳)이 있었다. 이 '기인전'은 많은 독자들의 흥미와 인기를 끌었었다. 그런데 어느 날 충청남도 논산에서 출생한 명인 윤석준이 엿장수 인생으로 전국을 누비는 엿장수였다. 그러니까 이 사람의 삶 전체는 본인이 읊어내는 노래 속에 함축되어 있다는 사실이다.

그렇기 때문에 달리 출세할 수 있는 기회가 있었는데도 불구하고 그 인생의 습관대로 엿 손수레를 밀고 전국을 누비면서 엿장수 인생으로, 아니 노래하는 인생으로 유전했다.

똑같은 조명에서 성도의 삶 속에는 주님의 말씀으로, 그리고 그 말씀을 실천하는 거룩한 습관으로 모범적인 삶이 되어야 함을 깨우쳐 주고 있다.

| 습관 |

두 가능성

　탈무드에 나오는 이야기 가운데 두 광대의 이야기가 있다.
　어느 날 임금이 궁중의 두 광대를 불렀다. 임금은 한 광대에게는 "이 세상에서 가장 훌륭한 것을 구하여 가지고 오라"고 말하였으며 또 다른 광대에게는 "이 세상에서 가장 악한 것을 구하여 가지고 오라"고 말했다.
　임금의 명령을 받은 두 광대는 오랫동안 곰곰이 생각하면서 찾아다녔다고 한다. 마침내 두 광대는 상자를 각각 하나씩 가지고 임금 앞에 나타났다.
　시므온이라는 광대가 먼저 임금 앞으로 나가 큰절을 하고 상자를 내놓으며 "세상에서 가장 훌륭한 것을 구해왔으니 보시옵소서."라고 말했다. 그 상자를 임금께서 열어보니 그 상자 속에는 사람의 '큰 혀'가 들어있었다. 이것을 본 요한이라는 광대는 낄낄 웃으며 자기의 상자를 임금에게 바치면서 "폐하! 가장 악한 것을 구하여 왔나이다"라고 말했다. '요한' 광대의 상자를 받아 열어보았더니 그 상자 속에는 역시 사람의 큰 혀가 들어있었다고 한다.
　그러니까 '사람의 혀'는 이 세상에서 제일 훌륭한 혀가 될 수도 있지만 동시에 혀 놀림 여하에 따라서는 이 세상에서 제일 악한 사람의 혀가 될 가능성을 가졌음을 가르쳐 주고 있다.
　야고보의 말처럼 한 우물에서 단물과 쓴물을 낼 수 없듯이 우리의 혀 놀림을 조심하여야 할 것이다.
　"한입으로 찬송과 저주가 나는 도다 내 형제들아 이것이 마땅치 아니하니라 샘이 한 구멍으로 어찌 단물과 쓴물을 내겠느뇨?"(야고보서 3장 10-11절)

| **습관** | 관련 성경 구절 |

- **삼상 27:11**
다윗이 그 남녀를 살려서 가드로 데려가지 아니한 것은 그의 생각에 그들이 우리에게 대하여 이르기를 다윗이 행한 일이 이러하니라 하여 블레셋 사람들의 지방에 거주하는 동안에 이같이 행하는 습관이 있었다 할까 두려워함이었더라

- **렘 22:21**
네가 평안할 때에 내가 네게 말하였으나 네 말이 나는 듣지 아니하리라 하였나니 네가 어려서부터 내 목소리를 청종하지 아니함이 네 습관이라

- **렘 49:12**
여호와께서 이와 같이 말씀하시니라 보라 술잔을 마시는 습관이 없는 자도 반드시 마시겠거든 네가 형벌을 온전히 면하겠느냐 면하지 못하리니 너는 반드시 마시리라

- **눅 22:39**
예수께서 나가사 습관을 따라 감람 산에 가시매 제자들도 따라갔더니

- **고전 8:7**
그러나 이 지식은 모든 사람에게 있는 것은 아니므로 어떤 이들은 지금까지 우상에 대한 습관이 있어 우상의 제물로 알고 먹는 고로 그들의 양심이 약하여지고 더러워지느니라

- **히 10:25**
모이기를 폐하는 어떤 사람들의 습관과 같이 하지 말고 오직 권하여 그 날이 가까움을 볼수록 더욱 그리하자

- **엡 4:22**
너희는 유혹의 욕심을 따라 썩어져 가는 구습을 따르는 옛 사람을 벗어 버리고

| 욕망 |

하루 종일 걷다가 죽은 농부

톨스토이(Tolstoy)의 작품 가운데 소작하는 농부의 욕심에 대한 이야기가 있다. 주인공이 되는 농부는 신의 땅을 가져보는 것이 평생의 소원이었다.

그러던 어느 날 지주가 이 소작인을 불러 "내일 이른 새벽 해뜰 때부터 시작하여 해가 지는 저녁까지 종일 걷고 또 걸은 그 범위의 땅을 모두 소작인에게 주겠다는 약속을 하였다. 평생 자기 자신의 땅을 소유하기 원하였던 소작인의 입장에서는 한 발자국이라도 더 걸어야 하고 또 한걸음이라도 더 멀리 걸어야 할 입장이었다고 한다.

실제로 이 가난한 소작인은 그 다음날 이른 새벽에 해가 뜨자마자 걷기 시작하여 식사하는 것도 생략한 채 열심히 온 종일 걷기만 하였다. 그런데 이 소작인은 저녁에 해가 서산에 지기 전까지 한 걸음이라도 더 걷기 위하여 지나칠 정도로 애를 쓰다가 결국에는 너무 탈진하여 쓰러져 회생하지 못한 채 이 욕심 많은 농부는 그만 세상을 떠나고 말았다고 한다.

그런데 이 가난한 농부를 장례 지내던 날 묘역공사에 동원되었던 인부들은 "반 평의 땅이면 족한 것을…"이라고 말하면서 욕심 많은 소작인의 떠남을 아쉬워했다.

인간이 마지막 묻힐 땅은 반 평이면 족하기 때문에 탐심을 버리고 영혼의 문제를 잘 돌보아야 할 것이다.

| 욕망 |

기네스북에 오른 수전노

　미국의 한 마을에 살고 있던 어느 가난한 영감이 세상을 떠났다. 1930년대 미국의 경제불황이 가장 심하였던 때였다. 마을 사람들은 돈을 거두어 이 가난한 영감의 장례를 치러 주었다.
　이 영감이 얼마나 가난하였냐면 큰 아들이 당뇨병으로 고생을 많이 하였는데도 불구하고 치료비가 없어 병원에 한번도 가보지 못한 채 그냥 다리가 상하여 죽게 하였을 정도로 가난하였다.
　그러나 동네사람들의 생각으로는 이상스러운 일이 아닐수 없었다. 평소에 열심히 일하였던 영감이 왜 그토록 가난하였을까? 그런데 그 가난한 영감의 장례식을 마치고 집을 뒤져 보았더니 숨겨놓은 현금 뭉치가 쏟아져 나오는데 이것을 본 동리사람들은 입이 열린 채 닫지도 못하였다. 아마도 세계에서 현금뭉치를 이렇게 많이 쌓아 놓고 죽은 사람은 없었을 것이라고 한다.
　결국 이 영감은 최고로 현금을 많이 쌓아 놓았던 사람으로 기네스북에 이름이 올랐다. 현금을 많이 모아 놓고도 써보지 못한 채 죽고 말았으니 참으로 불쌍한 사람이 아닐 수 없다. 그런데 자기도 돈을 써보지 못한 채 죽었지만 자기의 아들도 당뇨병으로 다리가 상하여 죽게 하였으니 정말로 가련한 영감이라고 아니할 수 없는 것이다. 현대인은 이렇게 사용하라는 돈을 높이 쌓아놓은 채 섬기고 있으며 반대로 섬기라는 사람에 대해서는 이렇게 저렇게 평가를 저하시키면서 사용하고 있음을 한탄케 한다.

| 욕망 |

길 잃은 돌고래의 구조 작업

　알라스카 근해에까지 올라왔던 캘리포니아의 회색 돌고래 세 마리가 얼음에 갇혀 함께 얼어붙은 사건이 1988년에 발생하여 세계인들의 관심을 끈 적이 있었다.

　먹이를 구하러 알라스카까지 올라왔던 돌고래 세 마리는 얼음이 얼기 전에 빨리 남쪽으로 빠져 나갔어야만 했었다고 한다. 그러나 돌고래 세 마리는 어쩌다가 길을 잃었고 우물쭈물 하는 사이에 얼음이 꽁꽁 얼어버렸다. 이런 가련한 돌고래 3마리를 구제하는 인정어린 '알라스카' 어민들의 돌고래 구제작업이 막대한 비용을 드려 벌어졌었다. 알라스카의 어민들은 얼음을 쪼개는 배를 구 소련으로부터 빌려다가 얼음을 깨뜨리고 돌고래 3마리가 남쪽으로 내려갈 수 있도록 길을 터 주었다. 그러나 주민들의 인정어린 구조작업에도 불구하고 나이 어린 한 마리는 기어코 죽었으며 2마리만 살아서 알라스카의 추운 근해를 빠져 남쪽으로 내려갔다.

　돌고래 3마리가 먹이에 집착한 나머지 방향 감각을 상실한 채 길을 잃어버린 것처럼, 우리는 현실이나 순간의 이익에 집착하여 방향 감각을 잃고 좌초하는 일이 없어야 함을 깨닫게 하여 준다.

| 욕망 |

알렉산더 대왕 증후군

미국의 유명한 듀크(Duke)대학교에서 심리학을 가르치는 넬슨(Nelson)은 "우리에게는 인격적 하나님을 믿지 않는 경향이 있다. 왜냐면 '알렉산더 증후군' (Sundrome of Alexander the Great)때문이다"라고 말했다.

전하는 말에 따르면 알렉산더대왕은 세계 정복을 마치고 앉아서 한없이 펑펑 울었다고 한다. 그 이유는 이제부터는 자기가 정복할 세계가 더 이상 없었기 때문이었다고 한다. 성취감이라든지 공허감은 똑 같은 의미에서 함께 조심하여야 된다는 사실을 깨우쳐 주고 있다.

선택을 위한 세 가지 선물

존 멘스필드(John Mansfield)의 작품 중에 나오는 이야기 가운데 "나는 그대들의 선택을 위하여 3가지의 선물을 제공할 수 있다. 이들 3가지의 선물은 1)지혜, 2)권력, 3)영혼불멸(영생)들이다. 맴도는 별들을 즐겁게 할 수 있는 지혜냐?, 아니면 노래하는 별들을 맴돌게 할 수 있는 힘이냐? 혹은 죽음의 그대의 음성을 침묵시킬 수 없는 영원한 삶이냐? 나는 그대에게 어떤 것을 주랴? 그대는 선택하라! 지금 선택하라!" 이런 이야기가 나온다고 한다.

선택은 중요하다. 특별히 험준한 인생의 여로(Journey)에서 선택은 중요하다는 사실을 다시 한번 더 깨닫게 하여 준다.

| 욕망 |

물을 마시고 또 마시는 인생

옛날 로마(Rome)사람들이 즐겨 사용하는 속담 가운데 "돈은 마치 바닷물과 같다"라는 말이 있다. 바닷물 속에는 염분이 들어있기 때문에 사람이 바닷물을 한번 마시고 나오면 짜서 물을 마시고 또 마시고 자꾸 마시게 된다고 한다. 마찬 가지로 인간의 탐심이라는 것도 한이 없기 때문에 한번 돈을 벌어 돈 맛을 알고 나면, 즉 돈을 벌수록 돈에 대한 욕심이 끝없이 계속되기 때문에 마치 소금물을 마신 사람처럼 결코 탐심은 충족되지 않는다는 사실을 일깨워 주고 있다.

하나님의 형상대로 지음 받은 인간이 유심하여야 될 일임을 가르쳐 주고 있다.

| 욕망 |

싸이렌 섬의 유혹

옛날 희랍의 시인 호머(Homer)가 쓴 작품 가운데 아름다운 요녀들의 유혹에 대한 이야기를 다룬 작품이 있다. 희랍에는 크고 작은 여러 섬들이 많은데 그 가운데 사이렌(Siren)이라는 아주 요염한 여자들만 사는 섬이 있었다고 한다. 그런데 이 섬에 사는 여자들은 노래를 잘 불렀는데 특별히 사람을 유혹하는 노래를 잘 불러 그 노래를 들으려고 선부나 선객들이 이 섬 가까이 지나다가 유괴를 당하는 경우도 있었다. 한번 유괴를 당하면 유괴당한 그들은 그 섬에서 돈과 몸을 빼앗기고 망하여 제 각각 자기들의 집으로 되돌아가게 되었다.

그렇기 때문에 헬라 사람들은 누구든지 이 섬 근처를 지나려면 잔뜩 긴장하고 조심을 하지만 막상 노래가 흘러나오면 그 노래를 듣지 않을 수 없어 그 흘러나오는 노래를 듣던 중 유혹도 당하고 또 유괴도 당하게 되었다. 그런데 그때 '체이슨' 이라는 사람이 많은 제자와 함께 그 섬 근처를 통과하게 되는데 그는 어떻게 하면 제자들을 유혹에서 건져 무사히 항해에 성공할 수 있을까 깊이 생각을 하였다.

그 당시 헬라에서 거문고를 잘 타는 유명한 음악가가 있었다고 하는데 그의 이름은 '올시어드' 였다. 그런데 '체이슨' 은 거문고를 잘 타는 '올시어드' 를 초청하여 그와 함께 배를 타고 떠났다. 마침내 배가 사이렌 섬에 가까이 이르렀을 때 체이슨은 거문고를 잘 타는 시어드에게 거문고를 계속 타도록 부탁하였으며 선원들은 모두 올시어드가 타는 아름다운 거문고의 선율에 깊이 심취되었다.

비록 사이렌 섬의 많은 미녀들이 나와서 노래하고 떠들었지만 체이슨의 선원들과 제자들은 모두 유혹의 노래는 듣지도 않았으며 오직 올시어드의 아름다운 거문고 소리만을 감상하면서 무사히 그 유혹과 함전의 섬 근처를

| 욕망 |

통과하였다.
 이 이야기에서 우리들의 영혼에 기쁘고 참된 노래가 있을 때, 우상과 죄악의 유혹과 침범을 막을 수 있다는 사실을 깨달을 수 있다.

여덟 번째 결혼 경비

 미모의 여자 배우로 잘 알려진 엘리자베스 테일러(Elizabeth Taylor)의 여덟 번째 결혼 경비가 발표돼 화제를 모았다.
 그녀 측근의 발표에 따르면 결혼식을 위해 사용된 꽃값만 15만 달러였으며 결혼식 케이크는 8천 달러가 소요되었다. 그리고 결혼식 하객들을 대접하는 일과 음식을 위해서는 25만 달러가 소요되었다.
 전능하신 우리 하나님께서 주신 물질의 축복을 가지고 선한 일과 하나님 나라의 확장을 위하여, 그리고 하나님의 공의를 이 땅위에 실현시키는 일을 위하여 바르고 값지게 사용하는 자세야말로 참으로 귀하고 귀하다는 사실을 깨우쳐 주고 있다.

| 욕망 |

포도원에 들어간 여우

유대 사람들이 탐독하는 '탈무드' 속에 나오는 이야기 가운데 포도원에 들어간 여우에 대한 이야기 한 토막이 있다. 여우 한 마리가 포도원의 주변을 서성거리면서 어떻게 하면 저 포도원 안으로 들어가 잘 익은 포도를 마음껏 따먹고 나올 수 있을까"하고 곰곰이 생각했다.

그런데 불행스럽게도 포도원 주변에는 뾰족뾰족한 가시 울타리가 쳐져 있었기 때문에 여우는 가시 울타리를 통과하여 포도원 안으로 쑥 들어갈 수 없었다. 생각하고 또 생각하던 여우는 포도원 안으로 쑥 들어갈 수 있는 묘책을 마침내 찾아냈다. 여우는 3일 동안 굶기로 했다. 그 결과 여우의 몸을 많이 여위어졌기 때문에 울타리 사이의 틈새를 통과하여 포도원 안으로 쉽게 들어갈 수 있었다.

포도원 안으로 들어간 여우는 포도를 실컷 많이 따 먹었다고 한다. 아주 포식한 여우는 그 다음이 문제였다고 한다. 포식한 여우는 이제 포도원 안에서부터 밖으로 빠져나와야 하겠는데 포도를 따 먹고 아주 포식했기 때문에 뚱뚱해 졌으니 울타리 틈새를 통과하여 포도원 밖으로 빠져 나올 도리가 없었다.

그래서 여우는 다시 3일 동안을 굶을 수밖에 없었다. 3일을 굶은 여우는 아주 홀쭉한 몸이 되었기 때문에 쉽게 울타리의 틈새를 빠져 나오면서 "결국 내 뱃속을 들어갈 때와 나올 때가 똑 같구나"라고 탄식했다는 이야기다.

사람도 알몸으로 이 세상에 와 얼마동안 살 후 하나님의 부르심에 따라 떠나 갈 때는 역시 이 세상에 올 때와 똑같은 알몸으로 간다는 사실에 주목해야 한다.

| 욕망 |

어리석은 부자 영감

어느 부자집 주인이 하인에게 지팡이를 주면서 "만약 자네보다 더 어리석은 사람을 찾으면 이 지팡이를 그 사람에게 주게"라고 말하였다. 이 지팡이를 받은 하인은 아무리 생각해 보아도 자기보다 더 배우고 자기보다 더 어리석으며 또 자기보다 더 못난 사람을 찾을 수 없다고 판단을 하였다. 그래서 하인은 주인의 지팡이를 아무에게도 주지 못한 채 계속 어리석은 사람을 찾고 있었다.

그런데 어느 날 주인이 갑자기 병에 걸려 활동할 수 없었기 때문에 침상에 누워 세월을 보내게 되었다. 그에게 하인은 달려가 주인을 문병하면서 "주인께서 이렇게 편찮아 누워계시면 어떻게 합니까?"하고 큰 걱정을 하였다고 한다. 이에 대하여 주인은 아주 담담하게 "별수 있나! 이러다가 때가 되면 죽는 것이지!"라고 말하였다. 깜작 놀란 하인은 계속하여 "아니, 주인께서 죽으시면 대궐 같은 이 집은 어떻게 되고 문전옥답의 귀한 전답들은 어떻게 되는 것이며 또 이 아름다운 보화는 모두 어떻게 되는 것입니까?"라고 물었다. 그때에 주인은 다시 "그런 것들은 내가 모두 놓아두고 죽는 것이지, 내가 어떻게 그런 것들을 다 가지고 죽겠느냐?" 라고 대답하면서 되물었다.

이 대답을 듣고 있던 하인의 머릿속에는 번뜩 스치는 것이 있었으니 '아하! 이 주인이야말로 이 세상에서 제일 어리석은 사람이구나!' 라는 생각이 들었다. '아니! 죽을 때 하나도 가지고 갈수가 없는데 왜 자기만 위하여 사는 것일까? 왜 자기만 위하라고 하인을 못살게 굴고 왜 자기만 높이라고 하인을 못살게 굴까? 결국은 죽는 것이며, 죽을 때에 아무것도 가지고 갈수 없는데…' 그래서 하인은 가장 어리석은 사람에게 전해 주라는 주인의 지팡이를 바로 자기의 주인에게 되돌려 주었다.

성도의 과제는 겸손한 가운데 불쌍하고 가난하고 병든 사람들 즉 다른

| 욕망 |

사람을 섬기는 일에 힘써야 할 것을 교훈하는 이야기다.

인간적 풍요를 거부하는 삶

 유명한 언론가였던 월터 리프만(Walter Liptman)은 "모든 위대한 종교, 혹은 아리스토텔레스(Aristotle)로부터 버나드 쇼(Bernard Shaw)에 이르는 모든 도덕적 철학이 가르쳐 주는 것은 다른 것이 아니라 진정한 행복, 진정한 풍요라는 것은 인간적인 욕망을, 즉 인간적인 풍요를 거부하는 것이다."라고 말했다. 더욱 구체적으로 사도 바울은 땅의 것과 육욕을 추구하지 말 것을 가르쳤다. 성경은 '그러므로 땅에 있는 지체를 죽이라 곧 음란과 부정과 사욕과 악한 정욕과 탐심이니 탐심은 우상 숭배니라 이것들을 인하여 하나님의 진노가 임하느니라.' (골로새 2:5)라고 말씀하고 있다.

| 욕망 | 관련 성경 구절 |

- **민 15:39**
  이 술은 너희로 보고 여호와의 모든 계명을 기억하여 준행하고 너희로 방종케 하는 자기의 마음과 눈의 욕심을 좇지 않게 하기 위함이라

- **시 78:30**
  저희가 그 욕심에서 떠나지 아니하고 저희 식물이 아직 그 입에 있을 때에

- **시 106:14**
  광야에서 욕심을 크게 발하며 사막에서 하나님을 시험하였도다

- **렘 3:5**
  노를 한 없이 계속하시겠으며 끝까지 두시겠나이까 하지 않겠느냐 보라 네가 이같이 말하여도 악을 행하여 네 욕심을 이루었느니라 하시니라

- **렘 49:9**
  포도를 거두는 자들이 네게 이르면 약간의 열매도 남기지 아니하겠고 밤에 도적이 오면 그 욕심이 차기까지 멸하느니라

- **합 2:5**
  그는 술을 즐기며 궤휼하며 교만하여 가만히 있지 아니하고 그 욕심을 음부처럼 넓히며 또 그는 사망 같아서 족한 줄을 모르고 자기에게로 만국을 모으며 만민을 모으나니

- **막 4:19**
  세상의 염려와 재리의 유혹과 기타 욕심이 들어와 말씀을 막아 결실치 못하게 되는 자요

- **요 8:44**
  너희는 너희 아비 마귀에게서 났으니 너희 아비의 욕심을 너희도 행하고자 하느니라 저는 처음부터 살인한 자요 진리가 그 속에 없으므로 진리에 서지 못하고 거짓을 말할 때마다 제 것으로 말하나니 이는 저가 거짓말장이요 거짓의 아비가 되었음이니라

- **롬 1:26**
  이를 인하여 하나님께서 저희를 부끄러운 욕심에 내어버려 두셨으니 곧 저희 여인들도 순리대로 쓸 것을 바꾸어 역리로 쓰며

- **갈 5:16**
  내가 이르노니 너희는 성령을 좇아 행하라 그리하면 육체의 욕심을 이루지 아니하리라

- **갈 5:24**
  그리스도 예수의 사람들은 육체와 함께 그 정과 욕심을 십자가에 못박았느니라

- **엡 2:3**
  전에는 우리도 다 그 가운데서 우리 육체의 욕심을 따라 지내며 육체와 마음의 원하는 것을 하여 다른 이들과 같이 본질상 진노의 자녀이었더니

- **엡 4:19**
  저희가 감각 없는 자 되어 자신을 방탕에 방임하여 모든 더러운 것을 욕심으로 행하되

- **엡 4:22**
  너희는 유혹의 욕심을 따라 썩어져 가는 구습을 좇는 옛 사람을 벗어버리고

- **딤후 3:6**
  저희 중에 남의 집에 가만히 들어가 어리석은 여자를 유인하는 자들이 있으니 그 여자는 죄를 중히 지고 여러 가지 욕심에 끌린 바 되어

- **약 1:14-15**
  오직 각 사람이 시험을 받는 것은 자기 욕심에 끌려 미혹됨이니 욕심이 잉태한즉 죄를 낳고 죄가 장성한즉 사망을 낳느니라

- **약 4:2**
  너희가 욕심을 내어도 얻지 못하고 살인하고 시기하여도 능히 취하지 못하나니 너희가 다투고 싸우는도다 너희가 얻지 못함은 구하지 아니함이요

| 용기 |

우리의 표적을 향해

거친 인생의 항해에서 용기 있고 성실한 삶의 자세를 강조하는 많은 가르침들 가운데 테니슨(Tennyson)의 시는 인생의 배를 저어가는 사람들에게 큰 용기와 깨우침을 주었다.

"오라! 친구들이여!
우리는 아직도 늦지 않아
새 세계의 탐험에 배를 띄우고 저어 가자.
우리들의 표적을 향하여 배를 저어 가자
해가 뜨는 새벽 언덕을 향하여
서쪽별의 영롱한 성좌를 향하여
우리의 생명이 쇠잔하는 그 날까지
배를 저어가자"

과연 마지막 순간까지는 배를 저어가듯이 성실을 다하는 삶의 자세를 잊지 말아야 할 것임을 깨우쳐 주고 있다.

| 용기 |

가장 용기 있는 사람

　1987년도 중반쯤, 교황, 요한 바오로 2세가 10일간의 예정으로 미국의 여행을 마치고 '캐나다'로 간적이 있다고 한다. 그런데 교황이 미국을 방문하던 기간 중 서부 해안 도시인 로스엔젤레스(Los Angeles)에 갔을 때, 양쪽 팔뚝을 모두 잃어버린 한 불구 청년이 두 발의 발가락으로 기타(Guitar)를 치면서 하나님을 찬양하는 것을 보고 교황은 큰 감동을 받았다고 한다. 전능하신 하나님의 창조 받은 인간을 높이고 사랑하는 성도의 삶을 깨우쳐 주고 있다.

솔몬도의 초병

　1970년대 후반에 발행된 '월터 로드(Walter Lord)의 책 '솔몬도의 초병'에서, 저자는 세계 제2차 대전의 승리는 적정을 잘 파악하고 이해하도록 정보를 제공해준 사람들의 귀와 눈 때문에 승리했다고 지적했다. 언제나 전쟁은 패배와 승리의 두 극한적 상황을 생각하게 된다. 그런데 전쟁에서 승리하기 위해서는 빠른 판단과 투철한 군인 정신을 발휘할 수 있도록 도움을 주는 정보력의 역할이 중요하다는 사실을 결코 간과해서는 안 되는 것처럼, 성도의 삶에 있어서도 늘 승리하는 삶이 되기 위하여서는 적정을 잘 파악하는 동시에 용기 있게 도전하여야 한다는 사실을 가르쳐 주고 있다.

| 용기 |

마틴 루터의 용기

　　마틴 루터(Martin Luther)가 종교개혁의 기치를 높이 들었을 때 웜즈(Worms)국회에 출석하라는 황제의 명령을 받았다. 루터는 이에 출석하려고 준비 중이었는데 한 친구가 "그렇게 위험한 곳은 왜 가려고 준비하느냐?"라고 말하면서 출석을 만류하자 루터는 "비록 마귀가 웜스 국회의사당이 기왓장 같이 많을 지라도 나는 가겠다."라고 용감하게 대답했다고 한다.
　　결국 루터의 용기와 도전의 정신이, 그리고 그의 결단이 종교개혁을 성공시켰음을 생각할 때 성도의 삶에서 용기는 빼어놓을 수 없는 덕목이라고 말들을 하고 있다.
　　한편 루터는 그의 마지막을 맞으면서 임종을 앞두고 "당신의 손에 내 영혼을 맡깁니다. 진리의 하나님이시여! 당신이 저를 구속해 주셨습니다" 이렇게 세 번을 반복하는 믿음과 충성의 고백을 하였던 것이다.

| 용기 |

용기와 결단

신앙생활에는 늘 결단과 용기가 필요하다고 말들을 하고 있다. 아프리카의 밀림 지대를 지나가던 두 청년이 갑자기 발 뿌리에서 개구리 우는 소리를 들었다. 소스라치게 놀란 그들은 그 소리를 사자들이 우는 소리로 착각하고 혼비백산 했다.

이렇듯 겁에 질려 어쩔 줄 모르는 겁쟁이들이 일찍이 성공하였다는 이야기는 동서고금을 통하여 들은 적이 없다고 말할 수 있을 것이다. 역시 신앙생활에서는 겁을 물리치고 매일 매일 결단으로 매진하는 생활이 되어야 함을 깨우쳐 주고 있다.

결단의 삶

베리 브란트(Betty Bruant)는 '홀로됨에서 배움' 이라는 자기의 책에서 "과부로써 절망을 디디고 생존한다는 것은 자동적으로 그저 주어지는 것이 아니다. 끊임없이 생존하기 위하여 싸우며 기도하고 힘쓰는 결과로 생존은 가능하다. 일존 생존이란 결단이며 주어지는 것이 아니라 선택이다"라고 말하고 있다.

성도의 삶에 있어서도 우리의 인생 여정도 순풍에 돛단배처럼 그냥 쉽게 저절로 이루어지는 것이 아니라 순간순간의 바른 도전과 결단에 의해 이루어진다는 사실을 깨달을 필요가 있다.

| 용기 |

자기반성의 용기

　오래전에 뉴욕(New York)에는 유명한 순회법원의 판사가 한 명 있었다. 어느 추운 겨울날 이 유명한 라콰디아(La Guardia)판사가 주재하는 순회재판정에는 남루하게 차려 입은 노인 한 사람이 재판을 받기 위해 재판정에 들어섰다. 이 노인은 너무 배가 고파 식료품점에 가 치즈와 빵을 훔치다가 체포되었다. 재판이 시작되자 라콰디아 판사는 빵과 치즈를 도적질한 죄에 해당하는 벌금을 그 노인에게 선고했다고 한다.
　그러나 이 추운 겨울에 먹을 것도 없고 입을 것도 없이 방황하던 중 어쩔 수 없이 식료품을 훔친 노인이 가난한 형편을 생각하면서 자기 자신을 반성하기 시작했다. "나는 지금까지 법복을 입고 앉아 다른 사람의 죄를 정죄만 해왔다. 나는 오늘도 좋은 집에서 휴식했고 좋은 옷을 입고 또 좋은 음식을 먹고 출근했다. 그런데 나는 정말로 사회악을 제거하고 가난한 사람을 돕는 일에 얼마나 동참해 왔나?" 이렇게 가만히 생각했다고 한다.
　선고를 마친 라콰디아 판사는 조용히 의자에서 일어나 법복을 들추더니 자기의 호주머니에서 지갑을 찾아 열고 벌금으로 판결한 액수를 꺼내며 노인에게 말하였다. "먹을 것이 없어 도적질을 한 당신이 벌금을 낼 돈이 있겠소? 당신과 같은 뉴욕 시민의 빈곤과 고통 그리고 불행을 외면하면서 지낸 나에게도 책임이 있으므로 그 일부분으로 내가 당신의 벌금을 대납하겠소." 라고 말했다고 한다. 이 순간 법정 안은 숙연해 졌으며 방청석의 사람들도 너무 감동이 되었기 때문에 라콰디아 판사의 제안에 자발적으로 돈을 거두어 이 노인에게 구제금으로 건네주었다고 한다. 라콰디아 판사의 용기있는 자기반성과 선고의 소식은 순식간에 전 뉴욕에 퍼졌으며 라콰디아 판사는 후일 뉴욕의 시장이 되었다.

| 용기 | 관련 성경 구절 |

1) 하나님의 보호하심을 믿으라
- **시 91:4** 저가 너를 그 깃으로 덮으시리니 네가 그 날개 아래 피하리로다 그의 진실함은 방패와 손 방패가 되나니
- **시 34:7** 여호와의 사자가 주를 경외하는 자를 둘러 진치고 저희를 건지시는도다
- **왕하 6:17** 기도하여 가로되 여호와여 원컨대 저의 눈을 열어서 보게 하옵소서 하니 여호와께서 그 사환의 눈을 여시매 저가 보니 불말과 불병거가 산에 가득하여 엘리사를 둘렀더라
- **눅 21:18-19** 너희 머리털 하나도 상치 아니하리라 너희의 인내로 너희 영혼을 얻으리라

2) 하나님을 의뢰하고 마음을 굳게할것
- **시 112:7-8** 그는 흉한 소식을 두려워 아니함이여 여호와를 의뢰하고 그 마음을 굳게 정하였도다 그 마음이 견고하여 두려워 아니할 것이라 그 대적의 받는 보응을 필경 보리로다
- **출 4:12** 이제 가라 내가 네 입과 함께 있어서 할 말을 가르치리라
- **수 1:9** 내가 네게 명한 것이 아니냐 마음을 강하게 하고 담대히 하라 두려워 말며 놀라지 말라 네가 어디로 가든지 네 하나님 여호와가 너와 함께 하느니라 하시니라
- **마 10:30-31** 너희에게는 머리털까지 다 세신바 되었나니 두려워하지 말라 너희는 많은 참새보다 귀하니라
- **사 41:10** 두려워 말라 내가 너와 함께 함이니라 놀라지 말라 나는 네 하나님이 됨이니라 내가 너를 굳세게 하리라 참으로 너를 도와 주리라 참으로 나의 의로운 오른손으로 너를 붙들리라

| 은혜 |

배은망덕의 호랑이

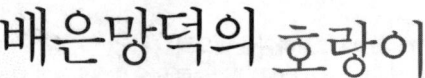

　어느 날 호랑이가 먹이를 찾아 헤매다 실수하여 깊은 함정에 빠지게 되었다. 깊은 구덩이에 빠진 호랑이는 있는 힘을 다하여 구덩이에서 나오려고 애를 써보았지만 나올 수가 없었으며 할 수 없이 이 호랑이는 아주 슬프고 처량한 목소리로 자기를 구해달라고 소리 질렀다. 이때 마침, 그 옆을 지나던 한 나무꾼이 함정에 빠진 불쌍한 호랑이를 건져 살려주었다.
　그런데 나무꾼의 도움으로 살아난 이 호랑이는 자기를 살려준 그 사람을 잡아먹으려고 달려들었다. 배은망덕의 순간이었다. 이 나무꾼은 너무 기가 막혀 은혜도 모르는 놈이라고 호랑이를 꾸짖었다. 꾸중을 들은 호랑이는 옆에 있는 큰 나무 앞으로 가 "내가 나를 구하여 준 사람을 잡아먹는 것이 옳은 일인지 그릇된 일인지 판단하여 달라"고 판결을 요구하였다. 자초지종의 이야기를 모두 듣고 난 고목나무의 판결은 "호랑이님 옳소, 저 따위 인간은 얼마든지 잡아먹으시오. 인간은 우리 나무의 은혜도 모르고 막 베어다가 때는 걸요"라고 고목나무는 말했다.
　그러자 잡아먹으려고 덤벼드는 호랑이를 보고 기절초풍을 한 나무꾼은 다시 "우리가 한번 더 저기에 있는 황소에 가서 황소의 재판을 받자"고 호랑이에게 제안을 하였다. 황소에게로 다가간 이들은 황소에게 자초지종을 이야기하였더니 황소는 사정이야기를 모두 들은 후 "잡아먹어야지요. 도대체 인간은 우리를 부려먹고 나중에는 잡아먹는 걸요"라고 황소는 말했다.
　나무꾼은 몸이 달아서 이번에는 마지막으로 토끼에게 가 한번만 더 재판을 받자고 호랑이에게 제안을 하였다. 그래서 호랑이와 나무꾼은 함께 토끼에게로 갔는데 이야기를 다 들은 토끼는 "원래 인간은 간사하여 말만 들어서는 어떻게 된 것인지 잘 모르겠으니 처음 호랑이가 빠졌던 상태를 재연해 자기에게 보여 달라"고 현장검증을 요구하였다. 그러자 호랑이는 얼른 자기

| 은혜 |

가 빠졌던 함정으로 뛰어 들어갔으며 "실은 이렇게 되었지"라고 그 당시의 상태를 재연해 토끼에게 보여 주었다.

그때 토끼는 말하기를 "그럼 되었군요! 호랑이님은 거기에 그대로 있고 나무꾼님은 집으로 돌아가면 되지 않겠느냐?", 이렇게 판결하였다는 우화가 전해지고 있다.

인간은 비록 고목나무나 황소의 눈에 의하면 배은망덕하는 배신자이지만 하나님의 은혜에 의하여 생존하는 존재라는 사실을 깨달아야 한다. 그리고 배은망덕의 생활은 그것에 상응하는 벌이 있음을 동시에 일깨워 주고 있다.

기독자의 완전

감리교회를 시작한 요한 웨슬레(John Wesley)는 '기독자의 완전' 이라는 책에서 "우리가 이 세상에서 완전하게 된다는 말은 하나의 과정이지 결정적으로 완성되어졌다는 것은 아니다"라고 말하였다. 또 그는 계속하여 "내가 완전해진다는 것은 내 노력을 믿는 것이 아니라 겸손하게 주님을 따르며 하나님의 은혜를 의지하는 것이다"라고 말했다.

구주이신 "하나님의 형상대로 지음 받은 우리가 겸손한 마음으로 주님을 따르는 동시에 하나님의 은혜만을 겸손한 마음으로 의지 하였을 때 하늘 문이 열린다는 분명한 진리를 말해 주고 있다.

| 은혜 |

근본이 같은 독수리 새끼

한 농부가 독수리 알 하나를 얻어다가 어미 닭의 품에 안겨 병아리들과 함께 부화를 시켰다. 그런데 어느 날 하늘을 날던 독수리 한 마리가 마당에서 놀고 있는 노랑 병아리 떼를 발견하고 공격하기 위하여 하늘로부터 병아리를 향해 쏜살같이 내려왔다. 그때 독수리의 공격에 거의 초죽음이 된 병아리들은 피하느라고 야단이었는데 노랑 병아리들과 함께 놀고 있던 독수리 새끼는 어쩐지 공격해 오는 큰 독수리가 자기와 같다는 생각이 들면서 무섭지가 않았으며 큰 독수리의 공격이 무섭지 않았기 때문에 다른 병아리처럼 공격을 피하느라고 야단도 치지 않고 오히려 독수리 새끼는 나는 연습을 시작했다.

며칠이 지난 후 다시 큰 독수리가 나타났을 때 새끼 독수리는 몇 번이나 날려고 애쓰다가 힘이 부쳐 떨어지려는 순간 공중을 날던 큰 독수리가 내려와 새끼 독수리를 자기의 어깨 위에 얹고 날아갔다고 한다.

역시 하나님의 창조 받은 우리는 전능하신 하나님의 형상대로 지음 받은 인간이기 때문에 다른 피조물들과는 달리 값지고 큰 영혼의 삶을 살아야 함을 잊지 말아야 한다.

| 은혜 |

우리는 외로운 고아가 아니다

맥심 고리키(Maxim Gorky)는 유명한 작가인 톨스토이(Tolstoy)를 이 세상에서 보내는 마지막 조사에서 "당신이 이 땅에 살아 있는 동안 우리는 이 땅에서 외롭게 흩어져 사는 고아가 결코 아니었습니다."라고 말했다. 과연 우리의 주님이신 예수 그리스도께서 우리의 심령에 계시는 동시에 우리의 길을 비쳐 주시며 인도하여 주시는 한 우리는 외롭고 살아가는 이 땅의 고아가 결코 아니라는 사실을 깨닫게 된다.

슈바이쳐가 반복한 말

알버트 슈바이쳐(Albert Schweitizer)는 세상을 떠나기 전 수 년 동안 수없이 반복한 한마디의 말이 있었다. 그 한마디 말은 "우리가 안다는 최상의 진리는 우리가 신비(神秘)로 둘러싸여 있다는 사실이다"라는 말이었다. 사실 하나님의 지음을 받은 인간은 신비스러운 하나님의 사랑과 진리, 그리고 하나님의 섭리와 역사에 둘러싸여 산다는 것은 놀라운 일이라는 사실을 깨우쳐 주고 있다.

| 은혜 |

미지의 여행

　미국의 일리노이(Illinois)주 소재지인 스프링 휠드(Spring field)는 16대 대통령이었던 아브라함 링컨(Abraham Lincoln)이 대통령으로 당선될 때까지 활동했던 고장으로 잘 알려져 있다. 링컨은 스프링 휠드에서 공화당 대통령후보로 지명을 받았으며 또 링컨이 대통령으로 당선되어 워싱톤 디시(Washington DC)를 향해 떠난 곳도 그곳이기 때문에 스프링 휠드에는 링컨 대통령과 관계되는 많은 명소들이 산재해 있다. 특별히 링컨이 살던 집을 비롯하여 변호사로 활동했던 사무실, 그리고 링컨과 그의 가족들이 묻혀 있는 묘소 등 많은 명소들이 산재해 있다.
　역사의 기록에 따르면 링컨이 워싱톤 디시를 향하여 스프링 휠드를 떠난다는 소식을 듣고 그를 환송하기 위해 기차역으로 몰려나온 군중에게 링컨은 간단한 석별의 연설을 기차위에서 했다. 링컨은 "나는 이제 일찍이 조지 워싱톤(George Washington)에게 주어졌던 짐보다 더 무거운 짐을 짊어지기 위하여 오늘 이 고장을 떠나는데 내가 다시 이 고장 스프링 휠드에 돌아올지 혹은 못 올지 미지의 여행을 떠난다." 라고 역전에 모인 환송 군중에게 말하면서 군중의 지지와 기도를 부탁하였다. 그런데 이토록 감동어린 마지막 연설을 남기고 떠났던 스프링 휠드의 역사(驛舍)와 광장이 아직도 그대로 보존돼 있다. 이후 링컨은 대통령의 집무 수행에 힘을 쏟았을 뿐 스프링휠드에는 살아서 다시 돌아오지 못하였다.
　나그네의 길을 걷고 있는 우리도 미지의 여행을 계속하고 있지만 늘 하나님께서 우리와 함께 하신다는 사실은 놀라운 은혜가 아닐 수 없다는 사실을 깨우쳐 주고 있다.

| 은혜 |

사랑받는 사람이기 때문에

1988년 어느 날 미국의 중북부지역의 일리노이 주 수도인 스프링필드에서는 오랫동안 보수해 오던 링컨대통령의 옛집 보수공사를 완전히 마치고 일반에게 공개하는 식을 가졌다.

그때 그 집을 보려고 모여든 군중들에게 제임슨 톰슨(James Thompson) 주지사는 "이 집은 대통령의 집이었기 때문에 보수하고 공개하는 것이 아니라 이 집은 바로 국민을 사랑하고 또 국민의 사랑을 받던 대통령의 집이었기 때문에 많은 돈을 들여서 보수하여 공개한다."고 연설했다.

참으로 우리 하나님은 섭리의 하나님이신 동시에 우리를 창조하신 전능하신 하나님으로 우리의 사랑과 예배를 받으시기에 합당하신 하나님이라는 사실을 기억하며 감사드리는 생활이 되어야 함을 깨우쳐 주고 있다.

| 은혜 |

무지개 인생

한국 전쟁(6.25)이 끝나고 온 국민이 상처 투성이었을 때에 감리교 신학교에서 만남이 후 50여년을 선배와 동역자로 사귀며 존경하는 선한용 박사와의 만남과 대화는 늘 필자에게 기쁨과 유익을 주곤 한다. 그가 미국을 방문했던 어느 날 일생을 바쳐 공부하고 가르쳤던 어거스틴(Augustine)의 심오한 한 부분을 요약해 필자에게 들려 주었다. 그 요약된 내용이 바로 어거스틴의 무지개 인생론이었다. 그가 들려준 말에 따르면 높은 폭포에서 흰 물줄기가 아래로 내려 떨어지고 있었는데 비록 사람의 눈에는 보이지 않지만 물줄기에서 튀는 물방울들이 하늘로 하늘로 오르면서 태양빛에 반사되어 저쪽 하늘에 오색이 찬란한 무지개가 뜨게 되는 원리가 바로 어거스틴 한 부분을 요약한 이야기라고 말했다. 즉 폭포 아래로 떨어져 내린 물줄기는 시간을 말하는 것으로써 한번 흘러간 시간은 되돌아 올수가 없지만 튀어 오른 물방울을 비추이는 햇빛은 하나님의 크고 넓은 은혜로써 모든 사람이 하나님의 은혜 가운데 오색이 찬란한 무지개 인생, 행복한 삶을 살 수 있다는 사실을 설명해 주었다. 우리네 삶도 늘 하나님의 은혜에 감사드리는 가운데 찬란한 무지개 인생을 살아야 함을 재삼 깨닫게 된다.

| 은혜 |

백성들이 부른 노래

고사에 따르면 요(僥) 나라의 임금은 굉장히 정치를 잘 했다고 한다. 그 덕분에 백성들은 근심 걱정 없이 평안한 가운데 잘 살았다. 그러니까 정치라는 것을 '국태민안'(國泰民安)으로 보았을 때 요 나라의 백성은 축복받은 사람들이었으며 주변국들의 백성들로부터 많은 부러움을 샀었다고 한다. 그런데 이런 축복의 절정에서 요 나라 백성들은 '격양가'를 지어 불렀다.

'격양가'는 흙을 치는 노래인데 "경전이식하고 천정이 음하니 제은이 어이하여 하관인인가" 즉 번역하면 "우리가 밭을 갈아서 밥을 먹고 우물을 파서 물을 마시는데 임금의 은혜가 나에게 무슨 상관이겠는가?"라는 뜻을 갖는다. '격양가'는 임금의 선정에 대한 배신의 노래라고 많은 사람들은 말하고 있다.

이스라엘 백성들도 역시 하나님의 은혜와 축복이 절정에서 늘 배신의 생활과 행위를 밥 먹듯이 해왔기 때문에 이스라엘의 예언자들은 한결같이 이를 깨우쳐 주고 있다.

| 은혜 |

은사는 등불과 같다

하나님께서는 여러 종류의 은사를 성도들에게 주신다고 말씀하셨기 때문에 하나님께서 주신 제각각의 은사를 가지고 우리가 하나님께 충성하는 일은 참으로 중요하다고 말한다. "은사받은 사람은 마치 어두운 밤길에 등불을 든 사람과도 같다"라고 말한 사람도 있다. 그러므로 하나님께서 성도들에게 주신 은사를 가지고 영적으로 교만하거나 자랑하여서는 결코 아니 될 것이며 오히려 그 은사를 가지고 다른 사람을 위해 사용하는 동시에 하나님을 위하여 겸손한 가운데 충성하는 성도가 되어야 할 것이다.

등불은 길을 밝혀 주기 때문에 자신에게도 필요하지만 그 등불은 또 다른 사람의 길을 비쳐주는 양면성을 갖는다는 사실을 기억하고 하나님이 주신 은사를 갖고 겸손한 가운데 피차 섬기는 일에 힘써 나가야 할 것이다.

| 은혜 | 관련 성경 구절 |

주님의 은혜에 대한 성구

1) 우리를 위하여 구원자오신 예수님
- **롬 11:26-27** 그리하여 온 이스라엘이 구원을 얻으리라 기록된바 구원자가 시온에서 오사 야곱에게서 경건치 않은 것을 돌이키시겠고 내가 저희 죄를 없이 할 때에 저희에게 이루어질 내 언약이 이것이라 함과 같으니라
- **요 3:16** 하나님이 세상을 이처럼 사랑하사 독생자를 주셨으니 이는 저를 믿는 자마다 멸망치 않고 영생을 얻게 하려 하심이니라
- **딤전 2:4** 하나님은 모든 사람이 구원을 받으며 진리를 아는데 이르기를 원하시느니라
- **롬 10:9** 네가 만일 네 입으로 예수를 주로 시인하며 또 하나님께서 그를 죽은자 가운데서 살리신 것을 네 마음에 믿으면 구원을 얻으리
- **고전 1:21** 하나님의 지혜에 있어서는 이 세상이 자기 지혜로 하나님을 알지 못하는고로 하나님께서 전도의 미련한 것으로 믿는 자들을 구원하시기를 기뻐하셨도다
- **딤후 3:15** 또 네가 어려서부터 성경을 알았나니 성경은 능히 너로 하여금 그리스도 예수 안에 있는 믿음으로 말미암아 구원에 이르는 지혜가 있게 하느니라

2) 우리의 범죄함을 속하시려고 죽으신 그리스도
- **히 9:15** 이를 인하여 그는 새 언약의 중보니 이는 첫 언약 때에 범한 죄를 속하려고 죽으사 부르심을 입은 자로 하여금 영원한 기업의 약속을 얻게 하려 하심이니라
- **롬 5:18** 그런즉 한 범죄로 많은 사람이 정죄에 이른것 같이 의의 한 행동으로 말미암아 많은 사람이 의롭다 하심을 받아 생명에 이르렀느니라
- **히 9:28** 이와 같이 그리스도도 많은 사람의 지를 담당하시려고 단번에 드리신 바 되셨고 구원에 이르게 하기 위하여 죄와 상관 없이 자기를 바라는 자들에게 두 번째 나타나시리라
- **갈 3:13** 그리스도께서 우리를 위하여 저주를 받은바 되사 율법의 저주에서 우리를 속량하셨으니 기록된바 나무에 달린 자마다 저주 아래 있는 자라 하였음이라
- **벧전 2:24** 친히 나무에 달려 그 몸으로 우리 죄를 담당하셨으니 이는 우리로 죄에 대하여 죽고 의에 대하여 살게 하려 하심이라 저가 채찍에 맞음으로 너희는 나음을 얻었나니
- **창 3:15** 내가 너로 여자와 원수가 되게 하고 너의 후손도 여자의 후손과 원수가 되게 하리니 여자의 후손은 네 머리를 상하게 할것이요 너는 그의 발꿈치를 상하게 할 것이니라 하시고

| 인격 |

수취형의 인간

인간에게는 비창조적인 삶의 모습이 네 가지나 있는데 그 중에 하나는 무엇이든지(권리, 돈, 명예, 이익 등등…) 움켜쥐기만 하고 놓지 않으려는 형을 '수취형'(受取型)이라고 에릭 프롬(Erick Fromm)은 말하였다.

'수취형'의 인간은 창의성을 가지고 있지 않기 때문에 사회에 아무런 유익도 주지 못한다. 더 나아가 이런 '수취형'의 사람은 교회에도, 그리고 신앙공동체의 생활에도 아무런 도움과 유익을 주지 못하는 존재가 되고 있음을 우리는 발견할 수 있다.

소인과 대인(大人)의 차이

어느 날 맹자(孟子)의 제자인 공도자가 선생에게 "사람은 다 같은데 어떤 사람은 대인이 되고 또 어떤 사람은 소인(小人)이 되는 것은 무슨 까닭이냐?"라고 질문을 하였다고 한다. 공도자의 질문을 받은 맹자는 "하하 몸에는 큰몸과 작은 몸이 있는데 큰 몸은 마음이고 작은 몸은 말초신경을 거느린 육신이다. 그런데 사람이 큰 몸의 요구를 따르면 대인이 되고 반대로 작은 몸의 요구를 따르면 소인이 된다"라고 대답하였다.

이처럼 하나님의 형상대로 지음 받은 인간은 늘 하나님의 말씀 따라 순종하는 삶이 되어야 참 사람의 모습이 되는 것이다.

| 인격 |

스스로 온기를 내 품는 바위

    화려한 문화를 자랑했던 백제의 옛 수도 부여에는 '자온대' 라는 바위가 있다.
    '자온대' 는 굽이쳐 흐르는 백마강 하류에 있다고 한다. 그런데 '자온대' (自溫坮)라는 이름은 '스스로 따뜻한 온기를 내 품어내는 바위' 라는 뜻으로 붙어진 이름이다. 실제로 이 바위에 가면 따뜻한 온기를 감지할 수 있다.
    겨울에 눈이 내려 이 바위를 덮을지라도 따뜻한 온기 때문에 눈이 녹을 정도라고 한다. 이런 이유 때문에 옛날 백제 임금들은 만조백관들을 비롯하여 궁녀들과 함께 봄 날씨와 겨울 날씨를 가리지 않고 이 바위 위에서 잔치를 배설했다고 한다. 참으로 이상스럽고도 신기로운 바위가 아닐 수 없다.
    그런데 스스로 바위 속의 열기가 발산 되어 눈을 녹여 따뜻하게 해 주는 것처럼 하나님의 지음 받은 인간도 늘 자족하는 마음으로 따뜻한 열기를 품어내며 긍정적으로 살아야 할 것임을 가르쳐 주고 있다.

| 인격 |

용서의 악수

세계 제2차 대전 때 홀랜드(Holland)에 살고 있는 유대사람들에 대한 체포령이 히틀러(Adolf Hitler)에 의하여 내려졌다. 그때 홀랜드에는 텐분이라는 여인이 살고 있었는데 그녀는 단순히 인도적인 견지에서 많은 유대사람들에게 은신처를 제공하였다.

그런데 텐분은 이 죄 때문에 히틀러에 의하여 체포되었으며 독일로 압송되어 심한 고문과 벌을 받고 결국에는 수용소로 옮겨져 수용소 생활을 하게 되었다.

마침내 전쟁은 독일의 패배로 끝나고 이 여인도 수용소에서 풀려나 오랜 세월이 흐른 후 종교회의에 참석할 목적으로 텐분은 다시 독일을 방문하게 되었다.

이 여인은 놀랍게도 전쟁 때 자기를 고문하고 학대한 그 사람이 기독교 신자가 되어 자기가 참석하고 있는 그 회의에 함께 참석하고 있다는 사실을 발견하였다고 한다. 바로 그때에 이 사람은 텐분을 찾아와 전쟁 때 자기가 한 모든 일을 생각하며 괴로운 것뿐이니 용서해 달라고 말하면서 악수의 손을 내밀었다.

이 순간 텐분은 "내가 이 사람을 향하여 할 수 있는 일은 다만 증오와 보복뿐으로 도저히 용서할 수 없는 것이 있지만, 주님의 은혜가 나를 강권하였기 때문에 그 사람의 손을 잡는 어려움과 망설임으로부터 승리하게 됐다"라고 말하였다.

성도의 삶에서 용서는 매우 어려운 일이지만 반드시 해야 할 중요한 덕목임을 잘 새겨야 할 것이다.

| 인격 |

상달(上達)과 하달(下達)의 차이

일찍이 공자의 교훈을 집대성해 놓은 논어(論語)에 따르면, "군자는 상달하고 소인은 하달한다."라고 말하였다. 요즘의 말로 번역하면 "군자는 위로 통달하고 소인은 아래로 통달한다."라는 뜻을 갖는다.

즉 "부귀와 공명을 뜬 구름처럼 여기며 오직 덕만을 존중하는 사람은 날이 갈수록 진리를 깨달아 인격이 높이높이 완성되어 간다고 한다. 그러나 반대로 재물욕과 권리욕에 눈이 어두운 소인배들은 날이 갈수록 욕심에만 밝아져 귀중한 자기의 인간성을 상실한 채 아래로 아래로 타락하여 갈 뿐이다"라는 뜻이라고 해설하고 있다.

아닌게 아니라 하나님의 형상대로 지음 받은 인간은 상달하는 인격 날이 갈수록 진리를 깨닫는 동시에 하나님의 뜻에 순종하고 나아가는 하나님의 뜻에 따라 움직이고 행동하는 인격이 되어야 함을 깨우쳐 주고 있다.

| 인격 |

해결되지 않는 갈증

씬글레이 루이스는 자기의 저서 가운데 불만족스러운 인간 내면의 갈증을 그리고 있다. 특별히 그는 주인공의 입을 벌려 사랑하는 연인에게 "표면상으로 남자와 여자로써 우리들은 전혀 다릅니다. 그러나 깊은 내면에 있어서 우리들은 한가지의 공통점을 가지고 있습니다. 그것이 무엇인지는 모르지만 어쩐지 충만 되지 않는 갈증, 행복하지 않는 불만 같은 것입니다"라고 고백하고 있다.

그리스도 안에서의 새로운 존재, 여기에만 참된 인격의 완성이 있으며 성도의 성화가 기대된다는 사실을 떠오르게 하는 말이다.

| 인격 | 관련 성경 구절 |

- **롬 5:4**
  인내는 연단된 인격을, 연단된 인격은 희망을 갖게 한다는 것을 알기 때문입니다.

- **약 1:8**
  그는 이중 인격자이며 언제나 자기가 하는 일에 갈피를 못 잡고 흔들리는 사람입니다.

- **롬 7:18**
  선한 일을 하고 싶어하면서도 그것을 실천하지 못하는 것을 보면 나의 옛 성품 속에는 선한 것이 없음을 알 수 있습니다.

- **롬 8:3**
  우리의 타락한 성품 때문에 율법이 연약하여 할 수 없는 그것을 하나님은 하셨습니다. 하나님께서는 죄의 문제를 해결하시기 위해 자기 아들을 죄 많은 인간의 모양으로 보내시고 우리의 죄값을 그에게 담당시키신 것입니다.

- **벧후 1:4**
  이것으로 그리스도는 아주 소중하고 중대한 약속을 우리에게 주셨으며 이 약속을 통해 여러분이 세상의 파괴적인 정욕을 피하여 신의 성품에 참여하도록 하셨습니다.

- **골 2:9**
  그리스도 안에는 온갖 신적 성품이 육체적인 형태로 나타나 있습니다.

- **롬 7:18**
  선한 일을 하고 싶어하면서도 그것을 실천하지 못하는 것을 보면 나의 옛 성품 속에는 선한 것이 없음을 알 수 있습니다.

- **롬 8:3**
  우리의 타락한 성품 때문에 율법이 연약하여 할 수 없는 그것을 하나님은 하셨습니다. 하나님께서는 죄의 문제를 해결하시기 위해 자기 아들을 죄 많은 인간의 모양으로 보내시고 우리의 죄값을 그에게 담당시키신 것입니다.

- **벧후 1:4**
  이것으로 그리스도는 아주 소중하고 중대한 약속을 우리에게 주셨으며 이 약속을 통해 여러분이 세상의 파괴적인 정욕을 피하여 신의 성품에 참여하도록 하셨습니다.

| 인생 |

잠자리와 참새의 작별인사

한 여름에 신나게 날아다니는 하루살이가 잠자리와 어울려 하루 종일 기분 좋게 놀았다. 그런데 해가 지면서 어두움이 깔려오자 잠자리는 하루살이에게 "내일 또 만나자"고 작별인사를 하였으나 수명이 하루밖에 되지 않는 하루살이는 잠자리가 말하는 '내일' 이라는 말뜻이 무엇인지 도무지 알 수가 없었다.

그 다음날 잠자리는 참새와 짝이 되어 오랫동안 즐겁게 놀았다. 그런데 가을이 다 가고 겨울이 가까워 오자 이번에는 참새가 잠자리에게 "우리가 내년에 다시 만나 즐겁게 놀자"고 작별인사를 하였다. 그러나 잠자리는 참새가 말하는 '내년' 이 도대체 무엇을 말하는 것인지 이해할 수가 없어 당황했다.

하루살이가 내일을 모르고, 잠자리가 내년을 모르는 것처럼, 하나님을 모르고 영생도 이해하지 못한 채 오직 순간순간 만을 위하여 사는 삶이 되어서는 아니 될 것을 깨우쳐 주고 있다.

| 인생 |

안전한 백사장

옛날 한 장님이 길을 가다가 외나무다리를 건너가게 되었다. 외나무다리는 두 눈이 멀쩡한 정상적인 사람도 건너기가 무척 무섭고 어려운데 하물며 앞을 보지 못하는 장님이 외나무다리를 혼자서 건너간다는 것은 그리 쉬운 일이 아니었다. 그러나 이 장님은 조심스럽게 엎드려 두 손으로 더듬으면서 다리를 건너가고 있었다. 그런데 그만 다리의 중간쯤에서 실수로 떨어질 뻔했다. 그러나 떨어지려는 그 순간 이 장님은 외나무다리의 나무를 두 손으로 깍지를 껴 아래로 대롱대롱 매달려 있게 되었다.

이제 이 장님이 깍지 낀 두 손을 풀면 아래에는 수십 길 되는 깊은 강물이 흐르기 때문에 그 수심으로 떨어져 죽는 줄로만 알고 죽을힘을 다하여 그 외나무다리에 대롱대롱 매달려 있었다.

그러나 결국에는 너무 지친 나머지 이 장님은 집념을 포기하고 외나무다리를 깍지 끼고 있던 두 손을 풀고 말았다. 그런데 장님이 다리 아래로 떨어지고 보니 놀랍게도 그곳은 강물이 흐르는 강의 한 복판이 아니라 한 길도 채 못 되는 안전한 백사장이었다. 떨어져도 괜찮을 정도의 안전한 백사장이 아래에는 펼쳐져 있는데도 불구하고 그것을 알지 못하고 또 그것을 보지 못하는 어리석은 인생은 엉뚱한 것을 붙잡은 채 그 집념을 포기하면 죽는 것으로 착각하며 어리석은 인생을 살고 있음을 교훈 하고 있다.

| 인생 |

올가의 시대는 가고…

독일의 뮨헨 올림픽(Munchen Olympic)에서 구 소련의 올가가 여자 체조 경기 대부분의 분야에서 상을 휩쓸었을 때, 그녀의 인기는 대단했으며 그녀는 마침내 여자 체조 경기의 붐을 일으켰다.

왜소한 체격에 예쁜 그녀의 미소를 가르쳐 사람들은 제2의 모나리자(Monalisa)라고 칭찬했다. 그러나 그 이후 44년이 지난 몬트리얼(Montreal, Canada) 올림픽대회에서 루마니아(Rumania)의 나디아가 요정처럼 나타나 경기장의 분위기와 기록 갱신의 역사를 온통 뒤흔들었다. 그때에 여자 체조 부분의 해설자와 체육전문가들은 일제히 "이제 올가의 시대는 종말을 고했고, 나디아의 새로운 시대가 여자 체조계에 열렸다"라고 말했다.

이렇게 한 사람의 시대가 지나면 또 다른 사람의 시대가 오는 것이며, 기록이라는 것은 늘 갱신되는 것이지만, 하나님의 사랑과 말씀은 변치 않는 영원한 진리라는 사실을 우리에게 깨우쳐 주고 있다.

특히 시편 90편에서는 인간의 미약함과 덧없음을, 그리고 인간은 민망한 존재라는 사실을 강조하면서 오직 여호와 하나님만이 영원하심을 노래하고 있다.

| 인생 |

매일 알약 사는 어느 노인의 변

어느 약국에 와서 매일 매일 알약을 세알씩 사가는 단골 할머니가 있었다. 이 할머니는 매일 약국에 와 줄을 서서 자기 차례를 기다렸다가 처방지를 내어놓고 꼭 알약 세알씩만 사갔다. 그래서 하루는 약사가 "할머니! 이렇게 매일 약을 사러올 것이 아니라 포장된 병으로 한 병씩 사가면 편리하고 좋지 않으냐?"라고 말하였다. 사실 낱알로 약을 사지 않고 병으로 약을 사가면 할머니로써는 시간도 절약되어 좋고 또 줄을 서서 매일 기다릴 필요도 없기 때문에 퍽 편리하고 좋을 것으로 약사는 생각하였다고 한다.

그러나 약사는 이 노인으로부터 의외의 답변을 들었다.

기절초풍을 한 듯 표정을 바꾼 이 노인은 "내가 만약 당신이 말하는 대로 한다면 아마 어떤 날에는 한마디 말도 못하는 날이 있을 것이며 한 사람도 상대하여 보지 못하는 외로운 날이 있게 될 것이요. '안녕하신가'(How are you)의 인사를 건너보지도 못하고 또 상대방으로부터 인사를 들어보지도 못하는 그런 외로운 날을 나는 맞이하게 될 것이요. 이런 외로운 날들을 피하기 위하여 나는 매일 매일 약을 사러오는 것이요"라고 노인은 자기의 처지를 실토하였다고 한다.

우리 주변에 많이 흩어져 있는 가난하고 외로운 이웃들을 생각하는 그리스도인이 되어야 함을 일깨워 주고 있다.

| 인생 |

안개 낀 것 같은 인생

"쏘렐과 아들"(Sorell & Son)이라는 작품에서 주인공인 아들은 "인생이란 안개와 같은 것이다"라고 쏘렐에게 말했다. 아들은 계속하여 "잠깐 안개가 걷히면 하늘의 달과 연인의 얼굴을 잃어버리고 몽롱함 속에서 헤매이게 된다."라고 말하는 장면이 나온다.

사도 바울도 '거울 속으로 보는 것처럼 희미하지만 얼굴을 맞대고 분명하게 대하는 그날이 온다는 사실'을 고린도서에서 말고 있다.

그대들은 영원히 가네

월터 스카트(Walter Scott)경은 인생을 가리켜 "산의 이슬같이, 강의 거품같이, 분수의 기포 같이 그대들은 가네, 영원히"라고 읊었다.

스카트는 그리스도가 없는 삶, 그리스도가 없는 인생은 이슬처럼 허무하게 가고 말 것이라는 사실을 가르쳐 주고 있으며 오직 그리스도 안에서 영원한 삶을 누려야 함을 깨우쳐 주고 있다.

| 인생 |

토끼몰이

　과거 어린이들에게 '토끼몰이'는 즐겁고 재미있는 놀이였다. 필자도 초등학교 학생일 때 토끼몰이의 학교행사에 꼭꼭 참여했었다. 그런데 토끼몰이에는 중요한 원칙이 하나 있다. 토끼는 앞발이 짧고 뒷발이 길기 때문에 토끼가 산 밑에서 산위로 뛰어올라 갈 때는 날렵하기 짝이 없다.
　그러나 반대로 높은 산위에서 낮은 산짜기로 토끼가 내려갈 때는 앞발이 짧기 때문에 내려가는 속도가 붙지 않은 채, 당황하면서 토끼는 때굴때굴 궁굴게도 된다. 그렇기 때문에 토끼는 반드시 산 위에서 산 아래의 낮은 골짝이나 언덕을 향하여 몰아야만 되는 것이다.
　마찬가지로 우리의 일상생활에서 모든 일이 잘되고 순조로울 때도 조심을 하여야 되지만 특별히 내려간다고 생각되어질 때에도 조심하여 낮은 골짜기로 데굴데굴 굴러 떨어지는 일이 없어야 되는 교훈을 주는 놀이였다.

| 인생 |

영원을 생각하며 사는 인생

1988년에 100살의 생일을 맞은 미국의 유명한 작곡가 어빙 벌린(Irving Berlin)의 생일을 축하하는 축하공연이 뉴욕에서 열렸다. 어빙은 일찍이 빙 크로스비(Bing Crosby)가 불러 힛트시킨 화이트 크리스마스(White Christmas)를 비롯하여 미국 사람들이 자랑스럽게 부르는 '하나님이여 미국을 축복하소서'(God bless America)등의 유명한 곡들을 작곡한 작곡가다.

그런데 그의 100살 축하공연에 우정 출연하여 노래를 부른 프랭크 시나트라(Frank Sinatra)가수는 "어빙, 그는 한 시간이나 1년을 위하여 노래를 만들었던 사람이 아니라 항상 영원을 생각하면서 노래를 만든 사람이다"라고 칭찬하는 말을 하여 축하객들에게 깊은 감동을 주었다.

물론 사람이 오래 사는 것도 중요하지만 어빙처럼 값지게 사는 동시에 늘 영원을 생각하면서 사는 일은 참으로 귀하다는 사실을 느끼게 된다.

| 인생 |

밀라노대 성당의 정문

　　이태리 밀라노(Milano)에 있는 대성당에 들어가는 정문은 삼중의 아치로 되어 있다. 그런데 첫째 아치에는 다음과 같은 말이 새겨져 있다. "모든 즐거움은 잠간이다.", 둘째 아치에는 십자가가 새겨져 있고 그 밑에 "모든 고통도 잠간이다"라는 글귀가 새겨져 있다. 그리고 마지막 정문인 큰 문에는 "오직 중요한 것은 영원이다"라는 글귀가 새겨져 있다고 한다. 참으로 장미꽃 같이 아름다운 인생의 즐거움도 잠간인 동시에 십자가를 지고 가는 것 같은 인생의 고통도 잠간이기 때문에 성도의 순례는 오직 영원의 저 나라를 생각하며 사는 삶이 되어야 함을 깨우쳐 주고 있다.

| 인생 |

언제나 준비하는 삶

하와이 진주만(Pearl Harbor)에 정박 중이었던 미 해군 함대는 일본의 기습공격으로 인하여 큰 인명의 손실을 비롯하여 심각한 피해를 입었다. 1941년 12월의 첫 주말에 감행된 이 폭격은 곧 세계 제2차 대전의 발발점이 되기도 하였다.

물론 지금은 미국의 정확한 정보수집 능력이야말로 가히 세계 최고라는 사실이 잘 알려져 있지만 당시 미국은 일본이 하와이 진주만을 강타할 것이라는 정보를 갖지 못하였던 것으로 알려져 있었다.

주말에 미 해군들은 그 날 밤 모두 외출을 나가 비행기의 출격이 전혀 준비되지 않은 상태였다. 이런 무방비 상태에서 일본의 공격을 받게 되자 미국의 항공기 조종사들은 모두 비상소집 되어 급히 항공기를 몰고 출격을 하여야 했다.

그 중에 헨리 브라운(Heury Brown)이라는 조종사는 늦은 밤 파티에서 돌아오자마자 출격 명령을 받았다고 한다. 조종사 헨리 브라운은 미처 조종복으로 갈아입을 시간도 갖지 못한 채 P-36 공군기를 몰고 전쟁에 나가지 않을 수 없었다. 마치 인간의 삶이 헨리 브라운처럼 언제 무슨 일을 당할지 전혀 예측 불허하는 때가 많았기 때문에 인생은 늘 참된 삶의 길을 준비하고 총명한 지혜가 필요하다는 사실을 깨닫게 해 준다.

군함 애리조나(Arizona)호의 침몰과 함께 1,300여명의 사상자를 낸 진주만의 그 자리에는 기념탑이 세워져 있다.

| 인생 | 관련 성경 구절 |

- 욥 4:21
  어찌 육체의 줄이 끊어져 죽지 않겠느냐? 인생은 죽어도 지혜 없이 죽고 말 것이다.

- 욥 5:7
  불에서 불티가 날아오르는 것처럼 인생은 스스로 불행을 초래하고 있다.

- 욥 10:5
  주의 날이 인생의 날처럼 짧습니까?

- 욥 14:5절
  주께서는 인생의 사는 날과 달수를 미리 정하시고 아무도 그 이상은 더 살지 못하도록 수명의 한계를 정해 놓으셨습니다.

- 욥 29:4
  내 인생의 전성기에는 하나님의 따뜻한 손길이 우리 가정을 지켜 주셨고

- 시 49:4
  내가 속담에 귀를 기울이고 수금을 타면서 인생의 가장 어려운 문제를 풀어내리라.

- 시 89:47
  내 생명이 얼마나 짧은지 기억하소서. 주는 모든 인생을 정말 허무하게 창조하셨습니다.

- 시 90:3
  주께서는 사람을 티끌로 돌아가게 하시고 "너희 인생들아, 돌아가거라" 하고 말씀하셨습니다.

- 시 102:3
  내 인생이 연기같이 사라지며 내 뼈가 숯불처럼 타고 있습니다.

- 시 102:11
  내 인생이 저녁 그림자 같고 시들어 가는 풀처럼 되었습니다.

- 전 2:3
  그래서 나는 많이 생각한 끝에 계속 지혜로운 길을 추구하면서 술로 내 인생을 즐기려고 하였으며 이것이 세상 사람들에게는 짧은 인생을 사는 최선의 방법이라고 생각하였다.

- 전 5:20
  하나님이 그의 마음에 기쁨을 채워 주셨으므로 그는 인생이 짧다는 것을 그리 심각하게 생각하지 않아도 된다.

- 전 8:15
  그래서 사람은 인생을 즐길 수 있어야 한다. 이 세상에서 먹고 마시며 즐거워하는 것보다 더 좋은 것은 없기 때문이다. 그러나 이런 즐거움은 이 세상에서 하나님이 주신 삶을 사는 동안 열심히 일하는 데서 찾아야 한다.

| 가치관 | 관련 성경 구절 |

- 전 9:9
이 세상에서 하나님이 너에게 주신 덧없는 삶을 사는 동안 너는 네가 사랑하는 아내와 인생을 즐겨라. 이것은 이 세상에서 네가 수고한 것에 대한 보상이다.

- 전 11:8
항상 인생을 즐겁게 살아라. 사람이 아무리 오래 살아도 언젠가는 죽음의 날이 있을 것을 기억하라. 이 세상에는 기대할 만한 것이 아무것도 없다.

- 사 14:11
흥겨운 음악으로 인생을 즐기던 네 영화도 끝나고 이제는 네가 구더기를 깔고 지렁이를 담요처럼 덮게 되었구나."

- 렘 22:15
네가 백향목으로 많은 집을 짓는다고 해서 더 좋은 왕이 될 수 있겠느냐? 너의 아버지가 마음껏 먹고 마시며 인생을 즐기지 않았느냐? 그가 모든 일을 바르고 공정하게 처리했기 때문에 번영을 누렸다.

- 눅 21:34
너희는 조심하라. 그렇지 않으면 방탕하고 술 취하고 인생살이 걱정하다가 마음이 둔해져서 뜻밖에 그 날이 너희에게 덫과 같이 덮칠 것이다.

- 골 2:7
그분 안에 깊이 뿌리를 박고 그분을 기초로 여러분의 인생을 건설하며 가르침을 받은 대로 믿음에 굳게 서서 감사가 넘치는 생활을 하십시오

| 자아 |

램브란트의 그림

　세계에서 가장 위대한 명화로 알려진 램브란트의 그림 가운데 '그리스도의 십자가'라는 작품이 있다. 이 그림을 집중하여 잘 보면 초점은 그리스도의 십자가에 맞추고 있으며 그 다음 초점은 십자가 주변의 인물들에게 맞춰져 있다. 그런데 더 집중하여 이 그림을 잘 보면 십자가 옆에는 보이지 않는 한 사람의 그림자가 드리워져 있다.
　이는 램브란트 자기 자신도 그리스도를 십자가에 못 박고 주님을 조롱하고 놀리면서 더럽고 추악한 마음으로 거기에 서 있던 사람들 가운데 한 사람이라는 사실을 고백하려는 의도를 갖고 그림자를 그려 넣었던 것이다.
　참으로 주님을 십자가에 못 박은 사람은 다른 사람이 아니라 바로 나 자신이라는 겸손한 고백과 참회는 신앙인의 여정에서 중요하다는 사실을 생각하게 한다.

| 자아 |

인간의 삶이 설정한 우선순위들

　심리학자인 아브라함 모슬로(Abraham Mosloww)는 인간이 필요로 하는 것에 대하여 우선순위를 설정했는데 그 순위에 따르면, 인간이 필요로 하는 것들 가운데 제일 첫 번째는 삶을 유지하는 것, 우선순위의 두 번째는 삶을 유지하기 위하여 방위하는 것, 우선순위의 세 번째는 다른 사람이나 사회, 그리고 자기 자신과의 관계를 잘 유지하는 것, 마지막은 모든 시간과 재료를 잘 집중시켜 나가는 것이라고 한다.
　이것이 바로 현대인이 자기의 생존과 관련하여 관심을 갖는 분야라고 하겠다. 그런데 놀랍게도 모두가 하나님과의 관계보다는 자아에 집중돼 있음에 우리 스스로 놀라울 뿐이다.

| 자아 |

거울은 자기만 보여 준다

어느 날 한 목사가 큰 회사의 부사장의 안내를 받아 그 회사의 사무실에 올라갔다. 그 때에 사장은 한참동안 사무실의 창문을 통해 길 쪽을 내려다보고 있었다고 한다. 이를 궁금하게 생각한 목사는 사장에게 "무엇을 그렇게 내려다보고 있느냐?"라고 사장에게 물었다. "저는 지금 내 자신의 모습을 드려다 보고 있습니다."라고 사장은 목사에게 대답했다.

이때에 목사는 창문유리와 거울의 유리는 똑같은 유리인데 유리 뒷면에 시운(은가루)을 붙이니까 자기만을 보여 주게 된다는 사실을 깨닫게 되었다.

우리도 맑은 마음으로 성경을 읽으면 하나님의 음성을 비롯하여 주님의 얼굴도 보게 되지만 사심을 가지고 읽으면 자아만을 보게 된다는 사실을 깨달아야 하겠다.

| 자아 |

빈 마음

빌립보 교인들에게 보낸 사도 바울의 편지에 따르면 "너희안에 이 마음을 품으라. 곧 예수 그리스도의 마음이니…"(빌립보 2:5)라고 말하고 있다. 그런데 그리스도의 마음이란 외형뿐만 아니라 본질적으로 자기를 비우고 종이 되었음을 가르치고 있다. 그러니까 겸손과 순종, 그리고 자기 부정을 통 털어 그리스도의 마음이라고 말할 수 있을 것이다.

동시에 겸손, 순종, 그리고 자기 부정…등은 그리스도를 따르는 성도들의 표상이라고도 말할 수 있을 것이다. 윌리암 바클레이는 "이기, 교만, 자기 추구 등 이런 것들은 그리스도를 닮아가려는 우리의 신앙생활을 방해하고 파괴할 뿐 아니라 친구와 친구사이의 교제도 파괴한다."라고 말한바 있다. 따라서 우리가 힘써야 할 과제는 자기 자신을 부인하고 아무것도 없는 빈 마음(Emptiness)으로 만드는 일이며 이 같은 우리의 삶 속에 하나님께서는 더욱 은혜로 역사하신다는 사실을 가르쳐 주고 있다.

| 자아 |

꾀 많은 기러기 한 마리

어느 날 기러기 떼가 푸른 하늘을 날아가고 있는데 그중 한 놈의 기러기가 아래를 내려다 보았더니 땅위에는 오리 떼들이 즐거이 뛰어 놀고 있었다. 기러기 한 놈은 이때 "저 오리들은 얼마나 좋을까? 겨울이 와도 남쪽을 찾을 필요가 없으니 얼마나 좋을까?
나도 살짝 내려가 오리들에 합류하여 땅위에서 살다가 내년 봄에 기러기 떼들이 다시 북상할 때 하늘로 올라가 기러기떼에 합류하면 되지 않을까?" 생각하였다. 그래서 꾀 많은 기러기 한 놈은 지상으로 내려와 오리 떼 속에 묻혀 함께 먹고 마시고 살면서 한 겨울을 보냈다고 한다.
그런데 양춘가절의 봄이 왔을 때 어느 날 기러기 한 놈이 하늘을 쳐다보니 작년 가을에 떼를 지어 남쪽으로 내려갔던 기러기의 본대가 날개를 저으면서 날아가고 있었다. 이때 땅에 내려와 오리떼와 함께 겨울을 보냈던 꾀 많은 한 놈이 하늘로 올라가 기러기 떼에 합류하려고 빨리 날개를 저었지만 이미 꾀 많은 기러기 한 놈의 날개 죽지에는 근육이 많이 붙어 있었기 때문에 날개를 저을 수가 없었다. 결국 이 꾀 많은 기러기 한 놈은 하늘로 올라가지 못했다.
우리도 성령님의 인도로 하늘을 바라는 새 사람이 되어야 하는데 땅에 속한 사람으로 시기와 질투와 미움, 그리고 배부름의 생활에 힘쓰다 보면 그만큼 하늘나라의 도리(道理)와는 멀어지고 있기 때문에 천국의 삶을 살 수 없다는 사실을 깨닫게 하여 준다.

| 자아 | 관련 성경 구절 |

- **롬 6:6**
  우리의 옛 자아가 그리스도와 함께 십자가에 못박힌 것은 죄에 매인 육체를 죽여서 다시는 죄의 종이 되지 않게 하려는 것인 줄 압니다.

- **요2 1:8**
  여러분은 자신을 살펴 우리가 이루어 놓은 것을 잃지 말고 넘치는 하늘의 상을 받도록 하십시오.

- **유 1:16**
  이들은 불평하고 원망하며 자기들의 욕심대로 살고 자기 자신에 대하여 자랑하며 유익이 될 때는 남에게 아첨하는 사람들입니다.

- **유 1:20**
  그러나 사랑하는 여러분, 여러분은 가장 거룩한 믿음 위에 자신을 세우며 성령으로 기도하십시오.

- **계 3:17**
  너는 부자라서 부요하여 부족한 것이 없다고 말하지만 네 자신이 비참하고 불쌍하고 가난하고 눈멀고 벌거벗은 사실을 모르고 있다.

- **약 3:2**
  우리는 다 실수가 많은 사람들입니다. 만일 사람이 말에 실수가 없으면 그는 자기 자신을 다스릴 수 있는 완전한 사람입니다.

- **약 4:10**
  주님 앞에서 자신을 낮추십시오. 그러면 주님이 여러분을 높여 주실 것입니다.

- **벧전 1:12**
  예언자들의 이런 사역은 자신들을 위한 것이 아니라 여러분을 위한 것임을 하나님께서 그들에게 알려 주셨습니다. 그리고 그들이 연구한 진리는 하나님께서 보내신 성령님의 도움으로 기쁜 소식을 전하는 사람들에 의해 여러분에게 알려졌습니다. 이것은 천사들도 알기를 원하는 것입니다.

- **벧전 1:22**
  여러분은 진리에 순종하여 자신의 영혼을 깨끗하게 하였고 진심으로 형제를 사랑하게 되었으니 순결한 마음으로 서로 뜨겁게 사랑하십시오.

- **벧후 2:19**
  그들은 사람들에게 자유를 준다고 하면서 자신들은 멸망의 종이 되어 있습니다. 누구든지 정복을 당하면 그는 정복자의 종이 되는 것입니다.

- **벧후 2:21**
  바른 교훈인 줄 알면서 자신들에게 주어진 거룩한 계명을 저버린다면 그것을 모르는 편이 더 좋습니다.

- **요1 1:8**
  만일 우리에게 죄가 없다고 하면 우리는 자신을 속이는 것이 되며 진리가 우리 속에 있지 않습니다

| 자유 |

자유 · 독립운동의 지불표

조국의 독립을 갈망하고 전능하신 창조주 하나님께서 주신 자유를 사랑하는 백성은 자주 독립을 쟁취하기 위해 분연히 일어나 민족의 지도자를 중심으로 일본 사람의 통치에 항거하며 궐기했다. 이는 곧 1919년 3월 1일에 서울의 파고다 공원에서 불을 붙인 기미년 3 ? 1운동이었다. 그런데 이 만세운동은 삽시간에 요원의 불길처럼 번져 전국 311개 지방에서 독립운동이 일어났으며 횟수로는 1,542회에 참가 연 인원은 200여만명이 넘었다. 그러니까 그 당시 인구의 10분의 1, 정도가 이 운동에 참여해 일제에 저항했던 민족운동이었다.

이 운동 때문에 목숨을 잃은 사람은 무려 7,645명이나 되었으며 부상당한 사람은 45,562명이나 되었다. 또 이 운동 때문에 투옥당한 사람은 52,800명이나 되었다.

이 통계에 따르면 일본 사람들은 가장 포악하고 잔인하게 3?1운동을 진압했다는 사실을 알게 된다. 그럼에도 불구하고 우리 국민들은 가장 적극적으로, 거의 목숨을 걸고 이 운동에 참여하였음을 알게 된다. 그런데 놀랍게도 기미년 3?1운동을 주도한 주동세력은 바로 기독교였다는 사실을 알 수 있다.

1919년이면 기독교가 한국에 들어온 지 겨우 30여년밖에 되지 않았지만 하나님께서 주신 귀한 자유와 독립을 쟁취하고 확립하려는 이 저항운동에 있어 주도적 역할을 했다는 사실은 퍽 자랑스러운 일이 아닐 수 없다. 하나님께서 주신 자유와 생명의 존엄성을 지켜 나가는 일은 하나님의 형상대로 지음 받은 인간이 늘 명심하여야 할 일이라는 사실을 깨닫게 된다

| 자유 |

흑인 노예해방 운동의 시발점

옛날 미국의 흑인 노예를 해방시키기 위한 운동이 불붙기 시작했을 무렵, 이 운동에 큰 동기를 부여한 한 책이 바로 스토우 부인이 저술한 "탐 아저씨의 케빈"(Uncle Tom's Cabin)이다. 저자인 스토우 부인의 아버지와 오빠는 그 당시 존경받던 성직자였다. 그런데 저자는 결혼하여 단란한 가정을 이루고 행복한 생활을 향유했다. 특히 귀한 딸이 발랄한 성격과 함께 잘 자라주는 것이 고마웠으며 어머니 스토우부인은 이 딸을 무척 사랑했다.

어느 날, 그 귀한 딸은 갑자기 병을 얻어 시름시름 앓다가 세상을 떠나고 말았다. 딸을 잃은 어머니는 자기의 아픈 마음을 움켜쥐고 세상을 떠나간 딸을 생각하다가 문득 이 세상에는 자기처럼 마음 아픈 일을 당한 사람들이 얼마나 많을까라는 사실을 생각하게 되었다.

그때 스토우 부인은 노예의 형편을 보게 되었다. 나는 사랑하는 내 딸이 죽어서 슬픈데 하물며 흑인으로 태어난 어머니는 흑인이라는 이유 때문에 딸이 죽지도 않았는데도 생이별을 하여야 하는 가련한 처지를 보게 되었다. 이토록 슬프고도 마음 아픈 사연을 스토우 부인은 책으로 써 냈는데, 이 책이 곧 '탐 아저씨의 케빈이었다.

이 책은 많은 독자들에게 깊은 감명을 주었으며, 발행돼 나오자마자 많은 독자를 확보해 나갔다. 마침내 이 책의 발행은 흑인 노예해방 운동이라는 동기를 부여하게 되었다.

똑같은 조명에서 전능하신 하나님의 창조를 받은 인간은 서로 서로의 형편과 처지를 이해하고 생각하면서 우애의 길을 걸어야 할 것임을 깨우쳐 주고 있다.

| 자유 |

빈 새장의 교훈

　영국에서 유명했던 스펄전(Charles Spurgeon)목사가 런던(London)의 큰 교회에서 목회할 때였다. 어느 날 스펄전 목사가 런던의 길거리를 걸어가는데 한 소년이 새 장속에 들새 한 마리를 넣어 들고 가는 모습을 보게 되었다. 스펄전 목사는 이 소년을 잠간 세워 놓고 "너는 그 새를 갖고 도대체 무엇을 할 작정이냐?"라고 물었다. 그때 이 소년은 "글쎄요, 나는 이 새를 가지고 장난하고 놀다가 싫증이 나면 죽여 버리지요…" 이렇게 대답했다.
　이 말을 들은 스펄전 목사는 조롱 속에 있는 들새 한 마리에 대해 연민의 정이 생겼다. 그래서 스펄전 목사는 자기에게 이 새를 팔라고 소년에게 말하였다. 그때 소년은 신이 나서 2 파운드를 주면 새를 팔겠다고 대답했다. 그 당시 영국 돈으로 2파운드의 미국 현 환율로 100달러쯤 된다. 스펄전 목사는 그 소년에게 2 파운드를 지불하고 새를 샀으며 들새를 사자마자 그는 즉시 새장 속의 들새를 하늘로 날아가게 놓아 주었다.
　그 다음날 부활주일에 스펄전 목사는 빈 새장을 가져다가 강대상 위에 올려놓았다고 한다. 그리고 설교를 시작했다. 스펄전 목사는 빈 새장에 대한 자초지종의 이야기를 모두 교인들에게 털어 놓고 나서 "이 빈 새장의 이야기와 같이 예수님께서는 우리를 위해 똑같은 일을 하셨습니다." 죄가 우리를 새장 속에 가두고 도망치지 못하게 하였습니다. 그때 예수님은 죄라는 소년에게 다가 갔습니다. "너는 이 새장속의 사람들을 가지고 어떻게 할 작정이냐?"라고 물으셨습니다. "나는 이 사람들에게 서로 서로 미워하는 것을 가르쳐 줄 것입니다. 그리고 내가 싫증날 때까지 이 사람들을 데리고 장난하다가 싫증이 나면 죽여 버릴 것입니다"라고 죄가 대답했습니다. 예수님은 다시 묻기를 "얼마를 주면 이 사람들을 돌려줄 수 있느냐?"고 했습니다. 그 때 죄는 "예수님! 당신은 이 사람들을 원하지 않지요. 이 사람들은 당신을 미

| 자유 |

위하였고 배반하였으며 그리고 십자가에 못을 박았지요. 아주 나쁜 짓을 많이 했지요. 그러나 당신이 이 사람들을 사기를 정말로 원한다면 당신의 눈물과 핏방울까지 다 짜서 내십시요"라고 죄는 예수님께 말했다고 한다. "우리를 죽음의 새장 속에서부터 해방시키고 구원하기 위하여 예수님께서는 그 댓가를 지불하시고 십자가에서 돌아가셨습니다…" 이렇게 스펄전 목사는 감동어린 부활절 선교를 했다고 한다. 그런데 이 부활절 설교는 전국 방방곡곡의 많은 사람들에게 중계되어 큰 감명을 주었다.

우리 주님께서 우리의 죄를 위해 십자가에서 돌아가신 참 뜻을 깨우쳐 주는 은혜의 말씀이 아닐 수 없다.

가치관 | 관련 성경 구절 |

- **출 21:2**
  만일 너희가 히브리 종을 사면 그는 6년 동안만 너희를 섬길 것이며 7년째에는 그가 몸값을 지불하지 않아도 자유로운 몸이 될 것이다.

- **레 25:10**
  너희는 50년째가 되는 해를 거룩한 해로 정하고 너희 땅에 사는 모든 백성에게 자유를 선포하라. 이해는 너희가 지켜야 할 희년이다. 그러므로 만일 너희가 남의 재산을 산 것이 있으면 본 주인이나 그 후손에게 도로 돌려 주어야 하며 종으로 팔려온 자도 자기 가족에게 도로 돌려보내야 한다.

- **시 31:8**
  주께서는 나를 내 원수들의 손에 넘기지 않고 나에게 자유로운 환경을 주셨습니다

- **시 118:5**
  내가 고통 가운데서 여호와께 부르짖었더니 그가 나에게 응답하시고 나를 자유롭게 하셨다.

- **시 119:45**
  내가 주의 교훈을 따랐으니 참 자유 가운데서 살 것입니다.

- **사 42:7**
  네가 소경의 눈을 뜨게 하고 캄캄한 감옥에 갇혀 있는 자들을 끌어내어 자유롭게 할 것이다.

- **사 48:20**
  너희는 바빌론을 떠나 자유를 찾아라. 너희는 기쁨으로 노래하며 여호와께서 자기 종들을 구원하셨다고 온 세상에 선포하라.

- **갈 3:28**
  여러분은 다 그리스도 예수님 안에서 하나가 되었으므로 유대인이나 그리스 사람이나 종이나 자유인이나 남자나 여자나 차별이 없습니다.

- **골 3:11**
  여기에는 그리스 사람이나 유대인이나 할례를 받은 사람이나 할례를 받지 않은 사람이나 야만인이나 미개인이나 종이나 자유인이나 차별이 없습니다. 그리스도는 모든 것 그 자체이며 모든 것 안에 계십니다.

| 가치관 | 관련 성경 구절 |

● **약 1:25**
그러나 자유를 주는 완전한 그리스도의 법을 마음속에 새기고 그것을 지키는 사람은 듣고 잊어버리는 사람이 아니라 실천하는 사람입니다. 이런 사람은 그가 하는 일에 복을 받을 것입니다.

● **약 2:12**
여러분은 자유를 주는 그리스도의 법에 따라 판단을 받게 된다는 것을 잊지 말고 늘 조심스럽게 말하고 행동하십시오.

● **벧전 2:16**
여러분은 율법에서 해방된 자유인답게 생활하십시오. 그러나 그 자유를 악용하지 말고 오직 하나님을 섬기는 일에 사용하십시오.

| 정체성 |

모양이 각각 다른 옛날의 동전

로마나 희랍시대 즉 옛날의 동전은 그 모습이 모두 똑같은 것이 아니라 동전 한 닢 한 닢의 모양이 각각 틀리는 독특성을 가지고 있었다. 그 이유는 지금처럼 형틀을 만들어 놓고 기계로 주화를 찍어 대량생산하여 내었던 것이 아니라 한 닢 한 닢 일일이 복잡한 공정을 거쳐 기술자의 손으로 주화가 만들어졌기 때문이었다.

그렇기 때문에 그 당시 통용되었던 동전 한 닢 한 닢의 생김새는 독특하였다.

마찬가지로 전능하신 하나님께서는 자기의 형상 따라 우리 인간을 독특하게 창조하여 주셨음을 생각할 때 이는 참으로 놀라운 일이 아닐 수 없다.

| 정체성 |

황소로 상징되는 시카고 농구팀

미국의 중북부 지역에 위치한 시카고(Chicago)에는 직업 농구팀이 있다. 그런데 그 팀의 이름은 불스(Bulls)라고 붙여져 있다. 불스팀은 전국의 농구 선수권 대회에서 우승하여 선수권을 차지하기도 했던 유명한 팀이라고 한다. 불스라는 뜻은 '황소'라는 뜻을 가지고 있으며 시카고의 불스가 전국의 농구선수권을 획득 하였을 때 미국의 많은 주류 방송에서는 한결같이 "시카고의 황소군단이 전국의 농구선수권을 획득하였다"라고 말했다.

원래 황소는 힘(Power)을 상징하는데 아주 적절한 동물이었다. 옛날 애굽이나 중동에서는 힘을 상징하는 짐승으로 황소를 생각했었다. 특히 옛 사람들은 힘이라는 면에서는 어떤 다른 짐승들이 따를 수 없는 신비감을 황소는 가졌다는 사실을 믿었었다. 그런데 특별한 힘으로 상징되는 불스 팀도 농구의 귀동이며 천재라는 마이클 조단(Michael Jordan)이 은퇴한 후에는 미국의 전국 농구 선수권 대회에서 하위권에서 밑도는 성적부진을 면치 못하고 있다는 사실을 생각할 때 역시 전능하시고 신비로우신 분은 하나님 한 분 뿐이며 인간은 어떤 짐승의 이름을 가져다가 붙여놓아도 전능하신 하나님의 피조물이라는 사실을 깨닫게 된다.

| 정체성 |

원숭이와 호랑이가 가면을 벗고

1930년대 미국에는 큰 경제공황이 있었다. 그 당시에는 음식을 얻어먹는 일 조차도 굉장히 힘들었다. 한 청년이 사설 동물원을 찾아가 대표에게 "밥 좀 먹여 달라"고 구걸을 하였더니 동물원 대표는 "밥은 문제없이 먹여줄 터이니 자기가 시키는 대로 할 수 있느냐"라고 되물었다 한다. 물론 이 청년의 대답은 "무엇이든지 시키는 대로 다 하겠다."라고 대답했다.

다음날 이 청년은 동물원에 출근하자마자 창고에 들어가 원숭이 털을 뒤집어썼다. 그리고 그는 원숭이 우리 속으로 들어가 하루 종일 원숭이와 함께 놀았다. 여기에 한가지의 금기사항이 있었는데 그것은 절대로 입을 열고 말을 하면 안된다는 것이었다.

이 청년은 매일 원숭이 털을 뒤집어쓰고 원숭이 우리 속으로 들어가 원숭이들과 함께 뛰어놀면서 밥을 얻어먹었다고 한다. 그런데 하루는 원숭이처럼 나무 위에 올라가 아래로 뛰어내리려다가 실수를 하여 옆에 있는 호랑이 우리 속으로 떨어지고 말았다.

이때 호랑이 우리 속의 호랑이 한 마리가 자기 우리 속으로 떨어진 그에게로 엉금엉금 기어오고 있었으니 얼마나 무서웠을까? 호랑이 막사로 떨어진 이 청년은 얼떨결에 절대로 말은 하지 말아야 한다는 금기를 깨뜨리고 "아이고 어머니…"라고 소리를 지르고 말았다.

이 비명소리를 들은 호랑이가 하는 말은 "나도 너와 똑같은 신세란다"라고 말하면서 되돌아갔다.

사실은 호랑이도 진짜 호랑이가 아니라 흉년에 밥을 얻어먹기 위하여 호랑이의 가죽과 털을 뒤집어쓰고 호랑이 우리 속으로 들어가 호랑이 짓을 하던 중이었던 것이다.

우리도 먹고 살기 위하여 가면을 쓰고 살 때가 얼마나 많았던가 한번 생

| 정체성 |

각하여 볼 일이다.
　호랑이와 원숭이의 가면을 벗고 진실된 인간으로 사는 일은 중요하다는 사실을 말해 주고

델포이 신전의 명구

　희랍의 수도인 아덴(Athen)에서 북쪽으로 3시간의 거리에 위치한 델포이(Delphi)의 파르나소스 산 위에 세워진 델포이(Delphi) 신전의 문에는 "네 자신을 알라"는 격언이 새겨져 있었다고 한다.
　델포이(Delphi)에는 세계의 많은 사람들은 복채를 가지고 기원전 6세기에 세워진 신전으로 모여들었으며 그곳에서 제관들이 들려주는 예언을 들었다고 한다. 그런데 그 신전의 문 위에 새겨져 있던 "네 자신을 알라"의 글귀와 함께 떨어진 대리석 벽 조각들이 발굴되어 지금은 옛 신전 터 옆에 세워진 델포이 박물관에 전시되어 있다.
　옛날이나 오늘이나 인간이 자기 자신을 똑바로 안다는 일은 큰 과제가 아닐 수 없음을 잘 가르쳐 주고 있다.

| 정체성 |

노예 쿤타킨테의 자손의 자유

　수 십여년 전에 미국에서 큰 흥행실적을 올렸던 작품 '뿌리' (Root)의 저자 헤일리는 자기의 작품에 나오는 주인공의 입을 통하여 젊은이들에게 "그대들은 결단코 그대들이 어디서 왔는가를 잊지 말아라 그대 선조들의 이름은 쿤타킨테, 1767년에 미국 땅에 팔려온 아프리카 대륙의 노예 쿤타킨테의 자손은 자유를 찾았네" 이렇게 말하면서 조상의 뿌리 찾기를 저자는 강조하였다.
　우리도 죄의 노예였던 사람들이 그리스도의 보혈로 인하여 자유인이 되었으며 또 구원을 받았다는 사실을 결코 잊어서는 아니될 것임을 깨우쳐 주고 있다. '뿌리' 라는 작품이 ABC-TV를 통하여 방영되었을 때 미국 시민의 1/5정도가 TV앞에 앉아 이 프로그램을 시청하였다고 한다.

자기를 다스리는 일

　중국의 묵자(墨子)가 한 말 가운데 "세상의 모든 일은 일정한 기준을 갖고 행하여져야 한다. 기준이 없으면 큰일을 못한다. 참으로 큰일은 대국을 다스리는 일인데 그것보다도 더 큰 일은 자기를 다스리는 일이다" 라고 말했다.
　이 세상에서 누구를 막론하고 자기를 다스리는 일 만큼 중요하고 큰일은 없다는 사실을 깨달을 필요가 있다.

| 정체성 |

귀중한 소금

옛날에 3공주를 둔 임금이 있었다. 임금이 어느 날 사랑하는 세 공주들을 향하여 "세상에서 제일 귀한 것이 무엇이냐?"라고 물었다. 부왕의 질문을 받은 맏딸은 보석이 세상에서 제일 귀하다고 답변했다. 그런데 셋째 딸은 세상에서 제일 귀한 것은 소금이라고 대답을 하였다. 이 대답을 들은 임금은 안색이 변해 지면서 천한 소금이 어찌하여 세상에서 제일 귀하냐?"라고 셋째 딸에게 물었다.

이런 일이 있은 후 임금의 식사에는 일체 소금이 쳐지지 않은 반찬들이 밥상 위에 오르게 되었다. 임금이 음식상을 받아 들고 식사를 하려고 하는데 반찬들이 모두 너무 싱거워 도저히 먹을 수 없었다. 마음이 상한 임금은 딸을 불러 "어찌된 영문이냐?"라고 밥상 음식이 모두 싱거운 이유를 물었다.

이때에 셋째 딸은 "대왕의 별미에 제일 천한 소금을 칠 수가 없어서 소금 없는 음식을 만들어 바쳤습니다."라고 음식이 싱거운 사유를 보고했다. 그때야 임금은 크게 깨닫고 셋째 딸의 대답이 옳은 대답인 것을 알았다고 한다.

예수님께서는 우리에게 '너희는 세상의 소금이니 소금이 만일 그 맛을 잃으면 무엇으로 짜게 하리요 후에는 아무 쓸데없어 다만 밖에 버리워 사람에게 밟힐 뿐이니라.' (마태복음 5:13)고 가르치시고 있다.

| 정체성 |

이쪽? 저쪽!

영국의 과학자였던 미셸 파라데이(Michael Faraday)가 어렸을 때 신문배달을 했다. 어떤 부잣집에 신문을 배달하려고 갔는데 큰 철문이 있었기 때문에 신문을 집안 깊숙이 던져 놓기 위하여 쇠창살 사이로 머리를 쑥 내밀었다. 그때 '내 머리는 문 안에 있고 나의 몸은 문밖에 있으니 정말 나는 지금 문안에 존재하는 것일까 문밖에 존재하는 것일까?' 문득 이런 생각으로 꽉 차 있는 바로 그 순간 어떤 사람이 나와 대문을 여니 그의 목이 대문에 걸려 목이 부러질 뻔 했다.

그 후 그는 "내가 문안에 있었는지 혹은 문밖에 있었는지는 몰랐지만 한 가지 깨달은 것이 있는데 그것은 사람이란 안에 온 몸이 들어가 있든지 아니면 온 몸이 완전히 밖에 나와 있던지 하여야지 절반은 들어가 있든지 아니면 온 몸이 완전히 밖에 나와 있던지 하여야지 절반은 들어가 있고 또 온몸의 절반은 안 들어가 있는 것은 가장 지혜 없는 미련한 짓이다" 라고 말하였다.

그러니까 이쪽과 저쪽, 양쪽에 발을 걸치는 생활이란 가장 지혜 없는 미련한 짓이라는 것이다. 그리스도 안에 거하느냐 세상가치에 거하느냐 양다리를 걸치느냐 돌아보아함을 깨달아야 한다.

| 정체성 |

소속감의 혼돈

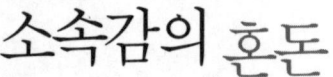

이민생활에서 당혹감을 주는 것은 소속감의 혼돈이라고 말들을 많이 한다. 한때 영국에서 명성을 떨쳤던 작가 죠지 맥도날드(George Mcdonald)도 젊었을 때 소속감의 혼돈 때문에 고민한 적이 있었다. 그는 "대체 참 종교란 무엇이냐"의 문제에 대해 바른 해답을 얻기 위하여 머리를 동여맨 채 성경을 읽기 시작하였다.

마침내 죠지는 기독교의 근본을 찾아냈는데 "무엇이든지 하나님의 뜻에 따라 사는 것이 인간의 도리인 동시에 의무"라는 사실을 발견하였다. 그리고 하나님의 뜻에 따라 사는 사람들을 하나님께서는 끝까지 지켜주시고 인도하여 주시는 것이 바로 하나님께서 즐겨하시는 일이라는 사실을 깨달았다. 그러므로 인간은 하나님의 뜻에 따라 바르게살기만 하면 이 세상에서는 아무것도 두려워할 것이 없다는 진리를 죠지는 발견하였다.

누구든지 우리를 지으신 하나님의 뜻에 따라 살 때 걱정, 근심, 그리고 두려움이 없다는 사실을 우리에게 깨우쳐 주고 있다.

| 정체성 | 관련 성경 구절 |

기독교의 정체성

1)기독교는 그리스도의 터 위에 세워졌음
- 고전 3:11 이 닦아 둔 것 외에 능히 다른 터를 닦아 둘 자가 없으니 이 터는 곧 예수 그리스도라
- 요 6:67 예수께서 열 두 제자에게 이르시되 너희도 가려느냐
- 요 6:68 시몬 베드로가 대답하되 주여 영생의 말씀이 계시매 우리가 뉘게로 가오리이까
- 요 6:35 예수께서 가라사대 내가 곧 생명의 떡이니 내게 오는 자는 결코 주리지 아니할 터이요 나를 믿는 자는 영원히 목마르지 아니하리라
- 요 3:14 모세가 광야에서 뱀을 든것 같이 인자도 들려야 하리니

2)기독교는 그리스도의 가르침에 근거한다.
- 고전 15:2 너희가 만일 나의 전한 그 말을 굳게 지키고 헛되이 믿지 아니하였으면 이로 말미암아 구원을 얻으리라
- 딤후 3:15 또 네가 어려서부터 성경을 알았나니 성경은 능히 너로 하여금 그리스도 예수 안에 있는 믿음으로 말미암아 구원에 이르는 지혜가 있게 하느니라
- 히 6:1 그러므로 우리가 그리스도 도의 초보를 버리고 죽은 행실을 회개함과 하나님께 대한 신앙과
- 히 6:2 세례들과 안수와 죽은 자의 부활과 영원한 심판에 관한 교훈의 터를 다시 닦지 말고 완전한 데 나아갈지니라

3)기독교는 모든 사람을 위한 종교다
- 막 16:15 또 가라사대 너희는 온 천하에 다니며 만민에게 복음을 전파하라
- 마 28:19 그러므로 너희는 가서 모든 족속으로 제자를 삼아 아버지와 아들과 성령의 이름으로 세례를 주고
- 마 28:20 내가 너희에게 분부한 모든 것을 가르쳐 지키게 하라 볼찌어다 내가 세상 끝날까지 너희와 항상 함께 있으리라 하시니라
- 고전 1:23 우리는 십자가에 못 박힌 그리스도를 전하니 유대인에게는 거리끼는 것이요 이방인에게는 미련한 것이로되
- 요 3:16 하나님이 세상을 이처럼 사랑하사 독생자를 주셨으니 이는 저를 믿는 자마다 멸망치 않고 영생을 얻게 하려 하심이니라

4)기독교는 인간의 구원이 그 핵심이다

- **행 4:12** 다른이로서는 구원을 얻을 수 없나니 천하 인간에 구원을 얻을만한 다른 이름을 우리에게 주신 일이 없음이니라 하였더라
- **행 15:11** 우리가 저희와 동일하게 주 예수의 은혜로 구원 받는 줄을 믿노라 하니라
- **요 10:9** 내가 문이니 누구든지 나로 말미암아 들어가면 구원을 얻고 또는 들어가며 나오며 꼴을 얻으리라
- **딤전 2:4** 하나님은 모든 사람이 구원을 받으며 진리를 아는데 이르기를 원하시느니라

| 지혜 |

편안함을 즐기다 죽은 독수리

　어느 날 부지런히 하늘 높이 날아가던 독수리 한 마리가 있었는데 열심히 날개를 저으며 날다 보니 몸에는 땀이 흐르고 피곤이 찾아오는 바로 그 순간 큰 강에 흘러가는 뗏목을 발견했다. 피곤한 독수리는 하늘에서 내려와 뗏목 위에 앉았으며 아주 평안한 마음으로 이런 생각 저런 생각을 즐기고 있었다. 그런데 독수리가 뗏목 위에 앉아 편안한 것을 즐기고 있는 동안 뗏목은 흐르고 흘러 폭포에 다다르게 되었다.
　이때에 독수리는 깜짝 놀라 하늘 위로 날려고 두 날개를 저었는데도 날을 수가 없었다. 왜냐하면 이미 독수리의 두 다리가 뗏목에 얼어붙어 있었기 때문이었다고 한다. 그래서 독수리는 뗏목과 함께 폭포 밑으로 떨어져 죽고 말았다.
　물론 휴식을 취하는 것도 좋지만 보다 안전한 영혼의 여행을 위해 휴식을 포기할 줄 아는 지혜가 필요하다는 교훈을 주는 이야기다.

| 지혜 |

구 소련팀 축구 감독의 평가

오래 전에 월드컵(World Cup) 경기를 앞두고 한국의 국가대표 축구팀은 평가전을 치루기 위하여 구 소련의 축구선수를 초청하여 평가전을 가졌다. 한국의 국가대표 축구팀은 소련의 축구선수와 3차에 걸친 평가전을 가졌다고 한다. 그런데 3번의 평가전을 마친 후 소련의 축구팀 감독에게 한국의 축구팀과 평가전을 가진 소감을 물었다.

이에 소련 축구팀의 감독은 "한국팀은 필요이상의 드리블(Dribble) 때문에 힘을 많이 소모할 뿐 아니라 선수들이 공에 너무 집착하기 때문에 사람을 보지 못하여 결과적으로 공을 빼앗기는 경우가 많다"고 평가하였다고 한다.

이 이야기에서 우리는 삶의 지혜를 다시 생각해보게 된다.

어떤 일에 너무 집착하다 보면 결과적으로 그 일을 성취하지 못하고 실패하는 경우가 많다는 사실을 우리는 종종 발견하게 된다.

그러므로 늘 그리스도 신앙의 참된 지혜를 살려 세상과 이웃을 바르게 보고 이해하는 삶도 중요하다는 사실을 깨달아야 하는 것이다.

| 지혜 |

지혜의 눈을 가진 농부

    어떤 농부가 농사일에 대한 열의와 확신을 갖고 남의 밭을 빌려 농작에 힘쓰고 있었다. 그런데 빌린 그 농토는 옥토가 아니라 너무 메마른 땅이었기 때문에 농사를 짓는데 무지무지하게 힘만 들었지 별로 이익은 없었다. 그런데 땅 임자는 아무리 생각해 보아도 농토가 너무 토박하여 별로 쓸 땅이 없기 때문에 만약 저 농부가 그 밭을 사겠다고 하면 좋은 가격으로 파는 것이 좋겠다고 돈을 내고 그 땅을 살 의사가 있느냐고 농부에게 물었다.
    며칠 후 그 농부가 밭을 가는데 햇빛에 반짝 반짝 빛나는 것이 있어 자세히 관찰하니 그것은 다름이 아니라 광맥의 일부가 노출되어 빛나고 있었다. 이후 그 농부는 자기 집과 세간, 그리고 온갖 재물을 모두 팔아 그 밭을 샀다.
    다른 사람들은 옥토가 아니기 때문에 별로 이용 가치가 없는 못쓸 땅이라고 버렸는데 적극적인 농부의 확신과 마음은 그 밭에서 값진 금맥을 발견해 냈던 것이다.
    똑같은 맥락에서 나폴레옹(Napoleon)의 한 이야기가 전해지고 있다. 어느 날 나폴레옹이 자기의 친한 친구와 인생에 대하여 이야기를 나누던 중 영창 가까이 가 밤하늘을 쳐다보니 희미한 별무리 한때가 희미하게 반짝이고 있었다. 이때에 나폴레옹은 그 별무리들을 가리키면서 "저 별무리들이 보이느냐?"고 친구에게 물었다. 그런데 나폴레옹의 친구는 나폴레옹처럼, 눈을 가지고 있지 않았기 때문인지 그 별무리들이 보이지 않음으로 "그 별무리들이 보이지 않는다"고 대답 했다. 이에 대하여 나폴레옹은 "바로 이점이 당신과 나 사이의 차이점이야"라고 친구에게 말하였다고 한다.
    참으로 전능하신 하나님으로부터 창조 받은 인간은 영혼과 지혜의 눈을 가지고 육신의 눈으로 볼 수 있는 것들의 배후에서 역사하시는 하나님의 은혜와 뜻을 생각하는 동시에 적극적인 삶을 살아야 한다는 사실을 깨달아야 한다.

| 지혜 |

미래를 준비해 둔 지혜로운 왕

유대인의 탈무드에 나오는 이야기 가운데 미래를 준비한 지혜로운 임금의 이야기가 있다. 한 사람이 배를 타고 가다가 파선을 당했다. 바다 위에 떠서 살아남으려고 온갖 노력을 다 하다 보니 이 사람이 입고 있던 옷은 다 찢어져 거의 나체가 드러나고 말았다.

그런데 이 사람은 물에 떠밀려 천신만고 끝에 한 섬에 도착하였다. 섬사람들은 벌거벗은 이 사람을 맞아 놀랍게도 그 섬의 왕으로 추대하였다. 섬사람들은 잔치상을 잘 차려놓고 아주 흥겨운 축제를 벌였다. 갑자기 추대된 왕은 어리둥절한 마음에서 왜 자기를 이 섬의 왕으로 추대했는지, 그 이유를 자세히 물었다.

사실 이 섬의 주민들은 모두가 해상 사고를 당해 거의 사경을 헤매다가 살아난 사람들인데 일년에 한번씩 이상한 사람을 뽑아 왕으로 추대한 다음 일년이 지나면 물 건너 다른 섬으로 그 왕을 쫓아낸다는 이야기를 듣게 되었다.

새 임금은 앞으로 일년 후에 추방될 신세를 생각하면 곤혹스렀지만 "우선 먹기에는 곶감이 달다"는 입장 때문에 왕의 행세를 그럴듯하게 했다. 그러나 일년 후의 문제에 대하여 신경을 쓰지 않을 수 없었다. 그래서 벌거벗은 왕은 밤이 되면 아무도 모르게 헤엄쳐 건너가 앞으로 쫓겨날 그 섬의 황무지에 사과나무를 비롯하여 다른 과실나무들을 심기 시작하였다. 마침내 일년이 지나고 예상했던 대로 왕에서 축출되어 물 건너의 다른 섬으로 건너오게 되었다.

그런데 매일 밤 아무도 모르게 건너와 틈틈이 심어놓은 과실나무들이 잘 자랐기 때문에 과일나무에는 풍성한 열매가 맺혀있었다. 여기서 벌거벗은 옛 임금은 일년씩 왕위를 가졌다가 축출되어 자기보다 먼저 이 섬으로 건너온

| 지혜 |

임금은 일년씩 왕위를 가졌다가 축출되어 자기보다 먼저 이 섬으로 건너온 많은 전임자들을 만나 즐거운 마음으로 잘 익은 과실을 함께 나누어 먹었다.

비록 일년이라는 시한부 왕이었지만 벌거벗은 왕은 왕위에 집착하지 않고 물을 건너 이 섬으로와 그 섬에 과실나무를 심으며 미래를 대비하고 미래의 희망을 설정했다는 이 이야기는 우리에게 비젼을 가져야 산다는 사실을 느끼게 된다.

시카고의 명물 시어즈 타워

미국 시카고(Chicago) 도심에는 한때 세계에서 가장 높은 빌딩으로 알려졌던 시어즈 타워(Sears Tower)가 세워져 있다. 이 빌딩 높이는 103층이나 되기 때문에 제일 높은 꼭대기 층에 있는 전망대에 올라가면 시카고를 비롯하여 인근 3개주를 한눈에 볼 수 있다고 한다. 그렇기 때문에 세계 각국에서 시카고를 찾아오는 많은 관광객들이 이 전망대에 올라가고 있다고 한다. 최근에는 한국 관광객들도 역시 이 곳을 많이 찾고 있다고 한다.

그런데 가장 높은 전망대에 올라가 벽에 손바닥을 대고 있으면 특히 바람이 심하게 부는 날에는 그 높고 웅장한 건물이 바람 따라 흔들리는 것이 손바닥이 감지된다. 참으로 놀라운 일이 아닐 수 없다. 건축전문가에 따르면 바람에 따라 약간씩 그 육중한 건물이 흔들리는 현상이 없으면 웅장하고 높은 이 빌딩은 존재할 수 없다고 한다. 역시 하나님으로 지음 받은 인간도 "너희는 뱀 같이 지혜롭고 비둘기 같이 순결하라."(마 10:16)고 부탁하신 예수님의 말씀을 기억하며 지혜와 여유를 갖고 살아가야 할 것이다.

| 지혜 | 관련 성경 구절 |

1) 지혜의 정의
- **욥28:28** 여호와를 경외하는 것
- **잠13:15** 은혜를 베푸는 일
- **약3:17** 온유, 성결, 관용, 양순, 긍휼
- **잠2:7** 완전함
- **골1:9** 신령해짐

2) 무엇이 지혜로워야 할 것인가
- **잠23:15** 마음이
- **잠28:26** 행위가
- **마12:42** 말(들)이
- **롬12:3** 생각이

3) 왜 지혜로워야 하는가
- **왕상2:6** 음부에 내려가지 아니하기 위하여
- **잠10:13** 채찍을 맞지 않기 위해서
- **잠10:8~9** 바른 길 가기 위해서
- **잠10:10** 성공하기에 유익하기 때문에
- **잠19:8** 영혼을 사랑하기 때문에

4) 지혜의 가치
- **욥28:18** 값이 홍보석 같음
- **잠3:18** 생명 나무 같음
- **잠8:11** 진주보다 나음
- **단12:3** 빛나게 됨
- **단12:10** 깨닫게 됨

5) 지혜를 누가 주며 지혜를 주는 정도
- **출31:3~4** 하나님의 신을 그에게
- **대상22:12** 여호와께서 네게
- **왕상4:29** 많이 주심
- **왕상4:30** 뛰어나게 주심
- **욥35:11** 짐승보다 더 주심
- **시119:98** 원수보다 지혜롭게
- **약1:5** 후히 주심

6) 지혜로와 지는 방법
- 신4:6 하나님의 규례를 지킴으로
- 잠2:7 정직함으로
- 잠6:6 부지런함으로
- 잠8:33 훈계를 들으므로
- 잠13:20 지혜로운 자와 같이 함으로
- 잠28:7 율법을 지킴으로
- 욥13:5 잠잠하고 잠잠하는 것이
- 사11:2 여호와를 경외함으로
- 고전3:18 세상적으로 미련함으로

7) 지혜로운 자의 결과
- 창41:33 나리를 다스리게 됨
- 출28:3 기술을 더하게 됨
- 대상22:12 율법을 지키게 됨
- 욥15:2 헛된 지식으로 대답지 아니 함
- 잠11:30 사람을 얻음
- 잠16:23 입에 지식을 더하게 됨

8) 지혜로운 자의 생활
- 잠18:15 지식을 구하는 생활
- 전7:4 마음이 초상집에 있음
- 전7:19 능력 있는 생활을 함
- 전9:1 행하는 일이 다 하나님의 손에 있음
- 전9:17 말에 권위가 있음
- 엡5:15~16 세월을 아끼는 생활

제3장

믿음의 열매

감사 | 겸손 | 믿음 | 사랑 | 소망 | 순종 | 인내 | 전도 | 정직 | 축복 | 확신 | 회복

| 감사 |

탄광 사고의 구출작전

오래전 미국의 한 탄광에서 갱이 무너지는 사고가 발생하였다. 이때 갱 안에 갇힌 광부들은 두 패로 나누어 졌다. 한쪽 편 광부들은 "시설을 잘못하여 이런 사고가 발생하였다"라고 말하며 탄광의 주인을 원망하며 투덜대는 광부들이 있고 또 다른 한쪽은 "우리의 목숨은 모두 하나님께서 주신 것인데 하나님의 은혜 가운데 우리가 살다가 이제 부름을 받게 되더라도 내 영혼이 구원받은 것을 감사드린다."라고 말하면서 하나님께 찬송 드리는 광부들이었다.

그런데 놀라운 사실은, 갱 안에서 원망하던 광부들은 구조대원들의 구조 손길이 닿기 전에 모두 죽었다는 사실이다. 그러나 하나님께 감사를 드리면서 찬송을 부르던 광부들은 모두 살아남아 구조대원들의 구조를 받았다고 한다.

우리의 생활, 모두가 하나님께 속하여있다고 생각할 때 불평과 불안과 원망이 하나도 없게 될 것이며 오히려 감사만이 넘치게 된다는 사실을 깨닫게 된다.

| 감사 |

마티 벤덴의 참회와 감사

옛날 독일에서 한 젊은 청년이 너무 자유주의자라는 평가 때문에 보수파 사람들에게 밀려나 정치를 그만두고 정계를 떠날 입장에 몰렸었다.

이 사람이 하루는 시골에 여행 중에 있었는데 허름한 모텔에서 하루 밤을 지나게 되었다.

그런데 다음날 아침에 일어나 보니 어떤 사람이 간밤에 자기의 구두를 훔쳐 도망쳤다는 사실을 알게 되었다. 그래서 모텔 주인을 원망하고 책임 추궁을 했으며 또 하나님을 원망하며 구두의 변상을 기대했었다. "왜 하나님께서는 나처럼 가난한 사람의 구두를 훔쳐 가도록 도적놈을 그냥 놓아두셨는지 모르겠다."라고 하나님께 대해 불평도 했다. 이런 분위기에서 모텔 주인은 허름한 구두를 하나 이 청년에게 구해 주면서 정중히 사과하지 않을 수 없었다. 그런데 그 날은 마침 주일이었기 때문에 친구의 권면 따라 친구와 함께 그 마을의 예배당으로 주일예배를 드리러 갔다.

예배당에서 주일예배를 드리면서 가만히 보았더니 두 다리가 없는 어떤 사람이 예배당에 앉아서 눈물을 흘리면서 기도를 드리고 또 찬송하고 있었다.

그때 이 젊은 정치인은 자기 자신에 대해 가만히 생각하게 되었다. "저 사람은 구두가 있어도 구두를 신을 다리가 없는데도 불구하고 기쁨으로 찬송하고 감사한 마음으로 기도드리는데, 나는 왜 두발을 갖고도 감사할 줄 모르고 화를 내면서 하나님을 원망했나?" 생각하면 할수록 너무 부끄럽기만 했다.

그래서 이 사람은 경솔했던 행위를 회개하고 더 나아가 그는 자기 생활에서 일어나는 모든 일에 감사를 드리는 동시에 긍정적으로 생각하는 생활로 변화되었다고 한다. 오랜 후에 이 사람은 독일의 유명한 재무부 장관이

| 감사 |

되었는데 바로 마티 벤텐이었다고 한다.

희망과 감사 속에서 긍정적으로 사는 생활모습을 가르쳐 주고 있다.

믿음, 소망, 사랑, 그리고 감사

신학자 리차드 니버'(Rochard Niebuhr)는 "신약성경 고린도전서 13장에 믿음, 소망, 사랑, 이 세가지는 항상 있을 것이라고 하였지만 거기에 '감사' 한 가지가 더 포함되어야 한다"고 말하였다. 우리를 사랑하시고 또 우리에게 소망을 주시며 믿음 주시는 하나님께 감사드리면서 승리하는 인생길을 살아가는 삶이 되어야 함을 깨우쳐 주고 있다.

| 감사 |

무슨 일에든지 감사하는 생활

　미국에서 활발한 저술활동을 했던 한나 스미스(Hannah Smith)의 베스트셀러로 '크리스챤이 행복한 삶을 사는 비결'이라는 책이 있다. 그녀는 이 책에서 "당신은 모든 일을 하나님께 감사드렸는가?"라고 묻고 있다. 좋은 일뿐 아니라 궂은 일이나 나쁜 일이 생겼을 때에도, 또 형편없는 일이나 시험당하는 일이 생겼을 때에도 하나님께 감사를 드렸는지 그녀는 묻고 있다.
　계속하여 저자는 "아무리 어려운 비극 속에서도 하나님께서는 위로를 주시지 않은 채 그냥 인간을 버려두지 않으신다."라는 사실을 강조하고 있다. 왜냐면 우리는 고아가 아니며, 특별히 우리는 하나님의 형상대로 지음받은 귀한 피조물이기 때문이라는 사실을 강조하고 있다.

| 감사 |

간증문에 쓰여진 '범사에 감사'

코리 붐(Boom)이 쓴 은혜스러운 간증문이 있다. 이 간증문은 "우리가 모든 것을 하나님께 감사드릴 수 있는가"의 문제에 대해 말하고 있다. 코리는 동생 베씨와 함께 세계 제2차 대전 중 나치의 강제 수용소에 감금돼 있었다. 열악한 수용소의 환경에도 불구하고 언니 코리는 동생 베씨에게 범사에 감사할 것을 늘 강조했다고 한다.

그때 동생 베씨는 "'범사에 감사' 라니 도대체 '이'가 우글거리는데, 언니! 그것도 감사하여야 되는거야?"라고 짜증을 냈다. 그런데 나중에는 동생도 "'이'가 우글대는 것도 감사하여야 한다는 언니의 생각이 옳았다"고 이 간증책에서 고백하고 있다.

그 이유는 '이'가 우글대기 때문에 간수가 가까이 오지 못했다. 그러니까 '이' 때문에 간수를 멀리 떨어뜨려 놓을 수 있었으며, 간수가 멀리 있었기 때문에 기도도 마음대로 드릴 수 있었으며 또 성경도 마음대로 읽을 수 있었다. 결국 두 자매가 갖춘 영적인 힘은 자기들의 사기를 높이는데 공헌하였기 때문에 이들은 수용소의 열악한 환경을 극복하고 생존할 수 있는 밑거름이 되었음을 고백하고 있다. 이런 조명에서 볼 때, 전능하신 하나님의 피조물인 우리가 생존하는 동안 경험하는 고통과 어려움 속에서도 감사드리는 일은 당연하면서 또 참으로 가치 있는 일이라는 사실을 깨우쳐 주고 있다.

| 감사 |

모든 것을 감사드립니다

　워싱톤 디시(Washington DC)에서 목회했던 보도(Bodo)목사가 덴마크(Denmark)를 방문하던 중, 어느 날 수도 '코펜하겐'의 한 작은 마을로 산책을 나갔다. 그런데 어느 교회의 모퉁이에 작은 공동묘지가 있어 그 안에 들어가 무심코 한 비석을 보았더니 '1907-1913'이라고 기록돼 있었다. 겨우 6년을 살고 간 한 소년의 묘비를 발견한 것이다.
　덴마크의 말을 몰라 비석 위에는 무엇이라고 써 있는지 전혀 알 수 없었는데 때 마침 꽃을 사 들고 온 한 여인의 도움으로 글을 번역할 수 있었다. 그런데 그녀의 도움에 따르면 "하나님! 모든 것을 감사드립니다." 라고 묘비 위에는 써 있었다.
　6살의 어린 아들을 잃어버린 부모의 신앙이 이 묘비에 담겨져 있음을 그는 생각하게 되었다. 자식을 잃은 슬픈 비극, 그리고 아들을 잃은 마음 고통에도 불구하고 하나님께서 주셨다가 데려가신 그 귀한 선물에 대하여 감사드린다는 것, 이것이 바로 하나님이 창조하신 인간의 기본자세라는 사실을 깨닫게 해 주고 있다.

| 감사 |

은전 6개를 얻은 그레첸

세계 제2차 대전이 끝나고 패전국이 된 독일에는 설상가상으로 대 기근이 겹쳤었다. 그때 한 무명의 부자 영감은 마을의 아이들을 모아 놓고 어린이들에게 먹을 빵을 나누어 주었다. 부자 영감은 아이들에게 "지금 이 자루 속에는 너희들 한 사람이 꼭 한 개씩만 먹을 수 있는 빵이 들어 있다 그러니 자루 속에서 빵을 한사람이 꼭 하나씩만 꺼내 가지고 가거라! 그러면 내일도 또 모래도 다시 내가 와서 너희들에게 계속 빵을 주겠다."고 약속을 하였다.

이 부자영감의 말이 끝나자마자 동네 아이들은 빵 자루 앞으로 몰려가 서로 좀더 큰 빵을 갖으려고 애를 썼다. 이 아이들은 더러운 손으로 빵을 들었다 놓았다 하면서 가능한 한 좀 더 큰 빵을 고르려고 애를 쓰는 모습이었다. 그리고 마침내 빵을 고른 아이들은 그 빵을 가지고 정신없이 집으로 달려갔다.

그런데 그레첸이라는 한 소녀는 한쪽에 가만히 서 있다가 맨 마지막 남은 제일 작은 빵을 집어 들고 "할아버지 감사합니다"라고 부자 영감에게 인사를 드린 후 종종 걸음으로 집으로 돌아갔다. 집으로 돌아온 그레첸이 작은 빵을 어머니와 함께 나누어 먹으려고 두 쪽으로 쪼갰더니 그 빵 속에 50전의 은전이 6개나 들어있었다.

너무 놀란 그레첸은 이 은전 6개를 가지고 부자영감에게로 달려갔다. 그때 부자 영감은 그레첸의 머리를 쓰다듬으면서 "그레첸, 너처럼 착하고 감사할 줄 아는 아이에게 상으로 주기 위해 나는 일부러 빵 속에 은전을 넣어 두었으니 걱정하지 말로 그 돈을 가져가라."라고 축복해 주었다.

늘 겸손한 마음으로 하나님께 감사드리는 생활은 바로 축복을 가져오는 지름길이라는 사실을 다시 한번 깨우쳐 주고 있다.

| 감사 |

감사의 생활

"우리 주변에서 펼쳐지는 단순한 사연을
하나님께 감사를 드립니다.
매일 아침 밝은 햇빛을 주시고
이 햇빛을 통하여
어둠을 몰아내고
황혼이 몰려 올 때까지
밝음을 주심을 감사드립니다.
하나님이시여!
매일 분주한 일과 속에서도
당신의 사랑을 보도록 도와주시고
우리들의 생활 전반에 걸쳐
늘 당신에게 감사드리도록
인도 하소서…"

이 시는 시인 엘리어트(T. S. Eliot)의 '감사의 시' 다.
엘리어트는 또 "감사와 기억은 늘 함께 다닌다. 우리 주변의 사소한 일에서 시작하여 큰일에 이르기까지 우리는 기억하여야 할 일이 너무 많고 또 감사하여야 할 일이 너무 많다"라고 말함으로써 감사의 생활을 강조하였다.
과연 하나님의 지음을 받은 인간은 늘 창조주를 향하여 그리고 이웃을 향하여 감사드리는 일에 힘써야 할 것을 깨우쳐 주고 있다.

| 감사 |

다섯 손가락의 기도

죠지 라인드럽은 자기가 병원에 입원했던 때가 있었는데 그는 그때 한 간호사로부터 감사의 기도를 배웠다. 이 간호사는 늘 하나님께 감사 기도를 드렸는데 그럴 때마다 그녀는 자기의 손을 합장하고 기도를 드렸다. 그런데 기도 드릴 때 합장한 간호사의 다섯 손가락은 각각 상징적이라는 말을 해 주었다. 즉 엄지손가락은 가장 자기와 가까운 사람에 대한 감사이고, 둘째 손가락은 학교와 병원에서 자기를 가르쳐 주는 스승에 대한 감사이고, 셋째 손가락은 가장 긴 손가락이므로 인도자(VIP)에 대한 감사인 동시에 넷째 손가락은 가장 약한 자로써 근심과 고통을 가진 자기 환자에 대한 기도이며 다섯째 손가락은 가장 짧고 덜 중요하므로 자기 자신에 대한 기도를 상징한다고 말하였다. 주변의 모든 사람들을 고르게 생각하고 사랑하는 마음씨에 깊은 감명을 받게 해준다.

| 감사 |

스탠리 존스의 감사

인도에서 오랫동안 복음 선포의 활동을 했던 스탠리 존스(Stanley Jones)는 "성도의 유일한 길은 무릎을 꿇고 하나님께 기도드리는 것이다."라고 말하였다. 그는 계속하여 기도의 이유에 대해 "나는 일찍이 반편이었음에도 불구하고 그리스도 안에서 하나의 완전한 인격을 이루었으며 나는 또 넘어졌지만 다른 곳에 넘어지지 않고 하나님의 은혜 속에 넘어졌기 때문이다"라고 말하였다.

하나님의 은혜와 사랑 속에서 생성하는 삶은 복된 삶이 아닐 수 없다. 늘 전능하신 우리 하나님께 감사드려야 할 것을 깨우쳐 주고 있다.

| 감사 |

발에 맞지 않는 큰 고무신

옛날 어느 마을에 세 아들을 둔 아버지가 있었다. 그는 시골의 5일장에 가서 15살 된 큰 아들을 위해 고무신 14문 짜리 한 켤레와, 12살 된 둘째 아들을 위해서는 12문 짜리 고무신을, 그리고 10살 된 셋째 아들을 위해서는 10문 짜리 고무신 하나를 각각 사왔다.

그런데 나아가 제일 어린 10살 된 아들은 사이즈(Size)가 제일 큰 14문짜리 고무신을 자기가 신겠다고 우겨대면서 울었다. 원래 고무신은 발에 꼭 맞아야 신고 다닐 수 있는 것이기 때문에 아버지는 아들들의 발 사이즈를 다 알고 시장으로가 아들의 발 사이즈에 맞추어 사왔는데도 불구하고 발에 맞지도 않는 큰 형의 고무신을 자기가 신겠다고 우겨대는 일은 어리석은 일이라고 말할 수 있을 것이다.

인간의 형편과 처지에 꼭 맞추어 풍요롭게 베풀어 주시는 하나님께 감사드리는 생활만큼 귀한 것이 없다는 사실을 깨닫게 하는 이야기다.

| 감사 |

목숨을 잃은 어머니 품 속

    1993년의 어느 날 서울을 떠나 목포공항에 기착하려던 국내선 비행기 한대가 추락하는 항공기 추락사고가 일어났었다. 그런데도 항공기 사고에서 그 유례를 찾아볼 수 없을 정도로 생존자가 많았다고 한다. 놀랍게도 이 많은 생존자들 가운데는 어린 아이들이 다수를 차지했다. 그 이유는 항공기가 추락하는 순간에 어머니들은 본능적인 모정을 발휘해 자기들의 어린 자녀들을 품에 꼭 안고 추락했기 때문이다. 그러므로 어머니는 이 사고로 목숨을 잃었는데도 불구하고 어린 자녀들은 끄떡없이 세상을 떠난 어머니의 품 속에서 살아 울고만 있었다.
    마찬가지로 전능하신 우리 하나님께서는 그의 자녀된 우리를 늘 품어주시고 안아주시고 또 지켜주신다는 사실을 깨우쳐 주고 있다. 항상 감사드리며 살아야 할 것이다.

| 감사 |

모라비안 교도들의 찬송

요한 웨슬리(John Wesley)가 미국 죠지아(Georgia)주 처음 설교에 실패한 후 귀국선을 타고 영국으로 돌아가고 있었다. 그런데 갑자기 풍랑이 몰려와 그를 태운 배를 흔들었다.

배를 타고 함께 가던 모든 승객들은 배가 풍랑 때문에 요동하자 공포에 질려 어찌 할 바를 모른 채 당황하고 있었다.

이런 환경에서 하나님께 감사 찬송을 드리는 모라비안 교도들을 선상에서 발견하고 요한 웨슬리는 깊은 감화를 받았다.

감사 찬송은 그 찬송을 부르는 사람뿐 아니라 듣는 사람에게도 깊은 감화와 영감을 주는 동시에 또 진리를 잘 바라볼 수 있도록 영의 눈도 크게 뜨게 해 준다는 사실을 깨우쳐 주고 있다.

| 감사 |

시골 농부의 순박한 감사

어느 시골에 순진한 농부가 살았다. 이 농부는 가을에 수확한 무우가 상당히 크고 좋았다. 그래서 농부는 자신이 수확한 무우 가운데 가장 크고 좋은 무우를 하나 골라 마을의 원님에게 선물로 바쳤다고 한다. 농부는 "모든 것이 원님의 크신 덕분입니다"라고 말하면서 그 크고 좋은 무우 하나를 원님께 바쳤다. 원님은 기쁨이 넘쳐 이 영광스러운 일을 보상하고 싶었다. 그래서 "요즘 들어온 물건 가운데 좀 값나가고 좋은 것이 없느냐?"라고 하인에게 물었다. 하인은 "예, 최근에 들어온 선물들 가운데 황소 한 마리가 남아 있습니다."라고 원님에게 대답했다. 이 말을 들은 원님은 "그러면 그 황소를 끌어다가 저 농부에게 줘라"고 말했다.

마침내 순진한 농부는 무우 하나로 황소를 선물 받는 횡재를 하였다는 소식이 온 마을에 퍼졌다. 이때에 어느 심술궂은 농부가 생각하기를 "옳지, 나는 황소 한 마리를 원님께 바치면 원님으로부터 땅을 많이 얻을 수 있겠지"라고 생각했다. 그래서 이 심술궂은 농부는 소 한 마리를 원님에게 몰고 갔다. 그리고는 "원님! 저는 수십년간 황소를 길렀습니다. 그런데 이렇게 크고 좋은 황소는 처음 봅니다. 모두가 원님의 선정 덕분 입니다."라고 원님에게 말했다.

원님은 다시 하인에게 "요즘 들어온 선물들 가운데 창고에 남아있는 좋은 것이 있느냐?"라고 물었다고 한다. 하인은 "예, 최근에 들어온 선물 가운데 무우가 하나 있습니다" 라고 대답했다. 원님은 "그러면 그 무우를 저 농부에게 갖다 줘라"고 말했다.

진정한 감사는 대가를 기대하지 말아야 하며 깊은 마음속의 감사가 되어야 한다는 사실을 깨닫게 하는 동시에 '동기의 윤리'를 가르쳐 주고 있다.

| 감사 |

불평보다는 오히려 감사를

쉬프트란 작가는 어렸을 때 조실부모했기 때문에 불행하게도 삼촌댁에 살면서 성장했다고 한다. 그런데 인색한 삼촌은 조카인 쉬프트를 잘 교육시키지 않았다. 그래서 어느 날 쉬프트는 자기의 친한 친구를 만나 자기 어렸을 때의 생활을 한탄하면서 자기 삼촌에 대한 불평을 토로했다. "삼촌은 나를 개에게 주는 교육만큼도 시켜 주지 않았지!"라고 자기의 마음 속 깊이에 깔려있는 불만을 친구에게 말했다.

이 말을 들은 쉬프트의 친구는 "그렇다고 하더라도 자네는 개만큼도 삼촌에 대하여 고마운 생각을 갖고 있지 않지 않느냐?"라고 꾸지람을 주었다.

일찍이 사도 바울은 "아무것도 염려하지 말고 오직 모든 일에 기도와 간구로 너희 구할 것을 감사함으로 하나님께 아뢰라 그리하면 모든 지각에 뛰어난 하나님의 평강이 그리스도 예수 안에서 너희 마음과 생각을 지키시리라"(빌립보서 4:6-7)고 빌립보 교인들에 편지했음을 생각하면서 늘 감사의 삶에 힘써야 할 것이다.

| 감사 |

어느 트럭 운전사의 호의

한국 전쟁의 상처를 씻고 모든 것이 정상으로 돌아가기까지에는 상당한 시간이 소요되었다. 이 기간동안 교통의 불편과 어려움도 많았다. 버스 편도 나빴고, 기차도 정상으로 운행되지 못했던 그 당시 유일한 교통수단으로는 걸어 다니는 것 밖에는 별 수단이 없었다.

어느 날 한 시골길에서 머리 위에 무거운 봇짐을 이고 걸어가는 노파를 운전사는 보게 되었다. 이 마음씨 착한 트럭 운전사는 자기가 몰고 가던 트럭을 길가에 세우고 그 노파를 짐 싣는 트럭 뒤 쪽에 태워 주었다.

그런데 한참을 운전하고 가다가 운전석에서 운전사가 가만히 뒤 유리를 통해 트럭 뒤쪽 짐칸을 보았더니 얼마 전에 태워준 할머니는 짐 보따리를 그냥 머리위에 인 채 앉아 있었다고 한다. 마침 트럭이 자갈길을 오르느라고 덜거덕 덜거덕 하니까 할머니는 머리위에 인 보따리와 함께 흔들흔들하는 모습을 운전사는 보게 되었다. 이에 운전사는 길가에 트럭을 다시 정차시켜 놓고 할머니에게 할머니께서는 왜 머리위에 인 짐 보따리를 트럭 바닥에 내려놓지 않고 그냥 머리에 인 채 흔들흔들 하면서 가느냐고 물었더니 이 할머니는 "운전사 양반! 나 혼자 트럭을 타고 가는 것도 미안스럽고 또 한편으로는 감사한데… 거기다가 봇짐까지 트럭에 태워서야 되겠소?"라고 할머니식의 대답을 하였다.

우리 모두는 하나님의 은혜 가운데서 살고 있는데 아직도 무거운 짐 보따리를 그리고 절망의 한숨을 내려놓지 못한 채 그냥 그것들을 머리위에 이고 있는 경우가 많다는 사실을 깨닫게 해 준다. 무거운 짐 보따리를 내려놓고 감사드리는 마음으로 하나님 품안에 안기는 것이 바로 성도의 삶이며 과제일 것이다.

|감사| 관련 성경 구절|

1. 감사의 대상주 여호와 하나님
- 시75:1 ● 시 92:1~3 ● 시 97:12 ● 엡5:20
- 빌4:6 ● 골2:7 ● 대상16:34

2. 감사할 이유
1) 하나님께서 구원해 주신 은혜 때문에
- 시 68:19 ● 시 44:7 ● 시35:9 ● 고전 1:21 ● 갈 1:4 ● 히 7:25

2) 일반적인 섭리와 식물을 주시니
- 시 136:25 ● 시 145:15 ● 시 147:9 ● 욥 36:31

3) 기도를 응답해 주시니
- 단 2:23 ● 시 50:15

4) 기타
- 골3:15 명령이니
- 골1:12 기업을 얻기에 합당한 자가 되었으니
- 고전1:4 은혜를 받았으니
- 고후2:14 그리스도안에서 이기게 하시니
- 빌1:3-6 성령이 보호하시니
- 살후1:3 성도의 당연한 일이니

3. 무엇으로 감사할 것인가
1) 소산물과 감사의 제물로 감사함
- 레23:13 ● 레22:29 ● 대하29:31 ● 레7:15 ● 고후9:11

2) 그리스도와 그의 이름으로
- 롬1:8 ● 골3:17 ● 히13:15 ● 엡5:20

4. 감사하는 자세
- 시50:14 예배와 제사로 ● 시98:1 찬송으로서 ● 골3:16 마음으로
- 시9:1 전심으로 ● 시33:2 악기로 감사
- 롬14:6 생활로 감사

5. 어느때 감사할 것인가
- 살후1:3 항상 감사 ● 단6:10 환난 때에도 ● 단2:23 환난을 받았을 때 감사
- 엡1:3 복을 받았을 때 ● 눅2:38 주님을 뵈올 때 감사

| 겸손 |

겸손한 성자

　옛날 어느 마을에 성자 한 사람이 살고 있었다. 그의 생활은 참으로 깨끗하고 덕이 되어서 모든 사람들로부터 칭찬을 받았다. 그런데 천사도 이 성자의 깨끗하고 겸허한 생활을 보고 감탄을 하였다.
　어느 날 천사가 땅으로 내려왔다고 한다. 땅으로 내려온 천사가 가만히 그의 생활을 살펴보니 과연 성자임에 틀림없다고 생각하게 되었다. 그래서 천사는 그에게 은사를 더 주려고 "이렇게 신앙생활을 잘 하니 참으로 기특하구나. 앞으로는 그대가 기도만 하면 무슨 병이던지 다 낫고 죽은 사람도 살려낼 수 있는 권세를 그대에게 주겠다."라고 말하였다. 그 때에 그는 "감사합니다. 그러나 저는 그런 은혜를 받을 수 없습니다. 왜냐면 인간의 병을 고치고 죽은 자를 살리는 일은 하나님께서 친히 하셔야지 제가 하는 일이 아니라고 생각합니다." 라고 대답하였다.
　이 말을 들은 천사는 다시 "그러면 그대가 말만하면 어떤 죄인이라도 회개하고 새 사람이 되게 하는 권세를 그대에게 주겠다." 라고 말하였다. 그는 똑같은 대답으로 "저는 그 은사를 받을 수 없습니다. 왜냐면 그것은 성령의 역사이니, 성령께서 하셔야 할 일을 어찌 제가 하겠습니까?" 라고 말하였다.
　"그러면 그대는 무슨 은사를 원하느냐?" 라고 천사가 다시 물었을 때 "예, 저는 소원 한 가지를 가지고 있습니다. 그것은 이 세상에 사는 동안 어떻게 해서든지 죄를 짓지 않고 선을 행하되, 그 선행하는 것을 제가 알지 못한 채 계속 행할 수 있는 은사를 주십시요." 라고 천사에게 부탁하였다.
　참으로 겸손한 마음을 가진 성자라는 사실을 말하여 주고 있다.

'선조들의 세계' 속의 유대인

1970년대의 중반에 미국에서 베스트 셀러였던 '선조들의 세계' 라는 책이 있었다. 저자인 어빙하우는 유대인 학자로 알려져 있는데, 그는 유대인들이 미국으로 이민해 들어온 연대를 둘로 나눠 1881년대와 1900년대로 각각 구분하고 있다.

그에 따르면 첫째인 1881년대는 러시아황제의 암살사건을 계기로 박해를 피해 탈출한 초창기의 유대인 이민이었다. 이들은 미국으로 건너와 빈곤과 막 노동의 존재를 벗어나지 못하고 손과 발을 열심히 놀려 일했으므로 이들의 이민을 가리켜 오로지 후세들을 위하여 밑거름이 된 시기였다. 그리고 둘째인 1900년대 이후의 제2기 이민은 선조들이 물려준 손과 발의 희생을 딛고 정치, 경제, 의료, 각 분야에서 성공한 모습들을 저자는 그 책에서 그리고 있는데 제2기 유대인 이민의 활짝 편 성공은 제1기 이민자들의 희생 결과라는 사실을 말하고 있다.

전능하신 하나님의 형상대로 지음 받은 우리도 다른 사람을 위하여 양보하는 겸양의 덕을 발휘하는 동시에 사람들을 위해 자신을 희생시킬 수 있어야 한다는 아름다움을 깨우쳐 주고 있다.

| 겸손 |

작은 언덕에서 십자가를 진 왕

　유명한 시인으로 잘 알려졌던 부레도 바이는 "이 세상의 군왕들은 황금과 몰약의 권세 속에서 오고 갔다. 그러나 그들의 성쇠와 그들의 승리도, 그리고 그들의 죽음도, 모두가 한 이야기처럼, 우리들에게는 전해졌을 뿐이다. 그렇지만 하나님의 귀하신 왕국은 아직도 승리의 깃발이 펄럭이고 있다. 그는 섬기는 종인, 왕으로 오셨으며 또 한 작은 언덕에서 십자가를 지신 겸허한 왕으로 오셨기 때문이다"라고 부레도 바이는 자기의 자작시에서 말했다. 그렇기 때문에 전능하신 하나님의 형상대로 지음 받은 우리의 삶은 바로 섬기고 봉사하는 겸허한 봉사의 삶이 되어야 함을 깨우쳐 주고 있다.
　예수님께서는 "너희 중에 큰 자는 너희를 섬기는 자가 되어야 하리라 누구든지 자기를 높이는 자는 낮아지고 누구든지 자기를 낮추는 자는 높아지리라"(마태복음 23장 11-12절)라고 말씀하심으로, 우대와 특권, 그리고 높임을 받으려는 인간의 생각을 배격하는 동시에, 오히려 섬기는 사람이 되라고 말씀하셨다.

어느 학생의 임종

종교 개혁자 마틴 루터(Martin Ruther)가 운명직전에 있는 한 가난한 학생을 임종하기 위하여 병원을 급히 방문하였다. 루터는 가난한 학생에게 "이제 얼마 후에는 당신이 하나님 앞에 갈 터인데 무엇을 가지고 가기를 소원하느냐?"라고 물었다.

이 때에 죽어가던 학생은 나에게 있어 좋다고 생각되는 것들을 모두 다 가지고 가겠다는 식으로 담담하게 대답을 하였다. 이런 대답에 너무 어처구니가 없다고 생각하였던 루터는 다시 "당신은 가진 것이 하나도 없는 불쌍한 죄인인데 도대체 무엇을 가지고 가겠다고 그렇느냐"라고 잘라서 말을 하였다.

이런 루터의 질문에 젊은 학생은 아주 정중하게 "나는 우리 주님, 예수 그리스도의 보혈이 뿌려져 얻은 나의 겸손한 마음을 하나님께 가지고 가겠습니다." 라고 대답하였다.

우리도 주님께서 십자가에서 흘리신 보혈로 얻은 귀한 겸손을 통하여 우리자신을 늘 하나님께 바치는 생활에 더욱 더 힘써 나가야 할 것이다.

| 겸손 |

빈 찻잔에 넘치도록

　일본 역사에서 근대화의 장을 연 도꾸가와 시대에 유명한 대학교수가 한명 있었다. 어느 날 그는 불교의 진리에 심취하고 싶어 그 당시 명찰의 주지 스님을 찾아 갔다. 스님 앞에 고개를 숙인 이 교수는 자기가 주지 스님을 찾아온 목적을 말하고 불교의 진리에 심취해 불제자가 되기를 원한다고 말했다.
　한참동안 물끄러미 대학교수를 쳐다보고만 있던 주지스님은 자기를 찾아온 이 대학교수를 맞아 들였다. 주지스님은 녹차를 한잔 대접하기로 마음 먹었다. 그리고 빈 잔을 대학교수에게 건네준 늙은 주지 스님은 두 손으로 녹차를 끓인 주전자를 들고 대학교수의 빈 잔에 녹차를 따르기 시작하였다. 그런데 대학교수의 찻잔에 녹차가 차고 넘쳐 흘러내리는데도 불구하고 주지 스님은 계속 대학교수의 찻잔에 녹차를 따르고 있었다.
　이에 놀란 대학교수는 자기 손에 쥔 녹차 잔에 차가 넘쳐 흐르기 때문에 이제는 그만 따르라고 소리를 쳤다. 그런데도 주지 스님은 알아듣지 못한 척 계속 녹차를 따르고 있었다고 한다. 한참 후에 주지스님은 "당신의 마음속은 마치 이 찻잔처럼 충만히 채워져 있기 때문에 따르는 물마다 찻잔 밖으로 넘쳐 흐르고 만다. 그러므로 당신은 돌아가 마음을 비운 후 불제자의 공부를 위하여 다시 오라"라고 대학교수에게 말하였다고 한다.
　우리 기독교에서는 과연 그리스도의 제자로 마음을 비우고 한 평생 주의 길을 따라가는 일은 쉬운 일인가 더욱 경건하게 생각해보아야 할 것이다.

겸손을 통하여 유능한 전도자로

어느 날 유명한 신학자 풀리쳐를 찾아온 한 젊은이는 "선생님! 제가 어떻게 하여야 가장 유능한 전도자가 될 수 있습니까?"라고 물었다. 이 말을 듣고 있던 풀리쳐는 조용한 음성으로 "자네가 정말로 유능한 전도자가 되고 싶은가? 만일 자네가, 나는 영국에서 제일 보잘것 없는 존재라고 생각할 수 있다면 하나님께서는 반드시 자네를 들어 큰 일을 시키실 것일세!"라고 대답하였다. 하나님께로부터 부름받기 원하는 사람은 늘 하나님 앞에 정직하고 겸손한 마음으로 서야 된다는 사실을 깨닫게 해 준다.

군자의 이상

'논어'(論語)에 "인자(仁者)는 사리사욕의 마음이 없으니 어떤 일이 일어나도 걱정할 것이 없고, 또 지자(知者)는 사리의 도리에 밝고 선악판단이 정확하니 유혹당할 일이 없으며, 그리고 용자(勇者)는 의에 따라 일을 결정하기 때문에 아무 두려울 것이 없다. 이것이 바로 군자의 이상이다."라고 이야기한 글귀가 나온다고 한다.

인간이 어질고 겸손한 가운데 사리사욕의 문제를 처리할 뿐 아니라 도리에 밝아 순종하는 마음을 갖는 동시에 자기 통제를 통해 공의를 실현시키는 용감한 자세로 살아가야 한다는 사실을 깨우쳐 주고 있다.

| 겸손 |

하늘을 날려다 떨어진 개구리

지능지수가 아주 높은 개구리 한 마리가 푸르고 높은 하늘을 한번 나는 것이 소원이었다. 골똘히 하늘을 나는 방법을 생각하던 이 개구리는 때마침 공중을 날던 새 두 마리에게 사정하여 나무 젓갈의 양쪽 끝을 새 두 마리가 각각 입에 물고 함께 하늘을 날 것을 부탁하였다. 개구리의 부탁을 거절하지 못한 마음씨 좋은 새 두 마리가 나무젓가락의 양쪽 끝을 각각 입에 물고 함께 하늘로 날려고 할 때 이 개구리는 재빨리 그 젓가락의 가운데를 입으로 물고 대롱대롱 매달린 채 멋지게 하늘을 날 수 있었다.

그것을 부러운 눈으로 땅위에서 보고 있던 다른 개구리가 "도대체 나무 젓가락의 가운데에 대롱대롱 매어 달려 하늘을 나는 것은 누구의 꾀였냐?" 라고 물었다고 한다. 이 때에 하늘을 날던 개구리는 빨리 입을 열어 이런 꾀를 내어 하늘에 오르는 아이디어(Idea)의 창출자는 바로 자기 자신이었다고 자랑하려는 순간 그만 그 개구리는 나무젓가락 가운데를 물었던 입이 열려져 하늘에서 땅으로 떨어져 즉사하고 말았다.

성도의 삶은 늘 겸손한 가운데 자기를 낮추는 동시에 주님만을 높이는 생활이 되어야 함을 깨닫게 해 준다.

첫째 되는 덕행은 겸손

　기독교 역사에서 어거스틴(Augustine)은 유명한 사람이었다. 기독교 교리의 초석을 놓은 사람이 바로 어거스틴이라고 말들을 하고 있다. 한번은 어거스틴의 제자가 선생님께 "기독교 신자에게 있어서 제일 귀한 덕은 무엇이냐?"라고 물었다. 그때 교부 신학자로 널리 알려진 어거스틴은 "기독자의 첫째 되는 덕행은 겸손이다"라고 대답했다.
　제자는 선생님에게 다시 "그러면 둘째 가는 덕행은 무엇이냐?"라고 물었다고 한다. 어거스틴은 "둘째 가는 덕행도 바로 겸손이다"라고 대답하였다고 한다. 그때에 제자는 다시 "그러면 선생님! 셋째 가는 덕행은 무엇입니까?"라고 물었다. 어거스틴의 대답은 여전히 "셋째의 덕행도 역시 겸손이다"라고 대답하였다고 한다.
　이처럼 성도의 삶에서 제일 중요한 덕행인 '겸손'이 점점 잊혀져 가고 있다는 사실에 큰 우려를 표시하는 사람들이 늘어가고 있음을 기억하여야 할 것이다.

| 겸손 |

겸손을 외면한 소비와 허영

미국의 거부로 잘 알려진 맬콤 포부스의 70회 생일잔치 소식이 매스컴을 타고 전 미국의 뉴스로 전해졌던 일이 있었다. 이 사람은 자기의 70회 생일잔치를 모나코(Monaco)에 있는 자기의 별장에서 가졌다. 그런데 그는 손님들 모두를 비행기를 동원하여 뉴욕(New York)에서부터 모나코로 실어갔다.

맬콤 포브스가 초청한 초청객들 가운데는 배우인 엘리자베스 테일러를 비롯하여 전 언론인 월터 크롱카이와 닉슨 행정부의 고위 관리였던 헨리 키신저를 포함한 많은 초청객들이었다. 그런데 이들 모두를 뉴욕에서부터 비행기를 대절하여 모나코로 실어갔던 것이다. 그뿐 아니라 초호화판의 잔치를 위하여 배꼽춤(Bally Dance)을 추는 무용수 600명도 뉴욕에서 데려다가 3일간의 초호화판 생일파티를 열었다. 이 생일잔치의 비용이 무려 300만 달러였다고 한다. 이처럼 겸손과 절제를 모른 채 소비와 허영으로 들떠 타락한 세태 정신을 보면 마음이 참으로 안타깝지 않을 수 없다.

태연하고 겸손함 삶

중국의 고전에 따르면 공자(孔子)는 "군자는 태연하되 교만치 않고 소인은 교만하되 태연하지 않다."라고 말한다. 그는 또 계속하여 "인생을 달관하고 사는 군자는 아무리 가난하여도 태연자약하게 삶을 즐기고 또 아무리 부귀해져도 교만함 없이, 부귀하여지면 그럴수록 더욱 더 겸손을 베풀어 사람을 사랑한다"라고 말했다. 그러므로 공자에 따르면, 군자와 소인의 차이는 다른 것이 아니라 곧 겸손과 교만의 차이라고 말할 수 있을 것 같다. 두말할 필요도 없이 성도의 삶은 겸손한 가운데 하나님을 사랑하고 이웃을 사랑하는 생활이 되어야 할 것임을 깨우쳐 야 할 것이다.

| 겸손 |

십자가 은혜에 대한 겸손

어느 교회에서 70세쯤 되는 노인 두 분이 거의 같은 시기에 세상을 떠났다. 어느 날 천사장이 할머니 한분께 "당신은 하나님께 드릴 예물을 가지고 왔느냐?"라고 물었다. 이 순간 할머니는 주저하지도 않고 "예, 나는 70년 동안 세상에 살면서 선도 행하고, 봉사도 많이 하고 또 상도 많이 받았습니다." 라고 자랑하면서 열한개의 보따리의 선물을 천사장 앞에 내어 놓았다. 천사장이 할머니가 내어 놓은 열한개의 보따리를 모두 열어보았더니 다 썩어 악취가 났기 때문에 하나님께 예물은 하나도 건지지 못하였다.

한편 천사장은 또 다른 할머니에게 "당신이 70년 동안이나 하나님 앞에서 살았으니 하나님께 자랑할 것이 있으면 내어 놓으라"고 말하였다. 이때에, 이 초라한 할머니는 "나는 아무것도 가진 것이 없으니 그저 하나님 아버지께 감격에 넘치는 눈물만 드릴 뿐입니다" 라고 말하였다. 그리고 할머니는 계속하여 "예수님의 십자가에 의하여 구원받은 은혜에 감격할 뿐입니다" 라고 말하였다고 한다.

그때에 천사장은 그 할머니를 향하여 "옷을 좀 벗어보라" 고 말하였다. 이 할머니가 천사장의 명령에 따라 옷을 벗었더니 놀랍게도 몸에서는, 광채가 났다. 그리고 예수님의 십자가 못자국이 이 할머니의 몸에 인쳐져 있었다. 예수님은 겸손한 이 할머니를 구원으로 인도하시고 또 생명의 면류관을 씌워주셨던 것이다.

대나무

　옛날부터 동양 사람들은 대나무를 좋아했으며 대나무에 대한 특별한 애착이 컸다. 대나무에는 충절에 대한 이야기가 많이 얽혀져 있다. 늘 푸르고, 늘 곧고, 그리고 늘 바르고 깨끗한 것이 대나무의 특징이라고 말하고 있다. 그런데 대나무는 그것뿐만 아니라 한 가지 특징이 더 있는데 대나무를 치고 보면 대나무 안이 텅텅 비어 있다는 사실을 발견하게 된다.
　그러니까 대나무속에는 아무것도 없는 빈 공간뿐이라고 한다. 곧으면서 겸손한 대나무, 푸르면서 겸손한 대나무, 그리고 깨끗하고 바르면서도 겸손한 대나무는 성도의 삶에 많은 것을 가르쳐 주고 있다.
　"하나님이 교만한 자를 물리치시고 겸손한 자에게 은혜 주신다 하였느니라."(야고보 4:6 하반절)라고 성경은 우리에게 겸손을 깨우쳐 주고 있다.

| 겸손 |

벗겨진 에베레스트 산의 신비

지금까지 많은 사람들은 이 세상에서 가장 높은 에베레스트 산(Mt. Everest)을 정복하고 내려온 등산대원들의 보고를 들으면서 신비스러운 에베레스트 산의 정상을 생각하고 등산대원들의 보고를 들으면서 신비스러운 에베레스트 산의 정상을 생각하고 이해하고 동시에 상상했었다고 한다.

그런데 1988년도에 있었던 에베레스트 산 정상 탐험대원들은 세계인들에게 지금까지의 정복과는 전혀 차원이 다른 생생한 이해를 가져다주었다. 즉 일본과 중국, 그리고 네팔에서 온 등산가 12명으로 구성된 등산 대원들은 텔레비젼 중계를 위한 최신 장비를 어깨에 메고 산의 정상에까지 올라가면서 신비로 뒤덮인 에베레스트 산의 정상 구석구석을 중계해 주었기 때문이라고 한다.

이때 온 세계의 많은 텔레비젼 시청자들은 그동안 상상과 추측으로 짐작만 했던 에베레스트 산의 정상이 한 꺼풀, 두 꺼풀, 벗겨지면서 실제의 모습으로 자기들 앞에 나타나는 것을 경험했다.

마찬가지 조명에서 전능하신 하나님의 모습으로 창조된 인간의 신비로운 모든 가능성들이 역시 삶과 행동을 통하여 한 겹씩 한 겹씩 바르고 참되게 벗겨져야 한다는 교훈을 깨우쳐 주고 있다.

'모래시계' 의 주제가

한국에서 오래 전에 '모래시계' 라는 TV연속극의 시청자들의 굉장한 관심과 인기를 끌었다. 그런데 이 연속극의 주제가와 관계를 갖고 있는 한분은 미국에 유학하여 1990년대 초 시카고(Chicago)에서 금속공학 분야의 학위를 받았으며 또 역사 깊은 '시카고 한인 제일연합감리교회' 에서 내외가 열심히 신앙생활과 봉사활동을 하였던 분이다.

그런데 그 유명한 '모래시계' 의 주제가 가사 중에 "사람은 속일 수 있지만 역사만은 속이지 못한다."는 말이 나온다고 한다. 많은 '모래시계' 의 시청자에 따르면, 물론 연속극 자체의 진행과 내용도 흥미롭고 좋았지만 주제 음악에서도 많은 감명을 받은바 있다고 말하고 있다. 어떤 일을 당하던지 그리고 어떤 어려움이 닥쳐온다고 하더라도 역사는 정직하고 역사만은 정확하게 상황을 밝혀준다는, 이런 믿음은 귀한 것이 아닐 수 없다.

일찍이 영국의 전시내각을 이끌었던 윈스턴 처칠(Winston Churchill)은 "과거를 볼 줄 아는 사람만이 역시 미래도 볼 수 있다."라고 말하였다고 한다. 늘 정직한 역사 앞에서 겸손한 자세를 가다듬어야 할 성도의 삶을 깨우쳐 주는 이야기다.

| 겸손 |

하나님의 음성을 들은 사무엘의 귀

어느 날 유대인 랍비가 어린 학생들을 자기 앞에 앉혀 놓고 구약성경에 나오는 선지자 사무엘에 대하여 가르치고 있었다. 어머니 한나의 기도에 의하여 출생한 사무엘이 기도 속에서, 특별히 성전에서 엘리 제사장을 도우며 자란 이야기, 그리고 사무엘이 하나님의 부르심을 받은 사실 등등을 이야기해 주고 있었다.

이런 이야기를 듣고 있던 한 어린 소년이 "선생님! 많고 많은 이스라엘의 어린이들 가운데 어째서 사무엘만 하나님의 음성을 들었나요?"라고 물었다. 그러자 곧바로 랍비는 "사무엘은 들을 수 있는 귀를 가진 어린이였다."라고 대답하였다. 이에 대하여 "그러면 우리들도 들을 수 있는 귀를 가질 수 있느냐?"라고 어린소년은 계속하여 랍비에게 물었다고 한다. 랍비는 다시 "지금이라도 우리는 들을 수 있는 귀를 가질 수 있는데, 그렇게 되기 위해서는 몇 가지의 조건을 갖추어야 한다. 그 조건 가운데 하나는 하나님의 뜻이라면 무조건 겸손하게 순종할 준비를 갖추는 것 이란다."라고 가르쳐 주었다. 겸손하게 순종하는 마음은 곧 하나님의 음성을 들을 수 있는 바탕이 된다는 사실을 우리는 깨달아야 한다.

캐리선교사의 겸손한 태도

구두를 수선하는 일을 직업으로 삼고 오랫동안 일하던 캐리(Carey)가 훌륭한 선교사가 되어 인도를 향해 선교하러 갔다. 그런데 군중들의 영접은 선교사의 기대와는 달리 복선이 깔려 있었다. 캐리가 인도에 도착하자마자 인도의 군중들은 선교사에게 한상을 잘 차려 대접을 하고 "당신은 낡은 구두를 수선하는 것보다는 새 구두를 손수 만들어 본적이 있느냐?"라고 물었다.

이때에 캐리선교사는 "내가 어떻게 감히 새 구두를 들겠습니까? 나는 오직 헌 구두를 꿰매어 주는 일만 했을 뿐입니다"라고 아주 진솔하게 대답했다. 이런 캐리선교사의 솔직하고 겸손한 태도는 인도 현지인들로부터 곧 인정을 받게 되었으며 마침내 40여 인도방언으로 성경을 번역하는 큰 역사를 이룩하였다고 한다. 하나님께서는 겸손한 사람을 높이 들어 사용하신다는 사실을 가르쳐 주고 있다.

| 겸손 |

알렉산더 대왕의 승마 비법

알렉산더 대왕(Alexander the Great)때에 마게도니아(Makedonia)에는 아주 유명한 말 한필이 있었다고 한다. 이 말(馬)은 성질이 너무 난폭하고 나빠서 사람만 자기의 등위에 올라타면 정신없이 앞발질도 하고 뒷발질도 하여, 기어코 그 사람을 등에서 떨어뜨려 부상을 입히기 일쑤였다. 그런데 어느 날 알렉산더 대왕이 이 말의 등에 올라탔다.

알렉산더 대왕은 이 말에 올라타자마자 허리를 굽혀 말 등위에 납작 엎드렸다. 그랬더니 성질이 사납던 말은 쏜살같이 달려 나가는데 다른 말들이 그 말을 따라 잡을 수 없는 속력이었다. 나중에 알고 보니 그 사나운 말은 언제나 자기의 등위에 탄 사람의 그림자를 보는데 땅에 비친 자기 등위에 탄 사람의 그림자가 자기 그림자보다 높으면 발광을 하고 그와 반대로 땅에 비친 자기 등위에 탄 사람의 그림자가 자기의 그림자보다 높지 않으면 힘을 내어 쏜살 같이 달렸던 것이다.

역사를 주관하시는 분은 오직 하나님이시기 때문에 하나님의 창조를 받은 인간은 늘 겸손한 가운데 낮은 자세를 취할 때에 전능하신 하나님께서는 더욱 더 우리를 값지고 귀하게 여겨주신다는 사실을 가르쳐 주고 있다.

죄인이기 때문에

영국의 빅토리아(Queen Victoria)여왕은 다른 군주들에 비하여 비교적 믿음이 돈독한 군주였다고 한다. 여왕의 부군인 알버트(Albert)공작이 임종할 때 그들 부부를 위로하기 위하여 의사는 여러 말들을 들려주었다. 특히 의사는 공작의 여러 공적들을 찬양하였으며 인생의 마지막을 맞는 공작을 진심으로 위로하려고 애썼다. 그때 공작은 "내가 얻은 구원은 공작이라는 직위 때문에도 아니고 또 선왕의 공로 때문에도 아니며 다만 자기 자신이 죄인이라는 사실 때문에 구원받았다."라고 고백하였다.

죄악에 포박 당했던 우리 모두가 하나님의 크고 넓으신 은혜로 구원받았다는 일은 놀라운 일이 아닐 수 없다.

늘 겸손한 가운데 하나님께 감사드리는 성도의 삶을 살아야 할 것이다.

| 겸손 |

하루 종일 장작을 쌓은 순종

북감리교회에서 아펜젤러(Appenzeller)목사와 북장로 교회에서 언더우드(Underwood)로 목사가 복음을 들고 선교사를 한국에 온 후 많은 선교사들이 선교활동을 했던 지역 가운데 충청남도 공주는 남감리교회의 선교중심지였다. 남감리교회는 북감리교회 보다, 대략 10년쯤 늦게 한국선교를 시작하였다.

어느 날 공주에서 선교활동 중에 있는 한 선교사의 집에 장작 한 트럭이 들어와 부려졌다고 한다. 그때 한 젊은 청년이 선교사의 집에서 잔일을 처리하며 집사로 일을 하고 있었는데 이 청년은 선교사 집에 부려진 장작을 집 옆에 차곡차곡 잘 쌓아놓았다. 그런데 다음날 비가 와서 빗물에 장작이 젖으니까 선교사는 이 청년을 불러 "어제 쌓아 놓은 장작더미를 허물어 비가 내려도 맞지 않는 집 처마 밑에 장작을 다시 쌓아 달라"라고 부탁했다. 이 청년은 선교사가 부탁한 말대로 장작을 옮겨 집 처마 밑에 차곡차곡 다시 쌓아놓았다. 장작을 집 처마 밑에 다시 쌓는 작업은 하루 종일이 소요되었다.

그 다음날 선교사가 이 청년을 다시 불러서 갔더니 "집 처마 밑에 장작을 쌓으니 비가 맞지 않는 것은 참으로 다행스럽고 좋지만 도저히 외관이 좋지 않으니 미관상 장작더미를 허물어 뒷마당에 장작을 다시 쌓아 달라"라고 부탁을 하였다고 한다. 이 청년은 순종하는 마음으로 장작더미를 허물어 뒷마당에 다시 쌓았다. 이렇게 장작 한 트럭분을 옮겨 쌓는 일을 자그만치 일곱 차례나 했다고 한다.

이 청년의 입장에서 가만히 생각해 볼 때, 처음 세 번까지는 장작을 다시 쌓아 달라는 부탁에는 이유라도 있는 것 같았을 것이다. 그러나 나머지 네 번째는 아무런 이유도 없이, 마치 정신 나간 사람이 마구 시키는 것처럼, 장작을 여기에 쌓으라고 말하였다가 또 저기에 쌓으라고 부탁하는 등등…, 하는 짓이 도무지 이해가 되지 않았을 것이다. 그래서 이 청년은 슬그머니 화가 난 적도 많았다고 한다. 그러나 결국 이 청년은 순종하는 겸손한 마음으로 선교사의 요구를 모두 들어주었다고 한다.

이렇게 대단한 순종심을 시험한 선교사는 미국으로 편지를 보내어 이 청년을 미국 유학생으로 공부할 수 있도록 '스폰서'(Sponser)를 구하는데 성공하였다. 선교사는 어느 날 미국 유학 통지서를 주기 위해 이 청년을 불렀다고 한다. 그때에 이 청년은 또 장작을 옮겨 쌓으라는 부탁을 선교사가 자기에게 말할 줄 알고 "이번에는 장작을 어디로 옮겨 쌓을까요?"라고 미리 물었다고 한다.

그러나 선교사는 장작을 옮겨 쌓아 달라는 부탁 대신에 미국 유학 통지서를 건네주면서 "미국을 다녀와 한국을 위하여 일하는 큰 일꾼이 되어 달라"라고 당부하였다.

겸손과 순종 때문에 이 청년은 앞길이 열렸으며 미국을 다녀와 한국의 훌륭한 교육자가 되었다고 한다.

| 겸손 |

세 사람이 함께 가면

일찍이 공자(孔子) 가르침에 따르면 "세사람이 함께 길을 가다보면 반드시 스승이 있다."라고 말하였다. 즉 인간은 길가는 나그네와 같은데 서로 만나 함께 먼 길을 재촉해 가다보면 거기에는 나보다 나은 사람이 있음을 발견하게 될 터이니 서로 서로 존경하면서 스승을 대하듯이 조심하는 가운데 겸손한 마음으로 섬기라는 사실을 말한 것이다.

우리들도 마음속 깊이 새겨둘 만한 겸손이 주는 지혜의 교훈이라고 할 것이다.

공자의 인격평

옛날 중국의 정(丁)나라에는 유명한 정치인으로 자산(子産)이라는 인물이 있었다. 자산은 30년 동안이나 어진 정치를 베풀었으며 결국 정나라를 부강하게 만든 아주 유명한 사람이었다.

그런데 어느 날 자산의 인격에 대하여 평을 해 달라는 부탁을 공자는 받았다고 한다. 이 부탁을 받고 공자는 "자산, 그는 늘 행동함에 있어서 공손함을 잊지 않았다."라고 평했다고 한다.

하나님의 백성도 늘 교만을 버리고 겸손하고 온유한 가운데 행하는 삶이 되어야 할 것이다.

무릎 꿇은 철권

　1988년 중간쯤 아트란타, 죠지아(Atlanta, Georgia)에서는 두 권투선수가 대결하는 시합이 있었다. 중량이 제일 무거운 헤비급 선수권을 건 큰 시합이었다. 한쪽 선수는 지금까지 패한 적이 한번도 없다는 마이크 타이슨이었으며 또 다른 쪽의 도전자도 역시 무패의 기록을 가지고 있는 마이크 스핑크스였다. 이 역사적인 경기를 관전하기 위해 12,000명의 구경꾼들이 값비싼 입장료를 내고 들어가 링 주변에 모여 앉아 있었다. 그러나 권투경기는 너무 싱겁게 게임이 시작된 지 불과 90초 만에 끝나고 말았다. 타이슨의 무쇠같은 주먹에 무패를 자랑하던 젊은 도전자 스핑크스가 무릎을 꿇고 말았기 때문이었다. 타이슨은 과연 무쇠 주먹이라고 각종 스포츠 미디아는 일제히 보도했다. 280파운드의 체중을 주먹에 집중시켜 한방 때리면 무지 무지하게 큰 쇠망치를 한대 얻어맞는 충격과 똑같다는 사실을 해설자는 말했다. 그러므로 한방만 옳게 맞으면 견디어낼 장사는 없는 것이다.
　그럼에도 불구하고 창조주이신 하나님 편에서 볼 때 인간의 드라마는 싱거울 수밖에 없으며 때가 되면 최고로 강하다는 한 주먹도 다른 주먹 앞에 무릎을 꿇고 말기 때문에 영원한 강자가, 이 세상에는 없다는 사실을 일깨워 주고 있다.

| 겸손 | 관련 성경 구절 |

1. 어떤 것이 겸손인가
- 마11:29 그리스도의 멍에를 메는 것이
- 마18:3 어린아이와 같은 것
- 마20:26 섬기는 것이
- 요13:14 서로 발을 씻기는 것이
- 빌2:3 자기보다 남을 낫게 여기는 것
- 엡4:2 오래 참고 사랑으로 용납하는 것
- 벧전5:5 서로 겸손으로 허리를 동이는 것

2. 겸손해야 할 이유
- 골3:12 하나님의 택하신 자이므로
- 약4:6 은혜를 받기 위해서
- 마21:5 예수님도 겸손하였으니
- 미6:8 하나님과 함께 행하기 위하여
- 벧전5:6 높으시니

3. 겸손해지는 법
- 신15:15 옛날 어려운 때를 기억함으로
- 잠30:32 스스로 높은 체하지 아니하므로
- 눅14:10 말석에 앉으므로
- 롬11:18~20 자긍하거나 높은 마음을 품지 아니하므로
- 약4:10 주님 앞에서 자신을 낮추므로
- 엡5:21 피차 복종함으로
- 롬12:10 남을 존경하므로
- 롬12:16 서로 마음을 낮은데 처하며
- 습2:3 여호와를 찾으므로

4. 겸손한 자가 받는 복결과
- 욥22:29 구원을 받음
- 시10:17 기도의 응답을 받음
- 욥5:11 주님께서 높여 주심
- 시 22:26 먹고 배부름을 얻음
- 시147:6 주께서 붙드심
- 사29:19 여호와로 기쁨이 더함
- 잠29:23 영예를 얻게 됨
- 잠11:2 지혜가 있음
- 잠18:12 존귀의 앞잡이가 됨

줄타기 박사의 묘기

써커스(Circus)에서 줄타기의 묘기를 발휘하는 줄타기 박사가 미국과 캐나다의 경계선에 위치한 나이아가라(Niagara)폭포 위에 줄을 매어놓고 줄 위를 걸어 국경선을 건너가기로 했다. 이 묘기를 구경하기 위하여 나이아가라 폭포 양 쪽에는 많은 사람들이 몰려나와 글자 그대로 인산인해를 이루었다.

만약 줄타기 박사가 이 줄을 타고 건너오다가 실수를 해 줄에서 떨어지면 나이아가라 폭포에 빠져 시체도 건지지 못한 채 그냥 수장될 것이 분명한 일이었기 때문에 군중들은 초조한 마음으로 모여 들었다.

그런데 이 줄타기 박사가 인산인해를 이룬 관중을 향해 입을 열었다. "여러분! 내가 이 줄을 타고 무사히 미국 쪽에서 캐나다 쪽까지 나이아가라 폭포 위를 건너갈 것을 믿습니까?" 라고 물었다. 그 때에 청중들은 모두 발을 구르고 박수를 치면서 "물론 당신은 줄타기 박사이기 때문에 나이아가라 폭포 위를 건널 것을 믿습니다."라고 응답했다. 역시 이 줄타기 박사는 줄 위를 그냥 걸어서 건너간 것이 아니라 자전거까지 타고 무사히 미국 쪽에서 캐나다 쪽으로 건너갔다고 한다.

이번에는 줄타기 박사가 캐나다 쪽에 몰려 있는 군중을 향하여 "여러분 내가 이 자전거를 줄 위에서 타고 무사히 미국 쪽을 향하여 되돌아 갈 것으로 믿습니까?"라고 물으면서 계속하여 "누구든지 내가 이 줄 위에서 자전거를 타고 나이아가라 폭포를 건너 미국 쪽으로 갈 것을 믿으면 내 자전거 위에 올라 타십시요."라고 말했다. 그러나 놀랍게도 아무도 줄타기 박사의 자전거 위에 자발적으로 올라타는 사람은 없었다. 그래서 줄타기 박사 혼자 나이아가라 폭포를 건너갔다고 한다.

사실에 있어 우리가 믿는다는 사실을 말하면서도 그 믿는 것을 그대로 실천에 옮기지 못할 때가 많이 있다. 마치 줄타기 박사의 아찔아찔한 묘기에

| 믿음 |

열광하면서도 다른 한편으로는 반신반의 하는 것 같은 생활이 되어서는 안 된다는 사실을 깨닫게 된다.

물을 떠 마시는 그릇

    요한복음 3장 16절의 말씀은 많이 암송되고 사랑받는 성경구절이라고 생각한다. '하나님이 세상을 이처럼 사랑하사 독생자를 주셨으니 이는 저를 믿는 자마다 멸망치 않고 영생을 얻게 하려 하심이니라' (요한복음3:16). 필자는 주일학교에 다닐 때에 제일 먼저 암송했던 성구가 된다. 그런데 이 성구를 네 부분으로 나누어 비유적으로 설명할 수 있다. 즉 '하나님이 세상을 이처럼 사랑하사'를 크신 하나님의 사랑을 말하는 호수로 명명을 한 다음, '독생자를 주셨으니' 라는 구절은 사랑의 호수에서 흘러나오는 사랑의 강물로 비유를 한다. 그리고 '누구든지 저를 믿으면' 의 구절은 '사랑의 물을 떠 마실 수 있는 그릇' 으로 풀 수 있다. 아무리 좋은 물이 흘러 나와도 그릇이 없으면 목마른 갈증을 해갈할 수 없다는 사실을 깨우쳐 주는 동시에 물을 떠 마시는 그릇은 바로 믿음이라는 진리를 비유적으로 설명해 주고 있는 것이다.

종탑의 상징성

천주교회는 믿음과 행함 두 가지를 구원을 이루는데 중요한 것으로 생각하기 때문에 성도의 생활에 있어서 믿음과 실천을 동시적으로 강조하고 있다. 그렇기 때문에 천주교회의 종탑을 보면 믿음과 실천을 강조하는 상징성이 잘 나타나 있다. 즉 천주교회의 종탑은 뾰족한 고딕(Gothic)으로 처리하여 두개를 높이 세우고 있다. 이는 곧 믿음과 행위의 상징성을 드러내고 있는 것이라고 할 수 있다.

그러나 개신교는 이와 다른 입장을 취하고 있다. 많은 종교 개혁가들, 즉 루터(Luther)나 칼빈(Calvin) 혹은 즈빙글리(Zwingli) 같은 사람들은 철저하게 오직 믿음으로만 구원을 이룩할 수 있다는 진리를 주장했다. 그렇기 때문에 개신교의 종탑을 보면 두개를 세운 교회 종탑이라고 하더라도 하나는 높게 하고 다른 하나는 낮게 해 놓았다. 이는 오직 믿음으로만 구원을 얻는다는 진리를 상징하는 것임을 강조하고 있는 것이다. 과연 믿음으로 구원을 얻는 동시에 승리하는 성도의 삶이 되어야 할 것이다.

| 믿음 |

나의 왕 나의 생명이시여!

　아프리카에서 개척 선교에 힘쓰다가 밀림 속에서 세상을 떠났던 리빙스톤(David Livingstone)은 하나님의 부르심을 받기 전 그의 일기장에 "내 그리스도시여! 내 왕이시여, 내 생명이시며 내 전부이신 주님! 나는 오늘 다시 나의 전체를 당신께 드리나이다."라는 글을 남겼다고 한다.
　성도의 삶도 역시 주님을 향하여 나의 왕, 나의 생명, 그리고 나의 전부라고 고백하는 절대적인 신앙생활이 되어야 한다는 사실을 가르쳐 주고 있다.

장군의 점령지를 산 로마 시민

포에니 전쟁이 발발하였을 때 하니발 장군의 군대는 로마(Rome)를 포위하고 한 걸음 한 걸음 포위망을 좁혀 들어가고 있었다. 그런데 하니발 장군의 군대가 점령한 점령지의 땅을 팔려고 땅 주인이 땅을 매물로 내어놓자마자 어떤 사람이 그 땅 모두를 즉시 사버렸다. 그야말로 아주 이상스러운 현상이 벌어진 셈이었다.

그때에 한 로마의 시민이 하니발 장군의 군대가 차지한 점령지의 땅을 매물로 내놓자마자 즉시 산 이유는 아주 간단했다. "지금은 이 땅이 모두 하니발 장군이 이끄는 군대의 수중에 들어가 있지만 언젠가는 곧 로마 군대가 포위망을 뚫고 하니발 장군의 군대를 내쫓을 것이라는 확신을 가졌기 때문에 점령지의 땅을 모두 샀다"라고 그는 그 이유를 말했다.

하나님의 공의가 최후 승리한다는 확신과 소망을 가지고 사는 성도의 삶은 무엇보다도 중요한 삶이라는 사실을 깨우쳐 주고 있다.

| 믿음 |

프로 테니스 선수의 승패

　오래 전에 미국의 프로 테니스 선수로 쌍벽을 이룬 선수가 있었는데 코린스와 존 메켄토였다. 이들의 실력은 서로 비슷하기 때문에 우열을 가리기가 굉장히 어려웠다. 그러나 막상 두 선수가 실제 시합에 들어가면 높은 점수의 차이로 한쪽이 패배하던지 혹은 한쪽이 이기던지 승부의 차이가 아주 심하게 났다.
　우열을 가릴 수 없을 정도로 두 선수의 실력은 거의 비슷하기 때문에 한쪽이 패배하더라도 사실은 점수 차이가 없는 아슬아슬한 시소게임(Seesaw Game)이 될 것을 사람들은 기대하는데도 불구하고 늘 이들의 시합은 큰 점수 차이로 승패가 결정되고 말았다. 그러면 왜 실력이 비슷한 두 선수의 시합에서 많은 점수 차이로 승패가 갈라지느냐? 그 이유는 바로 "그날 두 선수가 가지는 확신에 따라 결과가 크게 달라진다."라고 제임스 답슨 목사는 설명했다.
　모든 일을 확신과 믿음으로 출발하여 승리하는 삶이 우리 성도들에게 참으로 귀하고 바람직한 것임 견주어 생각해볼 수 있다.

끌고 가는 화통

옛날에는 증기 기관차가 있어 이 증기 기관차가 많은 객차와 화차를 끌고 다녔다고 한다. 석탄을 때어 물을 끓인 다음 끓는 물에서 나오는 수증기를 이용하여 기관차는 작동되기 때문에 그 당시 사람들은 기차의 기관차를 화통(火筒), 즉 '불을 때어 역사하는 통'이라는 의미로 불려졌던 것이다.

그런데 기관차가 많은 량의 객차와 화물차량들을 끌고 가는 것처럼 심리학자인 윌리암 제임스(William games)는 "인간이 가지고 있는 가장 중요한 원동력은 바로 믿음이다"라고 말했다.

믿음이라는 화통이 우리에게 없다면 우리가 원하는 모든 것들을 제대로 움직일 수 없을 것이며 움직이지 않는 정체된 삶이 되고 말 것이라는 교훈을 일깨우는 말이다.

| 믿음 | 관련 성경 구절 |

1. 믿음이 무엇인가
1) 의지하는 것 믿는 것
- 시22:8 ● 시37:5 ● 잠16:3 ● 막9:24 ● 요6:69 ● 요1 4:16

2) 바라는 것들의 실상
- 롬4:18 ● 골1:23 ● 히10:23 ● 히11:1

3) 자신을 살피고 믿음에 서는 것
- 롬8:9 ● 고전10:12 ● 고전11:28 ● 고후13:5

2. 믿음의 대상
- **창15:6** 여호와를
- **막11:22** 하나님을 믿으라
- **요14:1, 행16:31** 주예수를 믿는 것
- **요1:12** 예수의 이름을
- **유1:20** 성령을
- **딤후3:15** 성경 말씀을

3. 믿음을 어떻게 믿을 것인가
- **마9:28** 예수님께서 능히 큰일을 행할 줄 아는 믿음
- **마15:27** 끝까지 믿는 믿음
- **막9:23** 믿음 안에서 큰 일을 행할 것을 믿는 것
- **눅5:5** 말씀을 의지하는 믿음
- **눅7:6~7** 말씀만이라도
- **막5:15** 믿고 간절히 기도하는 것

4. 믿는 자의 받는 복유익
- **마9:2** 죄 사함을 받음
- **막16:16** 구원을 얻음
- **요3:16** 영생을 얻음
- **요5:24** 사망에서 생명으로 옮김, 구원을 얻게 됨
- **요1:12** 하나님의 자녀가 됨
- **롬5:1** 의롭다 하심을 얻음
- **히11:33** 약속을 받음
- **벧전1:5** 하나님의 보호를 받음

- 요11:26 영원히 죽지 아니함
- 히4:3 영원한 안식에 들어감
- 요14:1~2 하나님의 집에 거하게 됨

5. 믿는자의 주의할 점
- 마14:31 의심함을
- 막16:11 듣고도 믿지 못하는 것을
- 막16:14 믿음 없는 것을 책망 받을까
- 눅18:8 주님 오실 때에 믿음 없을까
- 요20:29 못 믿는 믿음이 될까
- 고후13:5 믿음이 없는 자가 될까

6. 누가 무엇에 미혹하는가
- 신13:13 잡류가 일어나서
- 대하21:11 여호람이
- 욥31:9 여인이 미혹함
- 잠7:25 음녀가
- 렘23:32 거짓 선지자가
- 사47:10 자기의 지혜와 지식이
- 요일4:1 거짓 영들이

7. 어떻게 미혹하는가
- 욥31:27 마음을 가만히
- 나훔3:4 음행과 미술로
- 롬16:16~17 아첨하는 말로
- 고후11:3 간계로
- 벧후2:18 육체의 정욕으로
- 요일4:6 미혹의 영으로
- 계18:23 복술로
- 계19:20 거짓 선지자의 이적으로

8. 사람이 왜 미혹을 받는가
- 잠30:17 마음을 돌이켜 듣지 아니해서
- 잠12:26 악인의 소행 때문에
- 잠20:1 지혜 없어서
- 호4:2 음란이 가득해서

- 약1:14 자기 욕심에 끌려
- 벧후2:14 영혼이 굳세지 못해서
- 벧후2:15 바른길을 떠남으로

9. 미혹 받는 자의 결과
- 신30:17-18 반드시 망하게 됨
- 사44:20 영혼이 구원을 얻지 못함
- 신7:4 하나님의 진노로 멸함을 받음

- 마13:22 결실을 하지 못함
- 딤전6:10 믿음에서 떠나게 됨
- 히3:10 하나님의 길을 알지 못함

10. 미혹을 받지 않고 물리치려면
- 신 11:16 스스로 삼가해야 함
- 겔 14:9 거짓 선지자의 말을 분별해야 함
- 엡4 :14 성장해야 함
- 엡 4:22 미혹을 버림으로
- 히 3:13 마음의 강팍을 면함으로
- 벧후 3:17 떨어질까 조심함으로

| 사랑 |

변하지 않는 어머니의 사랑

어느 날 하나님께서는 천사에게 "이 세상에서 가장 아름다운 것을 가져 오라"고 명하였다. 천사는 하나님의 말씀을 받들고 이것저것을 생각하며 세상을 두루 다니다가 결국 세 가지를 하나님께 가져가기로 마음먹었다.

세 가지 가운데 하나는 아름다운 꽃이었으며, 둘째는 티 없이 웃는 어린 아이의 순박한 웃음이었다. 그런데 천사가 아름다운 것 세 가지를 가지고 하나님 앞으로 가기까지는 굉장히 많은 날짜가 걸렸다. 이 많은 시일이 흐르는 동안에 아름다운 꽃은 벌써 시들어 추하게 되어 버렸고 티없고 순진하게 웃던 어린아이는 크게 자라 탐욕과 이기가 꽉 찬 웃음으로 변하여 버렸다.

그래서 천사는 할 수 없이 꽃과 어린아이의 웃음은 도중에 버리고 세월이 흐르고 또 흘러도 변하지 않는 '어머니의 사랑'만 가지고 하나님 앞으로 갔다는 이야기가 있다.

실로 여자는 약하지만 어머니는 강하고 그의 사랑은 아름답고 귀하다는 사실은 동서고금을 막론하고 불변하는 아름다운 것이다.

| 사랑 |

사랑을 위해 포기한 왕관

영국왕 죠지(George) 5세에 이어 즉위한 에드워드(Edward) 8세는 왕위에 오른 지 8개월 만에 왕위를 포기했다. 호탕한 성격인 에드워드 8세는 재위 중 백성들의 복지문제에 대하여 특히 노동자와 사회적인 혜택을 덜 받는 소외된 계층의 복지 문제에 대해 큰 관심을 가졌었다.

한편 에드워드 8세는 여행을 좋아했기 때문에 캐나다와 미국, 그리고 남미와 인도 등지를 많이 여행했다.

그런데 그는 미국여행 중 이혼녀인 심슨(Simpson) 부인을 만나 사랑에 빠졌다. 마침내 에드워드 8세는 심슨 부인과의 결혼을 위해 왕위를 버려 많은 물의를 일으켰다. 그 장본인이었던 심슨 부인이 수년전에 불란서 파리에서 96세를 일기로 세상을 떠났다.

역시 하나님의 형상대로 지음 받은 인간도 하나님만을 사랑하기 위해 우리의 사사로운 불이익도 감소해야 한다는 사실을 깨우쳐 주고 있다.

아름다운 사랑의 이야기

미국 죠지아(Georgia) 주의 서반아(Savannab) 해변 가에 퍽 이상스러운 동상이 하나 서 있다. 이 동상은 아름다운 사랑의 이야기를 들려주는 동상이라고 한다. 서반아는 요한웨슬레(John Wesley)가 한때 선교했던 곳이기도 하다. 일찍이 서반아 건너편 콕스버(Coxbur)섬에는 한 처녀가 살고 있었는데 그녀의 애인은 고기를 잡으려고 배를 저어 멀리 멀리 나갔다. 그러나 돌아올 것을 약속하고 떠난 고기잡이 애인은 약속한 그날이 되어도 영영 돌아오지 않았다. 이 처녀는 초롱불을 켜들고 초롱불을 흔들면서 매일 밤 해변에 서서 고기를 잡으러 떠난 애인이 돌아오기를 기다렸다. 하룻밤도 거르지 않고 지켜서 쓰러질 때까지 또 기절할 때까지 초롱불을 흔들면서 바닷가에 서서 애인이 돌아오기를 기다렸다. 이렇게 초롱불을 흔들면서 매일 밤 기다리고 또 기다리다가 마침내 그 자리에 선 채 그냥 죽었다고 한다. 이를 기념하여 바로 그 자리에 초롱불을 들고 흔들면서 애인을 기다리는 이 처녀의 동상이 세워져 있다.

전능하신 하나님의 지음 받은 우리도 하나님의 절대하신 공의 앞에 서기에 한점 부끄러움이 없을 뿐 아니라, 그의 심판을 기쁘게 기다리는 떳떳한 삶이 되어야 할 것이다.

| 사랑 |

휘파람 불며 일하는 농부

    미국의 한 시골에서 장미농장을 경영하는 농부가 있었다. 그런데 이 농부는 자기의 장미농원에서 일할 때마다 신바람이 나게 휘파람을 불면서 열심히 일을 했다. 평소에 이를 이상스럽게 생각했던 이웃집의 노인이 그 이유를 물었다고 한다. 이 이웃집의 노인은 최근 장미농장 옆으로 이사를 왔기 때문에 정말로 왜 장미원의 농부는 일할 때마다 신나게 휘파람 부는지 그 사연에 대해 참으로 궁금하게 생각했다. 그래서 "왜 장미원에서 일할 때 마다 신나게 휘파람을 부느냐?"라고 물었다고 한다. 그때, 장미원의 농부는 새로 이사 온 이웃집 노인을 자기 집으로 초청하였다고 한다. 초청받은 노인은 장미원 농부의 뒤를 따라 장미원 농부의 집으로 갔는데, 이 농부가 자기 집의 방문을 열기에 가만히 그 방안을 보았더니 그 방안에는 앞을 보지 못하는 농부의 맹인 아내가 앉아 있었다.
    장미원의 농부는 자기가 휘파람을 부는 이유에 대하여 "나는 저 앞을 보지 못하는 내 아내에게 내가 항상 사랑하는 아내 근처에 있다는 것을 알려주기 위해 휘파람을 불며 일한다."는 사실을 말했다.
    우리가 믿고 예배드리는 전능하신 하나님께서는 늘 우리들 가까이 계시는 동시에 우리와 함께 하시면서 크고 작은 모든 일들을 간섭하시는 하나님이라는 사실은 놀라운 일이 아닐 수 없다.
    이 전능하신 하나님께 놀랍고 떨리는 마음으로 감사드리며 예배드려야 함을 깨우쳐 주고 있다.

형제의 갈등을 풀어준 선교사

아프리카에서 선교활동중인 선교사 한 분이 어느 마을에서 전도하던 중 한 가정을 방문하였는데 마침 그 가정의 3형제들이 치열한 싸움을 벌이는 것을 목격하게 된다. 놀란 선교사는 "무슨 일로 우애가 좋아야 할 형제들끼리 이렇게 치열하게 싸움을 하느냐?" 라고 싸움의 원인을 묻게 된 즉 싸움의 이유는 얼마 전에 아버지께서 돌아가셨는데 유산분배 때문에 형제들끼리 싸움이 벌어졌다고 한다.

아버지께서 돌아가시기 전에, 말(馬) 17마리를 3형제에게 주면서 유산으로 큰아들은 17마리 가운데 1/2을 갖고, 둘째 아들은 17마리 가운데 1/3을 갖고 막내 아들은 17마리 가운에 1/9을 가지라고 유언을 하였다고 한다. 아버지의 유언에 따라 말 17마리를 분배하려고 하니 큰 아들의 몫은 8마리에 1/2이고, 작은 아들의 몫은 5마리에 2/3가 되며, 마지막 아들의 몫은 한 마리에 8/9이라는 숫자가 나왔다. 그런데 어떻게 살아있는 말 한 마리를 1/2쪽으로 나누고 또 2/3쪽으로 쪼갤 수 있겠는가? 그렇다고 형제 가운데 아무도 자기의 몫을 양보하지 않으니 싸움이 치열할 수 밖에 없었던 것이다.

이런 이야기를 다 듣고 난후 선교사는 "그렇다면 내가 타고 온 말 한 필이 있는데 그 말 한 마리를 보탤 터이니 산채로 말을 나누어 갖도록 하십시오."라고 말하면서 자기가 타고 온 말 한 필을 선뜻 내어놓았다. 이제 나누어 가질 수 있는 말은 모두 18마리가 되고 보니 17마리때 보다는 분배가 훨씬 쉬어지자 큰 아들은 9마리를 갖고, 둘째 아들은 6마리를 갖고, 마지막 아들은 2마리를 나누어 가지게 되었다.

그런데 형제들은 분배를 마치고 말을 다시 셈하여 보았더니 분배된 말의 숫자는 모두 17마리였고 선교사가 제공하여 준 말 한필은 그대로 남아있었다고 한다. 그렇지만 17마리를 가지고 싸우며 나누려던 때보다 선교사의 말

| **사랑** |

한 필이 더 보태어졌기 때문에 큰 아들은 1/2를 더 가졌고 둘 때 아들은 1/3을 더 가졌으며 마지막 아들은 1/9을 더 갖은 셈이 된 것이다.

이때 선교사는 입을 열어 "내가 여러분들에게 드린 말 한필은 사랑의 말입니다. 사람이 있는 곳에는 모든 것이 원만하게 잘 해결될 뿐 아니라 더욱 더 풍요로워 집니다."라고 말하였다. 과연 사랑은 모든 문제를 해결하고 더욱 더 풍요롭게 해 주는 묘약이라고 말하지 않을 수 없다.

| 사랑 |

사랑을 실천하여 달라

　일찍기 인도 선교사로 유명하였던 스탠리 존스(Stanley Jones)가 어느 날 무저항주의를 부르짖은 간디(Mohandas Gandhi)를 만나 "어떻게 하여야만 인도를 위하여 정말로 일할 수 있는 좋은 선교사가 될 수 있겠느냐?"라고 물었다. 이에 대하여 간디는 "첫째, 모든 교인과 선교사 여러분들은 그리스도처럼 살아야 합니다. 둘째, 당신들의 종교를 이론에서 떠나 실천으로 옮겨야 합니다. 셋째, 사랑을 더욱 강조하여 이것을 당신들의 중요한 일(과제)로 만들어 나가야 합니다. 왜냐하면 사랑은 기독교의 중심이기 때문입니다."라고 대답하였다. 오늘을 사는 성도들에게 깊은 깨달음을 주고 있다.

| 사랑 |

대추나무에 걸린 흰 수건들

    어느 시골에 살고 있던 부잣집 아들이 부모님의 돈을 훔쳐 서울로 도망쳐 갔다. 훔쳐온 돈으로 기생과 놀고 도박도 하고 모두 다 탕진해 버렸다. 돈을 가지고 흥청댈 때와는 달리 돈이 없어지니 더 이상 방종의 생활을 계속할 수 없음을 아들은 깨닫게 되었다.
    이런 생각, 저런 생각을 하던 이 아들은 할 수 없이 고향 집으로 돌아갈 것을 결심하고 어머니에게 편지를 썼다. "어머니! 이 아들은 큰 죄를 지었습니다. 불효자는 어머니가 그리워 못 살겠습니다. 이 불효자를 용서하여 주시기 바랍니다. 제가 모월 모일 몇 시의 기차를 타고 우리 집 앞을 지나가려고 합니다. 그러하오니 만약 어머니께서 저를 용서하여 주신다면 우리 집 마당에 있는 대추나무에 흰 손수건 하나를 달아주시면 어머니께서 저의 잘못을 용서하여 주시는 것으로 알고 다음 정거장에서 내려 집으로 돌아가겠습니다." 라고 편지를 썼다.
    그런데 어머니의 입장에서는 사랑하는 아들이 혹시 대추나무 가지에 달아 놓은 흰 손수건 하나를 미처 못보고 그냥 통과하면 어떻게 하나 하는 노파심에서 대추나무 가지에 흰 손수건 하나가 아니라 몇 10개를 주렁주렁 달아놓았다. 그렇지만 그것도 마음이 놓이지 않아 어머니께서는 친히 큰 손수건을 들고 대추나무 위에 올라가 아들이란 기차가 지나가는 시간에 맞춰 아들이 기차에서 잘 볼 수 있도록 손수건을 흔들었다고 한다. 아마도 이 집은 기차가 지나가는 철길 옆에 있었던 것 같다.
    한편 아들은 기차를 타고 자기 집 앞을 통과할 시간이 되자 굉장히 초조하여 어쩔 줄 모르는 처지였다고 한다. "혹시 어머니께서 대추나무 가지에 흰 손수건을 달아 놓지 않으셨으면 어떻게 하나?" 이런 걱정 때문에 막상 기차가 자기 집 앞을 통과하려고 닦아 갈 때 퍽 초조했다. 그러나 어머니께

| 사랑 |

서는 친히 대추나무 위에 올라가 서서 흰 손수건을 흔들고 있었다. 이런 어머니의 모습을 본 아들은 마음 놓고 집으로 돌아갔다는 이야기다.

성도의 삶에서 회개와 용서처럼 귀한 것이 없다는 사실을 깨우쳐 주고 있다.

성숙한 사람의 실천

미국의 유명했던 사회 심리학자 에릭 프롬은 사랑을 성숙한 사랑과 미숙한 사랑으로 구별해 말한 적이 있다. 성숙한 사랑이란 '당신을 사랑하기 때문에 나에게는 당신이 필요하다는 생각에서의 사랑'이며 반대로 미숙한 사랑은 '당신이 필요하기 때문에 내가 당신을 사랑한다는 생각에서 행해지는 사랑'이라고 말했다.

우리도 우리 하나님을 사랑하기 때문에 우리의 전체를 비쳐 충성스럽게 하나님을 예배드리는 성도의 삶이 되어야 할 것이다.

| 사랑 |

피를 터트려 주는 어미 펠리컨

　스켈톤이 지은 '새들의 문장학'이라는 시는 우리에게 큰 감명을 주고 있었다고 한다.
　이 시의 주요 내용은 펠리컨이라는 새가 있는데 이 새는 새끼를 몹시 사랑한다. 그런데 새끼 새들이 자라면서 아빠 새에게 마구 반항하게 된다. 속이 상한 아빠 새는 화가 나 어미 새가 출타해 없는 사이에 새끼 새들을 마구 난타해 버린다. 아빠의 거친 부리에 맞아 새끼 새들은 거의 죽어가고 있었다. 이때에 어미 새는 돌아왔으며 거의 다 죽게 된 새끼 새들의 모습을 본 어미 새는 너무 놀라 기절초풍의 직전에 이르게 된다. 어미 새는 곧 자기 새끼 새들의 위에 앉아서 자기의 핏줄을 터트렸으며 솟아오르는 어미의 피를 다 죽어가는 새끼들의 입에 대어주었다. 그러면 어미 새의 피를 받아먹은 새끼들이 얼마 후에는 살아난다는 내용이다. 그렇기 때문에 펠리컨이라는 새는 곧 사랑의 상징으로 알려져 있다고 한다,
　죄 때문에 다 죽어가는 인간을 위해 독생자이신 예수님의 피를 주신 하나님의 크신 사랑에 싶은 감사를 드리는 생활이 곧 성도의 삶이라는 사실을 깨우쳐 주고 있다.

취사 당번의 사랑과 정성

세계 제1차 대전 중 슈바이처(Albert Schweitzer)박사는 프랑스군에 의해 체포되어 일정기간 동안 수용소 생활을 했다. 어느 날 수용소의 일부 포로들이 음식의 질이 나쁘다는 이유로 집단 식사 거부 운동을 일으켰다. 사실 수용소의 식사를 취사하는 담당자들은 프랑스 파리에서 데려온 일류 요리의 대가들이었다고 한다. 그런데 이들이 만든 음식의 맛이 없다는 이유로 포로들이 집단 식사 거부 운동을 일으켰으니 수용소의 모든 책임을 맡은 소장으로써는 난감한 일이 아닐 수 없었다.

이때에 수용소 소장은 난동 주모자들에게 아주 특별한 제안을 했다. 그 제안은 "지금까지 요리하는데 사용되었던 모든 재료들을 감자, 파, 오이, 호박 등의 재료를 집단적으로 식사를 거부한 주모자들에 내어 줄 터이니 그 재료를 가지고 저녁식사와 반찬을 요리하라. 만일 그대들이 만든 음식이 수용소의 취사담당자들이 지금까지 만든 음식 맛보다 더 맛이 있고 좋으면 그대들을 용서하겠지만 집단 식사 거부운동을 주도한 그대들이 만든 음식이 수용소의 취사담당자들이 만든 음식맛보다 맛이 없거나 질이 떨어질 때에는 소요죄를 적용해, 오늘 식사 거부 운동을 주도한 주모자들 모두를 처형시키겠다."는 내용이었다고 한다.

그 후 수용소 소장은 주모자들 가운데 몇 사람을 취사 당번으로 뽑아냈는데 슈바이처의 입장에서는 큰 일이 아닐 수 없었다. 왜냐면 저녁식사를 취사하라고 뽑혀 나온 주모자들의 면면을 볼 때 요리에 대해서는 아무것도 모르는 요리의 문외한들이었기 때문에 일류 요리사들이 만든 지금까지의 음식 맛보다 더 음식 맛이 좋으리라는 기대는 도저히 가질 수 없는 동시에 결국에는 저들 모두가 소요죄로 처형될 것이 분명한 일이었기 때문에 걱정이 되지 않을 수 없었다.

| 사랑 |

　수용소 소장으로부터 집단 식사 거부 운동의 주모자로 몰려 그날 저녁 취사당번으로 뽑힌 사람들 가운데 더러는 학교선생의 경험을 갖고 있었으며 또 더러는 공무원이나 작은 자영업을 경험했던 사람들이었다고 한다. 그런데 배식이 끝나 저녁식사를 먹고 난후, '슈바이처의' 걱정은 기우였으며 놀라운 결과가 그날 저녁에 일어났다.
　그것은 요리의 문외한인 소요사건의 주모자들이 만든 저녁음식이 지금까지 소위, 일류 요리의 전문가들이 만든 음식보다 훨씬 더 맛이 있고 좋았다는 사실이었다.
　의외의 사건에 너무 놀란 슈바이처는 그날 저녁 취사를 담당했던 소요사건의 주모자 몇 사람에게 그 이유를 물었다. 그들의 대답은 "물론 우리는 요리에 대해 아무것도 모릅니다. 그러나 요리에 대한 기술이나 지식보다는 더 중요한 것이 있지요, 그것은 사랑과 정성이지요."라고 슈바이처에게 말했다고 한다.
　과연 사랑과 정성을 다하는 성도의 삶이 매우 중요하다는 사실을 가르쳐 주고 있다. 모든 일을 사랑과 정성을 다해 했을 때, 그 만큼 삶의 정황이 개선되고 또 삶의 맛이 달라진다고 말한다.

어머니의 품에서 살아난 아이

1987년에 미국의 중부 산업도시인 디트로이드(Detroit)공항에 착륙을 시도하던 모 항공사의 비행기 한대가 사고를 일으켜 탑승자 모두가 사망하는 참사가 있었다. 그런데 150여명의 탑승자 가운데 유일한 생존자로 4살 된 제시카(Jessica)만이 목숨을 건져 세상에 널리 알려졌다.

기적적으로 살아난 제시카는 죽은 어머니의 품속에서 구조팀에 의해 발견되었다. 그런데 어머님의 품이 비행기가 떨어지는 충격과 화염을 막아 주었기 때문에 제시카는 생존했던 것이다.

이와 유사한 사건으로 이란의 '밤' 시를 뒤덮은 지진의 피해가 72시간이나 경과했기 때문에 더 이상 생존자를 찾아 낼 수 없을 것이라는 판단으로 구조 활동을 포기할 즈음 죽은 어머니의 품속에서 어린 아이를 찾아낸 이야기 역시 우리에게 큰 감명을 준 바 있다.

과연 우리를 위하여 피 흘려 돌아가신 그리스도의 품안에서 영원한 생명을 쟁취하는 일은 복되고 뜻 깊은 일임을 깨우쳐 주고 있다.

| 사랑 |

현대판 돌아온 아들

　스페인(Spain)의 어느 아버지가 집 나간 아들을 그리워하며 애타게 그 아들을 찾고 있었다.
　이리저리 수소문하면서 가출한 아들을 수 년 동안 찾던 이 아버지는 마침내 한 방법을 생각해 냈는데 그것은 신문에 아들 찾는 광고를 내기로 했다고 한다. 그래서 아버지는 한 일간지에 "사랑하는 아들 패코(Paco)야! 모든 것을 이 아버지는 용서한다. 내일 정오에 마드리드(Madrid)신문사 정문에서 우리 만나자, 아버지는 정말로 너를 사랑한다." 라고 광고문을 게재했다고 한다.
　그런데 정작 약속한 날이 되어 12:00에 신문사 정문 앞으로 아버지가 나갔더니 어떻게 된 것인지 똑같은 페코라는 이름을 가진 가출 소년들이 800명이나 몰려왔었다고 한다.
　이 세상에는 사랑과 용서를 기대하며 사는 현대판 '돌아온 아들' 이 많다는 사실을 보여 주고 있다. 성도의 삶에서 용서하고 또 사랑하는 것은 주님의 절대적인 명령이라는 사실을 기억하여야 할 것이다.

동생과의 재회를 바라는 누나

미국 인디아나(Indiana)주의 주청사 소재지인 인디아나 폴리스(Indianapolise)에는 한 부부가 살고 있었다. 남편이 멀리 출장을 간 동안에 친척 한분이 손님으로 왔는데, 그는 자기 집에서 키우던 개 두 마리를 데리고 왔었다.

그런데 이집, 부부사이에는 두 자녀가 있는데 딸의 이름은 케이리이며 나이는 2년 6개월이었다고 한다. 그리고 아들의 이름은 죠나단으로 나이는 겨우 7개월이었다. 두 어린 남매가 목욕탕에서 놀로 있는 동안, 어머니는 갑자기 친척이 데리고 온 개2마리가 집에서 멀리 도망쳐 나가면 어쩌나 하는 걱정이 떠올랐다. 그래서 어머니는 2살 7개월 되는 딸에게 7개월밖에 되지 않는 어린 동생을 잠간만 잘 돌보라고 부탁하고 개 두 마리가 잘 있는지 여부를 확인하기 위해 집 밖에 나갔다가 돌아왔더니 그 사이 7개월밖에 되지 않는 어린 죠나단이 목욕탕 물에 빠져 바닥에 가라앉아 있었다.

너무 놀란 어머니가 소리를 지르는 순간, 손님으로 온 친척이 뛰어나와 그 아이에게 인공을 호흡을 하는 등, 응급처지를 했다. 한편 어머니는 구급차를 불러 죠나단을 테우고 병원으로 달려갔었다. 그러나 7개월된 어린 죠나단은 회생치 못한채 세상을 떠나고 말았다. 그런데 누나인 케이리의 이야기가 사람들이 눈시울을 뜨겁게 해 주고 있다.

누나는 세상을 떠난 동생 죠나단의 평소 때 이야기를 자주 하면서 언젠가는 하늘나라에서 죠나단을 다시 만날 것을 기대하며 그 만나는 순간을 학수고대하고 있었다. 케이리는 고무풍선이 생기는 날에는 밖으로 뛰어나가 고무풍선을 공중에 띄우면서 "예수님! 이 풍선은 죠나단의 것입니다. 누나인 케이리가 보낸 풍선이라고 죠나단에게 말해 주세요. 우리가 언제인가 하늘나라에 가서 죠나단을 만나는 기쁨의 순간이 올때 죠나단은 풍선을 든 두

| 사랑 |

손을 펼쳐 누나를 맞이하여 줄줄 압니다."라고 말하면서 어린 케이리는 부르짖었다.
 하나님의 피조물인 인간은 유한한 존재이지만, 우리 모두가 다시 만나는 기쁨의 날을 기대하는 것이 곧 기독교 신앙의 진수임을 깨우쳐 주고 있다.

나의 사랑 이야기를…

 역사가이며 문인인 카알라일(Thomas Caryle)의 아내는 어질고 퍽 헌신적 여인이었다고 한다. 그러나 그의 남편 카알라일은 전혀 그녀의 헌신적 성품에 관심이 없었기 때문에 한번도 감사를 표시한 적이 없었다. 마침내 그의 곁에서 오랫동안 수발하던 그녀는 병들어 투병하다가 런던(London)에서 세상을 떠났다.
 그녀가 세상을 떠난 후 카알라일은 아내의 일기장에서 세상 떠난 아내가 살아있는 동안에 얼마나 자기를 사랑했는지에 대해 발견했다. 그 후 카알라일은 "내가 만약 그녀의 사랑을 알았다면 외로운 고통 속에서도, 그리고 뒷바라지의 고통 속에서도 사랑했다는 내 사랑의 이야기를 들려줄 수 있었을 텐데…"라고 울면서 아쉬워했다고 한다.
 성도의 삶도 역시 늦기 전에 늘 사랑과 감사의 말로 점철되는 은혜의 생활이 되어야 할 것이다.

어머니와 지체장애의 딸

　직장에서 어느 날 마음의 상처를 받은 한 중년신사가 일찍 집으로 퇴근하는 길이었다. 그는 자기 부인을 위해 꽃 한 다발을 사들고 집으로 돌아왔다. 이 중년 신사는 자기 집의 정문에 도착하여 초인종을 누르자 휠체어를 탄 어린 딸이 일찍 돌아온 아버지를 반갑게 맞이했다. 그런데 어린 딸은 아버지에게 "이 꽃은 누구에게 줄 꽃이지요?"라고 대답했다. 아버지의 대답이 떨어지자, 어린 딸은 자기가 이층에 있는 어머니에게 이 꽃을 가져다 주겠다고 말했다. 아버지는 "네가 휠체어를 타고 있는데 어떻게 이층에 있는 어머니에게 이 꽃을 갖다 준다고 말하느냐?"라고 반문했다. 왜냐하면 이 어린 딸은 소아마비로 인해 걷지 못하는 지체장애아였기 때문이었다.

　아버지의 질문을 받은 어린 딸은 "아버지가 나를 번쩍 안고 이층으로 올라가시면 내가 어머니에게 이 꽃을 줄 있지 않느냐?"라고 대답하였다. 이 말에서 아버지는 큰 깨달음을 받게 된 것이다. 마찬가지 조명에서 보혜사 성령께서 우리를 안아주시고 감싸주시는 동시에 우리를 위로해 주시고 지켜주실 때, 비록 우리는 부족하여도 모든 일을 능히 할 수 있다는 진리를 깨닫게 되었다고 한다.

| 사랑 |

진작 손을 잡을 것을…

　미국의 옥수수 농장에서 있었던 이야기다. 미국의 농촌에 가면 몇 100 에이커(acre)에 이르는 넓은 옥수수 밭이 종종 있는데 이런 옥수수 밭은 끝이 보이지 않을 정도 넓은 농장에서 어느 날 그 농장의 부모들이 방심한 사이 농부의 어린 아들이 아장 아장 걸어서 혼자 옥수수 밭 속으로 깊이 들어가고 말았다.
　얼마 후 어린 아들을 잃어버린 사실을 알게 된 부모는 당황하여 이리 뛰고 저리 뛰면서 어린 아들을 찾았지만 발견해 내지를 못했다. 결국 마을 사람들을 동원하여 어린 아들이 갈만한 곳을 다 뒤져 보았지만 역시 잃어버린 어린 아들을 찾아내지 못했다.
　그 후 며칠이 지나고 농부의 머릿속엔 한 지혜가 떠올랐다. 농부는 그 마을의 소년단(Boy scout)을 동원해 그들을 옥수수 밭의 이쪽 끝에 한 줄로 세운 후 서로 손을 잡은 채 옥수수 밭을 뒤지면서 옥수수 밭의 저쪽 끝까지 가도록 했다고 한다. 한참 만에 소년단원들은 어린 아들이 죽어 누어있는 시체를 발견해 냈다.
　이때에 아버지는 죽은 어린 아들의 시체를 품에 안고 울면서 "진작 손을 잡을 것을……" 외쳤다고 한다.
　아들의 손을 놓침으로 영원히 놓쳐버린 아버지의 심정…. 우리 성도의 하나님이 부르시는 손을 놓치지 않고 삶에서도 서로 사랑과 친교, 그리고 섬김의 손과 손을 마주 잡아야 귀한 영혼을 놓치지 말아야 함을 깨닫게 해주는 이야기다.

| 사랑 | 관련 성경 구절 |

1. 삼위 하나님의 사랑의 정도
1) 하나님의 사랑의 정도
- **렘31:3** 무궁한 사랑의 정도
- **롬5:5** 성령의 사랑을 부어 주심
- **롬5:8** 죄인을 위해서 아들을 죽게까지 함
- **요3:16** 독생자를 주신 사랑

2) 예수 그리스도의 사랑의 정도
- **요8:11** 정죄하지 않는 사랑
- **고후5:14** 강권하는 사랑
- **갈2:20** 자기 몸을 버리는 사랑의 정도
- **엡3:18~19** 그리스도의 사랑의 넓이와 깊이와 길이가 넘침

3) 성령의 사랑의 정도
- **롬8:26** 우리의 연약함을 도우심
- **롬8:27** 성령이 하나님의 뜻대로 성도를 위하여 간구하심
- **롬15:30** 성령 사랑으로 합심해서 기도함

2. 하나님께서 사랑하시는 대상
- **신4:37** 이스라엘을
- **신10:18** 고아와 과부, 나그네를
- **시33:5** 정의와 공의를 사랑하심
- **시146:8** 의인을 사랑하심
- **잠16:13** 정직히 말하는 자를
- **마3:13~17** 예수님을
- **롬9:13** 택한 자를

3. 하나님이 인간을 사랑하는 이유
- **왕상10:9** 왕으로 세우려고
- **사63:9** 구속하시려고
- **습3:17** 너로 인하여 기뻐하시려고
- **고후13:11** 함께 하시려고
- **엡2:4~5** 죄악 중에 살리시려고
- **살후2:16** 좋은 소망의 은혜를 주시려고

4. 사람이 하나님을 사랑하는 방법
- **신6:5** 마음과 성품을 다해서
- **신11:1** 명령을 항상 지켜 행하는 것
- **수23:11** 조심하여
- **왕상3:3** 사랑함으로 제사함
- **시5:11** 주를 즐거워하는 것
- **시97:10** 악을 미워하는 것
- **고후9:7** 예물을 즐겨 내는 자를
- **요일5:3** 그의 계명을 지키는 것

5. 하나님을 사랑하는 자의 결과
- **출20:6** 천대까지 은혜를 베푸심
- **신7:13** 번성케 되는 복을 주심
- **시37:4** 마음의 소원을 이루어 주심
- **시91:14** 건져 주심
- **잠8:17** 만나 주심
- **잠8:21** 재물을 얻어 곳간에 채움
- **롬8:28** 합력 하여 선을 이루게 됨
- **엡6:24** 은혜가 있음
- **약1:12** 약속하신 생명의 면류관을 얻게 됨
- **약2:5** 약속하신 나라를 유업으로 얻음

6. 사람이 이웃에 대한 사랑어떻게 사랑하며, 사랑의 정도
- **레19:18** 자기 몸과 같이
- **레19:34** 타국인을 자녀같이
- **시133:1** 연합하여 동거함
- **사58:7** 주린 자에게 식물을 나누며
- **마5:44** 원수도 사랑하고
- **눅6:31** 대접을 하면서
- **롬12:10** 존경하기를 서로 먼저 함으로
- **롬15:2** 선을 전제로 한 사랑
- **갈5:13** 사랑으로 종노릇하라
- **엡5:2** 그리스도께서 너희를 사랑한 것같이
- **골3:14** 모든 것 위에 사랑을 더하라
- **살전3:12** 사랑을 넘치게 하라
- **벧전2:17** 뭇사람을 공경하며

| 소망 |

두 술주정꾼 아들의 이야기

어느 마을에 부모가 술을 많이 마시는 두 가정이 있었다. 이 두 가정에서 자란 아들이 있는데 한 가정의 아들은 크게 성공한 사람이 되었고 또 다른 가정의 아들은 역시 부모를 많이 닮아 술주정꾼이 되었다. 이같이 각각 틀리는 결과에 흥미를 갖은 어떤 사람이 이들 두 아들을 면담하였다고 한다.

그런데 크게 성공한 아들은 "부모님이 유명한 술주정꾼이었기 때문에 이런 불명예를 씻기 위하여 자기는 열심히 일하고 또 열심히 노력하였을 뿐 아니라, 또 열심히 살았기 때문에 크게 성공할 수 있었다"고 말하면서 자기의 불운했던 과거를 회상하였다.

이와는 반대로 술주정꾼이 된 아들은 "자기는 그저 부모님을 열심히 닮다가 보니 이렇게 돌이킬 수 없는 또 다른 술주정꾼이 되고 말았다"고 말하면서 자기의 가정환경을 원망하였다.

똑같은 가정환경, 즉 술주정꾼이 된 아버지 밑에서 자라난 두 아들이었지만 각각 틀리는 결과를 가져온 것처럼 개인의 결단과 개인의 의지는 일을 성취하는데 큰 몫을 한다는 사실을 깨닫게 하는 동시에 인생만사가 결국 자기 결단에 달렸다는 교훈을 깨닫게 한다.

| 소망 |

그리고 그 다음에는

옛날 로마(Rome)에는 작은 대학이 하나 있었다. 그 대학의 정문 입구에는 아주 인상 깊은 표어가 붙어 있었다고 한다. 그 표어는 물음표의 질문이었는데 "그리고, 그 다음에는…" 이라는 말이었다. 이 물음표는 대학을 설립한 설립자의 특별한 뜻에 의하여 대학의 정문에 붙여졌는데 그럴만한 사연이 있었다.

이 대학의 설립자는 젊었을 때 너무 가난했기 때문에 공부하기가 무척 힘들었다. 그때에 이 젊은이는 수소문 끝에 한 정숙한 로마의 귀부인이 장학금을 만들어 많은 젊은 후진을 키우고 있다는 소식을 접하게 되었다. 그런데 이 귀부인은 열렬한 크리스천이었다. 가난한 젊은이는 지체를 가리지 않고 그 귀부인을 찾아가 자기의 사연을 말하였더니, 그 사정을 가만히 듣고 있던 귀부인은 쾌히 장학금을 허락해 주었다.

이 젊은이는 꿈처럼 신비롭고 너무나 기뻐 한참 동안이나 어쩔 줄 몰라 눈물을 흘리며 감격 했었다. 마침내 이 청년은 귀부인이 준 장학금을 쥐고 돌아가려는 순간, 귀부인은 젊은이를 잠깐 불러 세우고 물었다. "청년! 잠깐 이리 오세요. 그런데 그 장학금을 가지고 가서 무엇부터 할 작정인가요?" 이 같은 질문에 대해 젊은이는 "먼저 이 장학금으로 대학 등록을 마치고 이번 학기부터 공부를 시작하겠습니다." "그리고 나서 다음에는…" 이라고 질문했을 때 "그 다음에는 시험을 쳐 훌륭한 법률가가 되겠습니다"라고 대답했다. "그리고 나서 그 다음에는…" 이라는 질문이 주어졌을 때, 젊은이는 "그 다음으로는 저 같이 불행한 사람을 돕겠습니다."라고 말하였다. 이어서 "그 다음에는…" 이라고 물었을 땐 "그 다음으로는 돈을 모았다가 부인처럼 사업도 하고 또 다른 사람도 돕고 그리고 좋은 일에 돈을 쓰겠습니다"라고 말하였다. 이어서 귀부인은 "그리고 나서 그 다음에는…" 이라는 질문을 하

| 소망 |

였으며, 이에 대해 "그리고 나서 아마 늙겠지요" "그리고 나서 그 다음으로는 죽겠지요…" "그리고 나서 그 다음으로는"

"그 다음으로는 글쎄요…" 이같은 대화가 귀부인과 젊은 학생사이에 한참 동안 오갔었다. 그런데 이 가난한 젊은이가 마지막 질문에 대해 "글쎄요…"라고 했을 때, 이 말을 듣고 있던 귀부인은 갑자기 큰 소리로 젊은이를 향하여 야단을 쳤다. "청년은 도대체 그 다음도 모르면서 무슨 공부를 하려고 하느냐? 장학금을 나에게 돌려 달라"고 호통을 쳤다. 이 청년은 이런 예기치 않았던 사건에 무척 곤혹스럽고 또 당황했었다.

이 후 젊은이는 그리스도를 구주로 영접하고 훌륭한 크리스쳔이 되었으며 여생을 하나님께 몸 바쳐 충성스런 종으로 일했다.

전투에서 구출된 조종사

보스니아(Bosnia) 수년 전에 있었던 전투에서 폭격에 가담했던 미 공군기 한대와 조종사가 격추되었었다. 그런데 미군은 미 공군 조종사의 구출작전에 성공하였으며 구출된 미 공군 조종사는 이태리를 거쳐 미국으로 후송돼 갔다. 이 때 이태리에서 열린 기자 회견에서 "미군에 의해 구출될 때까지 어떻게 고통과 불안을 잘 참고 견디었느냐?"라는 질문이 구출된 조종사에게 주어졌을 때, 그는 "나는 하나님께서 나를 사랑하신다는 사실을 믿었으며 또 강력한 나토(Nato)군이 나를 구출해 줄 것을 믿었다. 이런 강력한 소망 때문에 나는 구출을 기다릴 수 있었다"라고 대답했다.

우리도 창조주이신 우리 하나님께서 우리의 삶을 깨끗하고 풍요롭고 건강하게 돌보아 주신다는 확신과 함께, 미래에 대한 큰 소망을 갖고 살아야 할 것이다.

| 소망 |

왕자와 거지의 꿈

옛날 어느 나라에 길거리에서 구걸하는 거지가 있었다. 이 거지는 비록 길거리에서 구걸을 하는 처지이지만 깊은 잠에 들어 꿈을 꿀 때에는 꿈속에서 왕자가 되어 궁궐에 들어가는 꿈을 꾸었다. 그러나 반대로 이 나라에는 으리으리한 궁궐에서 호화롭게 살아가는 왕자가 있었는데 그는 늘 길거리에서 구걸하고 다니는 거지가 되는 꿈을 꾸었다.

옛사람들은 대체로 '낮에 늘 생각하고 골똘히 바라는 일들이 밤에 꿈으로 나타나게 된다.' 라고 말했다고 한다. 그래서 '주사야몽'(晝思夜夢) 이라고 했는데, 그 뜻은 낮의 생각들이 밤에 꿈으로 된다는 뜻이다. 아무쪼록 인간이 사는 동안에 높은 이상을 갖고 주님과 동행하는 생활에 힘써야함을 가르쳐 주고 있다.

알렉산더 대왕의 미래

알렉산더(Alexander)대왕이 세계 정복을 마치고 돌아와 획득한 많은 전리품을 모두 부하들에게 나누어 주었다. 이때 한 부하가 달려와 "폐하! 전리품을 부하들에게 모두 분배해 주면 폐하가 차지할 몫은 없지 않잖습니까?" 라고 말하였다. 이 말에 대해 알렉산더 대왕은 "천만에 나는 얼마든지 있다" 라고 그 부하에게 대답하였다.

마찬가지로 전능하신 하나님의 지음 받은 우리 성도의 삶도 희망을 갖고 미래를 창출해 나가는 긍정적인 삶이 되어야 할 것을 가르쳐 주고 있다.

| 소망 |

이름을 남기기 원하는 소년

　　오래전 뉴욕(Newyork)의 한 언론 매체에 보도된 로버트 메이나아드(Robert Maynard)의 이야기는 퍽 인상적이었다. 이 사람이 어렸을 때 등교 길에 공사 중으로 아직도 채 마르지 않은 시멘트 길 옆을 지나게 되었다고 한다. 사람이 다니는 인도가 파괴되어 시청의 노무자가 나와 막 시멘트를 이겨 새로 보수해 놓은 상태였다.

　　이 소년은 그 시멘트 앞에 발길을 멈추고 손가락으로 자기의 이름을 아직 굳어지지 않은 시멘트 길 위에 쓰고 있었다.

　　그 때 이 공사를 담당했던 인부가 어느 틈에 달려와 소년의 어깨를 짓누르면서 왜 내가 작업해 놓은 공사를 망가트리고 있느냐고 소리를 질렀다고 한다. 얼떨결에 소년은 도망치려고 했었지만 그럴 틈도 주지 않았다. 그래서 소년은 아주 온순한 말로 "아저씨! 제 이름을 그 위에 쓰려고 했어요" 이렇게 대답을 했다.

　　그때 시청 인부는 짓눌렀던 억센 손을 풀어주면서 소년에게 "로버트야. 네가 정말로 이름을 남기기 원한다면 지금 네가 가는 학교에서 열심히 공부하는 것이란다. 도대체 너는 커서 무엇이 될래?"라고 소년에게 물었다.

　　이 소년은 "저는 커서 저술가가 되겠습니다."라고 대답하였다. 대답을 들은 시청인부는 "그래라, 훌륭한 저술가가 되어서 네 이름을 그 책 속에 남기는 것이란다."라고 말하면서 이미 이름을 써놓은 시멘트를 다시 매만졌다.

　　많은 사람은 자기의 이름을 남기기 원하고 있다. 그러므로 "호랑이는 죽어서 가죽을 남기고 사람은 이름을 남긴다"는 옛말도 있다고 한다. 그러나 많은 사람들이 이름을 남길 장소를 잘못 찾고 있는 것도 사실인 것 같다.

| 소망 |

미래를 준비해 둔 지혜로운 왕

유대인의 탈무드에 나오는 이야기 가운데 미래를 준비한 지혜로운 임금의 이야기가 있다. 한 사람이 배를 타고 가다가 파선을 당했다. 바다 위에 떠서 살아남으려고 온갖 노력을 다 하다 보니 이 사람이 입고 있던 옷은 다 찢어져 거의 나체가 드러나고 말았다.

그런데 이 사람은 물에 떠밀려 천신만고 끝에 한 섬에 도착하였다. 섬사람들은 벌거벗은 이 사람을 맞아 놀랍게도 그 섬의 왕으로 추대하였다. 섬사람들은 잔치상을 잘 차려놓고 아주 흥겨운 축제를 벌였다. 갑자기 추대된 왕은 어리둥절한 마음에서 왜 자기를 이 섬의 왕으로 추대했는지, 그 이유를 자세히 물었다.

사실 이 섬의 주민들은 모두가 해상 사고를 당해 거의 사경을 헤매다가 살아난 사람들인데 일년에 한번씩 이상한 사람을 뽑아 왕으로 추대한 다음 일년이 지나면 물 건너 다른 섬으로 그 왕을 쫓아낸다는 이야기를 듣게 되었다.

새 임금은 앞으로 일년 후에 추방될 신세를 생각하면 곤혹스러웠지만 "우선 먹기에는 곶감이 달다"는 입장 때문에 왕의 행세를 그럴듯하게 했다. 그러나 일년 후의 문제에 대하여 신경을 쓰지 않을 수 없었다. 그래서 벌거벗은 왕은 밤이 되면 아무도 모르게 헤엄쳐 건너가 앞으로 쫓겨날 그 섬의 황무지에 사과나무를 비롯하여 다른 과실나무들을 심기 시작하였다. 마침내 일년이 지나고 예상했던 대로 왕에서 축출되어 물 건너의 다른 섬으로 건너오게 되었다.

그런데 매일 밤 아무도 모르게 건너와 틈틈이 심어놓은 과실나무들이 잘 자랐기 때문에 과일나무에는 풍성한 열매가 맺혀있었다. 여기서 벌거벗은 옛 임금은 일년씩 왕위를 가졌다가 축출되어 자기보다 먼저 이 섬으로 건너온

| 소망 |

많은 전임자들을 만나 즐거운 마음으로 잘 익은 과실을 함께 나누어 먹었다.
　비록 일년이라는 시한부 왕이었지만 벌거벗은 왕은 왕위에 집착하지 않고 물을 건너 이 섬으로와 그 섬에 과실나무를 심으며 미래를 대비하고 미래의 희망을 설정했다는 이 이야기는 우리에게 비전을 가져야 산다는 사실을 느끼게 된다.

확신과 희망의 스위치를 켜라

　존 번연(John Bunyan)의 '천로역전'에 나오는 한 장면에 따르면 종교를 신봉하는 여러 사람들이 한곳에 모여 제 각각 자기 종교의 특징과 정당성을 주장하고 있었다. 그런데 바로 그 순간 전기불이 꺼져 버렸다. 서로 싸우던 사람들이 그 캄캄한 어두움 속에서 "I know, I know"를 연발만 했다. 이 캄캄한 암흑 속에서 전기불의 스위치를 다시 켤 생각은 미처 아무도 못하고 있었다. 그러므로 바로 이 불확실한 미래에 대해 절대적인 확신과 희망을 갖고 스위치를 다시 켜는 생활을 그는 강조하고 있었다.
　참으로 불확실성을 넘어 하나님과 영원을 보게 해 주는 '믿음의 스위치'를 켜는 생활이야말로 참으로 중요하다는 사실을 깨우쳐 주고 있다.

| 소망 |

우리에게 희망이 있느냐?

1970년대 초, 미. 해군 잠수함 한척이 훈련 중 뉴잉글랜드(New England) 해안에서 침몰하는 사건이 있었다. 이 침몰된 잠수함을 발견하고 구조하는 작전 임무에 따라 뉴잉글랜드 해안의 바닷속을 샅샅이 뒤지던 중, 한 잠수부가 이 침몰된 잠수함을 발견하고 접근하게 되었다. 그런데 그 잠수함 안에서 통신이 보내져 나왔다. 잠수부가 가만히 들어보니 그 메시지는 "우리에게 희망이 있느냐?"라는 물음이었다.

이 질문은 지금도 오늘을 사는 우리 인간의 깊은 심장에서부터 흘러나오는 질문이라는 사실을 가르쳐 주고 있다.

희망의 신학

1970년대 중반, 기독교의 소장 학자로 이름을 떨쳤던 몰트만(Jurgen Moltmann)은 모세가 이스라엘 백성을 애굽에서부터 인도하여 낸 것처럼 죄악의 죽음과 실패의 도성을 떠나 하나님께서 함께 하시는 가나안을 향하여 나아간다는 희망 속에서 그의 신학이론을 전개하였다. 그래서 그의 신학을 '희망의 신학' 혹은 '소망의 신학'이라고 불렀다고 한다. 참으로 하나님께서 함께 하시는 인생의 여로에서 희망은 중요하다는 사실을 깨우쳐 주고 있다.

| 소망 |

영원한 집에 관심을 갖고

　영국 런던(London)의 큰 교회 담임목사인 동시에 위대한 설교가로 잘 알려졌던 스펄전(Charles Spurgeon)목사에게 어떤 사람이 찾아와 "왜 목사님께서는 현재 우리가 살고 있는 이 세상의 집 보다는 저 영원한 집에 대하여 더 흥미를 갖고 설교를 하십니까?" 라고 질문을 했다. 이 질문에 대해 스펄전목사는 "그 이유는 이 세상에서 사는 집은 인간의 눈으로 볼 때 아름답고 깨끗한 것 같으나 실은 잠간이기 때문에 내가 관심을 가질 수 없습니다. 그러나 영원한 집은 영원무궁한 집이기 때문에 내가 더 흥미와 관심을 갖습니다." 라고 대답했다. 큰 어려움과 혼돈 속에서도 우리에게는 희망이 있다는 사실은 참으로 놀라운 일이 아닐 수 없다. 최상의 것은 아직 우리에게 오지 않았으며 앞으로 전개될 미래에 있어 우리에게 보장된다는 사실을 깨우쳐 주고 있다.

| 소망 |

긍정적인 삶을 살다간 부통령

　미국의 부통령이었던 휴버트 험프리(Hubert Humphrey)가 오랜 두병을 끝내고 타계하였을 때, 그를 보내는 장례식에서 그의 정치적 자리를 승계했으며 한때 대통령 후보였던 월터 먼데일(Walter Mondale) 부통령이 조사 했다. 그런데 먼데일은 조사를 통하여 "험프리, 그는 우리에게 소망을 갖는 법과 사랑하는 법을, 또 이기는 법과 패배하는 법을, 그리고 어떻게 살아야 하는지 생존의 법칙을 가르친 분이었다"라고 말했다고 한다.
　실제로 험프리는 인생의 패배와 승리의 모든 과정을 하나님의 뜻으로 알고 오직 믿음으로 살았기 때문에 그에게는 정적도 없었으며 또 원망의 말이나 불평하는 말도 그는 일체 하지 않았다.
　휴버트 험프리 부통령은 아주 리드미컬(Rhythmical)한 긍정적인 사람이었다고 오늘도 많은 사람들이 말하고 있는 것이다.

| 소망 | 관련 성경 구절 |

1. 소망의 대상은
- **시71:5** 여호와가 소망
- **시78:7** 하나님께서
- **딤전1:1** 예수 그리스도가
- **살전1:3** 주임께서
- **딤전4:10** 살아 계신 하나님
- **벧전1:21** 영광의 하나님께

2. 소망을 가진 자의 태도
- **시62:5** 잠잠히 하나님만 바람
- **애3:26** 구원을 바라는 것
- **행28:20** 쇠사슬에 매이기도 함
- **롬12:12** 소망 중에 즐거워 함
- **롬15:4** 인내를 가지며
- **갈5:5** 믿음을 좇아 기다림
- **빌1:20** 아무 일에든지 부끄럽지 않는 생활함

3. 소망을 가진 자의 결과
- **시146:5** 복이 있음
- **잠10:28** 즐거움을 이루게 됨
- **욥4:6** 행위가 완전함
- **롬8:24** 구원을 얻게 됨
- **롬15:13** 믿음에서 충만함
- **딛3:7** 후사가 됨

| 순종 |

뱀 꼬리의 항의

    유대인들의 '탈무드'에 나오는 이야기 가운데 '뱀의 꼬리'에 대한 이야기가 있다. 뱀의 꼬리가 가만히 생각하다가 화를 냈다. 도대체 뱀의 머리, 저는 무엇이기에 나를 이리 저리 마음대로 끌고 다닌다는 말인가? 그래서 뱀꼬리는 머리에 항의를 하였다.
    꼬리의 항의를 받은 머리는 자기가 꼬리를 끌고 다닐 수밖에 없는 이유를 꼬리에게 이렇게 설명하여 주었다. "나는 뇌를 가졌기 때문에 이것저것을 생각하면서 안전하게 꼬리를 끌고 갈 수 있단다. 그리고 나는 입이 있기 때문에 먹을 것을 보면 입으로 먹어 건강을 유지하면서 너를 잘 끌고 다닐 수 있기 때문이다"라고 설명해 주었으나나 꼬리는 머리의 설득을 받아 드리지 않은 채 항의를 계속하였다고 한다.
    그러자 머리는 할 수 없다는 듯이 "그러면 꼬리! 네가 한번 머리를 끌고 다녀 보라"고 뱀의 머리는 꼬리에게 제안을 하였다. 머리의 제안을 받은 꼬리는 신이 나서 지금까지 머리에게 일방적으로 끌려 다니던 생활을 청산하고 머리를 끌고 다녔다. 그런데 예기치 않았던 사고가 일어나고 말았으니, 뱀꼬리는 눈이 없어 보지를 못하였던 까닭에 언덕으로 올라가던 중 "낭떨어지로 떨어져 둥굴게 되었다. 그뿐만 아니라 웅덩이에 빠져 헤엄도 치지 못하고 고생만 하는 고통을 당한 후 뱀의 꼬리는 하는 수 없이 머리가 끌고 다니는 대로 저항과 불평 없이 순종하게 되었다.
    우리도 목자 되시는 주님께서 인도하시는 대로 순종하면서 살 때 더 큰 만족과 더 큰 기쁨, 그리고 더 귀한 축복이 주어질 것임을 깨달아야 한다.

| 순종 |

로마의 조각품 상인들

'성실' 이라는 영어 단어는 'Sincere' 라고 한다. 이 단어는 라틴어(Latin)에서 왔는데 그 말의 뜻은 '밀초(Wax)가 없다' 는 뜻이다. 옛날 로마(Rome)에서는 조각품을 판매하던 상인들이 실수로 조각품에 상처를 냈을 경우 그 상처 난 부분을 밀초(Wax)로 때웠다. 그런데 이들의 기술이 너무나 좋고 정교하여 상처 난 조각의 부분을 밀초로 감쪽같이 때워 상품을 속였다. 그 당시 상인들은 밀초로 때움질한 상품인지 아닌지 전혀 분별하지 못할 정도의 기술을 자랑했었다.

하나님의 형상대로 지음 받은 인간의 삶 속에 전혀 밀초가 섞이지 않은 순수한 그리고 정직의 역사하는 삶이 되어야 할 것을 말해 주고 있다.

| 순종 |

자랑할 수 없는 슬픈 '홀인원'

　유대교의 어느 랍비가 안식일의 이른 새벽에 가상하였다. 그런데 그날 따라 골프(Golf)를 치는 초원은 한층 더 푸르고 상쾌해 보였다고 한다. 가만히 골프 코스를 쳐다보면 랍비 마음속에는 한번 골프코스를 돌고 싶은 마음이 생겼다. 하늘을 쳐다보니 아직 해도 뜨기 전이었다고 한다. 그래서 랍비는 아직 해가 뜨지 않았으니 아무도 모르는 사이 골프장에 나가 한 코스를 돌기로 마음을 정하고 골프장으로 나아가 공을 쳤는데 우습게도 단번에 홀인원 되고 말았다.
　이 놀라운 일은, 일찍이 골프 역사에 별로 없었다고 한다. 그래서 랍비는 자기 자신이 너무 자랑스럽기만 하였다. 그러나 한편으로는 너무 슬프기도 하였다고 한다. 그 이유는 아무에게도 자기가 홀인원을 기록했다는 사실을 자랑할 수 없는 처지였기 때문이었기에 너무 슬프기만 했다. 만약 이 소식이 전하여 지면 랍비가 안식일에 골프를 쳤다고 비난 받을 것이 분명했기 때문이었다.
　그러므로 랍비는 큰 영광과 기쁨을 자랑도 하지 못한 채 슬프게 지내야만 했다. 진실을 깨뜨리고 정직의 법도를 깨뜨렸을 때, 거기에는 결코 자랑보다는 슬픔이 온다는 사실을 잘 가르쳐 주고 있다.

| 순종 |

성도의 상표(Brand)

현대인은 브랜드(Brand)를 좋아한다. 상표는 회사의 명예와 상품의 질에 대한 보증, 그리고 특징을 의미하고 있기 때문에 더욱 더 현대인은 브랜드를 좋아하는 경향이 있다. 그렇기 때문에 비록 가격이 보통 물건보다 비싸더라도 브랜드가 있는 물건을 애용하고 또 좋아들 한다.

마찬가지로 신자에게도 '상표'가 붙어 있어야 하는데 그것은 곧 겸손과 순종, 그리고 '자기를 부정하는 것' 들이라고 할 수 있다. 인간의 이기심과 자아는 그리스도를 닮아가려는 우리의 성향과 친교를 파괴하게 한다는 사실을 명심하여야 할 것이다.

리드미컬한 순종

음악에서 리듬(Rhythm)이 중요한 것처럼 순종이라는 것도 리드미컬(Rhythmical)하여야 한다. 즉 주님께서 오라고 신호할 때 오고 가라고 신호할 때 가고 또 주님 자신을 위해 몸을 바치라고 신호할 때 그렇게 결단해야 한다. 이것이 바로 이상적인 성도의 공동체, 성도의 삶이라고 본 회퍼(Dietrich Bonhoeffer)는 말하였다고 한다. 어디까지나 하나님의 신호에 맞추어 순종하고 움직이는 이상적 공동체의 성격을 깨닫게 해 주고 있다.

| 순종 |

원유의 사용 용도

    중동의 산유국들이 원유생산에 단합된 힘을 발휘하여 세계의 경제를 심각할 정도로 뒤흔들 때가 많다. 산유국들이 원유를 많이 생산하여, 여러 나라에 고르게 또 싼 가격으로 공급하면 세계 경제가 원활하게 돌아가지만 반대로 산유국들이 담합하여 원유생산량을 줄이면 세계의 경제는 그 만큼 곤두박질치기 때문에 세계 각국은 산유국들의 담합에 신경을 많이 쓰고 있는 것이다.

    그런데 원유를 수입하여 잘 가공하고 정제하면 여러 종류의 연료와 산업 공산품들이 나온다는 사실은 이미 잘 알려진 사실이다. 우선 원유를 잘 정제하면 휘발유가 나와 자동차가 움직이도록 해 주며 원유를 더 정제하면 아스팔트의 재료와 콜크도 생산할 수 있는 것이다. 그리고 원유에서 석유도 생산하며 또 현대 생활에 큰 편리를 주는 플라스틱의 재료도 생산해 낸다고 한다.

    이렇게 원유라는 원자재를 가지고 휘발유와 아스팔트의 원료를, 그리고 콜크와 석유를, 그 뿐만 아니라 플라스틱의 재료 등등… 다양한 것들을 생산하는 것처럼, 우리가 하나님께 겸손한 마음 갖고 절대로 순종할 때에 하나님께서는 '순종' 이라는 원자재를 이용하여 제각각 원하시는 제품을 만들어 내시는 동시에 또 원하시는 일에 우리를 사용하신다는 사실을 가르쳐 주고 있다.

| 순종 |

성경 속에 끼워 넣은 수표

　　대학에 새로 입학한 작은 아들이 아버지에게 자동차를 사 달라고 말했다. 아들의 입장에서는 고등학교를 졸업하고 먼 곳에 있는 대학에 진학했기 때문에 자동차는 절대적인 교통수단이라고 생각했던 것이다.

　　그런데 아버지는 자동차를 사달라는 아들의 요구에는 일언반구의 응답도 하지 않고 다만 큰 성경 한권을 아들 앞에 내 놓으면서 "아들아! 이 성경을 학교로 가지고 가 기숙사 생활을 하는 동안에 매일 매일 읽어라."라고 부탁 했다. 이런 아버지의 반응에 기분이 상한 아들은 저희 아버지의 부탁을 받아들여 성경을 매일 읽을 수 없었다고 한다. 아들은 아버지께서 사준 성경에 먼지가 쌓이도록 기숙사의 한 구석에 방치한 채 읽지 않았다.

　　한 학기를 다 마치고 집에 돌아온 아들은 다시 아버지를 설득하기 시작했다. 자기에게는 자동차 한대가 꼭 필요하다고… 그때에 잠자코 아들의 말을 듣고만 있던 아버지는 아들에게 "너는 내가 사준 성경을 읽고 있느냐?"라고 물었다고 한다. 특히 "너는 빌립보서 4:19을 읽었느냐?"라고만 물었다. 이런 아버지의 물음에 마음이 상한 아들은 방학을 마치고 학교로 돌아와 또 다른 학기를 마치고 집으로 돌아가 다시한번 더 아버지에게 자동차를 사달라고 졸랐다. 아들은 이렇게 4년을 보냈다. 그러니까 아들은 대학에 입학하자마자 아버지에게 자동차를 사달라고 졸라댔는데도 불구하고 자동차를 갖지 못한 채 4년을 다 지냈으며 물론 아버지가 사준 성경도 전혀 읽지 않은 채 4년을 다 지낸 것이다.

　　결국 작은 아들은 자동차 없이 대학을 졸업했으며 기숙사에서 이사 나가려던 짐을 꾸리던 중 먼지가 쌓여 있는 성경을 마루에 떨어뜨렸다. 그런데 실수로 떨어진 성경속에서 한 장의 수표가 빠져 나왔다. 이 수표는 놀랍게도 거금의 수표로써 이미 4년 전에 아버지께서 발행한 수표였다고 한다. 그러니까

| 순종 |

아들이 자동차 한대를 사달라고 아버지께 맨 처음 이야기 했을 때, 아버지는 아들이 요구하는 자동차 한대 값의 수표를 발행하여 성경속에 끼어주었던 것이다. 그럼에도 불구하고 작은 아들은 성경을 펼쳐 보지도 않았으며 또 읽지도 않았기 때문에, 아니 아들은 아버지의 말에 전혀 순종하지 않았기 때문에 4년동안 자동차도 가져보지 못한 채 고생만 하였다는 이야기다.

하나님께서는 우리가 바라고 요구하는 것 이상으로 늘 풍요롭게 주시는데 그것도 모르고 무지몽매(無知蒙昧)하게 사는 인간에게 교훈이 되는 이야기인 것이다.

| 순종 |

링컨과 목회자들과의 대화

흑인 노예의 해방문제로 발발한 미국의 남북전쟁이 한참 진행 중이었을 때의 이야기다. 남군과 북군은 서로 일진일퇴를 하면서 전쟁이 치열했다. 그런데 전황이 북군에게 아주 불리했을 때, 많은 개신교의 목회자들은 링컨(Abraham Lincoln) 대통령을 백악관으로 찾아가 그에게 충고하기로 결정하고 백악관으로 대통령을 찾아간 목회자 대표한 사람이 "대통령 각하! 하나님께서 우리 편에 계셔야 할 텐데 야단입니다." 라고 말문을 열었다.

그때 링컨 대통령은 "나는 하나님께서 우리 편에 계시던지 우리 편에 계시지 않던지, 그 문제는 상관이 없으며 또 그 문제는 그리 중요하지 않다고 생각합니다." 라고 목회자들에게 대답을 했다.

이 말을 듣고 깜짝 놀란 목회자들은 이구동성으로 "뭐요? 대통령께서 하나님이 우리 편에 계시던지 아니던지 아무 상관이 없다고 말씀하시니 도대체 그것이 무슨 뜻입니까?" 라고 되물었다. 그러자 링컨 대통령은 "그렇습니다. 나는 하나님께서 우리 편이냐 아니냐에 신경을 쓰는 것이 아니라 오로지 우리가 하나님의 편이 되어야 한다는 생각뿐이지요!" 라고 대답을 했다.

오로지 우리가 하나님 편이 되어 주님 안에 거할 때, 모든 일이 순풍에 돛단배처럼 잘 될 것이 분명함을 가르쳐 주고 있다.

| 순종 |

새끼줄과 어느 머슴의 이야기

어떤 마을에 마음이 따뜻한 부자 영감이 살았다. 이 영감은 하인을 많이 거느리고 있었다. 그 당시 섣달 그믐날이 되면 부잣집에서는 자기들이 거느리고 있는 머슴들에게 쌀 한 가마씩 안겨줘 고향집에 돌아가 설날을 잘 지내고 오도록 했다.

그런데 이 부자 영감은 어느 해에는 섣달 그믐날인데도 불구하고 머슴들을 고향 집으로 돌려보낼 생각은 하지 않고 오히려 머슴들을 다 불러 모으더니 새끼줄을 잘 꼬라는 명령을 내렸다. 그러니 머슴들의 입장에서는 퍽 사기가 저하 일고 심술이 나지 않을 수 없었다. 다른 집의 머슴들은 다 설날을 맞으려고 자기 고향의 집에 갔는데 자기들은 집에도 가지 못하고 섣달 그믐날에 새끼줄을 꼬라니 얼마나 정이 떨어지는 말이겠는가? 그래서 머슴들은 정성이라는 것은 다 빼버리고 아무렇게나 새끼줄을 꼬았다. 어떤 머슴은 새끼줄을 굵게 꼬고 또 어떤 머슴은 가늘고 숭덩숭덩 하게 꼬고 그리고 어떤 머슴은 흥청흥청하게 꼬았다.

이때 부잣집 영감님은 머슴들을 모두 데리고 창고를 들어갔다. 그리고 멍석에 잔돈(엽전)을 잔뜩 쏟아놓은 후 머슴들에게 "각자 자기가 꼰 새끼줄에 엽전을 끼어가지고 고향 집으로 돌아가 설날을 잘 지내고 오라."라고 말하고 계속해서 "그러나 절대로 새끼줄을 새로 꼬지는 말라"고 아주 엄하게 말했다. 머슴들은 "이럴 줄 알았으면 새끼줄을 꼼꼼하게 잘 꼬았을 것을…"이라며 후회했다. 그런데 많은 머슴들 가운데 단 한 사람만이 총총하게 잘 꼬았다. 그래서 그 사람은 많은 엽전을 자기가 꼰 새끼줄에 총총 많이 끼어가지고 고향 집으로 돌아가 설날을 잘 지내고 왔다고 한다.

성도의 삶이란 늘 성실하게 사는 생활 이라는 사실을 깨우쳐 주고 모든 일은 특별히 산울림이 되어 자기 자신에게 돌아온다는 사실을 가르켜 주는

| 순종 |

한 가지 부족한 것

이야기다.

    3세기말 애굽의 한 부잣집 아들이 성경을 읽던 중 '네게 한가지 부족한 것이 있으니…' 라고 기록된 말씀을 읽고 가만히 생각하니 이 말씀은 꼭 자기에게 대하여 하는 말씀 같이 여기고 이 청년은 용기를 내어 자기 집의 재산을 다 처리한 후 그 돈으로 구제하고 봉사하는 일에 힘썼다. 또한 열심히 일해 벌은 돈으로 먹고 살면서 오직 기도와 전도에만 힘썼다.

    이 사람이 바로 교회역사에서 높이 추앙받은 안토니오(Anthony)이며 그는 마침내 수도원의 선구자가 되었다고 한다.

| 순종 |

제시카(Jessica)의 신원 판별

    1987년 말 디트로이트(Detroit) 공항에서 발생했던 여객기 추락사고에서 유일한 생존자는 목숨을 잃은 어머니의 품속에서 살아남은 네 살 된 제시카(Jessica)양 뿐이었다고 한다. 그런데 제시카 양을 품에 안은 채 세상을 떠난 어머니를 비롯하여 제시카 양의 얼굴이 화상으로 손상을 입었기 때문에 이 어린 소녀의 신원을 파악하지 못하고 항공사는 전전 긍긍하는 입장이었다.
    그런데 이 어린 소녀는 평소 보라색을 좋아했다고 한다. 그래서 할머니는 어머니와 함께 디트로이트로 여행을 떠나는 어린 손녀딸의 열손가락 손톱에 보라색의 손톱칠을 해 주었다. 마침내 열 손가락의 손톱에 칠해진 보라색의 손톱칠이 단서가 되어 150여명의 탑승객 가운데 유일한 생존자는 제시카라는 신원을 찾아 낼 수가 있었다.
    똑같은 조명에서 주님을 우리의 구주로 영접하고, 주 예수 그리스도의 가르침을 순종하며 나가는 성도의 삶도 역시 어딘지 예수님의 제자라는 단서가 있어야만 증명되어질 수 있음을 깨우칠 수 있다.

| 순종 |

'아인슈타인' 박사의 설득

'상대성 원리'를 발견한 아인슈타인(Albert Einstein)박사가 유명했을 때의 이야기 한 토막이다.

아인슈타인 박사는 너무 인기가 높아져 그 당시 미국의 영웅으로 알려져 있었다. 그때 많은 사람들이 아인슈타인 박사에게 편지를 보내 자기들의 크고 작은 일들을 처리하는데 도와달라고 도움을 요청했다. 그러니까 아인슈타인 박사는 그의 높은 인기 때문에 만물박사가 돼 있는 셈이었다.

이때에 한 어머니가 아인슈타인 박사에게 쓴 편지 한 장이 배달되었는데 그 편지에 따르면, 자기의 아들이 마치 자기는 예수가 되었다고 생각하고 산으로 올라갔는데 이미 3주가 되었으니 괜찮으시면 내 아들에게 말해서 산에서 내려오도록 조치해 달라는 내용이었다. 도무지 아인슈타인 박사의 말 이외에는 자기 아들이 듣지 않을 것이므로 제발 자기를 도와 달라는 간곡한 편지였다.

그 후 아인슈타인 박사가 그녀의 아들을 찾아가 어떻게 설득했는지, 그녀 아들은 곧 산에서 내려왔다. 아인슈타인 박사는 자기가 어떻게 설득하여 그녀의 아들을 산에서 내려오게 했는지 그 비결을 그 후에 공개했다. 아인슈타인 박사가 공개한 비법에 따르면, 우선 그는 그 여인의 아들에게 "예수는 산 위에만 있었던 것이 아니라 사람들 사이에서 고기 잡는 어부가 되기 위해 산에서 내려왔다"는 사실을 설명했더니 그녀의 아들을 순순히 받아들였다고 한다.

하나님의 아들이신 예수님은 과연 산 위에서 하나님을 만나고 하나님께 기도도 드리고 하나님께 보고도 드렸으며 산 위에서 변화도 하셨다. 그러나 곧 산 위에서 내려와 죄악과 흠 많은 세상에서 특히 인간들의 틈바구니 속에서 사셨다는 사실은 깊은 진리가 아닐 수 없다.

| 순종 | 관련 성경 구절 |

1. 순종의 대상
- **신30:20** 여호와 하나님께
- **느9:34** 주의 명령과 말씀에
- **엡6:1** 부모에게
- **엡6:5** 상전에게
- **히13:17** 인도하는 자에게
- **벧전2:22** 진리의 순종
- **히11:8** 부르는 자에게

2. 어떻게 순종할 것인가
- **신30:2** 마음과 성품을 다하여
- **렘35:8** 온 가족이 평생을
- **대상29:23** 온 백성이
- **롬1:5** 믿음으로
- **롬6:17** 마음으로
- **고후7:15** 두려워하고 떪으로
- **고후2:9** 범사에
- **골3:20** 모든 일에

3. 순종하는 자가 받는 복
- **신1:36** 약 속의 땅을 얻게 됨
- **신28:2** 여러 가지 복을 받게 됨
- **렘26:13** 재앙을 면하게 됨
- **행5:32** 성령을 받게 됨
- **롬6:16** 의의 종이 됨
- **히5:8~9** 온전하게 됨
- **벧전1:14~15**

| 인내 |

세계 최고령자가 말하는 비결

1990년 이전에 지구상에서 제일 장수했던 사람은 구 소련의 쉬리리 무스리모브라는 노인이었다.

그는 1989년까지도 생존해 있었다. 그 당시 이 노인의 나이는 161세였다. 그때까지 이 지구상에 생존한 사람들 가운데 제일 나이가 많았던 '무스리모브'를 신문사의 기자가 찾아가 장수의 비결에 대하여 문의를 했다. 기자의 질문을 받은 이 노인은 "나는 장수의 비결에 대해 자주 질문을 받습니다. 그런데 내 생각으로는 아무것도 장수의 비결이 될 것 같지가 않습니다. 나는 목자요, 과수원지기로써 평생 쉬지 않고 일했으며 또 과식도 하지 않았습니다. 그리고 나는 모든 사람을 믿으며 믿음으로 살았습니다."라고 대답했다고 한다.

누구든지 주어진 일에 최선을 다하면서 신앙과 인내로 성실히 살아가는 자세야말로 귀하고 귀한 것이라는 사실을 깨닫게 된다.

| 인내 |

근면과 절제의 생활

　막스 웨버(Max Weber)는 '자본주의 정신과 기독교 윤리' 라는 책에서 오늘 우리가 즐기는 자본주의의 참된 정신은 곧 기독교 윤리에서 나왔다는 사실을 강조했다.　사도 바울은 '우리가 너희와 함께 있을 때에도 너희에게 명하기를 누구든지 일하기 싫어하거든 먹지도 말라 하였더니…' (살후 3:10)라고 가르쳤는데 이에 따라 부지런히 일하고 보니 생산이 증가되고 일정한 부(富)는 축적되어 나감을 알게 되었다고 한다. 그런데 기독교는 모아진 물질이나 재산을 낭비하도록 하는 것이 아니라 더욱 더 절제하라는 사실을 강조하고 있다. 특별히 사도 바울에 따르면 절제는 성령의 열매 가운데 하나라는 사실을 가르쳐 주고 있다(갈 5:22). 그러므로 근로정신과 절제정신, 즉 부지런히 일하는 것과 절제하는 생활, 이 두 기둥이 자본주의를 받혀 주고 있다는 사실을 '웨버' 는 지적하고 있는 것이다.
　이러한 정신에서 오늘의 성도들은 근면과 절제의 삶 속에서 하나님께서 축복하시는 열매를 결실해 나가야 할 것이다.

| 인내 |

믿음과 인내는 선의 바탕이다

초대교회 교부였던 크리소스톰(Chrysostom)은 "기독교 신자가 믿음으로 참고 나가는 인내야 말로 모든 선의 바탕이며 경건의 어머니가 되는 동시에 결코 시들지 않는 열매가 된다. 그리고 끝까지 함락되지 않는 요새이다"라고 말했다.

성도의 삶은 인내와 신앙으로 고통과 유혹 그리고 근심을 극복하고 영원한 구원만을 향하여 전진하는 삶이 되어야 한다는 사실을 깨닫게 된다.

사랑이란 잘못을…

사랑이라는 말은 그 뜻이 너무 심오하고 오묘하기 때문에 한 마디로 말할 수 없다고 말하는 사람이 많다.

기독교 초대역사에서 교부로 활동했던 크리소스톰은 "사랑이란 잘못을 저지른 사람에 대한 인내를 가르치며 또 사랑이란 분노와 힘으로 보복을 일삼는 사람들에 대한 인내를 가르친다"라고 말했다.

예수님께서는 "네게 이르노니 일곱 번 뿐 아니라 일흔번씩 일곱 번이라고 할지니라" (마태복음 18:22)고 말씀하심으로 자기의 잘못을 참회하는 사람에게 무제한으로 용서하라는 원리를 가르쳐 주셨다.

| 인내 |

백리해의 아내

　중국의 야사에 나오는 이야기 가운데 백리해(百里亥)에 대한 이야기가 나온다고 한다. 고대나 현대를 막론하고 가난한 선비의 생활은 여러모로 고달팠다고 한다. 날마다 가난으로 선비들은 주린 창자를 거머쥔 채 오직 공부에만 힘썼다고 한다. 이런 가난에 지친 그의 아내는 씨암탉을 잡고 문빗장을 깎아 불을 피운 다음 닭을 요리해 남편을 대접했다고 한다. 그리고 그녀는 가난을 피하여 도망쳐 나갔다.
　그런데 고생 끝에 낙이 온다는 옛말처럼 마침내 남편은 장원급제하여 높은 벼슬에 오르게 되었다고 한다. '백리해'가 행차하던 어느 날 옛 부인은 거문고를 들고 나와 길가에 앉아 옛날을 회상하는 아주 애처로운 애상의 노래를 불렀다. 이것을 본 백리해는 대상의 노래를 부르는 옛 부인 앞에서 걸음을 멈추는 듯 하더니 그냥 그대로 지나가고 말았다.
　성도의 삶도 역시 힘이 드는 생활임에는 틀림없는 것 같다. 그러나 어렵고 힘이 든다고 해서 중도에 포기해서는 안되는 것이다. 한번 포기하면 되돌릴 수 없기 때문에 인내로 살아야 함을 성경은 우리에게 가르쳐 주고 있다.

| 인내 |

단 6분이라도 화를 내면

스위스에 있는 한 시계 제작자는 인생의 일생을 80년으로 계산 하고 일생동안 인생이 겪는 중요한 일을 시간으로 따져 보았다. 그의 계산에 따르면, 80년 가운데 26년은 잠을 자기 위해 침상에서 보내고 또 80년 가운데 21년간은 일터에서 일을 하기 위해 보내며 6년간은 식사를 하기 위해 식탁에서 보낸다.

나머지 6년간은 놀랍게도 화와 분노로 보내고 있다는 사실을 발견했다. 이에 대하여 한 성공회신부는 "6년이 아니라 단 6분 동안만이라고 하더라도 화를 내면서 산다는 것은 성도의 생활이 아니다"라고 말했다.

제한된 삶을 사는 인간으로서 우리는 온유와 겸손한 가운데 어떠한 상황에서도 자신의 감정을 제어하며 인내와 절제를 적절히 발휘하는 덕된 삶을 살아야 한다. 그것이 거룩한 삶의 첫 걸음이다.

| 인내 |

왕세손의 인내심과 품위

동서고금을 막론하고 왕세손을 가르치는 궁중교육은 엄격한 것으로 알려져 있다. 우선 왕족들은 궁중의 예의범절을 철저히 몸에 익혀야 하고 또 왕족들이 왕족으로서 체통을 바로 세우며 사는 모습들은 매우 중요하기 때문에 엄한 궁중교육은 필수적이라고 한다. 이런 엄격한 교육을 위해 물론 전담 선생을 두기도 하지만 대개의 경우, 왕세손과의 실제 관계는 할머니가, 그러니까 대비가 담당하는 경우가 많다.

우리가 잘 아는 것처럼 영국은 입헌군주국이기 때문에 왕이 존재하고 있다. 그런데 왕세손과의 실제 관계를 담당한 할머니의 간섭과 교육이 왕세손들을 짜증나게 할 때도 있었던 것 같다. 왕세손에게, "이것은 하면 안 됩니다. 저것은 해도 좋습니다. 이렇게 하면 안 됩니다. 저렇게는 해도 됩니다." 등 일일이 인내를 요구하는 할머니에 대하여 왕세손들은 짜증낼 때가 많았을 것이다. 그래서 하루는 왕세손의 입장에서 할머니에게 항의를 하기에 이르렀다고 한다. "할마마마, 왜 나는 이렇게 하면 안 되고 저렇게는 해야만 되는지 알 수가 없습니다. 다른 친구들은 모두 자기들 마음대로 하고 자기가 원하는 일들을 척척 하면서 지나는데 왜 나는 이것을 하면 안 되고 저렇게 하면 되는 것입니까? 왜 저는 이토록 엄격한 훈련과 통제아래 살아야 합니까?" 이렇게 물었다.

이에 대한 할머니의 대답은 "장차 대영제국의 임금이 되실 분이기 때문에 세자손께서는 이런 훈련과 교육을 익혀야 합니다."라고 말했다는 이야기다.

마찬가지로 우리는 하나님의 자녀로 우리 자신을 눌러 극기하고 인내하면서 거룩한 성도의 품위를 잃지 않는 삶이 되어야 하겠다.

| 인내 | 관련 성경 구절 |

1. 신자가 무엇에 인내할 것인가?
- **눅8:15** 말씀을 듣고 지키는 일
- **롬5:3** 환난 중에도
- **살전1:3** 소망을
- **히12:1** 신앙 경주에서
- **벧후1:6** 절제에 인내
- **계14:12** 계명을 지키는 데

2. 인내의 정도
- **눅8:25** 참으로 기다리는 것
- **엡4:2** 겸손과 온유로
- **약1:2**, **4** 온전하게
- **약5:11** 욥같이 인내하라
- **계2:19** 주께서 아시기까지
- **계13:10** 순교하기까지

3. 인내해야 할 이유
- **롬15:5** 그리스도를 본받기 위해서
- **롬15:6** 하나님께 영광 돌리기 위해서
- **딤전6:11** 하나님의 명령이니
- **히10:36** 약속을 받기 위해서
- **벧전2:20** 하나님의 앞에 아름다움

4. 인내하는 자가 받는 복
- **시37:7** 형통하여짐
- **시40:1** 기도를 들으심
- **눅21:19** 영혼을 얻음
- **롬5:4** 연단을 이루게 됨
- **약1:12** 면류관을 얻게 됨
- **계3:10** 시험 때를 면함

| 전도 |

영원히 사는 길

6세기 대영제국은 오늘처럼 하나로 된 나라가 아니라 몇 개의 작은 나라로 나누어 있다. 그 가운데 '노덤부리아' 왕조가 있었는데 어느 날 기독교를 전도하는 사람이 찾아와 "주께서 말씀하시기를 예수를 믿고 그를 구주로 받아들이면 영원히 산다고 했습니다."라고 말하면서 왕의 결단을 요구했다. 그러나 임금의 입장에서는 즉시 기독교를 받아들이겠다거나, 혹은 기독교를 부정한다고 대답할 수 있는 처지가 아니었다고 한다. 그래서 임금은 그날 저녁 각료회의를 소집하고 이 이야기를 했다. "전도하는 사람이 와서 예수를 믿고 영생을 얻으라고 하는데 어찌하면 좋겠느냐"라고 임금은 각료들에게 물었다. 그러나 임금 앞에 모인 문무백관 가운데 아무도 입을 열지 않은 채 망설이고만 있었다.

그런데 갑자기 참새 한 마리가 캄캄한 밖에서 전등불이 환한 방으로 날라 들어오더니 방 안을 한바퀴 돌고나서 다시 캄캄한 밖으로 사라져 버렸다. 이때에 제일 나아가 많은 재상이 입을 열고 말을 시작했다. "폐하! 저 참새를 보니 캄캄한 어둠을 뚫고 밝은 방으로 날아 들어오더니 또 다시 캄캄한 어둠 속으로 사라지고 말았습니다. 우리도 어디서 왔다가 어디로 가는지 잘 알지를 못합니다. 그러나 한 가지 분명한 것은 우리가 캄캄한데서 와서 밝은 세상에서 잠간 살다가 또 다시 캄캄한 곳으로 돌아갈텐데 새 종교가 우리에게 미래의 문제, 즉 영생에 관계된 문제를 알려준다면 분명히 새 종교를 받아들일 가치가 있습니다."라고 조언을 했다. 이 조언에 따라 왕은 새 종교인 기독교를 받아들였으며 결국엔 오늘처럼 부강한 영국의 초석을 다졌다고 한다. 성도의 삶에 있어 미래에 대한 확신을 깨우쳐 주고 있다.

| 전도 |

연말 상품광고의 특징

　　연말이 되면 해마다 미국의 주류 텔레비젼(Television)방송에서는 일제히 상품 광고를 많이 내 보냈다. 그런데 거이 모든 광고에서 한결같이 두 마디를 사용하고 있다고 한다. 그 한마디는 '사용해 보세요'(Tryit)이고 또 다른 한마디는 '보증합니다'(Guarantee)라는 두마디였다.

　　옛말에 '백문이불여일견(百聞以不如一見)'이라고 100번 듣는 것 보다는 한번 눈으로 직접 보는 것이 더 효과적이라는 말처럼 다른 사람의 말만 듣지 말고 실제로 본인이 그 상품을 시험하고 사용해 보세요 결과를 보증하겠습니다. 즉 "결과는 반드시 좋습니다."라는 뜻을 담고 있다고 하겠다.

　　그런데 역시 많은 전도자들도 "하나님의 아들이신 우리 구주, 예수님을 영접하고 믿으세요. 그리하면 풍성한 축복을 하나님께서 꼭 주십니다."라고 말함으로써 오직 믿음의 생활에 힘써야 할 것을 깨우쳐 주고 있다.

| 전도 |

하나님을 가르쳐 준 이시이

일본 역사에서 명치시대에 큰일을 많이 한 기독교 신자로 이시이 쥬지라는 사람이 있었다. 특별히 이시이는 사회사업가로 잘 알려진 신앙심 깊은 사람이었다. 어느 날 이시이댁에 소경 한사람이 찾아와 "선생님! 나도 종교를 갖고 밝은 생활을 하고 싶은데 어떻게 하여야 하나님을 알 수 있겠습니까" 라고 물었다. 이때 이시이는 "당신은 점자 성격을 읽을 수 있습니까?" 라고 물었다. 장님은 "내가 아직 점자를 배우지 못했기 때문에 성경을 읽을 수 없습니다." 라고 대답했다. 이시이는 다시 "그러면 당신은 무엇을 할 수 있다고 생각하십니까?" 라고 되물었다. 장님은 "나는 안마를 할줄 아는데 이 일을 벌써 8년쯤 하였기 때문에, 안마하는 일은 자신이 있습니다." 라고 대답하였다. 이 대답을 듣자마자 이시이는 "그러면 이제부터 당신이 매일 밤 안마를 해서 받는 돈을 가지고 액수는 조금이라도 좋으니 관계치 말고 꼭 하루에 한사람씩 당신과 같은 소경 가운데서 당신보다 더 불쌍한 사람을 찾아 도와줘보십시오. 이렇게 두 주일만 계속하면 당신은 반드시 살아계신 하나님을 알 수 있게 될 것입니다." 라고 가르쳐 주었다.

이 말을 들은 소경은 얼굴을 잔뜩 찌푸리고 그냥 돌아갔다. 그러나 어쩔 수 없이 소경은 이시이가 가르쳐 준대로 실천을 하였고 3주가 지난 후 그 소경은 다시 이시이를 찾아왔다. 이시이 앞에 엎드린 이 소경은 "선생님께서 가르쳐 주신대로 내가 실천을 하였더니 정말로 나 같은 소경도 하나님을 분명하게 볼 수가 있었습니다. 선생님! 하나님은 살아계십니다"라고 고백하였으며, 특별히 소경의 얼굴은 해처럼 빛났다. 그리고 이 소경은 이날부터 '진실된 크리스챤'이 되었다.

이시이는 하나님을 만나고 아는 방법으로 어려운 신학이론을 말하지 않았으며 오직 행동과 실천, 그리고 선행을 통하여 살아계신 하나님을 깨닫고

| 전도 |

만나게 하였다.

전도의 정의

과거 미국 딕슨에 있는 연합감리교회의 수양관에서 그 지역 연회의 전도위원회가 소집되었는데 '연합 감리교회 전도의 과거와 현재 그리고 미래' 라는 제목을 걸고 활발한 토론이 있었다. 특별히 전도에 큰 영향력을 갖고 있는 감독 한분이 전도란 '그리스도를 구주로 확신하는 많은 사람들을 교회 안으로 인도하는 일' 이라고 아주 간단하게 정의했다. 이에 대하여 다른 감독은 전도란 숫자적인 개념보다는 질적인 의미에서 그리스도를 구주로 확신하는 신앙경험을 가진 사람들을 생산해 내는 것이라고 자기의 생각과 이해를 덧붙였다고 한다.

결국 전도위원회에서는 전도란 숫자도 중요하지만 질도 중요한 것이므로 숫자와 질을 합해, '그리스도를 순종하고 그와 바른 관계에 서 있는 사람들을 생산해 내는 동시에 제자의 도를 확대해 나가는 것' 이라는 결론을 맺었다.

| 전도 |

성 프란시스의 전도

성 프란시스가 어느 날 수도원에서 수도하던 문하생들에게 말하기를 "오늘 저녁에는 식사를 마친 후 아래 마을로 함께 전도하러 가자"라고 말했다. 프란시스의 제안을 받은 문하생들은 저녁식사를 일찍 마친 후 아래 마을로 전도하러 나가기 위해 대기하고 있었다.

마침내 프란시스는 문하생들을 대동하고 아래 마을로 내려가 마을을 한 바퀴 돌더니 그냥 수도원으로 되돌아 왔다. 문하생들은 전도할 만반의 준비를 갖추고 선생님 프란시스를 따라 나섰는데 한 마디도 마을 사람들에게 전하지 않고 그냥 마을을 한 바퀴 돌고 돌아오는 프란시스의 걸음에 너무 이상함을 느낀 문하생들은 선생님에게 그 이유를 물었다고 한다.

그 물음에 대한 그의 대답은 아주 간단했다고 한다. 전도는 입을 열어 말로 하는 것이 아니라 우리의 얼굴 표정과 걸음걸이의 모습 그리고 기쁘고 감격스럽고 만족해하는 우리의 표정을 다른 사람들에게 보여줘 저들로 하여금 감화 받게 하는 것이라는 사실을 가르쳐 주었다.

전도에 있어서 다른 사람들에게 감화를 주는 만족한 얼굴 표정과 감화를 주는 생활 모습은 중요할 뿐 아니라 덕이 된다는 사실을 깨우쳐 준다.

또한 미 연합감리교회 본부인 제자화국(The General Board Discipleship)에서 오래 동안 봉직했던 에디 폭스(Eddie Fox)는 전도는 '기술(Technic)이 아니라 감동을 주는 것(Touch)' 이라고 말했으며 죠지 헌터(George Hunter) 전도는 '전염(Conte mination) 시키는 일' 이라고 상징적인 말을 했다.

여러 가지 돌림병이 번지고 있기 때문에 오늘의 인류는 갖은 예방약을 개발하고 있듯이 성도들 역시 그리스도 복음의 바이러스(virus)를 널리 널리 전염시켜 나가야할 사명을 결단하고 실천해야 할 것이다.

| 전도 |

전도를 못한 사람이 살 작은 집

'내가 본 천국'이라는 영화에 나오는 이야기다. 어떤 사람이 지금 천국에 오고 있다는 소식이 전달돼 오자마자 천국의 천사들이 총동원되어 그를 영접할 준비에 한참이었다. 마침내 그 사람은 천국 문에 도착했으며 천사들의 영접을 받았다. 그리고 그는 천사들의 오리엔테이션'(Orientation)에 참여했다.

그 후 그에게는 숙소가 배치되었는데 가만히 보니 거주할 집들이 요즘의 아파트 단지처럼 단조롭지가 않고 굉장히 다양했으며 또 각양각색이었다. 이 사람은 너무 이상하게 생각한 나머지 자기를 영접하고 안내하는 천사에게 "저 집은 아주 크고 호화로울 뿐 아니라 멋지고 좋은데 정 반대로 이 집은 이렇게 작고 초라할 뿐 아니라 썩 좋지 않은 것 같은데 왜 천국의 집들이 모두 똑같지 않고 이렇게 다양한가?"라고 물었다. 이 사람의 질문에 대한 천사의 대답은 간단했다. "저기 큰 집들은 세상에 있을 동안에 전도를 많이 한 사람들이 들어갈 집들이며 여기에 있는 작은 집들은 세상에 있을 동안에 정직하고 바르게 또 착하게는 살았지만 전도를 많이 하지 못한 사람들이 들어갈 집이오"라고 대답했다는 내용이다.

그러므로 전도하는 일은 성도의 삶에 있어서 아주 중요하다는 사실을 일깨워 주는 교훈적인 영화다.

| 전도 |

어린이 눈높이로

　불란서 파리의 유명한 미술관에 어떤 사람이 안으로 들어오더니 다리를 반절쯤 구부리고 아장 아장 걸어 그림을 돌아보더니 정문을 통해 나가는 것을 정문 수위가 보고 수위는 '참으로 이상하구나, 정문을 들어설 때는 정상인의 걸음으로 들어오더니 왜 미술관안에서 그림을 볼 때에는 다리를 반쯤 구부리고 난쟁이 걸음으로 아장 아장 걸으며 돌았는데 왜 그랬을까?' 이렇게 이상스러운 생각으로 수위는 그 일을 매우 궁금하게 여겼다. 그런데 그 다음날 어제 미술관 안으로 들어와 다리를 구부리고 난쟁이 걸음을 걸었던 그 사람은 어린학생들을 인솔하고 미술관으로 들어왔다. 그리고 어제 그림을 보고 간 순서에 따라 이 사람은 어린 학생들에게 미술작품을 소개해 주고 또 설명도 해 주면서 다녔다. 그러니까 이 사람은 초등학교 선생인데 어린 학생들에게 미술 작품을 해설해 주기 위해 학생들의 눈높이와 각도에서 그림을 미리 감상했던 것이다.
　성경에는 예수님께서 우리의 눈높이에 맞춰 하늘나라의 진리를 말씀해 주신 흔적이 많이 있다. 우리도 다른 사람의 눈높이에 맞춰 말씀을 증거하는 전도의 지혜를 갖추어야겠다.

| 전도 |

인상이 좋았던 제퍼슨

옛날 어느 날 미국 버지니아(Virginia)의 한 강가에 길을 가던 나그네가 서 있었다. 아직 초봄이었기 때문에 강에는 살얼음이 얇게 얼어 있었다. 얼음 위를 걸어서 강을 건너기에는 얼음이 너무 얇고 그렇다고 그냥 발을 벗고 강을 건너기에는 물이 너무 차가웠다. 나그네는 강가에서 얼마동안 기다렸는데 마침내 말을 탄 7명이 나타나더니 그 강을 건너가려는 순간이었다.

이 나그네가 말을 탄 첫 사람을 보니 자기를 태우고 물을 건너달라고 말할 수 없을 정도로 그의 인상은 너무 차게 보였다. 그런데 일곱 번째인 맨 마지막 사람의 인상은 너무 온순하고 좋아 보였기 때문에 나그네는 용기를 내어 자기를 말에 태우고 강을 건너달라고 일곱 번째 사람에게 부탁을 했다. 역시 일곱 번째 사람은 쾌히 허락을 해 두 명이 함께 말을 타고 그 강을 건넜다. 그런데 일곱 번째 사람은 강을 건넌 후 "왜 당신은 첫 번째, 두 번째, 세 번째, 등 내 앞에 여섯 사람이나 말을 타고 강을 건너갔는데 그들에게는 강을 건너게 해 달라고 부탁을 하지 않고 하필 나에게 강을 건너 달라고 부탁했소?"라고 물었다. 강을 건넌 나그네는 인상도 좋았고 마음씨도 고왔던 일곱 번째 사람에게 강을 건너줘 고맙다는 인사를 하고 헤어졌는데 그 말탄 사람이 바로 토마스 제퍼슨으로 미국 독립 선언서의 초안자였으며 그는 제3대 대통령이 되었다.

성도의 삶은 물론 다른 사람에게 도움과 유익을 주는 생활이 되어야 하는 동시에 고매한 인격의 향내가 풍겨져 다른 사람에게 감화와 감동을 주는 전도의 삶이 되어야 함을 깨우쳐 주고 있다.

| 전도 |

링컨 대통령의 묘비

　미국인들의 존경과 사랑을 받고 있는 링컨(Abraham Lincoln)대통령의 묘비(일리노이, 스프링필드 소재)에는 "이제 그는 이 세상, 이 시대에 속해 있지 않다"라고 새겨진 글과 함께 그의 작은 동상이 세워져 있다. 그런데 많은 방문객들이 그 동상을 손으로 만졌기 때문에 반질 반질하게 빛을 내면서 닳아 있다. 그러니까 링컨 대통령의 묘를 찾는 사람들은 작은 링컨의 동상을 손으로 매만지면서 그의 위대한 업적을 기억하는 동시에 존경과 사랑을 표시하고 있다.
　그러나 우리의 죄와 허물 때문에 십자가에서 상처 받으시고 돌아가신 우리 주님 예수 그리스도의 무덤이나 동상은 이 세상 어디에도 존재하지 않지만 그의 가르침으로 이어지는 기독교가 전 세계로 퍼져 나가고 있음은 놀라운 일이 아닐 수 없다. 우리는 빈 무덤의 종교를 자랑할 뿐이다.

| 전도 | 관련 성경 구절 |

1. 누구에게 전도할 것인가
- **사61:1** 가난한 자에게
- **겔33:8** 악한 자에게
- **욘3:2** 여호와께서 지시하는 성읍에
- **마24:14** 복음이 모든 이에게
- **마28:19** 모든 족속에게
- **행10:42** 백성에게

2. 왜 전도해야 하는가
- **겔33:8** 그 피를 손에서 찾기 때문에
- **마25:14** 칭찬과 상을 받기 때문에
- **막16:15** 예수의 명령이니
- **행1:8** 예수의 유언이니
- **롬1:14** 복음의 빚진 자이기 때문에
- **롬10:14** 안 믿으면 우리에게 책임이 있기 때문에
- **고전9:16** 화가 있기 때문에
- **딤후4:2** 우리의 임무이기 때문에

3. 전도하는 방법
- **마3:1-2** 천국이 가까웠다고
- **마10:16** 지혜롭게
- **행5:42** 예수는 그리스도라고
- **행10:43** 예수 이름으로 죄 사함 받는다고
- **행28:31** 담대히
- **고전1:5** 예수가 십자가에 못 박혔다고
- **고전9:26** 법대로

| 정직 |

정직하게 자유를 행사하여야

    옛날 TV의 프로그램 가운데 흘러간 명화의 한 토막을 소개해 주는 시간이 있었다. 어느 날 이 프로그램에서 방영된 그 영화의 제목과 주연 배우의 이름을 잘 알고 있지는 않는 것 같다.
    그 영화의 내용은 유랑 극단의 부부가 두 아들을 손수레에 실은 채 이 마을 저 마을을 다니면서 유랑극장의 막을 열곤 하였는데 어느 날 저녁 불을 밝혀 주는 램프(Lamp)의 호야를 닦으면서 아버지는 두 아들에게 아랫마을에 가서 석유를 사오라고 주머니 속의 돈을 털어 주었다. 이 돈을 받은 두 아들은 아랫마을의 장터에 가서 석유를 담아 오라는 주전자 속에는 물을 가득히 넣고 또 석유를 살 돈으로는 눈깔사탕을 사 먹었다. 저녁을 먹은 다음, 유랑극장을 시작하려고 아버지가 램프에 불을 켜보니 석유 대신에 맹물을 넣어 놓았기 때문에 램프에 불이 켜지지 않아 아주 난감해 하고 속상해 하는 그 부모의 모습은 지금도 잊을 수 없다.
    똑같은 이치에서 하나님께서는 창조를 받은 인간에게 자유를 주셨는데, 그 자유를 잘못 행사하여 기름 대신에 사탕을 탐하고 그것을 사 먹는다면 이런 선택과 이런 행위를 한 인간이야말로 얼마나 어리석은 인간으로 생각하게 된다.
    진리의 불빛을 밝히기 위하여 기름을 사야 할 텐데 기름대신에 맹물을 넣고 사탕만 사 먹는다면 제2, 제3의 가롯 유다가 될 수 있다는 사실을 명심해야 한다.

| 정직 |

두 사돈의 변명

　어느 날 같은 마을에 살고 있는 두 사돈 영감이 똑같이 경찰서 유치장에 붙들려왔다. 유치장에서 서로 만난 안 사돈이 바깥사돈에게 길거리에 긴 줄이 있어 섞어 퇴비라도 하려고 주워왔는데 그 줄 끝에 달린 소가 함께 딸려 오는 바람에 여기에 들어오게 되었다고 말하였다.
　바깥사돈은 "나는 남의 물건을 주인의 허락 없이 빌려왔다고 해서 여기에 들어왔다"라고 안 사돈에게 말하였다. 이들 두 사돈은 표현만 각각 다를 뿐 똑같은 공통점을 가지고 있는데 그것은 곧 도적이라는 사실이었다고 한다. 정직한 개인과 사회의 귀중함을 깨우쳐 주고 있다.

| 정직 |

이리와 양새끼의 대화

이솝의 우화 한토막이다. 큰 이리 한 마리가 토실토실한 어린 양 새끼 한 마리를 잡아먹고 포만감 때문에 기분이 상쾌한 채 들로 나아갔다. 그런데 이리의 세계에는 또 다른 양 새끼 한 마리가 걸어 다니는 장면이 들어왔다.

사실 이리는 방금 어린 양을 잡아먹었기 때문에 배가 불러서 자기의 시계에 들어온 그 어린 양을 잡아먹을 생각이 별로 없었다. 그러나 이런 이리의 마음을 전혀 모르는 어린 양의 입장에서는 그 무서운 이리를 만났으니 초죽음이 되지 않을 수 없었다. 그래서 어린 양은 큰 이리 앞에 정신을 잃은 채 쓰러지고 말았다.

이때 큰 이리는 "네가 정말로 정직한 말 세 마디만 나에게 말하면 내가 너를 잡아먹지 않고 살려 주겠다"는 약속을 어린 양에게 하였다. 이에 어린 양은 큰 이리에게 정직한 말 세 마디를 말하지 않을 수 없었다.

어린 양이 토하여 내는 첫 마디는 "나는 오늘 이리라는 놈을 만나지 않게 하여 달라고 마음속으로 바랬습니다." 두 번째 참말은 "이리라는 놈을 불가피하게 내가 만나게 되었을 경우에는 그 이리라는 놈의 눈을 하나님께서 멀게 해 줘 나를 잡아먹지 못하도록 하여 주십시오" 정직한 말의 세 번째는 "우리 양들을 잡아먹는 이리들에게 하나님께서 큰 벌을 내려 주시라고 기도 드렸습니다."

이렇게 3마디를 어린양은 큰 이리에게 솔직하게 고백하였다고 한다. 그런데 초죽음이 돼 거침없이 이리에게 지껄여 대는 새끼양의 3마디는 모두가 정말로 참말들이었다고 한다. 마침내 큰 이리는 약속한대로 새끼 양을 잡아먹지 않고 풀어 주었다고 한다.

진실은 아무리 두려운 상황과 상대라도 하나님의 보호하심이 있기 때문에 우리가 아무리 큰 죄를 지었다고 하더라도 정직한 마음으로 회개하면 우

| 정직 |

리 하나님께서는 모두 용서하여 주시는 은혜가 우리에게는 보장되어 있다.

뉴스와 선전의 차이점

미국의 카터 대통령이 집권하던 카터(Carter) 행정부 당시 백악관은 여러 언론사의 뉴스취급 태도에 굉장한 불만을 가졌다. 그래서 백악관 안에 뉴스 편집실을 차려놓고 앞으로는 백악관이 직접 뉴스를 편집하여 내 보낼 것임을 발표하였다. 이 때에 각 신문사를 비롯하여 통신사는 이런 일이야말로 우스운 일이라고 일제히 꼬집고 나섰다.

특히 CBS에서는 뉴스와 선전(프로파겐다)을 구별하는 해설을 내보냈다. 즉 뉴스는 밖의 사람들에 의하여 안의 소식이 밖으로 전달되는 것이며 선전(프로파겐다)은 안의 사람들에 의하여 안의 소식이 밖으로 전달되는 것이라고 차이점을 해설하면서 카터 행정부는 뉴스가 아니라 선전을 통하여 자기를 알리려 한다고 꼬집었다.

주님을 영접하고 구원의 좌표를 향하여 달려가는 성도의 삶도 자기 자신에 의한 선전이 아니라 밖의 사람들에 의하여 인정받는 정직한 삶이 되어야 할 것이다.

|정직| 관련 성경 구절|

1. 사람이 왜 거짓말을 하는가
- **삼상15:15** 탐심으로 거짓말함
- **요일2:20~22** 그리스도에게 속하지 아니했기 때문에
- **창3:10** 두려움으로
- **딤전4:1** 귀신의 가르침을 받으므로
- **딤전4:2** 양심이 화인 맞음으로
- **요8:44** 마귀의 자식이므로
- **왕상22:20~22** 거짓 하는 영을 받음으로
- **시119:69** 교만하므로
- **잠14:5** 거짓 증인이므로

2. 거짓말하는 자의 말로
- **잠19:5** 벌을 면치 못하게 됨
- **잠21:28** 패망하게 됨
- **시101:7** 하나님 목전에 서지 못함
- **시63:11** 거짓말하는 자의 입은 막히리로다
- **계21:8** 유황 못에 떨어짐
- **계22:15** 천성밖에 거하게 됨
- **요일2:4** 진리가 있지 아니함

3. 어떤 것이 거짓말인가(거짓말의 정의)
- **시12:2** 아첨하는 입술과 두 마음으로 말하는 것
- **시31:18** 완악한 말로 의인을 치는 것
- **잠14:25** 속이는 것
- **렘9:8** 중심에 해를 도모하면서 화평을 말하는 것
- **요일1:6** 하나님과 사귐이 있다 하고 어두움 가운데 행하는 것
- **요일1:8** 죄가 없다고 하는 것
- **요일1:10** 범죄하지 않는다는 것이
- **요일2:22** 예수가 구주가 되지 못한다는 것

4. 거짓말하지 아니하려면
- **골3:9** 옛 사람을 벗어버림으로
- **벧전1:22** 진리의 순종함으로
- **딤전6:20** 거짓되고 허탄한 변론을 피함으로
- **시31:18** 거짓에는 벙어리가 되게 기도함으로
- **잠30:8** 거짓을 멀리함으로
- **욥6:28** 거짓말하지 아니함으로
- **요1:27** 진실하게 살기를 노력함으로

| 축복 |

철도 가설을 반대한 도시

미국의 동부에 한 아름다운 도시가 있었다고 한다. 이 도시는 다른 도시들과는 달리 지나간 100여년동안 도무지 성장하지 않은 채 침체된 도시로 남아있게 되었다. 다른 도시들은 과거 100여년동안 많이 변하고 발전하였는데 왜 이 도시만은 전혀 발전을 외면한 채 침체된 도시로 남아 있는 것일까? 그 이유에 대하여 많은 사람들이 관심을 가졌다. 그것도 그럴 것이 도시의 조건이 되는 위치도 굉장히 합리적이고 편리한 지점에 자리 잡고 있으며 또 도시가 필요로 하는 물의 질이나 수원을 보더라도 월등히 뛰어났다. 그런데 왜 주민의 수는 100여년 전이나 지금이나 똑같으며 도시는 계속 침체되어 가는 것일까? 몹시 이상스러운 일이었다.

뜻밖에도 이 도시의 침체 이유가 발견되었는데 그 이유는 다른 것이 아니라 바로 80여년 전 철도의 본선이 이 도시를 통과해 가도록 설계가 나와 있었다. 그런데 이 도시의 주민들은 기찻길이 이 도시를 통과하면 기차가 검은 석탄 연기를 내고 지나가기 때문에 도시가 더러워진다며 철도의 통과를 적극 반대했다. 이 도시의 주민들은 아름다운 가로수를 자랑했으며, 또 아름다운 공원과 녹지대를 자랑했다. 그렇기 때문에 주민들은 철도가 이 도시를 관통해 지나가는 것을 반대했다.

결국 철도는 이 도시 대신에, 이웃의 도심지를 꿰뚫고 나가도록 설계를 변경했으며, 이에 따라 이웃도시에 철도가 가설되었다. 그런데 철도가 가설된 그 이웃도시는 날로 발전하여 지금도 큰 도시가 되었다고 한다. 그렇지만 철도의 가설을 적극 반대하던 이 도시는 지금도 100년 전과 똑같이 전혀 발전을 외면한 채 사양의 길을 걷게 되었다.

전능하신 우리 하나님께서는 우리를 축복하시기 위해 여러 방법을 모두 동원하시는데도 불구하고 어리석은 인간은 철도의 가설을 적극 반대한 주민들처럼 하나님 축복 열차가 우리의 마음을 통과하지 못하도록 하는 때가 참으로 많다는 사실을 깨우쳐 주고 있다.

물질 진보의 피해

레지날드 풀러는 자기의 저서 '기독교와 풍요한 사회'에서 "풍요함이란 좋은 일이다. 그러나 이는 혼합된 축복이다. 사실 물질의 진보는 역경과 빈곤을 제기하지 못했다. 오히려 여러 점에서 진보는 역경과 빈곤을 증가시켰다"라고 말했다고 한다. 이는 현대인의 생활에서 물질의 진보가 진짜 풍요를 가져다주지 못하였다는 사실을 가르쳐 주고 있다.

| 축복 |

입속에서 나오는 보석과 뱀

옛날 어느 농가에 딸, 자매를 둔 농부가 살았다. 큰 딸은 마음씨는 별로 곱지 않았지만 외모만은 굉장한 미색을 갖춘 미녀였다. 그런데 작은 딸은 마음씨도 곱고 상냥할 뿐 아니라 굉장히 외모도 예뻤다.

어느 날 작은 딸이 우물에 나가 물을 푸고 있는데 한 노파가 다가와 "물을 얻어 마시자"고 말하면서 물을 청했다. 그때 작은 딸은 물을 긷다 말고 물 한바가지를 떠서 노파를 대접하였더니 이 노파는 고맙다는 인사와 함께 그녀를 축복하여 주었다. 이 노파의 축복은 그녀가 입을 열고 말할 때 마다 그 입속에서 다이아몬드(Diamond) 보석이 흘러나오는 것이었다.

이런 일이 있은 후 작은 딸은 집으로 돌아와 자초지종을 어머니께 낱낱이 말하는데 아닌게 아니라 입에서 다이아몬드 보석이 계속 쏟아져 나왔다고 한다. 이때 어머니는 너무 기쁘고도 놀라워 큰딸을 불러 "빨리 우물로 나가 물을 퍼다가 혹시 낯선 노파가 닦아와 물마시기를 요구하면 잘 대접하여라. 그리하여 너도 말할 때마다 입에서 '다이아몬드' 보석이 쏟아져 나오는 축복을 노파로부터 받아오라"고 말하였다.

큰딸은 어머니께서 시키는 대로 우물로 나가 물을 푸는데 마침내 한 노파가 다가와 큰딸에게 물을 요구하였다고 한다. 노파의 요구를 받은 큰딸은 물바가지에 물을 떠 목마른 노파를 잘 대접하였다고 한다. 그런데 이 노파는 큰딸로부터 물을 얻어 마신 후 말하기를 "네 입을 열면 그때마다 뱀이 나올 것이다"라고 했다. 다이아몬드가 아니라 뱀이 입을 열 때마다 쏟아져 나온다는 말을 듣고 당황한 큰딸은 황겁히 집으로 달려가 어머니에게 역시 우물가에서 일어난 이야기 모두를 말하는데 정말로 큰딸이 입을 여는 대로 입속에서 뱀이 떨어져 나왔다. 결국 큰딸은 뱀 때문에 가출하여 가출소녀가 되었으며 외롭게 살았다고 한다.

| 축복 |

과연 우리가 입을 열 때마다 보석같이 귀한 말을 쏟아 낼 수도 있으며 그와는 반대로 뱀처럼 좋지 않은 말을 쏟아낼 수도 있기 때문에 늘 조심하는 성도의 삶이 되어야 할 것임을 깨쳐 주고 있다. 또한 모든 일은 그 동기가 순수하고 좋아야 한다는 사실도 생각해 보아야 할 것이다.

연필지우개를 착안한 사람

미국의 텍사스(Texas)에 살고 있던 한 무명의 기업인은 뜻밖에도 사업에 크게 성공하여 거부가 되었다. 이 사람이 착안한 사업이라는 것은 신통한 것이 아니었다. 우리가 일상 사용하는 연필이 있는데, 사람들은 연필로 글씨를 쓰면서 오자나 잘못 쓸 때가 있다는 사실에 착안하였으며 그 착안 때문에 연필 끝에 틀린 글자를 지울 수 있도록 고무지우개를 부착하는 아이디어(Idea)를 냈다고 한다. 이런 평범한 착안은 마침내 그 사람을 거부로 만드는 결과를 가져왔던 것이다.

연필로 글을 쓰는 사람은 반드시 틀리는 글씨를 쓸 때가 있는 것처럼, 인간도 죄와 악의 유혹을 받아 잘못된 길로 나갈 때가 있을지라도 회개했을 때, 우리 하나님께서는 사랑과 용서와 은혜의 지우개로 우리의 허물을 용서해 주시는 동시에 바른 길로 인도해 주신다는 사실을 깨우쳐 주고 있다.

| 축복 |

대학총장이 된 아이젠하워의 말

세계 제2차 대전이 끝난 후 아이젠하워(Dwight Eisenhower)장군은 모대학교의 총장으로 초청을 받아 잠깐 동안 대학교의 총장으로 일한 적이 있었다. 그러니까 전승의 유명한 장군이 교육의 본산인 대학의 총장으로 변신한 셈이었다. 이 일은 아이젠하워가 공화당 대통령 후보로 뽑혀 입후보하기 전의 일이었다고 한다. 그런데 아이젠하워가 바로 대학 총장으로 있을 때의 이야기 한토막이 전해지고 있다.

총장실 옆에는 넓은 잔디밭이 있는데 많은 학생들이 잔디밭 주변에 만들어 놓은 시멘트 콘크리트 길로 다니지 않고 잔디밭 한 가운데를 걸어 질러 다니고(Short cut)있었다. 학생들이 잔디밭 한 가운데를 질러 다니지 못하도록 한동안 표시판도 만들어 세워도 보았고 또 가시울타리를 잔디밭 입구에 쳐 놓아 보기도 있으나 잔디밭 한 가운데를 질러 다니는 학생들의 발걸음을 막아 내지 못했었다. 그 결과 푸른 잔디밭의 한 가운데는 늘 학생들이 질러 다녔기 때문에 잔디가 밟혀 아예 작은 길이 나 있었다. 이것을 보고 오랫동안 생각한 아이젠하워총장은 "학생들이 질러 다니는 잔디밭의 중앙을 파고 시멘트로 콘크리트길을 만들어 주라"고 실무자에게 지시 했다. 계속해 아이젠하워 총장은 "길이라는 것은 언제나 사람이 필요로 하는 곳에 만들어져야 한다."라고 말했다. 과연 우리가 죄인 되었을 때 우리를 건져 구출하기 위해 주님께서는 구원의 길을 확증해 주셨다는 사실은 복음인 동시에 우리에게 있어 큰 축복이라는 사실을 깨우쳐 주고 있다.

| 축복 | 관련 성경 구절 |

1. 축복은 누가 주시는가
- **히6:14** 하나님
- **롬15:29** 예수그리스도

2. 축복받은 사람의 실례
- **창5:2** 아담과 하와
- **창9:2** 노아와 그아들들
- **창14:19** 아브라함
- **창25:11** 이삭
- **창30:27** 야곱
- **창39:5** 보디발
- **삿13:24** 삼손
- **삼하6:11** 오벧에돔
- **욥42:12** 욥
- **시42:5** 솔로몬
- **마16:17** 베드로

3. 언제 축복을 받는가.
- **수1:8, 신28:2** 말씀에 순종할 때
- **시112:1** 하나님을 경외할 때
- **시40:4** 교만과 거짓을 떠날 때
- **사30:18** 하나님을 사모하며 기다릴 때
- **시1:1** 경건한 삶을 살 때

4. 축복을 빌어준 자들의 실례
- **레9:22** 아론이 백성을
- **수14:13** 여호수아가 갈렙에게
- **삼하6:18** 다윗이 백성에게
- **삼하19:39** 다윗이 바실래에게
- **대하5:3** 솔로몬이 회중에게
- **눅2:34** 시므온이 아기예수에게
- **마16:17** 예수님이 베드로에게
- **눅24:50-51** 예수님이 제자들에게

5. 그리스도안에서의 축복
- **롬3:24** 은혜로 구원을 얻음
- **고전 15:19** 부활과 영생의 약속을 받음
- **롬8:1** 죄에서 해방됨
- **고후5:17** 새로운 피조물이 됨
- **요 10:10, 롬 8:32, 8:28** 삶의 풍성함을 얻음

| 확신 |

백성이 가지는 확신

중국의 고전에 따르면 공자(孔子)의 제자인 자로(子路)가 어느 날 "선생님! 나라를 튼튼하게 하는 3가지의 비결이 있다면 그것들은 무엇인지 말씀하여 주십시오."라고 요청하였다고 한다. 자로의 질문을 받은 공자께서는 한참을 생각하던 끝에 "첫째는 군비이고 둘째는 식량이고 셋째는 확신(Confidence)이지"라고 대답을 하였다.

그런데 자로는 다시 선생에게 "만약 부득이한 사정이 있어 군비와 식량과 확신, 이들 가운데 하나를 버려야 한다면 그것은 무엇이겠습니까?"라고 공자께 물었다. 자로의 계속되는 질문에 대하여 "만약 군비와 식량과 확신 가운데 하나를 버리라면 그것은 군비가 되겠다."라고 공자께서는 대답을 하였다.

자로는 물러서지 않고 다시 "선생님! 또 한번 부득이한 사정이 있어 식량과 확신 가운데 하나를 버리라면 그것은 무엇이겠습니까?"라고 공자에게 질문을 하였다. 이에 오랫동안 생각하던 공자는 "만약 식량과 확신 가운데 하나를 버리라면 그것은 식량이 되겠다."라고 대답하였다. 그리고 계속하여 "백성이 가지는 확신은 나라를 지키는데 있어 가장 중요한 초석이다"라고 말했다.

우리를 창조하신 하나님께서 우리를 사랑하신다는 적극적인 확신(Confidence)을 가지고 자신을 지켜야 할 것. 가르쳐 주고 있다.

안에 주님의 일에 힘쓰는 동시에 주님께 영광을 돌리는 성도의 삶을 살아야 한다는 사실을 깨우쳐 주고 있다.

| 확신 |

여행을 포기한 노인

　옛날 어느 마을에 외형적인 모든 조건이 거의 비슷비슷한 두 노인이 살고 있었다. 이들의 소원은 살아있을 동안에 예루살렘을 한번 다녀오는 것이었다고 한다. 두 노인이 서로 만나 함께 의논한 끝에 예루살렘 여행을 결행하기로 하고 어느 날 예루살렘을 향해 여행을 떠났다.
　두 노인은 함께 집을 출발하였으며 먼 예루살렘을 향하여 서로 이야기하며 걸어가고 있었다. 그런데 그만 중간쯤에서 서로 놓치고(missing) 말았다. 한 노인이 목이 말라 "내가 이 집에 들어가 물 한 그릇을 얻어 마시고 나와 당신을 쫓아갈 터이니 당신은 그냥 계속 가라."고 말했기 때문에 다른 노인은 계속 길을 갔고 그런데 물 한 그릇을 얻어 마시려고 어느 집에 들어간 노인은 그 집에 들어가 보니 그 집의 주인 노파와 딸이 아파서 누워 있었다. 그런데도 이 노인은 물 한 대접을 떠 마시려고 물 단지의 뚜껑을 열어 보았더니 물은 바닥이 나 없었다. 그래서 이 노인은 성지순례를 위해 가지고 있던 노자돈을 다 털어 음식을 사다가 그 노파와 그녀의 딸을 먹이고, 또 약도 사다가 먹이고, 그리고 물도 사다가 마시게 하였다.
　이렇게 간병을 하느라고 '예루살렘' 여행에 필요한 돈을 다 사용한 채, 정작 '예루살렘'에는 가 보지도 못하고 그냥 집으로 되돌아오게 되었다.
　그런데 다른 노인은 혼자 앞서 가면서 아무리 뒤를 돌아보아도 함께 가던 그 노인이 쫓아오지 않는다는 사실을 알게 되었다고 한다. 앞서가던 이 노인은 너무나 피곤해 잠시 원두막에 들러 낮잠을 잤다. 그런데 혹시 낮잠을 자던 그 사이에 다른 노인이 지나 가지나 않았나? 걱정을 하면서 예루살렘까지 혼자 도착하였다. 이 노인은 마침내 예루살렘 성전에 들어가 많은 사람들이 북적거리는 그 사이에 끼어 예배를 드리고 있는데 제단 뒤의 휘장에 예루살렘을 향하여 함께 길을 떠났던 다른 노인의 얼굴이 붉은 광채와 함께 나

| 확신 |

타났었다고 한다. 그런데 그 노인의 얼굴이 마치 성자의 얼굴처럼, 환한 빛이 머리에 빛나는 모습으로 나타났다. 이 노인은 결국 이렇게 혼자 쓸쓸한 성지여행을 마치고 집으로 돌아가 다른 노인을 만났으며 그 노인이 자기와 떨어져 예루살렘 여행을 포기하게 된 이야기 전부를 듣게 된 것이다.

결국 우리의 신앙생활이란 삶의 현장에서 신앙적 확신을 가지고 흔들림 없이 전진하는 것이라는 사실을 깨닫게 해주는 이야기라고 하겠다.

| 확신 |

개성(開城)의 부자이야기

    옛날부터 전해 오는 이야기 가운데 개성에 살고 있던 어느 부자 영감의 이야기가 있다. 이 부자 영감은 평소 갖고 있는 큰 근심이 있었는데 재산을 자손들에게 물려주는 일이었다. 아무리 많고 귀한 재산을 자손에게 물려 준다고 하더라도 그 재산을 받는 자손의 마음과 생활 모습이 헤프고 소모적이어서는 안된다는 사실을 잘 알고 있었기 때문이었다. 그래서 이영감은 재산을 자손에게 물려주기 전에 자기가 물려주는 그 재산을 잘 관리하는 방법을 자손에게 가르쳐줄 필요가 있다고 판단하였다.
    이 영감은 어느 날 개성의 외곽에 위치한 산으로 큰 아들을 데리고 올라갔다. 그리고 같이 간 큰 아들에게 아주 엄숙한 말로 "아들아! 이 절벽위에 뻗어 있는 소나무 위에 올라가"라고 말했다. 아들은 영문도 모른 채 아버지의 말씀대로 소나무위에 엉금엉금 올라갔는데 이어서 영감은 "아들아! 이제는 절벽 쪽으로 뻗은 소나무의 가지를 잡고 대롱대롱 매달려 보라"고 말했다.
    물론 겁을 먹은 큰 아들은 마음속으로는 무척 두렵고 떨렸지만 아버지께서 모처럼 말씀하시는 명령이기 때문에 그리고 아버지께서 무슨 깊은 생각이 있어 시키는 것으로 이해하고 시키는 대로 두 손으로 바위 절벽 쪽으로 뻗은 소나무 가지를 붙잡고 대롱대롱 아래로 매달렸다. 그런데 영감은 거기서 그치지 않고 계속 "나의 아들아! 이제는 네가 꼭 붙잡고 대롱대롱 매달려 있는 그 소나무 가지에서 두 손을 놓아 봐라"라고 아들에게 명령하였다.
    너무 놀란 아들은 아버지에게 "아버지! 제가 나무가지를 꼭 붙잡고 있는 두 손을 놓으면 이 바위 아래, 깊은 절벽으로 떨어져 죽는데 어떻게 그런 말씀을 하십니까?"라고 강력하게 항의를 하였다. 그 때에 이 영감은 껄껄 웃으면서 아들에게 "됐다. 됐어! 이제 그만 소나무 위에서 내려오라"고 말했다. 소나무 위에서 겨우 내려온 아들에게 "너의 아들아! 앞으로 내가 너에게

| 확신 |

물려주는 나의 재산을 너는 두 손으로 꼭 쥐고 살아라. 마치 소나무 가지에서 네 두 손을 폈을 땐 절벽 아래로 떨어져 죽을 수밖에 없었던 것처럼 내가 너에게 물려주는 나의 재산을 너는 일생동안 꼭 쥐고 살아라."라고 가르쳤다는 개성의 어느 영감의 이야기가 전하여지고 있다.

과연 우리가 구주이신 예수 그리스도를 꼭 잡고 살면 영원히 살겠지만 쥔 손을 펴고 다른 것을 잡으려고 할 때는 죽음의 골짜기로 떨어져 살아남지 못할 것임을 깨닫게 하여 준다.

| 확신 |

하나님의 귀한 보석

　유대인 랍비 마이어(Meler)는 회당에서 자신이 강론하던 바로 그 순간에 사랑하는 두 아들이 집에서 사고로 죽었다고 한다. 마이어의 아내는 갑자기 죽은 두 아들의 시체를 이층으로 옮겨놓은 후 흰색 천으로 두 아들의 시신을 덮었다. 그때 랍비 마이어가 회당에서 강론을 마치고 집으로 돌아오자 그의 아내는 입을 열어 "당신께 하나 묻고 싶은 말이 있습니다. 어떤 사람이 나에게 잠간 이것 좀 보아달라고 하면서 값진 보석을 맡기고 갔습니다. 그런데 그 보석 임자가 갑자기 되돌아와 그 맡겼던 보석을 다시 돌려달라고 나에게 말합니다. 이런 경우에 나는 무엇이라고 대답을 하여야 하는지요?"라고 마이어에게 그의 아내는 물었다. 그러자 마이어는 "물론 그 보석을 주인에게 빨리 되돌려 줘야지요!"라고 아내에게 거침없이 대답하였다.
　이때 계속하여 마이어의 아내는 "사실은 하나님께서 우리들의 귀한 보석을 지금 되찾아 가셨어요."라고 랍비 마이어에게 말하였다. 놀라운 말이다.
　참으로 우리 모두는 하나님의 귀한 보석들이라는 확신을 요청하는 이야기다. 모든 일을 다 하나님께 맡기고 확신에 찬 믿음을 통해 더욱 값지게 반짝이는 성도의 역할을 다 하여야 할 것임을 가르쳐 주고 있다.

| 확신 | 관련 성경 구절 |

1. 신자가 확신해야 할 일
- **후3:14~16** 성경이 성령의 감동으로 된 것을
- **고후1:15** 은혜를 끼치는 것을
- **롬4:21** 하나님의 언약을 이룰 것을
- **롬8:38~39** 그리스도의 사랑을 끊지 못함을
- **빌1:6** 성령이 주의 나라까지 함께 하심을
- **살전1:5** 믿음에
- **히6:9** 구원이 가까운 것이

2. 확신해야 할 이유
- **고후2:3** 타인에게 확신을 주기 위하여
- **갈5:10** 요동케 하는 자가 있으니
- **빌2:24** 하나님의 뜻에 순종하기 위하여
- **딤후1:12** 복음을 위해서

3. 확신 자의 생활
- **고후1:15**
- **고후3:4**
- **롬14:14** 제물을 경계
- **골4:12** 하나님의 뜻을 밝히는 일
- **살후3:4** 계명을 행하는 생활

| 회복 |

불가능한 것의 가능성 회복

　라인 홀드 니버(Reinhold Niebuhr)의 말 가운데 '불가능한 가능성'이라는 말이 있다. 그리스도의 가르침을 인간이 그대로 실천해 나간다는 사실은 결코 쉬운 일이 아니라고 말한다. 그러나 마치 밤하늘에 반짝이는 북극성을 놓치지 않고 쳐다보면서 밤새도록 배를 저어가는 뱃사람들이 결코 북극성에까지 도달하는 것은 아니지만 북극성을 향하여 배를 저었기 때문에 방향을 잃지 않았으며 또 항로를 이탈하지 않고 지켜 나갈 수 있었다면 이런 조명에서 그리스도의 윤리는 '불가능한 가능성의 윤리'라고 말할 수 있다는 것이다.
　성도의 삶에 있어서는 불가능한 것을 가능으로 회복시키는 믿음이 중요하다는 것을 생각하게 된다.

| 회복 |

매연가스를 걷어내듯

영국의 뉴 캐슬(New Castle)에 있는 한 집을 사기 위해 부동산 소개업자와 함께 매입을 원하는 사람이 그 집을 살펴보고 있었다. 그런데 그 집 주인은 집을 보러온 손님을 데리고 2층으로 올라갔다. 주인은 2층 창문에 쳐놓은 커튼(Curtain)을 걷어 올리면서 "주일에는 저기 아름다운 저 성당을 여기서 분명하게 볼 수 있기 때문에 아주 조경이 좋습니다."라고 말했다. 그 때에 집을 보러온 손님은 "왜 저 아름다운 성당을 주일에만 여기서도 볼 수 있다고 말을 하십니까?"라고 되물었다. 그 집 주인은 "주일에는 많은 공장 굴뚝에서 내어 뿜어대는 연기가 없기 때문에 그러니까 시야가 가스로 인하여 가려지지 않기 때문에 그렇습니다."라고 대답했다.

우리가 늘 하나님을 쳐다보며 가까이 나아가려는 성도의 삶에서 과연 시야를 가로막는 죄성이나 세상습관들로부터 맑은 시야를 회복해야겠다.

하나님을 찬양하고 하나님을 예배하는 경건한 생활을 방해하는 여러 매연을 제거하고 주님께로 돌아서는 회복의 삶을 살아가는데 힘써야 할 것이다.

| 회복 |

회복은 그리스도를 바라보는 것

19세기 영국의 유명한 침례교 목사였던 스펄전 목사는 소년 시절에 "땅 끝에 있는 백성들아 나를 바라보고 구원을 받으라."라는 말을 들었다. 이후 그는 줄곧 이 말씀을 기억하면서 "아니, 내가 다른 것을 하라면 어렵겠지만 그리스도를 바라보는 것을 못할 이유가 있겠는가." 생각하면서 믿음의 구주이신 그리스도를 바라보기로 결심하였다. 마침내 그는 세계에서 가장 유명한 설교가가 된 것이다. 성도의 삶으로 회복되는 길은 역시 '그리스도만 바라보는 일'이라고 말들을 하고 있다.

일찍이 시편 기자는 "하늘에 계신 주여 내가 눈을 들어 주께 향하나이다"(시편123:1)라고 고백하고 있음을 볼 때, 믿음의 구주시며 우리를 온전케 하시는 주님만 처다보는 생활에 힘쓸 때 우리는 하나님 자녀로서 그 성품을 회복할 수 있게 되는 것이다.

| 회복 |

금괴의 주인이 누린 기쁨

1989년 중반, 미국은 137년 전에 가라앉은 여객선 한척을 깊은 바다 물속에서 찾아 인양했다. 이 여객선은 옛날 금광을 찾아서 미국 사람들이 서부로 몰려가던 때의 배였다고 한다. 일찍이 서해안 로스엔젤스(LosAngles)를 떠나 동해안 뉴욕(New York)으로 가던 여객선 한척이 폭풍을 만나 목적지를 200마일쯤 남겨둔 채 대서양 바다 가운데에 가라앉고 말았다.

그런데 이 여객선은 금덩어리를 싣고 뉴욕으로 가던 배였다. 그렇지만 여객선이 침몰하면서 400여명의 승객들이 모두 목숨을 잃었으며 함께 싣고 가던 3톤 이상이나 되던 금덩어리도 바다 속에 가라앉고 말았던 것이다. 이런 정보를 갖고 끈질기게 가라앉은 여객선을 찾고 또 찾던 미국 사람들이 마침내 성공하여 137년 전에 침몰된 여객선의 잔해를 바다 밑에서 찾아낸 것이다.

이 탐색팀은 현대과학이 마련해 준 로버트 팔로 137년 전에 침몰된 여객선 속에서 금덩어리를 건져냈다. 그런데 3톤에 이르는 금괴의 전량을 오늘의 시세로 환산 했을 때 4억 5000만 달러에 이른다. 한편 이중의 40%를 금괴의 건져낸 사람들이 갖게 된다고 하여 금괴를 건지는 작업 중이던 사람들이 싱글벙글 하는 모습이 TV화면에 비쳐지기도 했다.

그런데 137년 전에 묻혀진 금괴를 바다를 뒤져 찾아낸 것도 기쁨이겠지만 그 금괴의 40%를 자신들이 소유한다는 사실은 놀라운 기쁨이 아닐 수 없을 것이다.

이러한 금괴를 회복하는 일도 이리 기쁜 일인데 잃어버린 작은 양 한 마리, 죄인 한사람이 회개하고 돌아와 구원을 받는다는 사실이야말로 얼마나 큰 기쁨일까 우리는 생각해야 한다.

| 회복 |

회색의 안개 속을 걷는 인생

헤스터톤에 따르면 "현대인에게 있어서의 문제는 흑백처럼 분명한 길을 걷는 것이 아니다. '회색의 길', 즉 죄와 타협한 부연 안개 속을, 그리고 부귀와 타협한 부연 안개 속을, 그러니까 회색의 안개 속을 걸어가고 있는 것이 문제이다"라고 말하였다.

세상에서 악과 타협한 삶을 살아가는 것 보다는 우리의 심령을 돌이켜 늘 하나님의 공의가 역사하는 성도의 삶을 회복해야 분명하고도 밝은 인생을 살 수 있을 것이다.

 |회복| 관련 성경 구절|

- **왕하 20:1**
  이때 히스기야왕이 병들어 죽게 되었다. 그래서 아모스의 아들 예언자 사가 그에게 가서 이렇게 말하였다. "여호와께서는 왕이 회복되지 못할 것이므로 모든 것을 정리하고 죽을 준비를 하라고 말씀하셨습니다."

- **대하 13:20**
  이스라엘의 여로보암왕은 아비야가 살아 있는 동안 다시 힘을 회복하지 못하고 있다가 여호와께서 치시자 죽고 말았다.

- **시 60:1**
  하나님이시여, 주께서 우리를 버려 흩으시고 분노하셨으나 이제는 우리를 회복시켜 주소서.

- **욥 33:25**
  그러면 그의 몸이 젊은 시절과 마찬가지로 다시 회복될 것이다.

- **마가복음 3:5**
  예수님은 노여운 얼굴로 둘러보시고 그들의 고집스런 마음을 슬퍼하시며 병자에게 "네 손을 펴라" 하고 말씀하셨다. 그래서 그가 손을 펴자 오그라든 그의 손이 완전히 회복되었다.

- **막 9:12**
  그래서 예수님은 이렇게 대답하셨다. "엘리야가 먼저 와서 모든 것을 회복한다는 말은 사실이다. 그런데 왜 성경에는 그리스도가 많은 고난과 멸시를 당할 것이라고 쓰여 있느냐?"

- **나 2:2**
  원수들이 이스라엘을 약탈하고 포도나무를 못 쓰게 만들었지만 여호와께서는 그 영광을 회복시키실 것이다.

- **습 2:7**
  살아 남은 유다 백성이 그 땅을 점령할 것이다. 그들이 거기서 양떼를 먹이고 아스글론 주민들의 집에서 잠을 잘 것이다. 이것은 그들의 하나님 여호와께서 그들을 돌보시고 그들을 원상태로 회복시키실 것이기 때문이다.

제4장

섬김의 도

사명 | 정의 | 제자 | 지도자 | 충성 | 평화 | 헌신 | 희생

| 사명 |

"메시지를 잘 전달하였습니다"

한 공군 레이다(Radar)추적소에 메시지를 전달하는 일을 맡은 소년이 있었다고 한다. 그 소년의 이름은 벨휄(Bell Fall)이었다고 한다. 그런데 이 소년이 메시지를 공군 레이더추적소에 전달하고 돌아오는 길에 적기와 폭격을 만나 치명적인 부상을 입었다고 한다. 시간이 흐른 후 임무를 마치고도 되돌아오지 않은 채 실종된 이 소년을 찾는 구조작업이 시작되었다고 한다. 본 구조대의 탐색 끝에 치명적인 부상을 입은 이 소년은 마침내 발견되었는데 겨우 의식을 회복한 이 소년은 아주 작은 목소리로 "전령(Messenger) 벨휄은 보고합니다. 나는 메시지를 무사히 전달하였습니다" 이런 보고를 마치고 눈을 감았다고 한다.

아주 성실한 태도로 사명을 완수한 그 소년의 마지막에 대하여 많은 사람들이 퍽 자랑스럽게 생각하는 동시에 사명을 완수하고 장열하게 눈을 감은 그 소년의 죽음을 오래 오래 기억하였다고 한다.

| 사명 |

세상 속에 살고 싶었던 왕자

옛날 유럽(Europe)에 있는 어느 나라의 왕자가 자기는 대중 속에 묻혀 함께 살았으면 좋겠다는 생각을 막연하게 갖고 있었다. 만약 자기가 대중 속에 묻혀 산다면 가고 싶은 곳도 마음대로 갈 수 있고 먹고 싶은 음식도 마음대로 사 먹을 수 있을 뿐 아니라 보고 싶은 것은 마음대로 볼 수 있으니 참으로 살기가 좋고 편리할 것이라 생각했다.

그래서 이 왕자는 자기가 대중 속에 묻혀 살고 싶다는 생각을 어느 날 왕에게 말하였다. 왕자에 요구에 대해 만약 왕자가 대중 속에 묻히면 경호상의 애로상황이 많다고 말하면서 경호의 책임을 맡은 책임자는 왕자에게 그럴 수 없음을 분명하게 답변했다. 그와 동시에 왕자께서는 왕자답게 체통을 지켜 대중 속에 묻혀 돌아다니는 일을 해서는 아니된다는 사실도 분명하게 말해 왔다.

또한 계속하여 이렇게 해야만 왕자를 경호하는데 아무 문제가 없게 될 뿐 아니라 안전(Security)이 보장 될 수 있다는 사실을 경호 책임자는 왕자에게 부언했다.

이때 왕자는 "내가 장차 백성을 다스릴 사람인데 백성을 잘 다스리기 위해 백성이 사는 것도 친히 보고 백성의 형편도 내가 친히 경험하는 동시에 백성이 처한 삶의 정황을 내가 친히 이해하고 싶단 말이요, 그래야만 장차 내가 나라를 잘 다스릴 수 있는 것 아니겠소. 그러므로 내가 대중 속에 묻히는 것은 장차 훌륭한 임금이 되기 위한 수업이니 더 이상 방해하지 마시오"라고 응답했다는 이야기가 있다.

전능하신 우리 하나님의 독생자 예수님께서 인간의 육신을 입고 하늘 보좌를 떠나 이 땅에 오신 '도성인신' (In-Carnation)의 뜻을 깨우쳐 주고 있다. 사도 바울은 "그는 근본 하나님의 본체시나 하나님과 동등됨을 취할 것으로

| 사명 |

여기지 아니하시고 오히려 자기를 비어 종의 형체를 가져 사람들과 같이 되었고 사람의 모양으로 나타나셨으매 자기를 낮추시고 죽기까지 복종하셨으니 곧 십자가에 죽으심이라"(빌립보서 2장 6-8절)라고 말씀하여 그리스도의 겸손한 마음을 증거하고 있다. 그리스도께서는 우리를 위하여 본질적으로 종이 되셨음을 깨우쳐 주고 있다.

'왕도낙토(王道樂土)'의 지름길

맹자(孟子)의 가르침에 따르면 "군자의 길은 분수를 지키는 일이다"라고 말하였다. 즉 임금은 임금으로서의 분수를 지키고 선비는 선비로서의 분수를 지키고 또 농부는 농부로서의 분수를 지켜 나간다면 이것이 바로 '왕도낙토'(王道樂土)의 지름길이라고 말하였다.

똑같은 이치에서 구주를 영접하고 내세의 영생을 확약받은 우리는 분수를 지키는 동시에 책임을 다하여야 한다는 사실을 알아야 할 것이다.

| 사명 |

수화를 모르기 때문에

　미국의 수도인 워싱톤 디시(Washing DC)외곽지대에 유명한 농아학교가 있다. 1980년대 중간쯤, 이 농아학교 학생들은 학교 이사회에서 새로 선출된 신임학장의 임명을 반대하는 학원시위를 일으켜 미국안의 큰 뉴스를 등장했었다고 한다. 농아학교 이사회에서 새로 선출한 신임학장은 무엇으로 보나 농아학교의 학장으로서 자격이 충분한 아주 훌륭한 인격자였다.
　그럼에도 불구하고 농아학교 학장으로써 가장 중요한 한 가지 요건을 구비하지 못하였기 때문에, 즉 수화를 할 줄 모른다는 이유 때문에 농아학교 학생들의 배척을 받았다. 농아들의 의사소통수단인 수화를 모르는 학장이 어떻게 농아를 이해하느냐? 그러니까 수화를 할 줄 모르는 학장이 어떻게 농아들의 슬픔과 기쁨과 요구를, 그리고 필요를 대변할 수 있느냐의 문제가 배척의 사유로 등장했었다. 그래서 할 수 없이 신임학장은 이사회에서 선출된 지 겨우 5일만에 농아학교의 학장직을 사임하고 물러나고 말았다.
　우리 주님, 예수 그리스도께서는 전능하신 하나님의 아들임에도 불구하고 이 세상에 오셔서 우리 가운데 계시면서 우리의 형편과 사정을 이해하셨을 뿐 아니라 결국에는 죄의 속량을 위해 십자가의 모진 고통을 받으시고 그 위에서 돌아가셨다는 사실은 놀라운 하나님의 은혜와 사랑의 역사라는 사실을 동시에 잘 깨우쳐 주고 있다.

| 사명 |

사명감

스코트랜드의 명의사였던 써더랜드(Sutherland)는 자기가 처음 의사가 되었을 때 길거리에 나가면 사람들이 자기를 의사선생님이라고 불렀으며 전화가 어디서 걸려 와도 그 전화를 건 사람이 자기를 의사 선생님이라고 불렀다고 한다. 또 회의장에 나가도 자기를 의사 선생님이라고 사람들은 불렀다고 한다.

그런데 이럴 때면 자기는 무척 자랑스럽고 또 자기 자신에 대해 만족스러웠다고 한다. 그럼에도 불구하고 이런 자랑과 흥분도 해가 지날수록 점점 사라지고 그 대신 권태가 오고 있었다는 사실을 그는 말했다. 왜냐하면 사명감 없이 출발하였기 때문이며 사명감 없이 출발한 일은 그런 결과가 나올 수밖에 없다고 자신의 저서에서 고백했다. 우리들의 신앙에 있어서도 적용해 볼 깊은 깨달음을 주는 이야기다.

| 사명 |

디킨스의 성탄 캐롤 중에서

    디킨스(Charles Dickens)의 '크리스마스 캐롤'에 나오는 아주 재미있는 한 장면이 인상적이라고 한다. 구두쇠로 유명한 스크루지가 이미 세상을 떠난 자기의 동업자였던 제콥 메리의 죽은 망령을 만나게 된다고 한다. 그런데 제콥 메리의 죽은 망령은 세상에 있을 동안 너무 구두쇠를 살아온 일 때문에 지금은 아주 캄캄한 곳에서 고통을 받고 있는 중이었다. 그렇기 때문에 제콥 메리의 망령은 스크루지가 자기와 똑같이 캄캄한 곳으로 떨어지는 운명이 되지 않게 하기 위해 권면을 하게 된다.

    그러나 스크루지는 오히려 제콥 메리의 망령을 위로하며 "당신은 언제나 사업에는 훌륭한 사람이었지요."라고 말했다. 그때에 제콥 메리의 망령은 울먹이면서 "사업! 그래, 인류를 위한 사업이 내 사업이었지요."라고 응답하는 모습이 아주 인상적이었다. 그는 계속하여 "인류의 복지, 인류를 위한 자선, 그리고 인류애의 증진 등등 이런 것들이 나의 사업이었어야 했다."고 말하면서 한탄과 후회를 하고 있었다. 그러나 제콥 메리의 한탄과 후회는 너무 늦었다는 사실을 우리는 알게 된다. 우리가 살아있는 동안에 주님의 일에 힘쓰는 동시에 주님께 영광을 돌리는 성도의 삶을 살아야 한다는 사실을 깨우쳐 주고 있다.

| 사명 |

술취한 운전수

세계 제2차 대전이 절정에 이르렀을 때 독일 히틀러(Adolf Hitler)의 나치(Nazis)당은 많은 양민(주로 유태사람)을 무참하게 학살할 계획들을 착착 진행시키고 있었다. 그때 신학자 본 회퍼(Bonhaeffer)는 심각한 고뇌에 빠졌다.

술 취한 운전사가 큰 트럭을 몰고 다니면서 순진한 어린 아이들을 갈려 죽이는데 이 술 취한 운전사를 없애 버려야 되지 않겠느냐 의 문제로 깊은 고민에 빠져 있었다. 결국 그는 히틀러를 없애 버려야 된다는 결론을 내고 그를 제거하는 암살단에 가담하였다가 발각되어 마침내 독일이 연합군에 항복하기 이틀 전에 모진 고통과 체형의 흔적을 안은 채 처형되었다.

이 이야기에서 우리는 기독교는 늘 하나님의 공의가 역사하는 쪽을 찾아 행동하는 종교가 되어야 함을 생각하게 하여 준다.

| 사명 |

심장은 아프리카에 묻고

　일찍기 아프리카(Africa)대륙으로 건너가 일생을 바쳐 하나님의 말씀을 전파한 리빙스톤(David Livingstone)이 밀림 속에서 어느 날 혼자 기도드리다가 하나님의 부르심을 받아 세상을 떠났다는 슬픈 소식이 온 세상에 퍼지게 되었다. 그때 리빙스톤의 고국인 영국 조야에서는 이렇게 훌륭한 인물을 아프리카(Africa)에 그냥 매장해 놓을 수 없으니 그와 유해를 영국으로 운구하여 훌륭한 사람들이 묻혀있는 웨스터민스터(Wester minster) 예배당 안에 묻는 것이 합당하다는 여론이 강력하게 대두 되었다.
　이에 영국 정부는 특별히 대표를 아프리카로 파견하여 리빙스톤의 유해를 영국으로 운구해 왔었다고 한다.
　그러나 리빙스톤의 유해 전부를 다 운구해 간 것이 아니라 그의 가슴을 열고 심장을 꺼내어 그 심장은 리빙스톤이 일생동안 제일 사랑한 아프리카에 묻고 그 나머지 유해를 영국으로 운구하여 웨스트민스터 예배당에 매장하였다. 성도의 삶은 늘 다른 사람들로부터 사랑과 존경을 받는 모범적인 삶이 되어야 함을 깨닫게 해준다.

| **사명** | 관련 성경 구절 |

1. 왜 봉사해야 할 것인가
- **요13:14** 예수님께서 봉사하셨기 때문에
- **요13:15** 예수님이 본을 보였기 때문에
- **고후9:12** 봉사의 직무가 있기 때문에
- **빌2:17** 옛날 성도들이 봉사함으로
- **시22:30** 후손들에게 봉사를 전하기 위하여

2. 누구에게 어디에서 봉사할 것인가
- **출30:16** 회막에서
- **민1:50** 장막에서
- **민4:12** 성소에서
- **행21:19** 하나님께
- **엡4:12** 성도들에게

3. 어떻게 봉사할 것인가
- **고후9:13** 연보로
- **빌3:3** 하나님의 성령으로
- **벧전4:10** 선한 청지기같이
- **롬12:11** 열심을 품고
- **벧전4:11** 하나님의 공급하는 힘으로

| 정의 |

인의만 생각하여야 합니다

어느 날 맹자(孟子)는 양(梁)나라의 혜왕(惠王)을 만나 이야기를 나누던 중, 혜왕은 맹자에게 "선생님과 같은 아주 훌륭한 분이 오셨으니 우리나라를 이(利)롭게 하여 주실 줄 믿습니다."라고 인사말을 건넸다. 이때 맹자는 "왜 하필이면 이(利)를 말합니까? 왕께서 이(利)를 찾으면 백성도 이(利)를 찾고 결국은 사람들이 이(利)에 눈이 어두워져 서로 싸우고 또 서로 적대시하며 더 나아가 서로 원수시 하게 될 것입니다. 그러므로 왕께서는 이(利)가 아니라 먼저 인의(仁義)만을 생각하셔야 합니다."라고 정중히 임금께 말하였다. 계속하여 맹자는 "인(仁)을 행하는 자가 그 부모를 버리는 자가 없고 의(義)를 행하는 자가 그 나라의 임금을 배반하는 자가 없다"고 말했다고 한다.

문제는 '인의(仁義)의 문제가 우선순위에서 다른 것들에 밀려나 있기 때문에 오늘의 사회는 안개와 같은 혼돈과 어려움이 계속되고 있는 것이다.

| 정의 |

정의는 옳은 길을 걷는 것

중국의 고전에 따르면 맹자(孟子) 제자인 만자를 가르치고 인도한 여러 기록이 있는데 그 중에 '정의'에 대한 가르침이 나온다. 맹자는 정의에 대해 "대저 의가 무엇이냐고 묻는다면, 정의란 사람이면 누구나 마땅히 걸어야할 올바른 길이다"라고 말했다. 그런데 누구나 마땅히 걸어야할 올바른 길에서 벗어나 많은 사람이 곁길로 나갈 때가 있는데 그 이유는 육신의 정욕 때문이라고 말했다.

인간의 지나친 욕망과 욕심 때문에 정당한 대로(大路)를 벗어나 곁길로 들어서는 삶이 되어서는 아니 된다는 사실을 깨우쳐 주고 있다.

| 정의 |

미국인의 상징 존 웨인

미국 영화 서부활극을 오랫동안 누볐던 노장배우 존 웨인(John Wayne)이 1979년에 오랜 투병의 생활을 마치고 세상을 떠났다. 40여년동안 배우로써 외길을 걸어왔던 존 웨인이 투병하는 동안 미국 국회는 그에게 훈장을 수여함으로써 그의 외골수 연기인 생활을 치하했으며 마침내 그의 별세소식이 전해지자 방방곡곡에서는 반기를 게양하고 그를 추모하는 추모열기를 보였다.

대체로 서부영화의 줄거리는 단순성이 특징이라고 말하고 있다. 즉 한쪽은 악한 쪽이고 다른 쪽은 선한 쪽인데 흰 웃옷을 입은 선한 쪽이 늘 악한 쪽을 누르고 이긴다는 내용이라고 한다. 이런 영화의 줄거리에서 늘 선한 쪽의 역할을 맡아함으로써 정의를 사랑하고 강한 의협심과 우애의 마음씨를 그는 보여 주었다고 한다. 미국인의 마음속에 옳음과 공익에 대한 사랑의 마음씨를 심어주는데 큰 공헌을 했다고 한다.

그렇기 때문에 많은 미국인들은 '존 웨인'을 '미국 사람의 상징'으로 부르고 있으며 또한 그의 별세를 짙게 애도했다고 한다.

성도의 삶도 역시 공의를 실천하는 실재적이고 실천적인 삶, 그리하여 예언자의 말처럼 '하나님의 공의가 강물처럼 넘쳐흐르는 세상'을 이룩해 나가야 할 것이다.

| 정의 |

삶과 죽음의 관계

맹자(孟子)가, 일찍이 가르쳐 준 비유 가운데 퍽 흥미로운 이야기, 한 토막 있다. 그 이야기는 요리에 대한 것이라고 한다. 아마 중국에서 곰의 발바닥으로 만든 음식은 대단한 인기를 누리는 음식이었던 같았다.

어느 날 맹자께서 "만약 여기에 생선 요리 한 접시가 있고 또 곰의 발바닥으로 만든 진귀한 음식 한 접시가 있다고 하면 모두 다 나는 좋아한다. 그런데 두 접시의 요리 가운데 한 접시만 선택하라고 하면 나는 흔한 생선 요리를 버리고 흔치 않은 아주 진귀한 곰의 발바닥으로 만든 요리를 택할 것이다"라고 말하였다.

계속해서 맹자는 "삶과 정의의 관계도 이와 비슷하다. 사람은 누구나 삶을 바라고 죽음을 싫어한다. 그러나 삶보다 더 귀한 것이 있으니 그것은 곧 정의이다"라고 말하였다.

그렇기 때문에 "비록 불의로 살기보다는 차라리 죽음이 올지라도 의의 길을 택하여 그 대로(大路)를 걸어가야 한다"라고 가르쳤다. 주전 8세기 예언자들의 한결같은 부르짖음을 생각하게 해 주고 있다.

| 정의 |

방주에 혼자 나타난 '선'

    유대 사람들의 탈무드에 나오는 이야기 가운데 쌍쌍에 대한 이야기가 나온다. 옛날 노아 홍수 때 노아의 방주 속에는 모든 것들을 쌍쌍으로 짝지어 들어오게 했다고 한다. 짐승으로 말하면 암컷과 수컷 등 쌍쌍이 짝을 지어 방주 안으로 들어오게 했었다.
    그런데 선(善)만은 그의 짝이 없기 때문에 짝 없이 혼자 노아의 방주에 나타났다. 이때 노아의 방주 문을 지키던 문지기는 "선은 짝이 없기 때문에 방주 속으로 들어갈 수 없다"라고 선이 방주 안으로 들어오는 것을 일단 거절했다고 한다. 할 수 없이 되돌아간 선은 악(惡)이라는 짝을 데리고 다시 방주 앞에 나타났다.
    그 후 이 세상에는 선과 악이 한 짝이 되어 늘 동행하게 되었다.
    선이 있는 곳에서는 늘 악을 경계하여야 하며 악이 판을 치는 곳에서도 늘 선의 가능성을 찾아야 한다는 것을 깨달을 수 있다.

| 정의 |

얼룩지고 부패한 땅

많은 성서학자들은 이사야 선지자가 하나님의 부르심을 받는 장면에서 "내가 큰일 났구나! 내가 이제 망하게 되었구나! 왜냐하면 나는 부정한 입술을 가진 사람이며 나는 부정한 사람 중에 거한다."(이사야 6:5)라고 고백한 것을 퍽 인상적이라고 말하고 있다.

특별히 '입술이 부정한 백성'이라는 말에 대해 쏘이어(John Sawyer)는 현실적인 번역을 시도하는데 '착취로 얼룩진 땅, 분노와 원성으로 부패된 땅, 핍박과 살상으로 부패되고 술 취함과 불의로 부패된 땅'으로 번역한 것이다.

이것이 바로 주전 7세기 예언자들인, 아모스, 호세아, 미가, 그리고 이사야가 예언하던 당시의 사회상이었다고 말하고 있다. 이렇게 얼룩지고 부패한 땅에 살면서 거룩하신 하나님을 보았으니 선지자 이사야로서는 아주 큰 일이라고 생각했었던 것이다. 이사야가 탄식한 심정은 오늘을 사는 우리들에게도 울림이 있다.

| 정의 | 관련 성경 구절 |

1. 부패의 종류
- 창3:19, 욥17:14 죽은 후 몸의 부패
- 마6:19,20 좀과 동록으로 인한 부패
- 창6:12, 사28:8, 렘5:28, 겔7:23, 미6:12 도덕적 부패
- 출32:7, 신4:16,25, 신9:12, 신31:29 종교적 부패
- 시82:2, 잠31:4,5, 전3:16 사회적 부패
- 갈6:8 영원한 부패

2. 도덕적, 종교적 부패의 양상
- 신4:16,25 자기를 위해 우상을 만듦
- 신31:29 하나님 앞에서 악을 행함
- 사1:4 하나님을 버리고 만홀히 여겨 물러감
- 고후11:3 그리스도를 향하는 진실함과 깨끗함에서 떠남
- 딤전6:5 경건을 이익의 재료로 생각하여 다툼을 일으킴
- 딛3:1 자신이 정죄한 죄를 지음

3. 부패의 근원
- 렘17:9, 눅6:43,44, 딤전6:5, 딤후3:8 부패하고 죄악된 마음
- 벧후2:1-22 배교

4. 부패로부터의 구원
- 행2:27,31, 벧전2:1-22 그리스도께서 구원하심
- 롬8:21 피조물들도 고대함
- 벧전1:23 하나님의 말씀으로 이루어짐
- 고전15:42,50 하늘에서 완성됨

| 제자 |

무항심(無恒心)

어느 날 공자(孔子)는 '제자의 길'에 대하여 가르쳐 달라는 요구를 받았다. 이에 대하여 공자는 마음을 닦아 깨끗하게 하지 못하면 제자가 될 수 없다고 가르쳤다.

마음을 닦고 닦아 그 마음을 깨끗이 비워 놓아야만 그 안에 무엇을 담을 수 있는 것처럼 마음을 비운다는 사실은 제자의 삶에 있어서 귀중하다는 사실을 깨우쳐 주고 있다. 그러나 동시에 마음을 비우는 '무항심'(無恒心)이 쉬운 일이 아니라는 사실도 알아야 할 것이다.

제자들에게 약속하신 3가지

일찍이 성자로 추앙받았던 말비(Malbu)는 예수님이 그의 제자들에게 3가지를 약속해 주셨음을 강조했다.

첫째는 걱정하지 말라는 것이며 둘째는 늘 주안에서 복되라는 것이었고 셋째는 계속되는 어려움을 약속하여 주셨다는 것이다. 주님의 약속을 잘 이행하는 성도들에게 주시는 내세의 상이 클 것을 생각하면서 아무쪼록 승리하는 성도의 삶이 되어야 할 것임을 우리에게 가르쳐 주고 있다.

| 제자 |

제자의 값

　독일의 나치스(Nazism) 히틀러(Hitler)를 처치하는 암살단에 가입해 활동하다가 발각되어 처형된 본 회퍼(Dietrich Bonhoeffer)의 저서 가운데 '제자의 값'(The Cost of Discipleship)이라는 책이 있다. 그는 이 책에서 "예수님의 제자가 되기 위해서는 상당한 값을 지불하여야 되는데 우선 땀을 흘려야 하며 또 눈물이라는 값도 지불하여야 한다고 말했다. 그리고 더 나아가 피를 바치는 일도 있어야 한다는 사실을 강조했다. 그렇기 때문에 본 회퍼 자기 자신도 나치들의 사형대에서 기쁘고도 값진 죽음을 맞이했던 것이다.
　과연 예수님의 제자 되어 그를 좇아가는 제자의 삶은 땀과 눈물과 피마져도 주님을 위하여 바치는 삶이라는 사실을 깨우쳐 준다.

| 제자 |

제자의 삶

1970년대 중반에 미국의 대법원은 "매를 아끼면 자식을 버린다는 옛말을 인용하여 적당한 범위에서 학생에 체형을 가하는 것은 괜찮다."는 판결을 내려 학생교육에 큰 화제를 뿌렸다고 한다.

예수의 삶을 따르는 제자의 삶도 어느 날 갑자기 이루어지는 것이 아니라 엄격한 통제와 꾸준하고 강한 훈련을 통하여 이루어진다.

영어단어의 '제자'(Disciple)라는 말은 바로 '훈련'(Discipline) 이라는 단어에서 나왔다는 사실을 기억하면서 훈련에 계속 힘쓰는 성도가 되어야 할 것이다.

제자의 길

어느 날 길을 가던 공자(孔子)의 제자가 선생에게 '제자의 길' 이란 무엇이냐고 물었다. 제자의 질문을 받은 선생은 "마음을 닦아 깨끗지 못하면 제자가 될 수 없다"라고 응답하였다.

마음을 닦고 닦아서 비워 놓아야만 그 비운 공간 속에 무엇을 담을 수 있듯이 그리스도의 가르침으로 충만히 채워 충성스러운 제자의 길을 걸어가기에 부족함이 없는 성도의 삶이 되어야 할 것이다.

| 제자 | 관련 성경 구절 |

제자들이 가져야 할 결심

1. 무엇을 결심한 것인가
- **수24:15** 하나님만 섬기기로 결심
- **삼상12:20** 주를 좇는 것을
- **고전15:58** 주의 일에 힘쓰는 것
- **수1:7** 오직 의롭게 행하는 것을
- **행14:22** 믿음에 굳게 서는 것을

2. 결심하는 자세
- **단1:8** 신앙적인 결심을 해야 함
- **단3:17~18** 변치 않는 결심
- **왕하7:4** 현명한 결심
- **에4:11~16** 죽음을 각오한 결심
- **눅19:18** 회개하는 결심
- **벧후3:11** 경건하게 사는 것이다
- **계2:10** 죽도록 충성하는 것

3. 왜 결심해야 할 것인가
- **마10:38** 주님께 합당하기 위해서
- **행21:13** 사명을 다하기 위해서
- **눅24:33** 모든 제자와 같이 주의 일하기 위해서
- **창19:15** 심판을 받지 아니하기 위해서 심판의 성을 떠나다
- **눅15:18** 굶어 죽게 되었으니

| 지도자 |

주지사 선거 캠페인

미국 중북부의 일리노이(Illinois)주는 제16대 대통령이었던 아브라함 링컨(Abraham Lincoln)의 고장으로 잘 알려져 있다. 그런데 1980년 중반에 큰 인기를 누렸던 톰슨(Thompson) 현지사와 연방 상원의원이었던 스티븐슨(Stevenson) 상원의원 간에 주지사의 자리를 놓고 한판 승부가 치열했다. 그때 톰슨 쪽의 TV 광고가 나왔는데 "스티븐슨! 그는 말하는 것과 행동하는 것이 서로 맞지 않는 사람이다. 그는 노동자를 위한다고 말하면서 크라이슬러(Chrysler) 자동차 회사가 큰 빚을 져 정부가 지불 보증을 해 주고 돈을 대여해 쓰도록 하자는 법안이 상원에 상정되었을 때 부표를 던졌으며 또 스티븐슨, 그는 농민을 사랑한다고 하면서 실제로 농민에게 이익이 돌아가는 어느 특정 법안이 상원에 상정되었을 때, 그 법안에 대하여 부표를 던졌다."라고 비난하고 공격했다.

결국 스티븐슨 상원의원은 주지사 선거에 도전하였다가 실패하고 말았다.

이러한 관점에서 돌이켜 볼 때 지도자는 모름지기 맑고 투명하여야 하는 동시에 말과 행동이 일치되는 인격자기되어야 늘 존경받을 수 있는 것이다.

| 지도자 |

은애(恩愛)를 확대하는 것

　옛날 중국 제(齊)나라의 선왕이 맹자에게 정치를 그릇치고 죽은 제 나라의 환공(環政)과 진(晋)나라의 문공(文公)에 대하여 말을 하여 달라는 청을 하였다. 이에 대하여 맹자는 "폐자의 도보다는 차라리 왕도에 대하여 말하게 해 달라"고 양해를 구한 다음에 "'은애' (恩愛)를 확대하는 것이 중요하다"라고 말하고 계속하여 "옛날 성인군자는 보통사람들 보다 월등히 뛰어난 사람이 아니라 다만 은애의 마음씨에서 나온 행위를 널리 확대하여 나간 것 뿐입니다. 지금 대왕께서는 큰 욕구가 있는데 영토를 넓히고 진나라와 초나라를 정복시키는 일 등…, 그런데 은애를 베풀지 못하는 지금의 방법으로, 큰 욕구를 이루는 것은 마치 나무위에 올라가 물고기를 찾는 것과 같습니다. 나무위에 올라가 물고기를 찾는 것은 물고기가 잡히지 않는 것으로 끝나고 후환은 없습니다. 그러나 대왕께서 사용하는 방법으로 대왕께서 가진 욕구를 추구할 경우에는, 그것을 위하여 온갖 힘을 기울였기 때문에 반드시 후환이 밀어 닥칩니다"라고 선왕에게 말하였다.
　맹자는 가장 겸허한 태도로 선왕에게 "제가 지금 대왕께 바라는 것은 왕도의 근본으로 돌아가시라는 것입니다. 대왕께서 인정(仁政)을 베푸신다면 천하의 모든 관리가 다 대왕의 조정에서 벼슬하고 싶다고 생각할 것이며 또 천하의 모든 상인들이 다 대왕의 영토안의 시장에 상품을 내놓을 생각을 가질 것이며 천하의 모든 여행자들이 대왕의 영토 안의 길로 지나가고 싶을 것입니다. 이렇게 되었을 때 대왕 쪽으로 향하는 천하의 대세를 누가 막을 수 있겠습니까"라고 말했다. 이에 따라 맹자는 인정(仁政) (어진정치)을 큰 정치로 생각하였다.
　오늘의 정치 현실에 대하여 큰 도움이 되고 길잡이가 되는 이야기다.

| 지도자 |

약속과 실천

1988년도에 있었던 미국대통령 선거를 앞두고 그 당시 조지 부시(George Bush) 부통령은 미합중국의 제36대 대통령 후보로 공화당의 전당대회에서 지명을 받았다. 이때에 조지 부시 부통령은 공화당의 대통령후보 수락 연설에서 "어떤 이는 약속만 하지만 우리는 실천한다."라고 말하여 대의원들의 열화와 같은 박수를 받았다고 한다.

지도자는 말만 앞세우는 것이 아니라 말과 실천을 함께 하는 자세가 중요하다는 사실을 깨닫게 하여 준다. 이런 조명에서 야고보는 '행동이 없는 믿음은 죽은 믿음' 이라고 말하고 있다.

물론 이것은 지도자뿐만 아니라 모든 성도들이 지켜야할 덕목이다.

| 지도자 |

지도자의 큰 기쁨

중국의 고전에 따르면 맹자(孟子)는 "군자에게는 세 가지의 큰 기쁨이 있다."라고 말한다.

첫째, 형제가 무고하고 부모가 함께 사는 것은 큰 기쁨이며
둘째, 행하는 것이 공명정대하여 하늘을 우러러 부끄러움이 없을 뿐 아니라 사람에게 굽어보아도 창피하지 않은 것이라고 했다.
셋째, 천하의 수재를 만나 교육시키는 일이 기쁨이라고 말했다.

마찬가지로 리더를 꿈꾸는 성도의 삶이야말로 하나님과 인간을 향하여 자신을 돌아보는 지도자의 도를 닦고 실천하는 생활이 되어야 명실공히 지도자로서 인정받는 것이다.

| 지도자 |

리더는 책임을 질 줄 아는 사람

유교의 나라에서는 지도자인 대인과 옹졸한 소인을 나누는 하나의 기준이 있다. 일찍이 공자(孔子)에 따르면 '되어진 일에 대하여 자기가 책임을 지는 사람'을 대인이라고 하며, '되어진 일에 대하여 자기가 아닌 다른 사람에게 책임을 지우고 책임을 넘기는 사람'을 소인으로 구별하였다. 그래서 자하(子夏)는 소인지과타필문(小人之過他必聞)이라고 말했다고 한다. 요즘 말로 번역하면 '소인은 잘못을 저지르면 다른 이에게 잘못을 떠넘긴다.'는 뜻이다.

특별히 지도자의 삶은 대인의 모습이 돼 모든 책임을 자기 자신에게 돌리는 동시에 매 순간 순간을 십자가를 지고 사는 생활이 되어야 함을 깨닫게 해 준다.

| 지도자 |

대통령에게 준 10센트짜리 동전

　미국의 제 28대 대통령이었던 위드르 윌슨대통령이 몬타나주의 어느 도시에 기차를 세우고 간단한 선거 유세를 했었다. 그때 한명의 어린 소년이 경찰의 저지선을 뚫고 윌슨 대통령에게 뛰어 나가더니 작은 미국의 성조기를 번쩍 들어 윌슨의 부인에게 건네주었다. 그런데 이 소년과 함께 뛰어나온 다른 소년은 줄 것이 마땅치 않아 잠시 주저하다가 자기 주머니를 뒤져 동전 10센트(Cent)짜리를 대통령에게 선물했었다고 한다. 그 후 5년이 지나 대통령은 세상을 떠났는데, 그의 유품을 정리하다가 보았더니 그의 지갑의 작은 칸 속에 5년 전 몬타나의 어린 소년에게서 받은 10전짜리 동전이 종이로 잘 싸인 채 들어있었다고 한다. 그러니까 윌슨대통령은 어디를 가든지 그 소년이 준 그 선물을 몸에 지니고 다녔다는 사실을 알게 되었다.
　이 이야기는 누가복음 21장3절에 예수님께서 성전의 연보궤에 두 렙돈의 돈을 넣는 가난한 과부를 보시고 "내가 참으로 너희에게 말하노니 이 가난한 과부가 모든 사람보다 많이 넣었도다."라고 말씀하셨음을 상기하게 해준다.
　아무리 작은 것이라고 하더라도 귀한 가치와 믿음을 보전하는 대통령의 자세에서 지도자로서 인품을 돌아보게 된다.

| 지도자 | 관련 성경 구절 |

하나님이 세운 지도자의 권위
- **행26:10,12** 종교 지도자
- **롬13:1-6** 세상의 통치자
- **행6:3,6, 행14:23** 집사와 장로를 임명함
- **고전2:9-13** 성령이 주시는 진리로서 전파함
- **고전5:4, 살후3:6** 그리스도의 대변자로서 명령을 내림
- **요17:18** 그리스도께서 친히 임명하심
- **살후2:15** 신자의 신앙과 행동의 규범이 됨
- **잠29:2** 의인
- **고후10:8** 사도
- **딛2:15** 목사

| 충성 |

어느 통신병의 죽음

　제1차 대전이 끝난 후 세계 도처에서는 생생한 전쟁의 비화를 소개하는 사진 전시회가 많이 열렸다. 그런데 전시된 많은 사진 작품 중 유난히 청중의 눈길을 끄는 한 작품이 있었다. 이 사진은 통신병 한 사람이 전쟁터에서 고장 난 전선줄을 매만지는 장면이었다.

　전투가 치열한 전쟁터에서 이 통신병이 겨우 고장 난 전선을 이어 통신이 교신될 수 있도록 고쳐 놓았을 때 적이 쓴 직격탄이 날아와 이 통신병의 심장을 관통시켰다고 한다. 그렇기 때문에 이 사진은 통신병의 마지막 모습을 보여주는 것이었다.

　그래서 그 사진 밑에는 '교신'(Through)이라는 한마디 단어가 적혀 있었는데 이 젊은 통신병의 생명은 교신을 위하여 바쳐진 셈이었다.

　성도의 삶에서도 바른 충성은 매우 귀한 덕목이 된다. 더욱이 하나님과 교신하며 사는 삶이란 얼마나 소중한 가 깨우쳐야 할 것이다.

| 충성 |

유대인의 성지 맛사다

　수 년전에 필자는 성지순례 중 사해 근처에 위치한 맛사다에 올라갔던 적이 있다. 사해가 내려다 보이는 가까운 거리에 있는 맛사다는 천연의 요새로써 일찍이 유대인 유격대가 맛사다를 전수해, 그곳을 본거지로 요새화 했다.

　특별히 주후 70년에 예루살렘이 함락되면서 유대인 애국자들은 거의 모두 맛사다로 모여 들었다. 그렇기 때문에 실비장군이 지휘하는 로마(Rome)군 1개여단이 맛사다를 완전 포위한 채 장기전을 벌린 끝에 결국 맛사다를 탈환 점령하는데 성공했다. 그런데 막상 맛사다에 들어가 보니 그곳의 넓은 마당에는 수많은 시체로 뒤덮여 있었다. 왜냐면 저들의 지도자였던 벤 예어(Ben Yair)는 "원수의 손에 잡혀 노예생활을 하는 것보다는 차라리 우리 손으로 우리의 목숨을 끊자"라고 외치며 설득했기 때문이었다고. 그러므로 맛사다는 용기와 애국심으로 목숨을 바친 애국지사들의 제단으로 알려져 왔으며 자랑스러운 유대인들의 성지로 알려져 왔다.

　필자가 이곳을 방문했던 날이 마침 주일이었기 때문에 주일예배를 동료들을 위해 인도하라는 부탁을 받고 필자의 고향 근처, 백제의 옛 서울인 부여 낙화암에 얽힌 이야기를 함께 여행 중이던 미국 목사들과 나누었던 적이 있다.

　나당연합군의 손에 의해 노예로 사는 것 보다, 차라리 죽음을 택한 3,000 궁녀의 이야기는 우리 그리스도 성도들 역시 충성심과 변치 않는 의리로 충절을 다해야 한다는 깨우침을 주고 있다.

| 충성 |

주님은 너희 가운데 계시다

16세기, 수도원들이 다 문을 닫고 무너질 때였다. 한 수도원도 문을 곧 닫느냐 혹은 얼마 동안만 더 계속하느냐의 기로에서 결론을 내리지 못한 채 방황하고 있었다. 그때에 고매한 수도사 한 분이 살고 있었는데 마지막으로 그에게 사람을 보내어 수도원의 장래에 대해 조언을 청하기로 했다. 말하자면 그 고매한 수도사에게 "계속하여 수도원의 문을 여는 것이 좋겠느냐? 아니면 수도원의 문을 닫는 것이 좋겠느냐?"에 대한 도움의 말을 요청했다.

그런데 이 고매한 수도사는 물어온 질문에 대하여서는 즉답을 하지 않고 그저 "주님은 너희 가운데 계시다." 이 말만 반복했다. 이 말을 듣고 온 사람은 그 수도원의 전체 수도생들에게 "주님은 너희들 가운데 계시다"라는 고매한 수도사의 말을 다녀온 보고를 겸하여 전달하였다.

이때에 수도사들은 "주인은 너희들 가운데 계시다 우리 가운데 주님은 누구일까? 요한일까? 베드로일까? 안드레일까? 혹은 시몬일까?"를 생각하게 되었다. 이후 수도사들은 서로 사랑하고 서로 존경하고 또 서로 협조하고, 그리고 서로 도왔다. 그 결과 무너져가던 수도원을 재건하게 되었다고 한다.

성도의 삶에서 늘 "주님은 너희 가운데 계시다."라는 말씀을 기억하면서 서로 사랑하고 존경하고 더 높이면서 맡은 일에 충성하여야 할 것임을 가르쳐 주고 있다.

| 충성 |

주님을 위하여 모든 것을

　세계 제1차 대전 때 활약했던 마샬호크 장군과 한 장교와의 대화 한 토막이 전해지고 있다. 어느 날, 마샬호크가 "귀관은 네 모든 값진 것을 다 바쳐 싸워야 한다."라고 한 장교에게 말하였을 때에 그 젊은 장교는 "그 말은 내가 죽는 순간까지 싸우라는 말입니까?"라고 마샬 호크에게 되물었다고 한다. 이에 마샬 호크는 "그렇고 말고 군인의 최상의 덕은 죽음을 두려워하지 않는 것이다."라고 대답하였다.
　성도의 삶에 있어서도 최상의 덕이라는 것은 우리 주님 예수 그리스도를 위하여 최후의 죽음조차 무서워하지 않는 동시에 모든 것을 바치는 삶이 되어야 한다는 사실을 깨우쳐야 하겠다.

| 충성 |

충신은 불사이군(不事二君)

한국의 역사를 뒤돌아 볼 때 이조 500년의 역사는 가장 슬프고 마음 아픈 역사라고 말한다.

특별히 제7대 임금인 세조가 선왕이며 조카인 단종을 몰아냈을 때의 이야기인 '단종애사'는 읽는 사람들의 마음을 더욱 더 아프게 해 준다.

'충신은 불사이군' 이라고 말하면서 폐위된 단종의 복위운동을 하다가 목숨을 잃은 사육신(死六臣)의 끔찍스런 희생과 절개, 그리고 충성을 역사는 말해 주고 있다.

필자의 고향 가까이에도 사육신 가운데 수장격인 성삼문의 묘가 있는데 그의 시신의 일부가 거기에 묻혀있다고 한다.

하나님을 섬기는 믿음의 생활에 있어서도 전능하신 우리 하나님 한분 이외에, 다른 곳에 눈을 돌려서는 아니된다는 사실을 깨우쳐 주고 있다. 성도의 삶은 오로지 하나님을 섬기고 그의 영광을 위해 총력을 집중시켜 나가는 삶이 되어야 할 것이다.

| 충성 |

그리스도의 병사

일찍이 카리발디 장군은 전쟁 출전에 앞서 병사들에게 일장의 훈시를 했다. 그런데 장군의 훈시를 가만히 듣고 있던 한 병사가 장군에게 질문을 했다고 한다. "이번 출전하는 전쟁의 대가로 장군께서는 우리에게 무엇을 주실 수 있다고 생각하십니까?" 이렇게 물었다. 갑작스런 병사의 질문에 한참동안 머뭇거리며 생각하던 장군은 "귀관들이 이 전쟁에 출전하여 무엇을 얻을지는 나도 모른다. 아마 어쩌면 굶주림과 추위, 그리고 부상, 또는 무엇보다는 무서운 죽음까지라도 얻게 될지도 모른다. 그러나 나라와 국민에게 안정과 평화를 줄 것은 분명하네. 그 보람을 귀관과 함께 대가로 받고 싶네."라고 답변했다.

카리발디 장군의 이 대답을 들은 병사들은 손에 쥐었던 무기를 일제히 하늘 높이 쳐들면서 "장군님! 우리는 당신의 병사입니다"라고 소리 높여 외쳤다고 한다.

비록 우리가 걸어가는 성도의 여정에 고통과 추위가, 그리고 죽음이 있다고 하더라도 우리는 주 예수 그리스도의 병사라는 불변의 관계 속에서 충성을 다해야 한다는 사실을 깊이 깨닫게 해 주고 있다.

| 충성 |

파수꾼이 졸면 부대는 전멸

나폴레옹이 전쟁 중 예하부대를 순찰하는데 어느 부대에 이르렀을 때 파수꾼이 졸고 있는 모습을 보게 된다. 그때 나폴레옹은 그 파수꾼의 총을 대신 들고 얼마동안 파수군의 역할을 하였다는 이야기가 전하여 지고 있다. 아마 그것은 파수꾼이 졸 때에 일어날 부대전멸의 위기를 막기 위해서였을 것이다.

그러므로 일을 맡은 사람이 충실히 자기 사명을 감당하는 것은 중요하다는 사실을 우리는 깨달아야 한다.

시편기자는 "여호와께서 너로 실족치 않게 하시면 너를 지키시는 자가 졸지 아니하시리로다. 이스라엘을 지키시는 자는 졸지도 아니하고 주무시지도 아니하시리로다"(시편 121:3-4)라고 말씀함으로서 우리를 창조하신 전능하신 하나님께서는 우리를 지켜주시는 불침번 되심을 고백하고 있다. 감사를 돌릴 뿐이다.

| 충성 |

폼페이 성의 문지기

주후 79년에 베스비우스 화산이 터지면서 폼페이(Pompeii)라는 이태리 중부의 큰 도시가 순식간에 화산 폭발의 재로 덮였다. 지질학자들의 조사에 따르면 시간당 6 인치(Inch)나 되는 재가 화산이 폭발하면서 폼페이의 전시가지를 뒤덮기 시작했다. 그런데 17시간 동안 화산 폭발의 재와 용암들이 쏟아져 시가지를 덮었으니 과히 폼페이는 그대로 침몰할 수밖에 없었을 것이다.

이때에 죽음의 도성 폼페이를 피하여 빠져 나가느라고 폼페이의 성문 곁은 많은 사람들로 인해를 이루었으며, 또 아수라장이 되었다. 그런데 이런 대혼란과 아수라장 속에서도 성문 곁에서는 묵묵히 서서 자기 일에 충실한 사람이 있었다. 그 사람은 바로 폼페이 성문을 지키는 성문지기였다.

그러니까 뜨거운 화산의 재와 불이 우박처럼 쏟아져 내리는 상황 속에서도 자기의 본분을 다하기 위해 폼페이 성문지기는 제 자리를 지키며 죽음을 맞이했던 것이다.

이 장면을 그린 한 폭의 귀한 그림이 지금도 영국 런던(London)의 워커 미술관에 소장되어 있다. 일찍이 사도 요한이 밧모섬에서 만난 주님이 서머나 교회에 주신 말씀에 따르면 "죽도록 충성하라. 그리하면 내가 생명의 면류관을 네게 주리라"(요한계시록 2장 10절 하반). 성도가 살아있는 삶의 현장에서 맡은 일 하나 하나에 충성을 다하는 자세는 하나님께서 기뻐하시는 일이 될 것이다.

한편 그때로부터 1700년이 지난 오늘 고고학자들은 지하로 지하로 내려가 화산재를 걷어내고 폼페이 옛 시가지에서 많은 시체들을 발굴해 냈다고 한다. 그중에 어떤 시체는 쏟아지는 화산재를 피해 탈출하려다 눌려 죽은 흔적이 역력했으며 또 어떤 시체에는 호화로운 산장에서 파티를 하다가 눌려 죽은 흔적이 역력했다고 한다. 그리고 어떤 시체에는 시장에서 물건을 팔다

| 충성 |

가 눌려 죽은 흔적도 역력했다고 한다. 그런데 가장 인상적인 시체 한 구가 발굴되었는데 그 시체는 역시 폼페이 성의 문지기가 병기를 든 채 문을 지키느라고 꼿꼿하게 서 있다가 눌려 죽은 시신이었다고 한다.

    상관의 명령에 따라 자기에게 주어진 임무를 충실히 수행하려고, 죽음의 재가 자기를 덮어 높이 쌓이는 순간까지도 부동의 자세로서 책임을 다한 문지기의 시신발굴은 성도의 삶과 신앙의 여로에 큰 감명과 교훈을 주고 있다고 생각한다.

| 충성 |

미시시피강 유람선의 기관장

　미시시피(Mississippi)강을 오르내리는 유람선이 있다. 과거 이 유람선의 기관장이었던 한 흑인 영감은 시간만 생기면 기관실에 들어가 엔진(Engine)을 닦고 또 닦고 열심히 닦아 마치 거울처럼 반질반질하게 닦아 놓았다고 한다.
　어느 날 한 승객이 기관장에게 "여기에서 무슨 수가 생깁니까? 영감님은 이 헌 엔진을 이렇게 반질반질하게 닦아 빛을 내어 놓았으니 웬 일입니까?"라고 물었다. 이때에 기관장 영감은 "내 생애에 있어서 가장 영광스러운 기관장이라는 직업을 받았는데, 이 영광스러운 일에 대하여 보상하고 충성을 하여야 되겠기에 나는 이렇게 열심히 엔진을 닦습니다."라고 대답했다고 한다.
　자기생애에 보람차고 영광스러운 일을 완성하기 위하여 한 노 기관장은 시간만 있으면 엔진을 닦고 또 닦아 빛낸 것처럼 우리를 위하여 하나님의 독생자를 주신 그 사람을 생각하면서 늘 충성을 다짐해 나가야 할 것을 다시 새겨보게 한다.

| 충성 |

무덤을 지킨 충성스런 개

스코틀랜드(Scotland) 에딘버러(Edinburgh)의 한 교회 묘지에 가면 충성스러운 어느 개는 주인의 장례행렬에 같이 서서 무덤에 까지 갔었다고 한다.
그런데 장지에서 묘역이 끝난 후 조객들과 가족은 모두 집으로 돌아갔는데 이 개는 돌아가지 않았다. 그래서 몇 사람이 힘을 합하여 이 개를 집으로 억지로 끌고 가려고 하였으나 개는 말을 듣지 않았다. 결국 하는 수가 없어 이 개를 무덤에 놓아두었다. 그리고 이 개가 먹을 개 먹이는 개가 있는 무덤 근처로 매일 가져다주었다.
이 개는 주인집에서 가져다주는 먹이를 먹으면서 주인의 무덤을 14년이나 지키다가 죽었다고 한다. 주인에 대해 충성을 다하는 감동을 주는 이야기임에 틀림없을 것 같다.

| 충성 |

폴리캅 감독의 충성스러운 신앙

　로마의 위정자에 의하여 체포된 교회역사에 유명했던 폴리캅(Polycarp) 감독에게 씨저를 선택할 경우 생명을 보장해 준다는 회유가 있었다. 그때 폴리캅 감독은 침착하게 "나는 86년 동안 그리스도를 섬겼다. 그런데 그리스도께서는 한번도 나에게 잘못을 저지르지 않으셨는데 어떻게 내가 나를 구원하여 준 왕(주님)에게 반역을 하겠느냐?"라고 말했다. 그리고 폴리캅 감독은 마지막 기도를 하나님께 드렸다. "오 전능하신 하나님! 당신의 사랑하는 아들을 통하여 우리는 하나님에 대한 지식을 얻게 될 뿐입니다. 내가 이 시간에도 주님께 감사를 드리옵는 것은 당신은 나로 하여금 가치 있게 살도록 이 시간을 주셨기 때문입니다." 이렇게 기도를 드린 후 담담한 마음으로 폴리캅 감독은 순교를 맞았다.
　늘 가치 있게 사는 성도의 삶이 되도록 자성해 보아야 할 것이다.
　서머나 교회의 폴리캅 감독이 순교당한 후 많은 성도들은 폴리캅 감독의 무덤에 "우리 주 예수 그리스도는 영원한 우리들의 임금임을 들어내기 위하여 폴리캅은 죽어 여기서 잔다."라는 비명이 기록되어 있다.

| 충성 |

맹숭맹숭한 신자들

미국사람들이 즐겨 마시는 커피가 과연 건강에 유익하냐 혹은 무익하냐에 대한 의논이 분분하다. 그런데 최근에는 두 잔쯤 마시면 오히려 건강에 큰 도움을 준다고 말하는 사람도 많다. 이렇게 의견이 분분한 가운데 커피의 주성분인 카페인(Caffein)을 화학 처리해 빼어낸 디카피네이트 커피(Decaffeinated Coffee)가 많은 사람들의 사랑을 받고 있다고 한다.

특별히 저녁에 커피를 마시면 커피 속에 포함된 카페인이 숙면을 방해하기 때문에 저녁에 커피를 마시기를 주저하는 사람들에게 디카피네이트 커피는 큰 인기가 있으며 아주 애용되고 있다.

그런데 최근에는 기독교 신자들에게도 '디카피네이트 크리스챤'(Decaffeinated Christian)이라는 칭호가 사용되고 있다. 마치 디카피네이트 커피를 마신 것처럼 맹숭 맹숭하니 마시나 마나한 것 같은 삶을 영위하는 교인들을 가르키는 말이라고 한다.

열심히 충성하는 성도의 삶이야말로 참으로 귀하다는 사실을 다시 깨달아야 하겠다.

| 충성 |

네가 나를 더욱 사랑하느냐?

예수님께서는 어느 날 사랑하는 수제자 베드로에게 "네가 나를 더욱 사랑하느냐"고 물으셨다. 이 구절을 주석하면서 윌리암 바클레이(William Barclay)는 그 당시 예수님께서는 베드로 주변의 여러 사물들을 손가락으로 직접 이것저것 지적하면서 "네가 이것들 보다 나를 더 사랑하느냐?"고 물으셨을 것이라고 말하고 있다. 즉 예수님은 어부인 베드로 주변에 널려 있는 그물을 손가락으로 가르치며 "네가 저 그물보다 나를 더 사랑하느냐"고 물으셨으며 또 '베드로'가 잡아 놓은 물고기를 손가락으로 가르키며 "네가 저 물고기 보다 나를 더 사랑하느냐"고 물으셨고, 그리고 배를 가르키며 "네가 저 배보다 나를 더 사랑하느냐" 물으셨을 것이라고 말하고 있다. 아주 실제적으로 우리의 이해를 잘 돕고 있다고 말할 수 있을 것 같다. 성도의 삶은 우리 주변, 일상생활에서 값지고 귀한 것들 보다 더 주님만을 사랑하는 삶이 되어야 함을 깨닫게 해 주고 있다.

|충성| 관련 성경 구절|

1. 충성한 자의 그 실례
- 민12:7 하나님의 집에 모세의 충성
- 삼상22:14 신하로서의 다윗의 충성
- 느9:8 아브라함의 충성
- 단6:4 충성된 다니엘
- 고전7:25 바울의 충성
- 히3:2 예수님의 충성

2. 충성의 정도범위
- 마25:21 지극히 적은 일에 충성
- 눅16:10 큰 것에도
- 눅16:12 남의 것에 충성
- 고전4:2 맡은 바에
- 히2:17 하나님의 일에 충성
- 히3:2 하나님의 집에

3. 충성해야 할 이유
- 마25:28 가진 것까지 빼앗기기 때문에
- 딤전1:12 더 큰 직분을 맡기니
- 딤후2:2 전할 사명이 있기 때문에
- 히3:6 아들인 고로
- 계2:10 생명의 면류관을 받기 위하여

4. 충성한 자의 결과
- 마25:23 주인의 즐거움에 참예하게 됨
- 마25:29 풍족하게 됨
- 눅16:10 큰 것에도 충성하게 됨
- 눅19:17 권세를 차지함
- 딤후2:2 타인을 가르치게 됨
- 계2:10 생명의 면류관을 얻음

| 평화 |

용서의 악수

세계 제2차 대전 때 홀랜드(Holland)에 살고 있는 유대사람들에 대한 체포령이 히틀러(Adolf Hitler)에 의하여 내려졌다. 그때 홀랜드에는 텐분이라는 여인이 살고 있었는데 그녀는 단순히 인도적인 견지에서 많은 유대사람들에게 은신처를 제공하였다.

그런데 텐분은 이 죄 때문에 히틀러에 의하여 체포되었으며 독일로 압송되어 심한 고문과 벌을 받고 결국에는 수용소로 옮겨져 수용소 생활을 하게 되었다.

마침내 전쟁은 독일의 패배로 끝나고 이 여인도 수용소에서 풀려나 오랜 세월이 흐른 후 종교회의에 참석할 목적으로 텐분은 다시 독일을 방문하게 되었다.

이 여인은 놀랍게도 전쟁 때 자기를 고문하고 학대한 그 사람이 기독교 신자가 되어 자기가 참석하고 있는 그 회의에 함께 참석하고 있다는 사실을 발견하였다고 한다. 바로 그때에 이 사람은 텐분을 찾아와 전쟁 때 자기가 한 모든 일을 생각하며 괴로운 것뿐이니 용서해 달라고 말하면서 악수의 손을 내밀었다.

이 순간 텐분은 "내가 이 사람을 향하여 할 수 있는 일은 다만 증오와 보복뿐으로 도저히 용서할 수 없는 것이 있지만, 주님의 은혜가 나를 강권하였기 때문에 그 사람의 손을 잡는 어려움과 망설임으로부터 승리하게 됐다"라고 말하였다.

성도의 삶에서 용서는 매우 어려운 일이지만 반드시 해야 할 중요한 덕목임을 잘 새겨야 할 것이다.

| 평화 |

한 가지 확실한 것

칼 브레드의 저서 '불확실성의 시대'는 출판되어 나오자마자 큰 인기를 끌었다. 저자에 따르면 오늘의 정치나 문화, 그리고 경제 등 모든 것이 불확실하고 불안한 상황이지만 그중에도 확실한 것 한 가지가 있다. 그것은 다른 것이 아니라 만약 핵 전쟁이 일어나면 인류는 한명도 살아남지 못할 것이라는 사실을 지적했다. 그래서 유엔(UN)을 비롯한 세계의 관심은 핵을 억제하는 일이며, 이에 혼신의 노력을 다하고 있는 것이다.

평화를 지켜야 할 그리고 평화를 위해 공헌하여야 할 우리의 책임과 관심을 깨우쳐야 할 때다.

| 평화 |

실수의 연속이 평화를 깬다

어느 청명한 날 아침에 닭 한 마리가 실수로 오리의 발을 밟았다. 별로 아플 것도 없는데 발을 밟힌 오리는 발끈 성을 내면서 "너 닭아! 내 발을 밟았으니 너 내 맛 좀 볼래?" 그러면서 닭을 향하여 날개를 펄럭이다가 실수로 바로 옆에 있던 늙은 거위의 뺨을 치고 말았다. 뺨을 맞은 거위는 아주 기분이 상하여 "너 나에게 일부러 그랬으니 오리 놈아! 내 맛 좀 보아라."라고 말하면서 거위는 큰 날개로 오리를 향하여 덤벼들다가 또 실수로 옆에서 따뜻한 햇볕을 쪼이고 있던 고양이의 털을 건드렸다. 화가 난 고양이는 야옹 소리를 지르면서 늙은 거위를 향하여 덤 드는 순간 흥분한 고양이는 실수로 옆에 있던 염소를 건드렸다. 심술궂은 염소는 고양이를 향하여 "너는 감히 어떻게 나를 건드리고, 덤벼드느냐?"라고 말하면서 공격하려다가 실수로 이번에는 옆에서 새김질을 하고 있던 암소를 건드렸다. 역시 화가 난 암소는 "너는 눈에 보이는 것이 없냐?"고 염소를 공격하려다가 옆에 있던 말의 옆구리를 건드렸다. 화가 난 말이 자기의 옆구리를 찬 암소와 맞붙어 싸우자고 한판을 벌이다가 그만 헛간 앞은 온통 아수라장이 되고 말았다.

이 순간 농부가 달려 나와 "조용히 하라"고 소리를 질렀더니 그때는 싸움과 혼란이 가라앉고 조용해졌다고 한다.

오늘날 인류의 모든 갈등은 잘못된 가치와 실수에서 일어나 세계의 평화를 위협하는 경우가 많기 때문에 다른 이의 실수를 용서하고, 나 중심적인 잘못된 가치관을 갖지 않도록 노력하는 삶이 바로 평화의 삶이다.

| 평화 |

주신 값진 보물들

'천로역전'의 저자로 알려진 존 번연(John Bunyan)은 '풍성한 은혜'라는 책도 집필했다. 저자는 그 책 속에서 불안한 가운데서 참된 평화 없이 살아온 자신의 삶을 고백하고 있다.

어느 날 그는 오랫동안 갈구하던 내적인 평화를 마침내 얻게 되었는데 그 과정에 대하여 "나는 어느 날 내 마음속의 더러운 것과 사악한 것들을 많이 생각하면서 하나님에 대한 나의 내적 감정을 엄밀히 검토하고 있었습니다. 그런데 '십자가의 보혈로 화평을 이루라'는 성경말씀이 내 마음 속에 들려왔습니다. 그때 비로소 나는 우리가 그리스도의 피로 인하여 하나님과 화목하고 평안을 유지하는 동시에 사람과는 화목하고 화평해 질 수 있다는 사실을 깨닫게 되었습니다"라고 말하였다.

십자가의 보혈로 우리에게 주신 값진 화해와 평안의 보물을 우리는 잘 지켜 나가야 될 것임을 깨우쳐 주고 있다.

| 평화 |

반성하지 않는 사람은…

　12세기 수도사로 유명했던 토마스 아켐퍼스(Thomas Aguinass)는 반성하지 않는 사람의 생활에서는 평화를 찾을 수 없고 또 평화를 가질 수도 없다는 사실을 강조하였다. 그는 "다른 사람의 일을 참견하고 또 쫓아다니기 좋아하면서도 자기 생활의 반성은 조금도 하지 않는 사람의 마음속에는 평화가 없습니다. 진실로 마음이 가난한 자는 복이 있으며 그들만이 평화를 풍성히 즐길 수 있습니다"라고 말함으로써 자기반성을 철저하게 강조하였다.
　그러니까 자기반성과 평화는 불가분의 관계가 있음을 가르쳐 주고 있다.

| 평화 |

칼의 두 용도

    인류문명의 발달은 두 가지의 도구사용에 힘입은 바가 크다고 한다. 두 종류의 도구는 불과 칼의 사용이라고 한다. 아닌게 아니라 인류는 쇠로 만든 칼을 일상생활에서 늘 사용하고 있다. 그런데 인류가 사용하는 칼 자체에 큰 마력이 있다고는 생각되지 않는 것 같다.
    칼이라는 것은 단순한 쇠붙이에 불과하다고 본다. 그러나 이 칼이 수술하는 의사의 손에 들려지면 사람의 생명을 살리는 기구가 되지만 반대로 강도의 수중에 그 칼이 들어갔을 때에는 사람의 목숨을 빼앗는 흉기가 되기도 한다.
    그런데 현대를 사는 사람들은 정신력개발이나 영성화에 힘쓰지 않고 오로지 칼의 날을 세워 뾰족하게 만드는데만 시간과 정력을, 그리고 지혜와 기술을 다 소모하고 있다고 한탄하는 사람들이 많다고 한다. 귀담아 들어야 할 것 같다.

| 평화 |

세상이 빼앗지 못하는 평화

'아프리카 밀림의 왕자'라고 불리우는 리빙스톤(David Livingstone)에게 어느 사람이 "그 동안 당신은 어떤 희생을 치렀다고 생각하시나요?"라고 물었다. 그때에 '리빙스톤'은 되묻기를 "희생이라니요? 나의 인생에 있어서 나는 한번도 희생을 해 본적이 없습니다. 누구든지 그리스도와 함께 하는 길은 고난의 길이라고 말을 합니다. 그러나 생각해 보십시다. 그 뒤에는 세상이 주지 못하는 평화가 있습니다. 그리고 아무도 해하지 못하는 기쁨이 있습니다."라고 대답하였다.

이런 평화와 기쁨을 가지고 신앙과 실천의 균형을 맞추어 나가 성도의 삶이 얼마나 위대한지 깨우쳐 주고 있다.

| 평화 | 관련 성경 구절 |

1. 평안의 근원
- 룻1:9, 삼하7:11 여호와
- 요14:27, 요16:33, 엡2:17, 엡6:23 그리스도
- 엡4:3 성령
- 롬8:6 영의 생각
- 엡6:15 복음
- 잠11:14 모사
- 사32:17, 사57:1,2 의
- 시37:37 화평한 자
- 시25:12,13 여호와를 경외함
- 시119:165 주의 법을 사랑함

2. 평안에 대한 묘사
- 삿18:7,10,27 평안한 백성
- 왕하11:20 평안한 성
- 대하14:5 평안한 나라
- 사14:7 평안한 땅
- 시131:2 평안한 심령

3. 평안의 실현 과정
- 사32:17,18 평안의 예언
- 대상22:9 평안을 주시는 하나님
- 살후3:12 평안의 명령
- 시131:2 평안의 추구
- 벧전3:4 평안의 가치
- 계21:3,4 완전한 평안

| 헌신 |

진가(陳呵)의 결혼

중국의 고사에 '진가의 결혼'이라는 말이 있다고 한다. 진씨의 집안에 딸을 결혼시키는데 잔치를 위하여 큰 씨암닭 한 마리를 잡기로 결정하였다. 그런데 큰 암닭은 "나는 새벽마다 큰 목소리로 울어 사람을 깨우는 일에 충실했는데 왜 나를 죽이려고 하느냐? 저 양반이나 잡지!"라고 말하면서 양을 가리켰다.

그때 양은 "너희들이 겨울의 추위를 막고 월동할 수 있는 털을 생산해 주는데 왜 나를 죽이려고 하느냐? 저 놀고 먹는 개나 잡지!"라고 말하면서 개를 가리켰다.

이 말을 들은 개는 "나는 양떼를, 이리나 늑대로부터 지키는 일을 열심히 했는데 왜 나를 죽이려고 하느냐? 저 말이나 잡지!"라고 말하면서 말을 손가락으로 가리켰다.

이때 말은 "나는 천리마로써 너희들의 소식을 전달하기 위하여 열심히 뛰었는데 왜 나를 죽이려고 하느냐? 사람도 태우지 못하는 저 소나 잡지!"라고 말하면서 소를 가리켰다. 이 말을 들은 소는 "나는 죽도록 밭과 논을 갈면서 일했는데 왜 나를 죽이려고 하느냐? 저 놀고먹는 돼지나 잡지!"라고 말하면서 돼지를 가리켰다. 그때 돼지는 "나는 소가 갈아엎은 논과 밭을 더욱 비옥하게 하기 위하여 열심히 퇴비를 생산했는데 왜 나를 잡으려고 하느냐?"고 항변하였다. 결국 진씨는 자기의 딸 결혼잔치에 짐승을 하나도 잡을 수 없어 화가 났으며 그는 닭과 양, 그리고 말과 소와 돼지 등… 짐승들을 모두 모아 놓고 "그러면 어느 한 놈이 아니라 너희들 모두를 잡아 잔치를 하겠다"고 협박을 하였다.

이런 진씨의 협박에 놀란 닭은 닭대로 "자기를 잡아 잔치를 하고 자기 이외의 다른 가축들을 모두 살려 달라"고 애원하였으며, 또 양은 양대로 같

| 헌신 |

은 말로, 개는 개대로 똑같은 말로, 그리고 말과 소도 각각 똑같은 말로, 돼지도 역시 똑같은 말로 "자기를 잡아 잔치하고 자기 이외의 다른 가축들은 모두 살려 달라"고 애원하기에 이르렀다.

아무튼 자기 집 가축 가운데 한 놈도 잡을 수 없었던 진씨는 자기 집의 잔치를 취소할 수밖에 없는 입장이었다.

예수님께서는 "자기 목숨을 얻는 자는 잃을 것이요 나를 위하여 자기 목숨을 잃는 자는 얻으리라" (마태복음 10장 39절)라고 말씀하셨다.

피라미드를 뒤엎어 세운 사람

신약성경 마태복음 주석한 조지 버트릭(Georg Buttick)에 따르면 "인간이 생각하는 위대함의 원리는 바로 피라미드(Pyramid)를 거꾸로 세워놓은 원리가 되어야 한다."라고 말하였다. 즉 가장 위대한 사람은 피라미드의 넓은 밑변처럼 많은 사람들을 위하여 봉사하고 섬기며 고고히 서있는 사람이어야 함을 강조하고 있다. 얼마나 많은 사람들을 우리는 받들어 섬기는지에 대하여 깊은 생각을 하게 해 주고 있다.

| 헌신 |

죽으면 사는 것

　철학자 디오게네스(Diogenes)가 해적에 잡혀 경매되기 직전이었다. 디오게네스는 노예시장에서 얼씬 얼씬 거리면서 경매를 부르려는 한 사람을 가리키며 "제발 나를 저 사람에게 팔아 달라."고 말하면서 계속 그는 "나에게는 지금 주인이 필요하다"라고 말하였다.
　마침내 해적은 디오게네스를 노예시장에서 경매를 부르려고 얼씬 거렸던 바로 그 사람에게 넘겨주었다. 그런데 이 사람은 디오게네스를 노예로 사자마자 집으로 데리고 왔으며 그는 자기 집의 모든 운영권과 자기의 어린 자녀들을 위한 모든 교육에 대한 일을 디오게네스에게 위임한다고 디오게네스에게 선언을 하였다. 그 후 주인은 "나에게 있어서 디오게네스가 우리 집에 온 그 날은 가장 좋은 날"이었다고 말했다.
　과연 자기의 권위를 던졌을 때, 더 큰 기회와 사명이 주어진다는 것을 깨우쳐 주고 있다.
　일찍이 예수님께서는 "자기 목숨을 얻는 자는 잃을 것이요 나를 위하여 자기 목숨을 잃는 자는 얻으리라"(마태복음 10:39)라고 말씀하셨다.

| 헌신 |

잠수함 속의 토끼 역할

　세계 제2차 대전 때 독일 해군의 잠수함 부대는 잠수함 속에 토끼 한 마리씩 꼭 싣고 다녔다고 한다. 토끼는 산소가 부족한 상황에 굉장히 예민하기 때문에 잠수함이 바닷속에 깊이 들어가 오래 있으면 산소 결핍증이 생겨 우선 토끼의 양쪽 눈알이 초점을 잃고 또 호흡이 가빠지는 등 여러 증상을 일으키면 잠수함 속에서 산소가 많이 부족하다는 사실을 알 수 있으며 즉시 깊은 물 속에서부터 물위로 떠올라 산소를 새로 보충한 다음, 물 속으로 다시 내려가 작전을 계속 수행했다고 한다. 작전을 수행중인 잠수함 내부의 산소가 적량을 유지하고 있는지 그 여부를 판가름해 주는 것은 오직 토끼의 역할이었던 셈이다.
　그러니까 토끼 덕분에 잠수함 속에 있던 수병들은 산소부족의 위기를 미리 파악하고 잘 예방할 수 있었던 것처럼 전능하신 우리 하나님의 지음 받은 인간도 선한 마음으로, 자기만을 위해서가 아니라 다른 사람을 돕고 다른 사람의 생명에 경외심을 가지는 동시에 유익을 끼치는 일에 최선으로 매진하여야 할 것이다.

| 헌신 |

조국 근대화에 공헌한 에드자이

아프리카 대륙의 흑인들 가운데 위대한 지도자들이 많이 배출되었는데 그들 가운데 한 사람이 바로 나이지리아(Nigeria)출신인 사무엘 에드자이다. 나이지리아는 영국의 식민지였었지만 지금은 독립국이 되었으며, 나이지리아는 아프리카의 많은 신생국가들 가운데 제일 문화수준이 높은 나라로 알려져 있다. 그런데 나이지리아가 아프리카의 신생국 가운데 가장 문화수준이 높은 나라가 되는데는 바로 사무엘 에드자이의 공이 크다고 한다.

19세기의 초엽, 그때만 하더라도 해적들이 아프리카에서 흑인들을 강제로 납치하여 웨스트 인디아(West India)섬으로 데리고 가 거기서 여러 섬에 흑인을 종으로 팔았다. 어느 날 에드자이가 사는 마을에도 해적들이 들이닥쳐 남녀를 가리지 않고 온 주민을 납치하여 배에 싣고 아이들을 팔아넘기려고 대서양을 건너가던 중이었다. 그런데 영국의 군함이 이 해적선을 발견하고 추적하여, 해적을 모두 체포하였다. 그리고 노예로 잡혀가던 흑인들을 아프리카로 다시 실어다가 다 풀어주었다.

이들 가운데 14살된 한 소년이 시에라레온(Sierra Leone)이라고 하는 서아프리카에 내렸는데 마침 그는 거기서 선교사 한 사람을 만나게 되었다. 이 어린 소년의 자초지종, 모든 이야기를 다 들은 선교사는 그 소년을 가련하게 생각하고 도와주었는데, 우선은 그곳에 있는 기독교학교에서 공부를 하도록 주선해 주었다. 이 14살의 소년은 공부도 잘했으며 또 많이 성장하여 기독교 신자가 되었기 때문에, 선교사는 이 소년을 영국으로 보내 계속 공부를 하도록 주선해 주었다.

이 학생이 영국에서 공부를 모두 마치고 가만히 생각할 때, 참으로 하나님의 은혜가 놀랍고도 크신 것을 깨닫게 되었다. 해적에 잡혀 노예로 팔려갈 신세였는데 대서양의 바다 가운데서 하나님께서 구원해 주셨고 또 영국

| 헌신 |

에서 대학까지 졸업했으니, 너무나도 큰 하나님의 사랑과 은혜에 감사, 감격하지 않을 수 없었다. 이 소년이 바로 사무엘 에드자이였다. 그는 곧 자기 고국으로 돌아가 자기의 동족들에게 그리스도의 복음을 증거하기로 결심하였으며, 마침내 1843년에 사무엘 에드자이는 나이지리아로 돌아와 학교를 세우고, 교육에 힘쓰는 한편 전도와 문화, 그리고 사회사업 등 각 방면에 크게 공헌하였다고 한다. 그 후 나이지리아 사람들은 사무엘 에드자이를 가리켜 '사도'라고 불렀다.

이토록 에드자이가 나이지리아, 조국 근대화에 몸 바친 배후엔 하나님의 은혜로 구원받은 사실에 감사하는 동시에 하나님의 사랑에 역시 감사드리는 일념에서 헌신하게 되었다.

| 헌신 |

땀과 피와 눈물을 주시오

세계 제2차 대전이 절정에 이르면서 영국은 정말로 위기를 맞게 되었었다. 영국의 운명이 '풍전등화'와 같은 입장이 되었다. 그때 전시 내각을 이끌고 있던 윈스톤 처칠(Winston Churchill) 수상은 "나의 백성이여! 조국을 위하여 땀과 피와 눈물을 주시오"라고 호소를 하였다.

이 호소를 들은 영국의 온 국민들이 일치단결해서 조국 영국을 위해 몸바쳐 일하였다. 그 결과 기울어져 가던 국운을 다시 회복하고 전쟁을 승리로 이끄는 기틀을 마련하였다.

피와 눈물과 땀을 흘리며 일하는 인간의 자세와 그 모습은 참으로 귀하다고는 생각을 깨우쳐 주고 있다.

| 헌신 |

페르시아의 이상스런 새

　페르시아의 이상한 새에 대한 이야기다. 페르시아에는 날개가 하나 뿐인 이상한 암 수 두 마리의 새가 있었다. 갈고리 같은 것이 각각 하나 달려 있었는데 암놈은 오른쪽에 수놈은 왼쪽에 각각 고리를 달고 있었다. 이 새들은 서로 창공을 날 때 서로에게 고리를 걸고 함께, 암놈의 왼쪽날개와 수놈의 오른쪽의 날개를 저어 푸른 하늘로 날아 갈 수 있었다.
　하나님의 피조물인 우리 인간은 많은 제한성을 갖고 있지만 또 혼자의 힘은 약하지만 서로 힘을 합치고 협력하는 협동의 역사를 통하여 어느 정도 문제를 해결해 나갈 수 있게 창조되었음을 시사해 주는 이야기임을 느끼게 해주는 이야기다.

| 헌신 |

데미안 선교사의 헌신

1800년대에 하와이(Hawaii)로 건너가 하나님의 말씀을 가지고 전도했던 다미엔(Father Damien) 선교사가 있었다. 그런데 다미엔 선교사는 하와이 섬으로 들어가면서 하와이 섬에는 한 질병이 번져있었다. 그 병은 불치의 병이며 천형의 병으로 알려진 문둥병이었는데 데미안 선교사가 하와이 섬으로 들어오면서 문둥병을 앓는 환자가 여기저기에서 많이 발견되었다. 이 많은 환자들 가운데 더러는 하와이 본 섬으로 보내져 병원에 입원되었으며 나머지 문둥병자들은 모두 몰로카이(Molokai)라는 외딴 섬으로 격리시켰다 그래서 많은 문둥병 환자들은 가족과 친구를 떠나 몰로카이 섬으로 외롭게 쫓겨나야만 했다. 몰로카이 섬에 그들의 집이 있는 것도 아니었으며 그들을 위한 의료시설이 있는 것도 아니었다. 또 이 몰로카이 섬에 그들 위한 청결음료수가 준비돼 있는 것도 아니었다. 그럼에도 불구하고 어느 날 갑자기 나병환자들은 이런 무인고도에 모두 쫓겨나는 날벼락을 맞았다고 한다. 이때에 다미엔 선교사도 짐을 싸가지고 나병환자들과 함께 몰로카이 섬으로 옮겨왔다.

다미엔 선교사는 정성을 다 하여, 그리고 아주 희생적으로 환자들을 섬기며 선교에 힘을 썼다고 한다.

이런 다미엔 선교사의 열심어린 전도에도 불구하고 나병환자들은 다미엔 선교사에 대해 의심의 눈총을 풀지 않았다. 그럴 수밖에 없는 것이 다미엔 선교사는 몰로카이 섬에서 유일한 백인이었으며 유일하게 건강한 사람이었다.

한편 다미엔 선교사로서는 중요한 당면 과제가 바로 저 많은 나병환자들의 신뢰를 얻는 일이었다. 그는 이 신임을 얻기 위해 노천에서 그냥 자고 나병환자들과 같이 음식도 먹고 또 음식을 나눠 주기도 했으며 나병환자들과

| 헌신 |

같이 물도 마시고 아주 철저하게 그들과 함께 생활을 했다. 이렇게 해서 다미엔 선교사는 나병환자들의 신임과 존경을 얻기 시작했다. 그러나 결국 다미엔 선교사는 문둥병을 얻어 몰로카이 섬에서 세상을 떠나고 말았다고 한다. 황무지처럼, 거칠고 외로운 몰로카이 섬에 생명의 존엄성과 희망을 가져다주었을 뿐 아니라 그 황무지 섬에서 하나님의 크신 사랑을 증거 했던 다미엔 선교사는 자기 자신을 완전히 바치고 세상을 떠났다.

예수님의 제자인 우리도 우리 자신의 이익과 영달을 포기하고 다른 사람들을 위해 값지게 헌신하는 성도의 삶이 되어야 함을 깨닫게 해 주고 있다.

| 헌신 |

더불어 사는 삶

　　미국의 뉴욕(New York)에 위치했던 무역센터 쌍둥이 빌딩이 테러에 의해 무너지면서 수많은 인명과 재산 피해를 가져왔다. 그뿐 아니라 미국인은 자존심에 큰 상처를 받고 전전긍긍 했다. 아직도 미국인의 마음속에는 테러의 공포가 사라지지 않았던 2003년 8월 어느 날, 갑자기 뉴욕을 중심한 몇 개 지역에 걸쳐 큰 정전사고가 발생하자 미국인들은 다시 한번 공포의 분위기에 빠졌었다고 한다.

　　그런데 수 만 명의 인파가 전기 없는 일터에서 쏟아져 나와 순전히 도보로 집에 돌아가는 모습이 TV화면에 하루 종일 비쳐졌다. 특별히 8월의 더운 날씨임에도 불구하고 시민들은 전혀 정전사고를 예기치 못했기 때문에 걸어가는 사람들의 복장은 투박한 노동복이나 정장을 한 채, 모든 공공 교통수단이 총 스톱된 상태에서 바지 땀을 흘리는 도보 행렬이 무지무지하게 이어졌다. 그 다음 날의 보도에 따르면 제일 먼 곳에 사는 사람은 5시간이나 걸어서 겨우 자기 집에 도착되었다고 한다.

　　그런데 더위와 갈증을 이기지 못한 한 사람이 자기 호주머니에서 물병을 꺼내 들고 물 한 모금을 마신 후 자기 호주머니 속에 물병을 다시 넣지 않고 함께 걷고 있는 옆 사람과 앞사람, 그리고 뒷사람과 물을 한 모금씩 나누어 마시는 장면이 TV화면에 비쳐졌다고 한다.

　　길거리에서 시원한 음료수 장사를 하던 사람과 아이스크림을 팔던 사람들도 비지땀을 흘리며 걸어가는 사람들에게 냉수와 아이스크림을 공짜로 그냥 제공해 주는 아름다운 시민 정신의 발로 역시 TV화면에 비쳐졌다. 하루 벌어 하루 먹는 상인들이 자기의 것을 다 털어 다른 사람을 돕는 시민의 의식은 참으로 아름다웠다.

　　하나님의 은혜에 감사를 드리면서 이웃을 생각하고 나누고 섬기는 삶의

| 헌신 |

모습이 비친 듯하여 감동이 더했다.

과부의 엽전 두 잎 헌금

　예루살렘 성전에서 헌금하는 두 사람, 즉 거만스러운 서기관과 동전 두 잎을 헌금하는 가난한 과부에 대하여 예수님께서는 말씀하였다. 그런데 예수님은 "이 가난한 과부는 연보궤에 넣는 모든 사람들보다 헌금을 많이 넣었다"고 제자들에게 말씀하셔서 그들을 놀라게 하였다.
　예수님의 말씀에 대하여 존 칼빈(John Calvin)은 두 가지 조명에서 생각할 수 있다고 말해 우리의 관심을 모으고 있다. "첫째는 예수님께서는 비록 가난한 사람이라고 하더라도 정성을 다하여 자기의 사랑을 표시하는데 주저하지 말 것을 가르치고 있다는 사실이며, 둘째로 예수님께서는 부자들에게 네가 하나님에게 바치고 있는 것이 충분하지 않다는 사실을 가르치고 있다는 점이다."라고 지적했다.
　성도는 항상 정성을 다하여 하나님께 바치고 헌신하는 생활을 할 것이며 주님의 형상대로 지음 받은 모든 사람을 정성을 다하여 고르게 대하여 주는 삶에 주의를 집중해 나아가야 한다.

| 헌신 |

공주의 병을 고친 신비한 사과

유대인들의 탈무드에 나오는 이야기 가운데 사과에 대한 이야기가 있다. 한 나라를 다스리는 임금의 귀한 딸이 어려운 중병에 걸려 투병 중에 있었다. 상심으로 가득 찬 임금은 궁궐 게시판에 공주를 살리는 사람은 공주의 남편으로 삼고 또 왕위도 계승시켜 주겠다는 사실을 써 붙였다.

궁궐 앞 강 건너편 한 집에는 가난한 3형제가 다정하게 살고 있었다. 그런데 큰 형은 망원경을 가지고 있었으며 둘째 형은 페르시아의 아름다운 양탄자를 가지고 있었다. 그리고 셋째 아들은 사과를 하나 가지고 있었는데 이 사과는 아주 신비스러운 사과이기 때문에 누구든지 이 사과를 먹으면 어떤 병이든지 곧 낫는다는 이야기가 전해 오고 있었다.

누구보다도 임금의 게시판에 써 붙인 광고를 발견한 것은 큰형이었다. 큰형은 자기의 망원경으로 강 건너, 궁궐 게시판 광고를 읽었기 때문에 공주의 병을 낫게 하는데 큰 형의 역할은 절대적이었다고 주장했다.

그런데 둘째 형은 공주의 병을 고치기 위해 3형제가 궁궐로 들어가는데, 자신의 '양탄자'를 말아 타고 공중을 날라 궁궐로 들어갔기 때문에 공주의 병을 낫게 하는데 역시 둘째 형의 역할도 컸다고 한다.

그러나 셋째 아들은 자기가 가지고 있는 신비스러운 사과를 공주에게 먹여서 공주의 병을 낫게 할 수 있었기 때문에 셋째 아들의 공로는 공주의 병을 낫게 하는데 또한 절대적이었다고 한다. 사실 공주는 이 신비스러운 사과를 먹고 죽을병을 털고 일어났다는 것은 틀림이 없었으므로 문제는 "3형제 중 누가 임금으로부터 상을 받아야 하느냐?"가 문제였다.

큰 형은 자기의 망원경 때문이었다고 말하면서 자기의 공로를 주장하고 나섰다고 한다. 둘째 형은 자기의 양탄자 때문에 궁궐로 들어갈 수 있었다고 말하면서 자기의 공로를 주장하고 나섰다고 한다. 또 셋째 아들은 자기의 신

| 헌신 |

비스러운 사과 때문에 공주를 고쳤다고 말하면서 자기의 절대적인 공로를 주장하고 나섰다.

이런 싸움 속에서 판결이 났는데 그 판결은 셋째 동생이었다고 한다. 이유는 셋째 동생은 신비의 사과를 완전히 포기한 나머지 공주가 그 사과를 먹어 치료되었기 때문이라고 한다. 즉 셋째 동생의 사과는 완전히 없어져 버렸기 때문이라고 한다. 망원경도 그대로 있고 양탄자도 그대로 있지만 셋째 동생의 신비스러운 그 사과는 완전히 공주에게 바쳐졌을 뿐 아니라 먹어 없어지고 말았다는 사실을 지적하고 있다. 과연 구원의 역사는, 그리고 다른 사람을 위한 성도의 삶은 자기희생 없이 가능한 일이 아니라는 사실을 깨우쳐 주고 있다.

| 헌신 | 관련 성경 구절 |

● 출 32:29
그때 모세가 레위 사람들에게 이렇게 말하였다. "오늘 여러분은 여러분의 아들과 형제들을 죽이면서까지 여호와께 헌신하였으므로 여호와께서 여러분에게 축복하실 것입니다."

● 민 6:1
여호와께서는 이스라엘 백성에게 이렇게 전하라고 모세에게 말씀하셨다. "남자든 여자든 나실인이 되겠다는 특별한 서약을 하여 나 여호와에게 헌신하려고 하는 사람은

● 민 6:6
자기 몸을 나 여호와에게 바쳐 헌신하는 이 기간에는 시체에 가까이 가지 말아라. 자기 부모나 형제 자매가 죽었을지라도 몸을 더럽혀서는 안 된다. 이것은 자기 몸을 구별하여 나 하나님에게 바쳤다는 표가 그 머리에 있기 때문이다.

● 민 18:6
나는 이스라엘 백성 가운데서 너희 친척인 레위 사람들을 택하여 너희에게 선물로 주어 나에게 헌신하게 하고 성막 일을 하게 하였다.

● 삿 5:9
내 마음이 이스라엘의 지도자들을 기뻐하고 백성 가운데 기꺼이 헌신한 자들을 기뻐하노라. 너희는 여호와를 찬양하라!

● 역대상 29:18절
우리 조상 아브라함과 이삭과 이스라엘의 하나님 여호와여, 주의 백성들의 마음 가운데 이와 같이 헌신하는 마음이 항상 있게 하시고 주에 대한 그들의 사랑이 언제나 변하지 않게 하소서.

● 시 86:2절
나는 주께 헌신한 자입니다. 내 생명을 지키소서. 주는 나의 하나님이십니다. 주를 의지하는 주의 종을 구원하소서.

● 렘 2:2절
"너는 가서 예루살렘 주민들에게 나 여호와가 이렇게 말한다고 전하여라. '나는 너희가 오래 전에 나에게 쏟은 헌신과 신부처럼 나를 사랑한 것과 메마르고 거친 광야에서 어떻게 나를 따랐는지 잘 기억하고 있다.

● 에스겔 16:25절
네가 길목마다 높은 사당을 세워 아름다움을 헌신짝처럼 내동댕이치고 지나가는 모든 자에게 몸을 바쳐 아주 난잡하게 음행하였다.

● 고후 8:5
그리고 그들은 우리의 기대 이상으로 먼저 자신들을 주님께 바치고 또한 하나님의 뜻을 따라서 우리에게도 헌신했습니다.

| 희생 |

그는 나를 위해 죽으시다

　　오래전 미국의 남북전쟁 당시에 북군 측에서는 전쟁터로 나갈 젊은 사람들을 징집해 놓고 제비를 뽑았다. 그런데 공교롭게도 가족도 많고 거기에 노부모까지 모시고 있는 한 젊은 사람이 뽑혀 머지않아 전쟁터로 나가게 되었다. 이토록 딱한 처지를 바라보고 있던 독신의 한 청년은 자기가 자원해 전쟁터에 나갈테니 이 딱한 형편의 젊은이는 집으로 돌려보내 달라고 사정을 했다고 한다. 결국 모병관은 자원한 독신의 청년으로 하여금 전쟁터로 나가도록 허락을 했다. 그리고 전쟁터로 나간 독신의 젊은이는 나라를 위해 힘껏 싸웠다. 한편 친구 덕분에 집으로 돌아와 자기 가족을 봉양하고 있던 이 젊은이는 늘 자기 대신 전쟁터로 나간 친구에 대한 감사와 감격의 마음으로 지내고 있었다. 그러면서도 격전이 있었다는 보도가 있으면 이 친구의 문안이 궁금하여 좌불안석이었으며 또 전사자의 명단이 발표돼도 그 친구의 이름이 혹시 전사자의 명단속에 있을까봐 아찔아찔 했다.
　　그런데 불행하게도 큰 격전이 있었다는 소식과 함께 전사자의 명단이 발표되었는데 그 속에서 자기를 대신하여 전쟁터로 자원해 나간 그 친구의 이름을 발견하게 되었다. 이 젊은이는 즉시 전쟁터로 달려가 자기대신 전투에 참전한, 그리하여 마침내 전사한 그 친구의 시신을 챙겨 운구해 왔으며 가족묘지에 그 친구의 시신을 묻고 비석에 이름을 쓴 다음 그 아래에는 간단하게 "그는 나를 위해 죽으시다" 라는 묘비를 새겼다.
　　우리의 구주이신 예수님께서는 바로 우리를 각 개인의 죄를 대속하기 위하여 십자가 위에서 돌아가신 사건을 되새겨보게 하는 이야기다.

| 희생 |

탈주범을 대신하여 처형된 신부

　기독교가 일본에 처음 들어올 당시 일본에는 많은 외국인 선교사들이 큰 선교의 희망과 목적을 안고 들어왔다. 그중에 폴란드(Poland)에서 온 콜베 신부님은 일본에 선교학교(Mission School)를 설립하고 운영하다가 모금을 위해 자기의 모국인 폴란드를 방문중에 있을 때 세계 제2차 대전이 발발했다.

　그런데 이 '콜베' 신부님은 '폴란드'에서 독일군에 의해 예비검속으로 체포되어 강제 수용소에 수감되었다. 강제 수용소에는 많은 사람들이 수용되어 있었는데 수용소의 규칙이 너무 엄하여 누구든지 수용소를 탈출을 시도하다가 잡히면 해당 막사원 가운데 10명을 뽑아 도망방조죄로 탈출하다가 잡혀온 사람과 함께 막사원 전원 앞에서 총살을 시켰다.

　어느 날 이른 새벽에 신부가 화장실에 가기 위해 눈을 떠보니 바로 옆에 있는 사람이 없어진 것을 발견하게 되었다고 한다. 콜벳 신부는 너무 걱정이 돼 그 후부터 도저히 잠을 청할 수가 없었다고 한다. "옆에 있던 그 친구는 탈출에 성공하였을까? 아니면 그 사람은 탈출에 실패하여 잡혀 올까? 만약 그 친구가 탈출에 실패했다면 과연 그 사람은 용서를 받을 수 있을까? 혹은 규칙대로 우리 앞에서 다른 동료10명과 함께 사형이 집행 될 것인가? 등 참으로 콜베 신부는 걱정을 하지 않을 수 없었다고 한다. 그날은 바로 1944년 10월 17일이었다.

　마침내 기상나팔에 따라 조회를 하기 위하여 수용소의 전 대원이 운동장에 모였는데 그 동안 콜베 신부 옆에 있던 친구가 탈출에 실패하여 체포된 채로 전 대원 앞에 나왔다고 한다. 이제 도리 없이 수용소의 모든 친구들이 보는 앞에서 그 사람은 총살을 당하는 순간을 맞게 되었다.

　그런데 총살이 집행되기 바로 직전에 이 친구는 자기의 창백한 얼굴을

| 희생 |

아래로 떨어뜨리며 울부짖기 시작했다고 한다. "병든 아내가 또 어린 아이들이 있습니다!"라고 소리치기 시작 했다고 한다. 바로 그 순간 콜베 신부는 뚜벅 뚜벅 수용소 대원들의 앞으로 걸어 나아가 "여러분! 저 친구는 도망쳐야 할 정당한 이유가 있었습니다. 저 친구는 정말 아내가 있습니다. 그리고 자식도 있습니다. 그런데 저 친구의 아내는 지금 병들어 앓고 있습니다. 그러면 그 가정의 생계는 누가 책임을 져야 합니까? 나는 혼자입니다. 나는 독신입니다. 그러므로 저 친구를 대신해 나를 죽여 주시고, 그 대신 저 친구는 살려주십시오."라고 청원했다고 한다. 콜베 신부는 결국 그 탈출범을 대신하여 처형을 당했다. 그 후 천주교회에서는 콜베 신부를 성인으로 봉책 했다. 불쌍한 이웃의 잘못을 대신하여 처형을 자청하는 콜베 신부의 사랑과 희생의 정신을 보면서 성도의 삶은 모름지기 사랑의 화신이 되어야 한다는 사실을 깨닫게 된다.

| 희생 |

어미 곰의 죽음

　어느 따뜻한 날 포수 한사람이 사냥을 갔다. 마침 큰곰 한 마리가 산을 오르는 모습이 이 포수의 시야에 들어왔다. 포수는 긴장한 채 총을 겨냥하고 곰을 향해 쏘려는 순간 이 포수를 본 큰곰은 산에 오르던 발걸음을 멈추고 번쩍 앞다리를 들고 일어서 포수가 쏜 총탄을 맞고 쓰러졌다.
　이상스럽게 생각한 포수가 달려가 총탄을 맞고 쓰러진 큰곰을 자세히 살펴보았더니 그 곰의 뒤에는 작은 곰 새끼 한 마리가 있었다. 짐승 가운데 가장 우둔하다는 곰도 자식을 지키기 위하여 포수의 총알받이가 된 지극한 사랑을 느끼게 하는 이야기다. 예수님의 인류사랑이 바로 그것이다.

| 희생 |

인생의 뜻을 더욱 탐구한 번연

'천로역정'의 저자 존 번연(John Bunyan)이 젊었을 때 군대생활을 하던 어느 날 저녁에, 다른 중요한 곳에 나가 그곳을 지킬 책임을 맡게 되었다. 그런데 중요한 볼일이 생겨 자기 친구에게 보초 임무를 잠깐 맡기고 그곳에 다녀와 보니 자기 대신 보초를 섰던 친구는 원수로부터 저격을 당해 이미 세상을 떠나 있는 것을 발견하였다. 글자 그대로 그 친구는 번연 자신의 생명을 대신해 죽었다는 사실을 깨닫게 되었으며 번연은 자기를 대신해 죽은 그 친구를 위해 크게 통곡하였다. 번연은 이 친구의 죽음이 있은 후 더욱 더 인생의 깊은 뜻을 탐구하게 되었으며 깊은 신앙을 얻게 되었음을 고백했다. 역시 성도의 삶에서 예수의 사랑을 깨닫게 하는 이야기다.

| 희생 |

요트 선수의 이야기

1988년 여름 올림픽의 요트 경기가 한참 진행 중에 있었다. 그런데 날씨가 좋지 않았던 그날 거친 비바람과 파도 때문에 경쟁국의 어느 팀 요트가 뒤집혀 선수 가운데 몇 사람이 물에 빠져 익사 직전에 이르는 아주 위급한 상황을 맞이했다. 이 장면을 본 다른 나라의 요트 선수는 경기를 포기하고 물에 빠져 허우적거리는 선수를 구출해 주었다고 한다.

이런 장한 일 때문에 앞서가던 이들 선수는 우승권에서 밀려나 21등으로 결승점에 들어왔다. 그러나 감격한 집행부는 본래의 순위를 그대로 인정하기로 결정했으며 그 결정에 따라 이 팀은 메달을 수여받았다고 한다.

과연 하나님의 형상대로 지음 받은 인간의 생명에 대한 존엄성은 귀하고 귀하다는 사실을 깨닫게 해 주고 있다.

| 희생 |

상처 난 장군의 얼굴

옛날 미국에서는 상원에 결원이 생겨 상원의원을 보선 할때는 임시조례에 보선을 했다. 마침내 죠지아(Georgia)주의 상원의원을 보선하게 되었다. 그때에 고든(Gordon)장군이 상원의원 보선에 입후보 했다고 한다. 그런데 고든 장군을 반대하는 쪽에서는 대표를 뽑아 워싱톤 디시(Washington DC)로 보냈다. 물론 이들의 사명은 임시조례에 따른 보궐선거에서 고든 장군에게 반대표를 던져 고든장군을 낙선시키는 일이었다. 그럼에도 불구하고 이들은 반대투표 대신에 오히려 찬표를 던져 고든장군을 상원의원으로 당선시키고 돌아왔다. 성난 반대파 사람들이 몰려와 "왜 고든장군을 지지하는 투표를 했는가?"라고 물으며 대표자의 배신행위에 항의를 했다.

그때 대표단은 "우리가 워싱톤 디씨에 도착하여 의사당 복도에서 친구를 만나 이야기를 하고 있었다. 그때에 우리 곁을 어떤 사람이 지나가는데 그 사람의 얼굴이 너무 일그러지고 그 사람의 얼굴에는 너무 상처투성이었기 때문에 도대체 저 사람이 누구냐고 이야기하던 친구에게 물었다. 그 친구는 저분이 바로 고든장군이라고 말해 주었는데 우리가 그분의 얼굴을 보았을 때, 우리를 대신하여 그는 싸웠고 또 우리를 대신하여 그가 상처를 입은 것을 깨닫게 되었을 뿐 아니라 도저히 그에게 반대표를 던질 수 없어 지지표를 던지고 왔다"라고 대표단은 해명했다

똑같은 조명에서 예수 그리스도께서 바로 우리의 죄와 허물 때문에 십자가에서 상처투성이가 돼 고생하시고 돌아가셨음을 생각할 때, 늘 마음속 깊이에서 우러나오는 감사와 충성으로 살아야 할 것임을 깨우쳐 주고 있다.

| 화평 | 관련 성경 구절 |

그리스도인의 희생은 화목을 향한 하나님의 뜻

1. 화목의 범위
- 삿4:17 이웃집과
- 삿11:13 국가간에
- 시85:8 백성과
- 시120:6 원수와
- 마5:24 형제와
- 롬5:1 하나님과
- 살전5:13 성도끼리

2. 화목해야 할 이유
- 욥25:2 하나님이 화평을 베푸시니
- 사60:17 화평을 세워 관원을 삼으니
- 말2:6 정직한 중에 동행하니
- 고전7:15 화평 중에 부르셨으니
- 고전14:33 하나님이 화평이시니
- 갈5:22 성령의 열매를 맺기 때문에
- 고후5:18 화목의 직책을 주셨으니
- 엡2:14 예수가 화평이시니

3. 화목하는 방법
- 시34:14 악을 버림으로
- 시37:11 오직 온유함으로
- 시85:8 말씀으로
- 막9:50 소금을 두고
- 행10:36 그리스도로 말미암아
- 골1:20 십자가의 피로써
- 약3:17 오직 위로부터 난 지혜로

4. 화목한 자의 결과
- 시37:37 평안을 가지게 됨
- 잠12:20 희락이 있음
- 잠14:30 육신의 생명이 됨
- 마5:9 하나님의 아들이 됨
- 약3:18 의의 열매를 거두게 됨

| 추천사 |

한국목회자에게 꼭 필요한 예화의 보고(寶庫)

　본 예화사전은 지금 시중이나 인터넷에 떠도는 사변적이고 평이한 예화들과 달리 동서양 고금의 서적과 신학적 사유를 망라하여 깊고 넓은 비유적 설교자료의 보고(寶庫)이다. 총 52 가지의 주제별로 정리된 500여종의 예화와 함께 해당 주제에 맞는 성구를 총정리하여 설교작성에 바로 적용할 수 있게 정리하였다.

　엮은이인 조은철 목사는 40여년의 목회경험과 설교원고를 현대에 맞게 재구성하여 목회자와 신학자 교회지도자 등이 활용하기 쉽게 역작으로 남겼다.

　이제 많은 목회자들과 신학생들이 본 책을 통해 현장에서 시의적절하게 적용할 수 있는 각 주제별 예화를 통해 좀 더 감동 있고 은혜로운 설교를 준비할 수있게된 것은 참으로 감사할 일이다.

　이제 동양의 세계와 서양의 세계, 과거와 현대, 미래의 기독교 강론을 신학적으로 잘 정돈하여 그야말로 은혜의 창으로서 본 설교예화사전이 활용활되길 기대해 마지 않는다.

유성준 목사
협성대학교 신학교수, 교목실장

| 추천사 |

다양하고 깊이 있는
설교자료집

    1년에 최소 1,000여회의 설교를 감당해야할 목회자에게 사안별 주제별 예화와 성구는 장황한 설교보다 훨씬 감동과 은혜를 선사할 수 있다. 본 책은 그러한 비유적 설교에 목마른 설교가들에게 아주 좋은 길잡이가 될 것으로 기대된다.
    특히 조은철 목사의 넓고 깊은 신학적 이해를 엿볼 수 있는 동서양 사상의 기독교적 이해는 편협되고 일방적인 기독교 비유의 공간을 더욱 확장하여 후배 목사들에게 풍부한 설교정보를 제공케 해주었다.
    '예수도 비유로 말씀하셨다'는 제호처럼 본 책을 통해 이제 많은 기독교인들이 본 설교예화사전 시의적절한 비유로 설교의 맛과 향을 느끼게 된 것은 참으로 다행스럽고 은혜로운 일이 아닐 수 없다.

박기서 목사
부천밀알교회

조은철 목사 1935년 2월 충남논산에서 태어나 감리교신학대학교와 원주대학교 법학과 졸업하고, 연세대학교 연합신학대학원에서 기독교교육학(M.A)을 전공하였다. 세종대학교 교목을 거쳐 미국 Garett-Evangerical Theologycal Seminery 에서 신학석사(M.Div)를 받고, 미국 University of DubuqueTheologycal Seminery 목회학 박사 (D.min)를 받았다. 목회경력은 1970년대 월남파병군목으로 종군목회 후 세종대학교 교목을 거쳐 감리교본부(KMC) 선교국 간사를 역임했다. 해외목회로는 미 시카코 에덴교회 담임과 UMC 제일연합교회 담임, UMC Cedar-Vill Church 담임, UMC 선한목자교회 담임을 역임한 후 40여년의 목회에서 2000년도 은퇴하여 목회와 신학 40년을 돌아보는 집필활동에 전념 중이다.
연락처 미국 847-675-7357

열린출판사 열린기독교신서 6
설교예화성구사전 예수도 비유로 말씀하셨다

지은이 / 조은철
펴낸이 / 김윤환
펴낸곳 / 열린출판사
제판 인쇄 / (주)열린애드테크

1판 1쇄 펴낸 날 / 2005년 4월 20일
등록번호 / 제2-1802호
등록일자 / 1994년 8월 3일

주소 / 서울 중구 충무로3가 33-4 영화빌딩 504호
전화 / (02)2275-3892 팩스 / (02)2277-6235

2005ⓒ열린출판사

저자와 협의에 의해 인지는 생략합니다.
잘못된 책은 바꾸어 드립니다.

ISBN 89-87548-20-1 03800

값 19,500원